U0140712

当代名家
品读系列

王岳川品
大学中庸

王岳川　著

中国出版集团
中国民主法制出版社 ｜ 全国百佳图书
出版单位

图书在版编目（CIP）数据

王岳川品大学中庸／王岳川著. —北京：中国民主法制
出版社，2022.2
ISBN 978 - 7 - 5162 - 2773 - 2

Ⅰ. ①王… Ⅱ. ①王… Ⅲ. ①儒家②《大学》—通俗
读物③《中庸》—通俗读物 Ⅳ. ①B222.1 - 49

中国版本图书馆 CIP 数据核字（2022）第 027205 号

图书出品人：刘海涛
出版统筹：石 松
图书策划：江 力
责任编辑：张佳彬 刘险涛

书 名／王岳川品大学中庸
作 者／王岳川 著

出版·发行／中国民主法制出版社
地址／北京市丰台区右安门外玉林里 7 号（100069）
电话／（010）63055259（总编室）63058068 63057714（营销中心）
传真／（010）63055259
http：//www.npcpub.com
E - mail：mzfz@ npcpub.com
经销／新华书店
开本／16 开 710 毫米×1000 毫米
印张／25.25 字数／356 千字
版本／2022 年 6 月第 1 版 2022 年 6 月第 1 次印刷
印刷／三河市宏图印务有限公司

书号／ISBN 978 - 7 - 5162 - 2773 - 2
定价／88.00 元

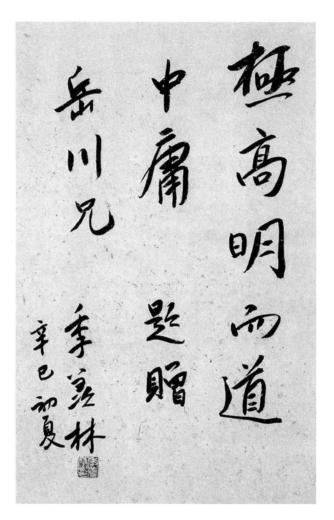

季羡林先生关于《中庸》的题词

自　序

　　最明亮之处眼睛难以直视，最幽暗之处眼睛难以洞悉。前者是太阳，后者或许是人心。我们只能引来金色的阳光，点亮幽暗的人心，承诺人心由幽暗走向明亮的可能性。

　　北京大学著名教授金克木先生写了一本书《书读完了》。我请教过他，书怎么才能读完呢？哪些书读完了呢？他说，中国古书有多少？超过经典的"四书""五经""二十五史"几千倍，古书最多的时候达到了253000多种。历代战乱，烽火连天，五分之三的古书给丢掉了。一个人读世间著作，青春治学、皓首穷经也未必能读完。我理解金先生的意思——如果把你有限的生命投入到无限泛滥的阅读中去，书是永远读不完的。因为历代书籍并非每一部都是经典，读非经典甚至文化垃圾就会变成一个杂家，变成缺乏深度厚度高度的阅读，终成为失败的阅读。那怎么办呢？读经典！读经典中的经典！这是可以"读完"的，而且通过品读而登高行远！

　　一国有一国之学问。国学在文化复兴时代具有重要意义，在东方智慧中具有不可忽略的核心地位。今日世界要破除全盘西化和文化自卑，让全世界尊重每个国家的精神财富和文化经典。中国文化最精粹部分是国学的"经、史、子、集"，应该为国人所欣赏诠释进而价值重估。一个世纪以来，国学被"妖魔化"的历史已经成为过去。今天我们可以豪迈地说：国学是人类历史上的一份瑰宝，与西学一样值得全世界人们尊重、学习和践行。

　　本书对儒家"经典中的经典"——"四书"（《大学》《论语》《孟子》《中庸》）中最难懂的《大学》《中庸》加以阐释。《汉书·艺文志·诸子略》说："儒家者流，盖出于司徒之官，助人君，顺阴阳，明教化者也。游文于

六经之中，留意于仁义之际。祖述尧、舜，宪章文、武，宗师仲尼，以重其言，于道最为高。"班固认为，儒家起源于司徒之官。所谓司徒之官，是上古尧为管理民众、土地、教育等行政事务而设立"司徒"一职。相传舜、禹就曾经担任尧的司徒之职。这一观点得到历代儒家的认同，尤其是近代学者章太炎十分赞同这一儒家起源观。然而，留美的胡适用西方知识谱系重释中国学术，提出针锋相对的观点，引用《淮南子·要略》提出诸子出于"应世之急"，强调儒家是由殷商遗民中的术士转化而来。

本书重点不在于分析儒家起源问题和民国学者的学术争辩，而是重在分析先秦儒家思想中经典表述及其深层意义。对经典的阐释是对经典文本意义的深层理解和内核解释。其分析方法是读经典深入细致的"细读法"。我力求通过逐字、逐句、逐段、逐篇的辩证解读，尽可能地接近经典的本真意义，并经过内容阐释而发掘出其中所隐含的普世意义。作为中国思想经典的《大学》，有其不可忽略的当代价值：是对人的文化心理结构的一种塑形，强调尊重历史，尊重教化，尊重道义，注重个体精神修养的重要性。这对当今世界中人的和谐发展的意义不可低估。

作为国学经典中经典的"四书"，是历代哲人们的学术选择，被历史沉淀传承，并且被历代学者认可的，而排在第一位的就是《大学》。当你阅读这些经典，把这本薄薄的只有1500多字的书读大读厚，读成宽博的人生，那么您的"书"就丰满了。这些精彩的书数量并不多，所以是能够读完的。这就是金克木先生所说的"书读完了"的含义。

《大学》之道有三大纲领：明明德，亲民，止于至善。即要把内在过分的欲望去掉，彰显美好的品德，推己及人，普济天下，进而精益求精，达到至善。而实现这三大纲领有其具体做法："知止而后有定，定而后能静，静而后能安，安而后能虑，虑而后能得。"这三大纲领还要配以"八目"的具体步骤：格、致、诚、正、修、齐、治、平。这"八目"是《大学》实现三纲之核心步骤。"八目"有着很深的思想关怀和人文意识，并没有完全过时。今天的新儒家提出的"内圣"开出"新外王"，是一种拯救人世沉沦的努力，但也存在若干问题。因为社会并不仅仅包含个体制约，还包括社会制度的不断完善。故而"大学之道"是一个人的成年仪式、成人之礼。《大学》让君子掌握一整套社会话语、社会伦理，并获得一颗谦和礼让仁爱之心。

儒家思想的意义在于强调个体的心灵光辉和精神提升价值。《大学》引用孔子的诸多言论，切中时弊，启迪人心：强调君子"慎独"的品德修养是"本"，处理具体的外在事物是"末"，先修养自身品德，再用美德感化民众，确乎当务之急；"八目"之格物、致知、诚意、正心、修身、齐家、治国、平天下，是一个从小到大、从客观到主观的历练成长过程；君子只有在道德上做到推己及人，才可以治理好国家、平定天下；贤人要有仁爱宽容之心，而不应该嫉贤妒能，常怀公正之心，大道才能得以推行，天下才能和谐和平；"三纲八目"的目的是为了约束君子品行，使其逐渐完善人格并对社会做出贡献。可谓言之谆谆，意在培根铸魂。

充满辩证思想的"中庸"在中国古代思想史中是重要的思维方法论和践行本体论。在 21 世纪中国文化复兴的大格局中讨论《中庸》，当着眼于当代中国和世界的前沿问题，以世界性视角涉入中国立场，发掘传统思想的积极价值。无疑，确定《中庸》在中国思想史上的地位，有着重要的去除文化自卑走向文化自信的意义。中庸之道不仅是儒家的思想准则，而且在中国思想史上成为诸多思想流派的思想方法论，因而具有中国思想经典和世界观纲领的重要地位。中庸中和之道贯穿在宇宙万事万物规律之中，影响了中国文化思维和人们的处世行为，具有历久弥新的重要价值。历史表明，中庸不是折中调和的中间路线，而是在不偏不倚中寻求恒常之道。

"中庸"的文化精神内核仍有相当的合理性。在这个竭泽而渔、瘟疫遍野、战争迭起、美丑不分的危机时代，重温《中庸》充满东方智慧的论述和言说，有着非常特殊的中国知识普世化意义。《中庸》史论结合，纵横交错，通过开掘个体身心修为之维，将外在事物和天地大道相合相生，显示了中国哲学的思辨性和践行性。中庸之道在自然与社会两个方面居中适度与均衡，在人道与天道相合中努力达到"原天以启人、尽人以合天"，从而使人与自然、人与自我的天性相和谐。中庸之道与中国思想史上的其

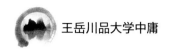

他重要范畴组成一种话语系统，诸如，"执中""中行""中节""中用""中和"等，形成了一整套中国哲学话语，影响了中国知识分子正心修为和中国文化"和合精神"的延伸。

不难看到，作为官方意识形态的千年儒学已经慢慢地淡出了历史，而作为个体心性修为的儒学和重视返身而诚精神生态平衡的儒学，可能具有更宽、更大、更高迈的21世纪的国际意义。中庸思想在现代性的困境和后现代性的恶果中，将以其自身不偏不倚不极端的思维方式、中正平和的价值构成，抵制放纵情感欲望和娱乐至死的偏颇，放弃竭泽而渔、杀鸡取卵地对自然空前掠夺和大规模破坏，坚持辩证地看待社会和人生，透析人性的弱点，使人类经过"三省吾身"而迷途知返，重新看待东方大国思想中的合理因素，避免再次陷入西方现代性、后现代性的误区。《中庸》一书时代的合理性多于历史的局限性，书中精彩高远的思想仍然占主导地位，其与西方不同的东方智慧在今天更显出其精神魅力，值得阐释和弘扬。

最后需要说明的是，本书以笔者二十年前在中央电视台讲授"《国学大讲堂：〈大学〉〈中庸〉》二十三讲"为蓝本，加上在北京大学给博士生们长达二十几年开设课程《中国经典：〈大学〉〈中庸〉》《〈大学〉〈中庸〉与东方美学》的理论分析为补充，最后合而为一整理成书，基本保持了讲演的鲜活性和现场性。当然，对经典的阐释仍然是见仁见智的事情，在经典的解读中，我仍然抱持一种和谐对话的心态，倾听古人的大音希声，也推进不同民族经典的差异性言说。

目　录

中编　品读《中庸》

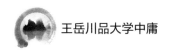

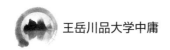

下编　品读经典

导　言

　　进入中国思想文化经典研究，不是对古典的膜拜，而是通过对"经典"全新解释，使我们这一代在穿透经典文本"意义"中，不断阐释延伸着经典的新意义。中国学者必须在人类遭遇共同命运时刻，发出自己独特而明确的东方大国声音！

　　南宋朱熹编《四书章句集注》是儒家思想的代表作，浓缩了儒家精神智慧。其中，《大学》《中庸》是对儒家思想的集中阐释和归纳升华，是南宋朱熹以来中国思想最经典的表达。元朝开始将儒家"四书"纳入考试科目，对国家稳定和平息民族冲突影响深远。明代朱元璋非常看重程朱理学，将儒学钦定为立国之本。从此，《四书章句集注》成为士人案前必读之书。而科考八股取士的题目基本来自"四书"，并以程朱大儒的解释为准绳，从而促使士人对《论语集注》烂熟于胸，甚至倒背如流，才能在考试时准确理解其中每一句子甚至每个字的精深含义，引经据典答完关系一生命运的考卷。

　　那么，作为中国文化主干的儒家，其思想渊源和发展呈现怎样的路径？学术界对儒家思想源流持一种怎样的看法？大抵说，学术界关于儒家思想渊源有几种不同观点：其一，司马迁儒学渊源于"六经说"；① 其二，刘安儒学渊源于"文武周公之道"说；② 其三，胡适儒学渊源于"殷之遗

---

　　①　（汉）司马迁：《史记·太史公自序》。
　　②　（汉）刘安：《淮南子·要略》。

民说";① 其四，班固儒学"出于司徒之官"说;② 其五，冯友兰儒学渊源于"教书相礼"之职业说;③ 等等。

以上诸说，有一定的道理，并给他人以启发。但我认为，渊源溯源问题非常幽暗复杂，加之圣人无常师，如孔子曾师郯子、苌弘、师襄、老聃、孟苏夔、靖叔。④ 孔子晚年集中精力研究《易经》而有"韦编三绝"之说。因此，我认为，在多种渊源的可能性中，最大的可能性在于儒学思想渊源于《易经》。因此，我们在品读《大学》《中庸》时，必须重视儒家和《易经》的关系问题，分梳儒家与《易经》思想千丝万缕的渊源关系，从微言大义中寻绎思想踪迹而综合治经。诸如，儒家提倡的仁政思想、民本思想、内圣与外王相统一思想以及和合精神等，皆可在《易经》中找到初端。换言之，儒家与《易经》的内在精神渊源，已经浮出历史表面。

《易经》位居中国儒学"六经"之首，又是道家"三玄"之一，更是中国哲学思想的集大成。今文家认为《易经》为孔子所作（六经皆是孔子所作），而古文家则认为六经是周公所作（孔子只是删改一番）。古文家的看法被今文家驳倒，而今文家的看法自宋代以来也不断遭到质疑。因此，孔子与《易经》的关系成为易学研究的一个极重要问题。

应该说，《易经》在西周初期就已经出现，《左传·庄公二十二年》载："周史有以《周易》见陈侯者，陈侯使筮之，遇《观》之《否》。曰：是谓'观国之光，利用宾于王'。"大致说，最早初具规模的《易经》所应用的史实是公元前 672 年，比孔子（前 551—前 479）早了一百多年。因而孔子不可能作《易经》，但是又因为《易经》与《诗经》和《春秋》的形成年代相差不远，孔子统一编订则是可能的。然而，这一问题却在历史上引起了持久不息的争论，值得学界深加分析。

---

① 胡适：《说儒》。
② （汉）班固：《汉书·艺文志》。
③ 冯友兰：《原儒墨》。
④ 参见（秦）吕不韦：《吕氏春秋·仲春纪》。

回顾历史，孔子与《易经》有密切关系。《论语·述而》："子曰：'加我数年，五十以学《易》，可以无大过矣。'"从《论语》中可看到，孔子早年致力于《诗》《书》《礼》《乐》的研究，到晚年才全力进行《易经》研究。这一点在《史记》中也有记载。《史记·孔子世家》云："孔子晚而喜《易》，序《彖》《系》《象》《说卦》《文言》。读《易》，韦编三绝，曰：'假吾数年，若是，我于《易》则彬彬矣。'"① 同样，《史记·仲尼弟子列传》云："孔子传《易》于瞿，瞿传楚人馯臂子弘，弘传江东人矫子庸疵，疵传燕人周子家竖，竖传淳于人光子乘羽，羽传齐人田子庄何，何传东武人王子中同，同传菑川人杨何。何元朔中以治易为汉中大夫。"可见，《易经》的研究已然成为儒学相传的重要内容。②

《孔子家语》则有多条孔子论《易》的引述，值得重视。"孔子曰：'入其国，其教可知也。其为人也，温柔敦厚，《诗》教也；疏通知远，《书》教也；广博易良，《乐》教也；洁净精微，《易》教也；恭俭庄敬，《礼》教也；属辞比事，《春秋》教也'。"（《孔子家语·问玉》），又说："孔子生于衰周，先王典籍，错乱无纪，而乃论百家之遗记，考正其义，祖述尧舜，宪章文武，删《诗》述《书》，定礼理乐，制作《春秋》，赞明《易》道，垂训后嗣，以为法式，其文德著矣。"（《孔子家语·本姓解》）。这里，已经将《易》与《诗》《书》《礼》《乐》《春秋》相并列，只是尚未成为"六经之首"而已。③而且，《易经·系辞传》引有"子曰"20余条之多，尽管可能并非完全是孔子的原话，但是其思想与孔子思想无疑具有相近性和互通性。

疑古派否定孔子整理删改《易经》说，称经不住历史追问。宋代欧阳

---

① 与此相近，《汉书·艺文志》也说："孔氏为之《彖》《象》《系辞》《文言》《序卦》之属十篇。"

② 《庄子·天运》引孔子对老子说："丘治《诗》《书》《礼》《乐》《易》《春秋》六经，自以为久矣。"可以旁证孔子不仅研究过《易经》，而且"自以为久矣"。

③ 将《易经》列为"六经之首"的，应是汉代的刘歆。他将"六艺"之次从"诗书礼乐易春秋"改为"易书诗礼乐春秋"，使儒学的中心从而转向道德性理的学问（形而上学）。

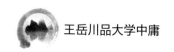
修《易童子问》揭证《系辞》《文言》诸篇非孔子所作。其后，明清学者对《系辞》质疑日多。近代康有为、梁启超、章太炎等则进行了细致的研究。尤其是章太炎更是极力反对"孔子删《易》说"，他在《孔子作易驳议》中认为，"汉世有言，孔子作《春秋》。未有言孔子作《易》"，并分别以"十二谬"加以指斥。①

持最激烈反对意见的，当是疑古派。在《古史辨》（第三册）中，以顾颉刚为代表的疑古派对《易经》进行了全面的清理，基本上否定了《易经》与孔子的关系。顾颉刚《周易卦爻辞中的故事》和《论易系辞传中观象制器的故事》，钱穆《论十翼非孔子所作》，李镜池《易传探源》和《论易传著作时代书》，余永梁《易卦爻辞的时代及其作者》等②，语言激烈，思想偏激，以一种文化虚无的态度，将《易经》与孔子的思想关系彻底否定。

在20世纪60年代初有关《易经》问题的讨论中，冯友兰的《〈易传〉的哲学思想》③和《〈易经〉的哲学思想》④两文对《易经》与孔子的关系问题进行了讨论；20世纪80年代初，张岱年《论易大传的著作年代与哲学思想》⑤和余敦康《从〈易经〉到〈易传〉》⑥等文也做出了自己的独到研究。在朱谦之、金景芳、张立文、朱伯昆⑦等的易学专著中也可看到比较客观的研究成果。尽管"否定说"意见仍然存在，但是已经不再具有"疑古派"那种压倒一切的气势了。

释古的中正立场值得赞赏——郭店楚简材料的支持及笔者的观点的展开。随着现代考古学的日益推进，当代学者充分利用出土的新材料进行研

① 章太炎：《章太炎全集》第4卷，上海：上海人民出版社1985年版，第20—22页。

② 参见顾颉刚：《古史辨》第3册，香港：太平书局1963年版，第1—307页。

③ 冯友兰：《〈易传〉的哲学思想》，载《哲学研究》1960年第7—8期。

④ 冯友兰：《〈易经〉的哲学思想》，载《文汇报》1961年3月7日。

⑤ 张岱年：《论易大传的著作年代与哲学思想》，原载《中国哲学》第1辑，北京：三联书店1981年版。

⑥ 余敦康：《从〈易经〉到〈易传〉》，原载《中国哲学》第7辑，北京：三联书店1982年版。

⑦ 朱伯昆：《易学哲学史》，北京：北京大学出版社1988年版。

究。1972 年临沂银雀山汉墓出土竹简近 5000 枚，1973 年长沙马王堆三号汉墓出土《老子》《易经》等帛书，1975 年云梦睡虎地秦墓出土竹简千余枚。尤其是 1993 年出土的郭店楚简，① 以及河北定州出土的西汉《论语》竹简抄本，更是以其丰赡的资料，重新改写着中国文化史和思想史，并使得"疑古派"所掀起的一股思潮濒于终结。

无疑，郭店楚简和河北西汉《论语》竹简抄本的新材料，对我们弄清楚孔子与《易经》的关系有帮助。其《论语》类文献的佚文，其史料价值与《论语》不相上下，如今本和帛书本《易传》中的有关文献、《孝经》、定县竹简《儒家者言》和《哀公问五义》《荀子》中的有关文献、大小戴《礼记》中的有关文献、《孔子家语》和《孔丛子》中的有关文献等。这说明孔子与《易经》有着不可否定的关系，他是"易学"的重要奠基者。

在笔者看来，孔子思想中，《易》的观念尽管出现很晚，甚至在《论语》中仅仅一句言及《易》。尽管有人举出，在《鲁论语》中，这句"子曰：加我数年，五十以学《易》，可以无大过矣"，按照《经典释文》"鲁读'易'为'亦'，今从古"的说法，似乎该读成"子曰：加我数年，五十以学，亦可以无大过矣"。但是，学界一般认为，《古论语》"五十以学《易》"的说法，比大晚于《古论语》的《鲁论语》更为可靠。因为《鲁论语》将"易"读为"亦"，是汉代人后起的说法，实际上上古音"易""亦"两字，"不同韵部，无缘传讹"。② 就孔子思想的发展而言，由早期的"礼学"阶段，进而进入中期的"仁学"阶段，最后在晚年臻达"易学"阶段。孔子不仅同《易经》有着深刻的思想联系，而且对易学做出了重要贡献，即在将过去的占筮之学转化为哲学的同时，将过去的乾坤二元论提升为易一元论。正是有关《易经》的思想阐释，使得孔子成为真正的当之无愧的哲学家。

---

① 此次出土的有道家文献《老子》《太一生水》；儒家文献有：《缁衣》《鲁穆公问子思》《穷达以时》《五行》《唐虞之道》《忠信之道》《成之闻之》《尊德义》《性自命出》《六德》《语丛》等。上述篇名，除《老子》《缁衣》《五行》外，皆系整理者代拟。

② 李学勤：《缀古集》，上海：上海古籍出版社 1998 年版，第 14 页。

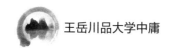

通过这些新的出土资料，可以肯定地说，《易经》发轫于殷商，基本成形于西周，最后编订于孔子①。《易经》和《易传》编订的时间不同——《易传》大体上完成于战国到汉初；同时，二者思想性质有着差异——《易经》是西周卜筮记录而成的占测事典，《易传》则是以《经》为基础的义理或哲学论著汇编。然而，二者却有着深刻的内在联系。

《易经》思想具有包容性，既有卜筮书的意味，又有哲学思想阐释的空间。这部经由多代学者编订并不断发挥的著作，在逃离了秦始皇的"焚书坑儒"后，②经历了曲折的历史命运：两汉时被谶纬化，魏晋时被玄学化，宋代时被理学化，明清时被朴学化，现代又被科技化。尽管《易经》内容庞杂，思想多歧义，但是完全以"疑古"的方式进行全盘否定，甚至说《易》与孔子毫不相关，是偏颇失当的，也是行不通的。从"释古"的学术角度看，这部经过孔子整理发挥的著作，不仅具有周秦时代知识全书的性质，而且以其"易道广大"的思想空间，深刻地影响了中国诸子百家、三教九流，以及历史上各种不同的思想流派，并以"日新之为盛德，生生之谓易"③的创新精神，泽被后代。

大体上说，儒家与道家皆渊源于《周易》，儒家以坤卦为首卦，道家以乾卦为首卦。由此而源生了对立而又相联系的儒、道两大思想体系。二者异中见同，殊途同归。儒家强调积极入世的观念和行为，注重个人道德修为和社会伦理秩序，以儒治世，强调和谐，治国平天下。道家强调以道治身，标榜超世形态中的逍遥境界，强调出世、无为。二者正好构成了中国文化的外儒内道，国家命运和个人生命都被整体观照，确乎是中国知识分子的一种精神写照。从严格意义上说，国学的中心是儒学，它的补充部分是道家和佛家。

那么，怎样进入儒家经典，体认和深究其中的各种问题域呢？笔者认

---

① 孔子说自己治学的方法是"述而不作，信而好古"（《论语·述而》），所以笔者认为，孔子没有作《易经》（"不作"），但是研究阐释过《易经》（"述"）。

② 王保玹：《今古文经学新论》，北京：中国社会科学出版社1997年版，第364—366页。

③ 《周易·系辞》。

为，今天做国学研究要从"义理、考据、辞章"三方面下功夫，义理主要是指哲学入思方面；辞章是指语言修辞运用方面；考据则是对考古学最新材料的运用和文献学的根基。要把学问做"通"，打通现代与传统的知识地层是必不可少的，往往学问做到一定阶段，考据的重要意义才格外凸显出来。三个方面都深入做好，学问才能达到一定的境界。

无论做思想史还是文化史，都需要对历史经典文本加以细读，这是做学问的重要方式。但笔者主张在读国学时，主要应该注意的是每一位思想家的思想脉络——各自解决了什么问题。如果把人类思想的进展比作一个环环相扣的链条，要明白他们是属于其中的哪个环节，他们用了怎样的方法去试图打开这个链条上的结。先要有问题意识，带着问题去探索答案，而不是被浩如烟海的书控制了精力和兴趣。有的学者讲国学可以摇头晃脑，可以把国学讲成心灵鸡汤，但是一谈到当代问题却没有发言的能力。笔者希望将国学经典当作一种思想的磨砺，磨砺成一把可以所向披靡的宝剑，而不是可把玩的东西。因此，要直接面对经典著作本身，用自己的心灵去理解古人，用自己的头脑去和古人对话，用自己的眼光发现自己要寻觅的东西。故而直接读原著，具有重要的原典研究意义。

不论读国学或西学，最重要的一点就是千万不能停滞在语言表面。道家讲"得意忘言""君之所读者，糟粕而已"——将语言当作思想留下的糟粕，都是要人善于发现文字背后的东西。文字一旦写出来就成了凝滞的，但写作者的思想却像风和水一样流动，水是抓不住斩不断的，文字只是其思想所及之处掀起的一道波纹。理解者的心思也应当是灵动的，其要追寻的是那道倏忽划过的思想亮光，从文字止步之处开始。读书要"入乎其内，出乎其外"，用现象学的方法读国学可谓是"入"，这"入"既要人澄明心境，又要带了个人的见地。只是很多人读书时对着前人的诸多高论，先就没有了发一己之见的勇气，因此个人的"气"是很重要的一点。用问题视角去读西学可谓是"出"，是在"入"的同时，时时要抱着"出"的心态，尽量准确地理解作者的本义当然重要，但有一个前提是要保持充分的自我意识，带着自己的问题游走其中。无论"出""入"，关键

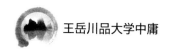

是要有一个高度自觉的、有对话意识的主体。

"四书"中《大学》《中庸》的经典文本是儒家解释人生和世界的哲学尝试，经典问题通过传统文本向我们敞开，我们通过理解而向文本敞开自身的历史性。这种思接千载的问与答、读与思表现了人与世界、人与社会、人与他人、人与自我的诸多复杂关系。理解经典是经典文本意义生成的过程，也是一个不断创新的本体理解过程。经典文本的解释存在两个极点：文本一极与解释者一极。把文本作为解释中心可称之为"文本解释"的客观主义，而"主体解释"标举个体主观的阐释活动，不太注重文本原意，讲求理解的延伸性创见，表现为解释的主观主义倾向。

笔者对待国学经典的态度是：尽可能地与文本本意相符或趋近，同时阐发文本的历史语境及其当代意义，从而使经典文本能够产生某种程度上的意义增值。一般而言，经典文本体现在它作为一种"召唤结构"令后人不断地加以理解和解释，而永远使解释者不能穷尽其深层意蕴。需要说明的是，本书的分析方法是"文本细读法"，笔者力求通过逐字逐句对经典的解读，尽可能地接近经典的原意，然后经过内容阐释而发掘出其中所隐含的重要的当代意义。这种"细读法"有回归古典治学之本的意向，也有排拒今日学术空疏学风的旨趣，从而使文本的分析自然同那些"戏说""大话"或者"随口引申"的解说划清界限。

品读《大学》《中庸》，其目的绝非怀古之幽情，而在于通过我们全新的阐释，坚定中国文化逐步世界化的文化自觉。笔者的立场既不是民族主义，也不是全盘西化的拿来主义，而是从一种全球性的、人类的视角出发，从生命体验和文明变迁的角度出发去追问人性本体，从困扰人类生命心性的共同遭际问题出发去研究中学西学，在人类文化现状和未来发展的坐标轴上反思中国文化的地位和中国文化的当代价值。

让我们走进经典之《大学》《中庸》，去探索其中的智慧和奥秘吧！

上编　品读《大学》

第一讲　作为经典的《大学》及其当代价值

　　《礼记·大学》的"大"，在先秦时代读作"太（tài）学"，宋以后一般读作"大（dà）学"。《大学》并不是一本书，而是《礼记》中的第四十二篇。《礼记》是先秦的一本古籍，由西汉经学家戴圣根据自己的见识，加入一些文献之后，整理而成的一部总集。其中，像《大学》《中庸》等都不是汉代的文献，而是先秦的文献。《礼记》的意思就是对人们所应当遵守的礼节、仪式的记载。

一、由"记"上升到"经"

　　《礼记》最初的地位并不太高。一般而言，儒家经典分成三部分：一是"经"，也就是经典、座右铭、指导思想、纲要等；二是"传"，是对一些重大事件、重要人物的阐释；三是"记"，是一种历史文献记载。在"经""传""记"中，"经"最为重要，"记"属于最末。《礼记》就属于地位不是很高的"记"。但到了东汉末年经学家郑玄把《仪礼》《周礼》和《礼记》"三礼"合并为"三礼经"后，《礼记》就从"记"的地位上

升到了"经"的地位，变成了儒家的重要经典。① 其中，《大学》《中庸》在宋代又成为儒家最重要的经典组成部分。《大学》《中庸》由《礼记》中的两篇，加上《论语》《孟子》由朱熹合成"四书"，到宋代成为与"五经"并列的重要经典。当然，这是一个漫长的历史演变过程。②

我们知道，《礼记》是"三礼"（《周礼》《仪礼》《礼记》）之一。汉代把孔子定的五部典籍《诗》《书》《礼》《易》《春秋》称为"经"，弟子对"五经"的领会、注释、分析称之为"传"和"记"。就本源而言，《礼记》本来是解释分析《仪礼》的，属于"记"的范畴，大抵为孔门弟子及其再传弟子集体智慧的结晶。③ 需要说明的是，在"三礼"中，《礼记》恰恰最晚取得"经"的地位，却在历史长河中逐渐成为礼学中最重要

---

① 《大学》的学派归属在学术史上有不同意见。宋儒大多认为其法思孟学派，而冯友兰则认为《大学》源于荀学，其理由如次：1.《大学》"止于至善"（阮元主持校刻：《十三经注疏》，北京：中华书局1980年版，第1673页），是来自《荀子·解蔽》的"止诸至足"（《诸子集成》2，上海：上海书店1986年版，第271页）。2.《大学》"有诸己，而后求诸人；无诸己，而后非诸人"（阮元主持校刻：《十三经注疏》，北京：中华书局1980年版，第1674页），及"君子有挈矩之道也"（阮元主持校刻：《十三经注疏》，北京：中华书局1980年版，第1674页），来自《荀子·不苟》"五寸之矩，尽天下之方"（《诸子集成》2，上海：上海书店1986年版，第30页），《荀子·非相》"圣人者，以己度者也"（《诸子集成》2，上海：上海书店1986年版，第52页）。3.《大学》言"正心"，言"心不在焉，视而不见，听而不闻"，来自《荀子·解蔽》"故人心譬如槃水，正错而勿动，则湛浊在下而清明在上"（《诸子集成》2，上海：上海书店1986年版，第267页）一段。4.《大学》言致知格物，来自《荀子·解蔽》"凡观物有疑，中心不定，则外物不清"（《诸子集成》2，上海：上海书店1986年版，第269页）一段。但笔者认为，这种解释中有些牵强，《大学》的基本思想倾向，仍然应归属于思孟学派。

② 《四库提要》："《大学》、《中庸》，旧《礼记》之二篇。其编为'四书'，自宋淳熙始。其悬为令甲，则自元延祐复科举始。古来无是名也。……朱子书行五百载矣，赵岐、何晏以下，古籍存者寥寥。梁武帝《义疏》以下，且散佚并尽。元明以来之所解，则皆自'四书'分出耳。"见《四库全书总目》上册，北京：中华书局1965年版，第289页。

③ 《礼记》主要内容记载论述先秦的礼制、礼仪，各种繁复之礼的细节，以及孔子与弟子对问题精深分析问答对话，其中也收入先秦的其他典籍记述修身、治国、君子准则等。上古文化思想涵盖面极其广大，尤其是集中体现了先秦儒家的政治哲学、伦理道德、历史评价、艺术美学思想等，成为研究先秦社会的重要资料。可以说，《礼记》全面系统地宣扬了儒家礼治思想，从而受到历代的重视，其影响依然超过《周礼》和《仪礼》，而成为中国思想史上重要的经典。

的经典。分析这一历史原因在于，《周礼》《仪礼》的文字太过古奥难懂，诘屈聱牙，难以通读，而《礼记》则语言清晰准确，名句迭出，记诵便捷，故而引用频率极高，逐渐被历代儒家认为是进入《周礼》《仪礼》的不二门径。

从历史上看，西汉末年印度佛教传入中国。到魏晋南北朝、隋唐时期，信佛的人越来越多，而佛教的消极方面也越来越明显。为反对佛教，唐代韩愈就提出了以《大学》为纲领的理论体系，用《大学》中的"修身、齐家、治国、平天下"思想，来抨击佛教中只讲个人修身养性的佛理。韩愈的学生李翱也推出了《中庸》学说来和佛教对抗。他们开始把《大学》《中庸》提高到与"六经"同等重要的地位。到了宋代，由于当时理学思想的需要，《大学》《中庸》的"格物致知""修齐治平"和"中和"的处世思想进一步受到重视，而这些又同宋代大儒朱熹的努力密切相连。

朱熹在《大学》的开篇之前有一段提示，而且是引用他人的话来说明自己的观点：子程子曰："'《大学》，孔氏之遗书。而初学入德之门也。'于今可见古人为学次第者，独赖此篇之存，而《论》《孟》次之。学者必由是而学焉，则庶乎其不差矣。"①

"子程子曰"，前面的"子"是老师的意思，后面"程子"的"子"是古代对男子的一种尊称。意思是说，我的老师程颐说了这样一句话：《大学》是孔子留下来的书籍（但今天学界认为是孔子门生留下来的书籍），是"初学入德之门也"，就是最初开始学习、读书，进行道德修养的入门读物。接着朱熹又说，"于今可见古人为学次第者"——今天可以看到古人做学问有一个先后开端和总结的过程，而这个开端很重要，"独赖此篇之存"。《大学》正是进入学问的第一篇，叫"开端入门之学"。其次读《论语》和《孟子》，最后读《中庸》。这样，学习的人要沿着《大学》所说的次序去学习，眼界必然高，心境必然明。由于读书是循序渐进，最后达到道德修养的境界，这时就可以说很不错了。由此可知，这个开端是

---

① （宋）朱熹：《四书章句集注》，北京：中华书局2011年版，第4页。

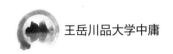

对学生的一个"提示",表明了《大学》这本书的重要性,《大学》就是进入广阔思想精神域的第一站。

程颢《大学》改本的大致框架是:三纲领—释三纲领—八条目—释八条目;程颐《大学》改本的大致思路是:三纲领八条目—释三纲领八条目。朱熹《大学》改本的大思路与程颐相同,也是先列三纲领八条目,然后再依次一条条列出与之相对应的释文。朱熹比二程更进一步,不仅对《大学》原文有条理化的要求,还讲求文章严格的内在结构,故其对《大学》的整理结果比二程改本更为细致。但也因为其对古典经典强分经传、颠倒旧次、补阙遗文,而导致"率情咨意",而引起历代学人的诟病。在笔者看来,朱熹太过明显的"六经注我"方式在古典文本中,置换进自己的思想逻辑和文本阐释,其"过度阐释",其功过都同样明显,一方面,从新的历史情境和问题出发,激活了经典的意义阐释空间;另一方面,过分为现实而阐释或者为表达自我对时代问题的解决焦虑而形成的误读,又成为思想史误读的争讼不已的事件。

朱熹继承并大大发扬了程颐的思想,将《大学》《中庸》《论语》《孟子》合在一起成为"四书",还倾注了大半生的心血作《四书章句集注》。由于朱熹的贡献,《大学》这篇不到两千字的论文升华成了一本重要的书。尽管它很短,但绝不能小看。因为朱熹说:"某要人先读《大学》,以定其规模。次读《论语》,以立其根本。次读《孟子》,以观其发越。次读《中庸》,以求古人之微妙处。《大学》一篇有等级次第,总作一处,易晓,宜先看。"(《朱子语类》卷十四)这就为人们指出了读"四书"的先后顺序,"宜先看"三字说明《大学》集中体现了儒家的思想,是入门的重要的途径。

经过朱熹的努力,"四书"的经典地位逐渐确立起来,并从此开始风行于世。① 元仁宗皇庆二年,即1313年,"四书"被官方定为科举考试的

---

① 据学者顾歆艺的统计研究,朱熹《大学》注仅引用了二程(5处)、郑玄(3处)、王肃(1处)、吕大临(1处)四家的解说;《中庸》也只引用了二程(7处)、吕大临(5处)、郑玄(4处)、张载(4处)、杨时(1处)、游酢(1处)、侯师圣(1处)、沈括(1处)八家解说,许多家的注语都只引用了一条,其余大部分都是朱熹本人的解释。

教材。明朝永乐年间，官修《四书大全》并颁行天下，作为士子考试的标准读本。科举考试又以它为出题的依据，并以朱熹的《四书章句集注》为标准答案。① 清代的康熙、乾隆皇帝都曾经多次抬高 "四书" 的地位。从此以后，"四书" 成为中国民间最普遍的读本，深深影响了中国封建社会后期七百多年的读书人。

二、《大学》的作者

关于《大学》的作者，按照传统的说法是曾参。通常认为，《中庸》为子思所作。而在文笔上，《大学》还没有《中庸》那么成熟，因此《大学》应早于《中庸》。《大学》可能是曾参所作，或由其弟子加以补充。

曾参，字子舆，春秋末期鲁国人，生于公元前 505 年。他和父亲曾点都是孔子的得意弟子。他学识渊博，曾提出 "吾日三省吾身"② 的修养方法，世称 "曾子"，后世尊称为 "宗圣"。曾子以孝著称，在《二十四孝》中 "啮指痛心" 讲的就是曾子的故事。③ 曾参认为， "一孝立而万善从之"，孝道的最高境界是尊亲，"大孝尊亲，其次不辱，其下能养"，进而将孝视为天下之大经，人生最重要的行为方式，不仅事亲躬行孝道，而且致力于阐发孝道的内涵和本质。相传其著述《孝经》一书，《孝经》扩充了孝的内涵，使孝道不限于家庭伦理，而是社会伦理和政治伦理的重要内容，列为儒家重要经典。曾参的孝与修身齐家的《大学》思想完全吻合，相得益彰。史料也证明《大学》的作者应是曾参。

---

① 古代科举考试极为严格，钦定以 "四书" 为考试主要内容。县州级考试叫 "童试"，中者称秀才，第一名叫 "案首"；省级考试也叫 "乡试"，中者称举人，第一名叫 "解元"；国家级考试叫 "会试"，中者称贡士，第一名叫 "会元"；经皇上亲监考面试叫 "殿试"，中者为进士，第一名称 "状元"，

② 《论语·学而》，（清）阮元校刻：《十三经注疏》，北京：中华书局 1980 年版，第 2457 页。

③ 曾子对母亲非常孝顺，有一天上山砍柴，家里来了客人，母亲不知怎样招待，着急中就咬自己的手指。曾子忽然感应到母亲的呼唤而觉心痛，便背着柴迅速回家，对客人以礼相待。

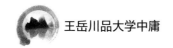

朱熹说："《大学》之书，古之大学所以教人之法也。"①《礼记·学记》中说，"古之教者，家有塾，党有庠，术有序，国有学。比年入学，中年考校，一年视离经辨志，三年视敬业乐群，五年视博习亲师，七年视论学取友，谓之小成。九年知类通达，强立而不反，谓之大成。夫然后足以化民易俗，近者说服，而远者怀之，此大学之道也"。这表明作为"四书"之一的《大学》与古代作为高等学府的大学，也就是太学，有着密切的联系。古代有大学这样的教育机构，古代与大学相对的是"小学"。在中国古代一般是八岁入小学，十五岁入大学。所谓大学，就是长大成人之学。今天的小学大学之间又增加了"中学"，所以现代人入大学一般是十八岁。

"小学"的学习内容比较简单。朱熹说，"人生八岁，则自王公以下，至于庶人之子弟，皆入小学，而教之以洒扫、应对、进退之节，礼乐、射御、书数之文"。②学习扫地和如何跟大人进行对话，学人伦礼貌懂进退秩序。除此之外，还要读一些具有修身养性的儿童读物，学会"射"（射箭）、"御"（驾车），学习算术、书写等。

"大学"同"小学"在学习内容方面有重大的递进和提升。《礼记·学记》中说，"大学之教也，时教必有正业，退息必有居学。不学操缦，不能安弦；不学博依，不能安《诗》；不学杂服，不能安礼；不兴其艺，不能乐学。故君子之于学也，藏焉修焉，息焉游焉，夫然，故安其学而亲其师，乐其友而信其道，是以虽离师辅而不反也"。朱熹认为，"及其十有五年，则自天子之元子、众子，以至公卿、大夫、元士之适子，与凡民之俊秀，皆入大学，而教之以穷理、正心、修己、治人之道。此又学校之教，大小之节所以分也"。③大学要做的就是："格""致""诚""正""修""齐""治""平"。一句话，"大学之道，在明明德，在亲民，在止于至善"。④

———————————

①②③　国学整理社：《四书五经·大学章句序》，上海：世界书局1936年版。

④　《礼记·大学》，（清）阮元校刻：《十三经注疏》，北京：中华书局1980年版，第1673页。

三、《大学》的文化心理整合的当代意义

在笔者看来，《大学》的思想影响了中国人千百年，但是在飞速发展的今天，在战争、灾难、瘟疫和人的精神生态失衡的状况下，《大学》中的格、致、诚、正、修、齐、治、平的儒家思想尽管有其历史局限性，但其东方思想的光辉仍然透过历史的迷雾而映射出来。

首先，儒家思想是对人的文化心理结构的一种塑型。因为儒学是向内心去发掘自己内心的"扪心自问"，是进行心灵反省的"致良知"，是让人拿出自己本真的知觉的精神醒悟。儒家并不是鼓吹让人获得千万的财产之后才变成一个伟大人物的学派。相反，儒家认为，颜回的高尚在于他于清贫之中对道的追求，清贫并不意味着个体德行（道）的低矮。

其次，儒家思想强调尊重历史，尊重教化，尊重道义，对今天而言意义重大。当代社会是一个被西方中心主义怂恿的消费主义社会。在全球化中消费主义甚嚣尘上，人人都想自己的生活变得更加富有。这有正义和合理之处，但消费主义是在超出个体支付能力的情况下，过分地向整个社会攫取，去获得那些非礼之财、非义之财，以及自己永远花不完的钱财，导致多少人因人性败坏而锒铛入狱，使得多少人为此付出了生命的代价。在这一点上，清贫持重、坚持道义的儒学思想并没有过时，而且很有必要将儒家的"忧道不忧贫"，[①]严于责己、宽以待人的思想发扬光大。这对抵制过分的功利主义、拜金主义、享乐主义，以及过分的个人主义，都是大有好处的。

再次，儒家思想还特别强调了个体精神修养的重要性，这一点对于当今世界和谐发展的意义不可低估。哲学家萨特说，"他人就是地狱，人对人是狼"。设想一下，如果每个现代人都变成损人利己的人，对这个社会都疯狂攫取肆意拿来，不劳而获却坐享其成，现代社会岂有安宁之日？因

---

① 《论语·卫灵公》，（清）阮元校刻：《十三经注疏》，北京：中华书局1980年版，第2518页。

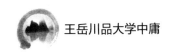
此，克制自己非分的欲望，去供奉一份公心平常心，通过对自我内在精神美德的光大发扬，去做有利于这个世界和谐发展的事情，当然有其积极意义和正面价值，这些都体现出传统儒家思想超越历史的不可泯灭的价值。

最后，还应区分儒学思想中哪些精华应该继承，哪些糟粕应该抛弃。大致上说，儒家分成几个阶段，第一阶段就是先秦儒家。先秦儒家又称为原始儒家，孔子、孟子思想，包括《大学》《中庸》思想是其代表。先秦儒家思想中的健康、清新、平等对话的思想，"忧道不忧贫"①的思想，以及"我善养吾浩然之气"②的思想，在今天仍然应该发扬光大，因为这对人类整体都有重要意义。这其中就包含《大学》的作者曾参本人的诚信品德。据记载，曾子之妻之市，其子随之而泣，其母曰："女还，顾反为女杀彘。"妻适市来，曾子欲捕彘杀之，妻止之曰："特与婴儿戏耳。"曾子曰："婴儿非与戏也。婴儿非有知也，待父母而学者也，听父母之教，今子欺之，是教子欺也。母欺子，子而不信其母，非所以成教也。"遂烹彘也。③ 可以说，"曾子杀猪"的故事体现了先秦儒家质朴清新的诚信思想，这种思想对后世中国人格完善的影响颇为深远。

但是笔者也注意到，儒家的两汉"经学"中，"经"把儒家思想神圣化宗教化了，诸多问题随之出现。当一种有鲜活生命力的思想——原生态原创思想经过组装改造之后，变成了一种适应当时政治需要的宗教性教化思想时，它错综复杂的问题就不可避免地浮现出来。儒家思想也开始僵化，而不再具有清新刚健的精神了。到了宋明以后，儒家又变成了带有更多哲学意味的思想，成为很多知识分子所探讨的"内圣外王"之学，并被官方演化为一套禁锢人性的观念规范。在这种观念规范的支配下，出现了一些偏激的和骇人听闻的现象，如鲁迅所说的"吃人"的封建礼教，还有像束胸、缠足、守寡不能改嫁等。这些消极方面在五四时期被大加挞伐。

① 《论语·学而》，（清）阮元校刻：《十三经注疏》，北京：中华书局1980年版，第2457页。

② 《孟子·公孙丑上》，（清）阮元校刻：《十三经注疏》，北京：中华书局1980年版，第2685页。

③ 《韩非子·外储说左上》，《诸子集成》5，上海：上海书店1986年版，第214页。

那么，这些消极方面是孔子、孟子的本意吗？是在先秦出现的吗？显然不是。这些消极方面的出现有多重原因，但原始儒家包括孔子、曾子、子思、孟子等，他们本来的意思是在于完善人性，而非戕害人性。将儒学发展中出现的各类问题都算在原始儒家的身上，无疑是偏颇的。

四、《大学》的当代精神生态价值

《大学》虽然是古代儒家的思想，但在全球化的今天，依然有其不可忽视的当代价值。《大学》是中国人文世界精神土壤的重要组成部分，对民族、国家和个体而言，《大学》的价值非同一般。

现代"大学"主要强调的是人的全面发展，包括德、智、体等方面。古代中国的"大学"则主要强调对内在道德心性的开发和完善，二者有所区别。这一侧重内心完善的古代大学教育与现代大学并不是冲突对立的，而是可以相互融合的。因此，在全球化时代重新阅读先秦的经典，重新审视儒家的思想、道家的思想，这不是发思古之幽情，而是说明古代思想有其亘古常青的魅力。

全球化对东方是一个前所未有的挑战。① 西方和东方对全球化有截然不同的理解。西方人认为全球化就等于同质化，而同质化就是整个世界完全一体化。但是，如果西方人或者是美国人的思想等同于全世界所有人的思想，美国人的娱乐方式、波普文化等于全世界各个民族的娱乐方式，西方的所有的思想、宗教都变成全球化，那么这个世界就因其单一性同质性而异常枯燥乏味。但东方思想家认为，全球化应该有东方的价值和地位。由此，东西方的冲突就出现了。美国思想家亨廷顿曾提出，21 世纪将是基督教文明与儒家文明的冲突。② 而中国就是儒家文明的代表。正是由于东方认为全球化应该有其差异性的维度，才让西方人感到东方不再那么温

① 参见王岳川：《全球化与中国》，济南：山东友谊出版社 2002 年版；王岳川：《发现东方》，北京：北京图书馆出版社 2003 年版。

② ［美］亨廷顿：《文明的冲突与世界秩序的重建》，北京：新华出版社 1998 年版。

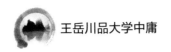
顺，感到东方浩然之气威胁到西方霸权主义。

实际上，思想文化观念正在从冲突对话协商中走向融合和更高的文化境界。在笔者看来，全球化在于逐渐学会尊重差异性文化，并通过差异进行对话和沟通而获得更高的文化共识。这一良好愿望当然也遭遇到现实的挑战。一个多世纪以来，由于国人对自我传统的不信任，过去的经典早已被排斥到边缘，而西方的波普文化、行为艺术、解构思想已经达到话语狂欢的地步，进入中国的流行文化更是变本加厉，经典文化被彻底边缘化。尽管如此，我们也不能悲观。不管是西方还是东方，只要它们原初的思想成果曾经为人类的思想史做过重要贡献，为人类精神的成长提供过有益的精神营养，就值得当代人尊重和不断学习。

文明之所以得以传承，一个很重要的原因是它能启发当代人解决现实问题。当今社会中有着各种各样的突出问题。联合国教科文组织向全世界公布了三个"百分之一"，其状可谓触目惊心。第一个"百分之一"是精神病。在过去，精神病出现的概率并不是很高，但现在却是人类的百分之一，这就意味着在一百个人中就有一个人精神不正常、精神失常、精神忧郁。第二个"百分之一"更可怕，一百个人中就有一位艾滋病患者或艾滋病病毒携带者；联合国教科文组织指出，全世界已经有七千万艾滋病或艾滋病病毒携带者，占人类七十亿人口的百分之一。第三是自杀率百分之一。第一个"百分之一"还可以医治，第二个"百分之一"连医治都不可能，而第三个"百分之一"就是死亡本身。① 这些情况说明了人们的生活方式与精神存在方式之间出现了裂痕，我和他人、我和社会、我和世界、我和自我、精神和肉体的关系严重撕裂。为什么现代化现代性给予世界的承诺是人人幸福而过上美好的生活，却出现整体分裂的三个"百分之一"？面对如此复杂的问题，人类的精神需要真正的文化来疗治，否则人类今后赚得了整个世界，但是失去的却是自己的灵魂，失去了自己真正的幸福。

在这个意义上，我们有必要重新提出大学的意义问题。大学的意义，

---

① 参见王岳川：《发现东方》（修订版），北京：北京大学出版社 2008 年版。

古代和今天都在追问。汉代郑玄说："大学者，以其记博学，可以为政也。"① 朱熹说："大学者，大人之学也。"②这是古代的看法。今天的人们也在探讨大学的意义：清华大学校长梅贻琦曾说："所谓大学者，非谓有大楼之谓也，有大师之谓也。"③ 所谓"大师"就是指那些德高望重、学贯中西、眼光深邃，而且是面对整个世界毫无私心地把自己的知识贡献出来，提升人类的精神境界的大学者。可以说，现代的大学理想和古代的大学理想有内在相通之处。当然，这种理想也遭遇到现实的问题。今天的大学，学生空前增多，但是灵魂无根问题、心灵空洞问题、精神缺钙问题，都值得我们反省。重新审视大学的意义，重新塑造大学精神就成为当务之急。

"学术者，天下之公器。"什么叫"天下"？什么叫"公器"？今天，我们有多少学者，有多少大学生心里边还有"天下"这个词？还有"公器"的尺度？这难道不是一个很值得思考的问题？在这时重温中国经典之《大学》，其当代意义就鲜明地浮现出来。

---

① （汉）郑玄注、（唐）孔颖达疏：《礼记正义·大学·疏》，（清）阮元校刻：《十三经注疏》，北京：中华书局1980年版，第1980页。

② 国学整理社：《四书五经·大学章句》，上海：世界书局1936年版。

③ 1931年12月3日，梅贻琦到清华大学任校长时，在全校大会上发表的就职演说。

第二讲 《大学》"三纲"的精神高度

　　《大学》的思想固然高深，但必须以细读为理解的前提。细读是一种方法，即通过对具体文本，包括字、词、句、章等加以深刻了解，才能抵达思想的深处。阅读经典不能囫囵吞枣，也不能望文生义，细读保证我们对经典的基本理解的可靠性。

一、大学之道第一纲"明明德"

　　"大学之道"有三个纲领，也称"三纲"，即"大学之道，在明明德，在亲民，在止于至善"。仅从文字本身还不能透彻理解其内涵，因为文本的意义是镶嵌在思想史背景中的。三纲中的"道""德""善"是中国思想的关键词。要明白这些关键词背后的深刻精神，需要下一番思想史功夫。

　　第一个问题是"大学之道"的"道"指的是什么。老子在《道德经》里经常提到"道"，道是道家的核心思想。其实，道也是儒家的核心思想之一。"道"不仅有"道路"这种形而下的意思，还有形而上的意思，如"大道之行也，天下为公"[①] 的"道"，这个"道"已经从形而下的具体的道路升华为具有形而上学意义的思想。相比较而言，道家更强调道的形而上的意义。此处"大学之道"的道主要指道理、宗旨、规律等。在古代，大学是成人的仪式，十五岁入大学，接受成人立业的教育。大学的对象不仅包括大学生，还包括一切长大成人的人。"大学之道"中的"道"指的是办

---

① 《礼记·礼运》，（清）阮元校刻：《十三经注疏》，北京：中华书局1980年版，第1414页。

大学的宗旨、方针，读大学的要求和成为大学生的一套自我行为规范。

"大学之道"第一条纲领是"在明明德"，主要强调的是自我启蒙。第一个"明"是动词，第二个"明"是形容词。第一个"明"就是明白、彰显、弄清楚的意思。第二个"明"是明亮的、光大的、高迈的意思。这个"德"是指德行、品德和个人修养。"在明明德"就是要去明白、弄清楚并且彰显人人内心原有的光辉品德。牟宗三认为"明明德"的解释有着不同的角度："这种明照中国以前的哲学家讲，是用哪一种辞语来代表呢？就是王阳明所说的良知，这就是真正从主体中所发的明。而且这个良知所表示的这个主体永远不能客体化，不能对象化。你如果把它客体化当个对象看，你是看不到良知的。良知只有在你不把自己当成对象，而存在地归到你自己身上来，主体恢复为主体而不是把主体推出去当成客体，人恢复为人，把人当个人看，只有在这种情形下，良知这个明才呈现出来。"①

儒家强调"人之初，性本善"，说明人的本性原来就像赤子之心一样，刚生下来的时候并不是恶的。之所以长大了以后，有的变成了很好的青年，而有的却变成了罪犯恶人，② 呈现如此之大的差异，就在于后天的社会环境的影响。正如傅玄《太子少傅箴》所谓，"近朱者赤、近墨者黑"。③ 因此，外在环境和人性发展的关系就是大学教育不得不考虑的方面了。

儒家所谈到的人，指出"性本善"，讲的是人刚生下来时并不是恶的，长大后的改变是由后天社会影响所造成的。德行的彰显也和环境有着密切的关系，对此，西方的哲学家也有同样的探索，其中存在主义就提出了人

---

① 牟宗三：《中国哲学十九讲》，上海：上海古籍出版社 2005 年版，第 24—25 页。

② 修为是一生的事，一旦忘了初心，就会走向自己的反面，古今皆然。古代一些历史人物，童年时代口碑很好，其后成长过程中不修为不自律，最终中晚年变成为小人。西汉"凿壁偷光"的匡衡，少年家贫买不起灯油，"凿壁"后在微弱的光线下刻苦读书。殊不知功成名就后忘了初心，他一意孤行，贪污钱财，结果被汉成帝贬为庶人放回故里，病死于家乡。蔡伦造纸举世皆知，后来心底黑暗帮助太后陷害了众多大臣，自杀身亡。唐朝李绅《悯农》"谁知盘中餐，粒粒皆辛苦"成为少儿朗朗上口的佳作，却不知他晚年滥施淫威，一意孤行，为官残暴。

③ （晋）傅玄：《太子少傅箴》："故近朱者赤，近墨者黑；声和则响清，形正则影直。"

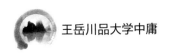

要面对的四重问题。[①]

存在主义哲学家在不断地告诉我们，人处于世界中，他面对四重极端复杂存在关系：

1. 人与自我的关系。文艺复兴以后，人成为一棵会思考的"芦苇"，相信自己通过培养而具有伟大光辉，相信自己能够把握自己。但是，人与自我也是一个难题。因为弗洛伊德告诉人们，人不是神，人也不是万物的灵长，人还有动物的本性，人的本能使得人充满了欲望，最后人与自我分裂了。

2. 人与他人的关系。自我只有一个，而他人则千千万万。放眼社会，可以说损己利人的人比比皆是，但另一方面贤者圣人却很稀少。人和他人构成了社会的一个维度，但是很多人却破坏这个维度，去损人利己，甚至是损人不利己。这样一来，人和他人的关系就已然破裂，而不再具有合作协作、和谐发展的关系。

3. 人与社会的关系。他人是具体所指的，而社会则没有具体所指，可以说是全部他人的总和。从小处说，家庭就是一个小社会，而社会可以说就是一个放大了的家庭，或者由众多家庭组成。古代的家庭是"家族"，不是今天意义上的小家庭。今天的家庭结构变简单了，父母子女几人，而且很多还是核心家庭，独生子女多，独生子女被看成是父母掌上的明珠。但在古代，上有兄长下有幼弟，还有叔伯姑婶侄子等，在这样一个五世同堂几百人的大家族里，要把这个家族弄清楚整齐，找到自己的位置而知道进退，是非常难的。而从家族扩大到社会，厘定自己的位置则更难。

4. 人与世界的关系。康德的墓志铭是："位我上者，星光灿烂；道德律令，在我心中。"今天的世界不仅有中国，而且有多国；不仅有中国经典，还有西方经典；不仅有儒家经典，还有佛家经典、道家经典；不仅有汉语，还有英语、法语、德语。世界之大，难以穷尽。人无法彻底认识这个世界，因为世界不仅太大而且变化太快。

儒家找到的一种面对世界的佳善方式就是"明明德"。面对这"四重

---

① 参见王岳川：《当代西方最新文论教程》，上海：复旦大学出版社 2008 年版，第 133 – 165 页。

天"，去把自己内在的光辉发掘出来。《大学》的意义就在于：当一个人通过良好的教化、修养、陶冶之后，能够把内在清净无染的本性发展出来，而成为一个真实的人。为了将人性内在的光辉显现出来，进而培养更光辉的人性，就要克服环境的恶劣侵蚀，这样每个人心里所有的光明德行才能得到激发彰显。在笔者看来，"大学之道，在明明德"其实就是以一种自我的启蒙，去洗掉那些蒙蔽心灵的赘物和虚假的承诺，而把美好的德行开启光大出来。

二、大学之道第二纲"亲民"

"大学之道"的第二个纲领是"亲民"。① 对"亲民"有不同的理解，有的认为亲民就是亲近人民。程颐认为"亲，当读作新"。朱熹继承程颐的观点，认为"新者，革其旧之谓也。言既自明其明德，又当推己及人，使之亦有以去其旧染之污也"。② 而从《大学》后面的内容看，"亲民"应为"新民"。王阳明对此有不同的看法，他认为："'作新民'之'新'是自新之民，与'在新民'之'新'不同，此岂足为据？'作'字却与'亲'字相对，然非'亲'字义。下面'治国平天下'处，皆于'新'字无发明，如云'君子贤其贤而亲其亲，小人乐其乐而利其利，如保赤子；民之所好好之，民之所恶恶之，此之谓民之父母'之类，皆是'亲'字意。'亲民'犹孟子'亲亲仁民'之谓，亲之即仁之也。百姓不亲，舜使契为司徒，敬敷五教，所以亲之也。《尧典》'克明峻德'，便是'明明德'；以'亲九族'至'平章协和'，便是'亲民'，便是'明明德于天下'。又如孔子言'修己以安百姓'，'修己'便是'明明德'，'安百姓'

---

① 郭店楚简中有"教民有新（亲）也"（《唐虞之道》），"不戚不新（亲），不新（亲）不爱"（《五行》）等语，其中"亲"皆写作"新"，说明"亲""新"本可通用。朱熹等改"亲民"为"新民"并非无据，主要是看到下文有"苟日新，日日新""作新民"等语，另外，则是考虑到思想上的联系。参见梁涛：《〈大学〉新解》，《中国哲学》第二十三辑。

② 国学整理社：《四书五经·大学章句》，上海：世界书局1936年版。

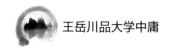

便是'亲民'。说'亲民'便是兼教养意,说'新民'便觉偏了。"①

"明明德"意味着当人明白"大学之道",应进一步去启迪自己而去掉杂欲,才能达到清静无为的境界。而"亲民"则告诫人们,通过自我完善而获得的心性提升成果不能一人独享。因为知识权力告诉人们,知识不能独享,一旦人经过自我启蒙获得了刚健清新的人生境界后,还有去除其他人理智之"蒙"的义务,从而让一个民族、一个国家去掉蒙昧,走向新生。这就是"亲民"的精神,就是强调要推己及人,使人人都能去除内在的心灵蒙昧而变成新的人。这种推广及人的启蒙,正是知识分子和大学教育的重要功能。大学不是"独善",而是"兼善",不仅让自我变得更加完美,而且也让天下更为完美起来。有这一批觉悟了的知识分子不断去发扬这种"明明德"精神,就会让这个正在被污染和蒙昧的世界逐渐变得清洁美好起来。

但是,做这样的启蒙大事是很难的,其难并不在于启发自己,而在于把自己的思想变成他人的思想之难,而变成他人认可并接受的思想则更难。当面对一些人,他的内心全是固若金汤的偏见,完全不能接受任何春风化雨的教化,他过分坚持自己、自我、固我、本我的东西,处在一种冥顽不化的想法禁锢之中。面对这样的人,教化就显得非常难,而生硬地去教化就显得教者缺乏人性。在现实中,这种情况比比皆是。比如,现在有多少青少年的学习成绩,不是父母亲打骂出来的呢?为什么要打?这说明连父母亲去推己及子的春风化雨都如此难,而进行普遍的大学教育当何其难哉!当后现代人在否定知识分子启蒙功能时,其实没有注意到,真正的启蒙做得还很不够。这个启蒙是双重启蒙,先启蒙自己再启蒙他人,即先要"明明德",才可能去"亲民"。

三、大学之道第三纲"止于至善"

"明明德"讲的是自我启蒙,而"在亲民"侧重于推己及人。第三纲

---

① 王阳明:《传习录》,见《王阳明全集》上册,上海:上海古籍出版社 2011 年版,第 2 页。

领是"止于至善"。此处的"止"是一个关键词。一般来说，止是停止、终止之意。但在这里，对"知止"的理解有其难度。只有当一个人有很高教养之后才能做到"知止"。"知止"是对自己的很高要求——知道进退、知悉利害、去掉杂欲、有所不能而有所能。这个"止"的意思是说人的目的是达到最高的善，抵达人生最完善之境，不达到极为高妙的境界就不能停止追求，即使达到好的境界也还要精益求精、尽善尽美。可以说，大学之所以为大学，就在于其所成就的人不仅仅在于一般的"善"，而是在于要最终达到"最高的善"——将人性本有的"明德"展示出来而使人心远离私欲污染，对事物体察入微并葆有心灵知止之定，这标示着作为大学最高境界的"止于至善"，要求人超越一般之善的自我而成为至善之圣人。

　　显然这是一项很难做到的大事业，其难在两个方面，只要解决了这两个方面，并循序渐进，就能达到至善。首先，要知道什么不能做，就是不做那些不善的事情。其次，要知道自己该去做什么，就是去做那些善的事情。这看似简单，其实很难，人们总是在最简单的道理面前犯错误。① 要避免那些不好的，要去做那些好的，就是强调自己清醒的判断力和坚定的意志力。正是因为有了清醒的判断力，人才能有所不为而有所为，有了坚

① 儒家所谈到的几条具体的达到纲领的知行途径和方法，循此步骤就能达到至善的境界。事情往往是这样：浅者不觉其深，而深者不觉其浅。看上去容易的事，做起来却很难，但并不意味着没人能做到。这里可以提一下德国哲学家康德——尽管他不是儒家。康德在"论出于利他动机说谎的假设权利"中提出一个重要命题——"不许撒谎"："不管谁撒谎，也不管他的动机有多善良，都必须对它的后果负责。""不许撒谎"的"不许"就是"止"，"不许"在这里是一个绝对界线。据说，有好事者就问康德，如果杀人犯逼上门来，让你交代出朋友所藏的地方，如果你说不撒谎而把朋友交出来，那你岂不就是一个助纣为虐，跟杀人犯同谋的人吗？康德痛苦地思考了很长时间，最后还是说"不许撒谎"。别人不明白，就问为什么？他说，如果是为了救朋友就撒谎，看起来这个事情是合理的，但是如果"撒谎"变成了"人类本性"，如果"撒谎"变成每一个人都"必须"要去做的事情，那么你今天撒了谎，明天就要用十个谎去圆前面那个谎，后天就要用更多谎言来使前面这十个谎自圆其说。这样一来，撒谎就变成了人类的本性，人就变成了一个"撒谎的动物"，这就很可怕了。康德坚持认为"不许撒谎"！这"不许"就说明了没有什么条件可讲，没有什么原则可以出卖。"不许撒谎"就是对人的"至善"的高要求，这深刻体现了他的心定、心静、意志力、思虑周详和精神最高境界。在康德看来，这一次他的朋友因为他不撒谎而死了，但是他维系了人类的不撒谎的权利和尊严。这就是"不许撒谎"的深刻意义。

定的意志力，才能达到至善完美。可以说，至善不仅是道德的要求，也是做事业的要求，它弥漫在整个社会中，成为人们内在的尺度。

四、"止定静安虑得"为《大学》六法

"明明德""亲民""止于至善"是说要把内在的欲望去掉，从而彰显美好的品德，推己及人，普及天下的真正的友善思想，进而精益求精达到至善。这是古典思想中历经沧桑岁月而不减其光辉的难能可贵的思想。而实现这三个纲领有其具体做法。其具体做法又有几条重要的规定："知止而后有定，定而后能静，静而后能安，安而后能虑，虑而后能得。"宜细分析之。

"知止而后有定"中的"知止"是说知道自己的目的，就是知道做什么和不做什么。① 强调要心静、心止。"止"非常关键，除了止其当其所止以外，"止"还有一个新的含义，就是要停止在事物的边界上，停止下来以后，将其变成可以居住栖息之地——"至善之地"，其中"至善"之"至"尤为重要。② 之所以要"止于至善"，不仅仅是排斥那些不好的，而且要居住在至善中。"定"是说知道了目的所在，然后意志才会有定力。

"定而后能静"是说意志有了定力，心才能清静，才能安静下来。"定"指人的定力，如果今天刮东风就往西跑，明天刮西风就往东跑，那这样的人就是一个浮躁无根、随风飘荡的人，这就是没有"定"。定力极为重要，因为定了之后心才能清静下来。之所以要清心是因为内心的欲望

---

① 对"知止而后有定，定而后能静"，朱熹集注："止者，所当止之地，即至善之所在也。知之，则志有定向。"程颐《四箴·听箴》："卓彼先觉，知止有定。闲邪存诚，非礼勿听。"《韩诗外传》卷5："贪物而不知止者，虽有天下不富矣。"

② 对"至善"之"至"的理解非常重要，朱子说："善字轻，至字重。"见《语类》卷14第110条，甘节录。"如今人虽欲为善，又被一个不欲为善之意来妨了；虽欲去恶，又被一个尚欲为恶之意来妨了。盖其知之不切，故为善不是他心肯意肯，去恶亦不是他心肯意肯。"《语类》卷16第191条，叶贺孙录。所以"此一个心，须每日提撕，令常惺觉。顷刻放宽，便随物流转，无复收拾。"《语类》卷16第103条，余大雅录。

杂念太多，人在社会上就会变得非常浮躁。浮躁的结果就是出现内在疾病，这疾病表现出来就是妄动。妄动就是不按规律去动，不顾现实条件去动，执意按照自己的躁动之心而奇思怪想去动，甚至超越了现实的条件去乱动，不懂进退，不懂秩序，不懂得给自己定位，其结果就是不能"安"。不安就有危险，这是儒家所不愿看到的。

要有意志的定力，然后内心才能清静而不妄动。做到心不妄动，在环境中才会处于一种安适的状态，即"静而后能安"。安适的状态是一种安逸、舒适、激发自己的灵感和创造力的精神状态，这不是一般的"随遇而安"，因为随遇而安仍然是局限而被动的。这里的"安"是指一种主动行为，是主动去寻求的安适的状态。只有心不妄动，身不妄动，才能达到心安理得的状态。但是，人要做到随遇而安，在不同的环境、不同的地点而做到心安是一个很难的过程，更何况去主动地克服环境获得安呢？

能安之后，人才能够处世有度，思虑周详，即"安而后能虑"，而且一旦定下来就不再变，能够思考问题的各个方面而达到最佳的境界，这样就会有所得，即"虑而后能得"。

进一步深入探讨，我们发现要实现三大纲领有具体的"六法"，即"止、定、静、安、虑、得"。这六个充满哲学意味的关键词要细细分析，才能深入体会其中奥妙。

"知止而后有定"，这个"止"不是停滞不前，而是知道并达到自己的目的愿景。什么叫"愿景"？就是自己希望看到的理想的情景，就是要知道自己要做什么和不做什么。强调心要静下来，所以"止"是关键。还有一个很重要的含义，要停止在事物的边界上，停止以后，要将这个地方变成自己可以居住、栖息的地方，那就是至善至美之地。所以"止于至善"不仅仅是排斥那些不好的，而且要居住在好的至善中。

"定"很重要，就是知道目的所在，然后意志力才会有定力。我们来看看"定"的含义是什么？"定"是一个会意字，上面一个"宀"，读mián，下边是一个"正"，"正"意思就是统一，它的含义就是宇宙统一为"一"，它的本意是国家安稳统一局面。而转义就是与动、乱相对的安定。

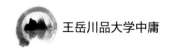

还有一个含义，就是镇静、心神入定。从这个意义上看，"定"的重要性不言而喻。当我们不"定"时，就会浮躁不安。"定"就是人确定的坚定目标，同时也是人的定力。一个人的定力在一生中极为重要，因为定下来之后，心才能清净下来。之所以要清心，是因为内心的欲望杂念太多，人在社会上就变得焦躁不安，就会出现内在的精神疾病和外在的社会疾病。这种疾病表现出来就叫妄动，就是不按规律去动，不顾现实条件去动，执意按照自己的躁动之心、奇思怪想去动。不懂进退、不懂自己的定位，其结果就不能够安。不安就有危险，这是儒家所不愿意看到的。所以儒家认为先要有坚定的内心定力，内心才会清静而不妄动。

"静"就是心不妄动，在环境中才会处变不惊，达到一种安适的状态。关键词"静"，从青从争，本义是色彩分布适当，在古代这个字还和"干净"的"净"相通。所以它就有两个含义，一个是安详、娴静，一个是干净、清洁。它的引申义是停下来，比如，恬淡、和平、静好等。《韩诗外传》说："树欲静而风不止，子欲养而亲不待也。"陆游说"茅檐人静"，都是说安静。换言之，"静"就是没有争吵喧哗，没有浮躁杂音。"静"就是美好，升华为"宁静致远"，就是说内心处于绝对的安宁中，不为杂念所左右，能够静思反省，才能寻找到、定位到远大的目标。

"安"意味着"静而后能安"。"安"的本义是"宀"，就是房子，下边是一个"女"，那么合起来就是有房子家眷，表示在这儿扎根、居住，生活安定。"安"的含义是安居、安宁，然后引申为《尔雅》所说"安定也"。荀子说"国安则无忧民"，从安稳又引申出安放、安定的含义。"定而后能安"，指的是"安"是主动的行为，它不是一种随遇而安，它是一种能够激发自己灵感和创造力的精神状态，去主动寻求安适的、理想的栖居之地。只有心不妄动才能做到心安理得。那么人要做到随时之安，在不同环境不同地点做到心安是一个很难的过程，更何况主动克服环境的干扰和困境而获得"安"。

在这里，我们通过一个学者的心灵历程和学术追求来说明《大学》"六法"的重要理论和实践意义。

这个重要人物，就是大学问家王国维（1877—1927，字静安，号观堂）。王国维在自己的"字"中采用《大学》"静"和"安"二字，颇有深意，甚至可以说这两个字表征了他的命运。王国维为什么取这两个字？这两个字为什么和他命运紧密相关呢？他是心仪于"静而后能安，安而后能虑，虑而后能得"的一个典型的学者代表，值得作为思想史上特例加以深入全面分析，从而揭示《大学》的深层含义。王国维的一生，很多人认为是"关门读书，闭门写作"。非也！笔者认为，王国维的一生和中国的近代历史现代历史，中国的千年未见之大变的国运紧密相关。甚至笔者认为，他的一生的学问走向和我们这个民族、这个国家的命运紧密相关。①

我将王国维一生的学问分成四个阶段。

第一阶段，王国维 23 岁到 30 岁（1900—1907），这段时间正是清末。他勤奋地学习日语、英语；渴望了解世界，了解西方的文学家、思想家。王国维艰难地学习外语过程中，翻译了康德、叔本华、席勒、尼采等的论著。借西方先进的现代性的思想来启蒙自己，启蒙人民，"明明德、新民"。他整个青年时期都在做西学。但时间出现了逆转，节点出现了。

第二阶段，王国维进入中年即 31 岁到 34 岁之间（1908—1911）。这时西方列强的战争风雨开始浮现出来，于是他回首中国优美的文化、历史、诗歌的传统，开始转向人间的心理学研究——研究文学，开始写《人间词话》，做戏曲研究，而且提出了一个重要的学说"境界说"。他在《人间词话》里说，"古今成大事业、大学问者必经过三种之境界"。第一种境界："昨夜西风凋碧树。独上高楼，望尽天涯路"。王国维此句中的解释是：要做大学问、大事业，先要立下高远的志向，执着的追求，明确自己的愿景和方向，了解事物的整体性。这难道不是"知止而后有定"吗？第二种境界："衣带渐宽终不悔，为伊消得人憔悴"。伟大的理想需要伟大的

---

① 参见王国维：《静安文集》《观堂集林》，另可参见其《遗书》《全集》《书信集》等。

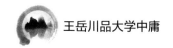
情怀，而伟大的情怀需要艰苦卓绝的奋斗。因为大事业、大学问不是轻而易举就可以得到的，需经过一番艰苦卓绝的奋斗和上下求索的艰难。生命消瘦而不后悔。这难道不是"定而后能静，静而后能安"吗？第三种境界："众里寻他千百度，暮然回首，那人却在，灯火阑珊处。"最高境界有一种百折不挠的精神，把坚定的意志贯穿到自己的事业中，最后终于峰回路转，发现真正的学问，从"必然王国"进入"自由王国"。这难道不是"安而后能虑，虑而后能得"吗？王国维通过北宋晏殊的《蝶恋花》、北宋柳永的《蝶恋花》和南宋辛弃疾的《青玉案》，把这三层境界阐释清楚了。

　　第三阶段，以1911年辛亥革命为标志，王国维35岁产生了学术大转折（1912—1922）。清政府解体后，王国维随罗振玉东渡日本，在日本共四年多。这使得王国维有机会静心学问，其研究方向转向经史、小学（文字学）。在罗振玉的帮助下，王国维对甲骨文字产生了浓厚的兴趣，由此展开以古文字学为基础研究古史，从古器物到古代书册，从甲骨文研究到史学研究，研究领域逐渐扩大。王国维从文学《人间词话》"境界说"、戏曲研究，转向经史古文字的"国学"研究，也是在西方咄咄逼人的情况下，保存中国学术精神的人格表征。他大胆提出"学无新旧也，无中西也，无有用无用也"。可见王国维的思想，在学过康德、叔本华、尼采之后，升华到全新的世界性学术眼光，这也是他价值关怀和学问高度的基础。不难看到，在日本这四年多，王国维的治学之所以从过去的哲学翻译、文学"境界说"转向了重要的经史、小学，完全是从国家危亡角度出发决定自己学问的定向。因为甲骨文在20世纪初发现以后，被法国、英国一些国家拿走，王国维急切地研究殷墟甲骨文、殷墟书契，以及中国先秦的历史考证，做出了《殷墟书契前编》等，又从甲骨文研究进入了历史研究《殷周制度论》，撰写了《殷卜辞中所见先公先王考》《殷卜辞中所见先公先王续考》《殷虚卜辞中所见地名考》《殷周制度论》《殷礼徵文》《古史新证》等，用卜辞补正了《史记·殷本纪》，并对殷周的政治制度做了崭新的探讨。这足见王国维的研究并非是一个关起门来不闻天下事的知识分子的自由选择，而是和这个国家的命运紧密相关。

第四阶段，王国维 45 岁到 50 岁（1922—1927），转向了第四个方向——研究蒙古史。为什么他要研究蒙古史呢？因为中国发生了一个重要的事件：在 20 世纪 20 年代，在一些大国想瓜分、分裂中国的企图下，蒙古即将被分裂出一部分叫作"外蒙古"。王国维嗅到了这种国家分裂的前兆，开始研究《蒙古秘史》《蒙古史》。可以说王国维的每一步学问都与民族苦难命运紧密相连。

总结王国维一生的学术轨迹：年轻时努力学习日语、英语，为中华民族找到西方的现代化的门径；然后未果，开始发扬民族的文学之新、心理学的"境界说"，但文学不能够救国；于是开始研究甲骨文、敦煌轶文，扭转甲骨文、敦煌在中国，甲骨学、敦煌学却在西方的惨痛局面；中华民族国土将被列强分裂——外蒙古即将独立出去时，王国维开始研究蒙古史。这是一个学者多么深重爱国的拳拳之心！

高深的学问必由高尚的人格情操支撑。北京大学蔡元培校长三次恭请王国维到北京大学任教，都被王国维拒绝，最后勉强同意成为北京大学的通讯导师。当王国维 49 岁时，清华大学委任吴宓筹办国学研究院，聘王国维为国学院导师。王国维同意了。他在研究蒙古史料、文献校注的同时，开出了关于经学、小学、音韵学、金石学、中国文学等课程。

但王国维精深研究还没有完全达到最高峰时，一则惨痛的消息传来——1927 年 6 月 2 日上午，王国维告别清华园到颐和园，自沉于昆明湖，年仅 50 岁。在他内衣口袋里发现了遗书，上边写道"五十之年，只欠一死；经此世变，义无再辱"！究竟发生了什么？从当年到今天，将近百年，人们都在猜测，都在探讨。各种说法中，笔者比较认同的是著名学者陈寅恪所撰的《王国维先生纪念碑》里的一段话："先生以一死见其独立自由之意志，非所论于一人之恩怨，一姓之兴亡……惟此独立之精神，自由之思想，历千万祀，与天壤而同久，共三光而永光。"

王国维的一生实践了《大学》——"大人之学"的"知止而后能定，

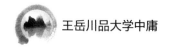

定而后能静，静而后能安，安而后能虑，虑而后能得"！他让自己停下来，停于浮躁之前，停于社会的动荡之前，把自己做学问的目标锁定在为这个苦难的民族而做学问。一个人爱自己的民族，爱自己的国家，这个国家、民族，就会记住他，他就会名垂青史！"定而后能静"，他的心态就能够找到自己的所居之处；"静而后能安"，就能安泰，就不妄动。他研究学问，达到了常人难以企及的高度。

"静"，王国维很内向（内省），很安静，他平常话很少，从不介入学界各种圈子，从不结交权贵，不羡慕荣华富贵，更没有什么享受。平常在书斋里边深居简出，刻苦读书，生活简朴，交友不广。死后仅仅剩下一墙壁的书，而没有金钱留给他的孩子们。他在文学、美学、文字学、史学、哲学各个方面都有很高的建树。"静而后能安"，安泰的心灵才能纳万物，故而能在不长的生命岁月中，在甲骨文、经文、简牍文、石经、版本目录学、校勘学，取得了丰硕的成果。在历史地理研究，古代北方民族研究，元史研究，青铜器、碑刻、度量研究，甲骨文研究，以及敦煌研究等方面，做出卓越的贡献。"安而后能虑"，才能够深刻地去思考。王国维提出"二重证据法"——"地下之新材料"补"纸上之材料"，很有创建。王国维用出土甲骨文，考订了商代先公先王的名字和前后顺序，证明了历史记载商朝君主世系的可靠性。他所创立的二重证据法一方面继承了乾嘉学派的考据传统；另一方面借鉴了新史学的方法论，为古史及文献学的研究奠定了重要基础。

有一天，笔者请教季羡林先生说："先生，您已经快百岁，而王国维50岁就已去世。请问您的学问和王国维先生相比，是超越了呢，还是平分秋色？"季先生的脸色很凝重，他缓缓地说："我们这一代学者都没有超过王国维先生。因为王国维先生能够定、能够静、能够安、能够虑，而后得。而我们这一代却经历太多动荡而不能静。"

这对我们21世纪的学者们提出一个警示：做学问，如果不能"定"，不能"静"，不能"安"，就不能"虑"，最后就不能"得"。因而"大学之道"让我们"知止而后有定，定而后能静，静而后能安，安而后能虑，虑而后能得"，并非空穴来风，而是一种真正的人生验证。① 王国维把自己的思想、方法总结为：纸上之材料与地下之新材料结合的"二重证据法"。就此，著名学者梁启超才认为王国维"不独为中国所有而为全世界之所有之学人"！

五、"本末始终先后"是固本强根门径

在讨论了"止、定、静、安、虑、得"以后，接下来说"物有本末，事有终始。知所先后，则近道矣"。短短的十六个字，关键词就有"本、末、始、终、先、后"。

怎么认识"本末"呢？"本末"是中国哲学史上一对重要范畴。就本体论意义而言，"本"指宇宙的本源或者本体；"末"指天地万物，芸芸众生。先秦把它作为哲学范畴时，"本"指的是根本的原初的东西；"末"指的非根本的派生的东西。我们常说"黄钟毁弃，瓦釜雷鸣"比喻真正的人

---

① "定""静""安""虑""得"都是一种精神的、意志力的内在规范和秩序。但是现实的很多问题并非这么简单，常常有一些外在特例。虽然思虑周详就可能达到完美的境界，但是同样会有问题。美国法律界曾出现这样一件轰动一时的重大事件：一艘船在海上航行遭遇风暴，船上有一名船长和七名水手以及八十多名旅客，由于超重，船马上就要翻了，船上能扔的东西都扔到了大海里，但还是超重。为了保证更多人的生命安全，船长决定把八名胖旅客扔进大海，然后船终于顺利地靠岸。但一上岸，船长就被起诉为一级谋杀罪。这就是一个本体问题。当你自己思虑周详想要达到尽可能好的局面时，它可能触犯了另一部分的法则。所以《大学》里所谈到的关于几个达到纲要的步骤，其实也是很难做到的。正唯此，也需更认真地去多面顾及地思与行。法庭上的辩论使得双方争论不休，一部分人认为这位船长正是出于深刻的人道主义，所以他灵活地以最小的牺牲换来了更多人的生命。但是那八位去世的旅客的家属却不这么认为，他们根据的是另一条法则——一个人没有任何权利去决定他人的生死，因为这在人性的天平上是不合法的。在笔者看来，理论和现实的问题都需要进入我们的视野，任何理论上的要求它都有一个适用范围的问题。如果从儒家观点来看这个事情，或者从那些经过自我启蒙而有觉悟的人的观点来看这个事情，可能会认为那八位船员应该自己跳下去。但是如果船员跳下去了，那船上的八十几位旅客，肯定会葬身大海。笔者认为，这个法律事件还会不断地讨论下去，但儒家思想所强调的去掉杂念，彰明本心，寻得定力，然后思虑周详，毅然舍身沉海，拯救一船人，最后达到完善境界，仍然是一种不错的、人们可以遵循的原则。

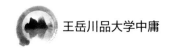

才（本）遭受边缘化，而那些小人（末）却当道——舍本逐末，舍弃了根本的环节，只在枝节问题上下功夫，终将失败。

孔子在陈蔡被围了七天，因为楚昭王聘请孔子到楚国去，要经过陈国、蔡国，这些国家的谋士就说，孔子是贤能之人，他如果被楚国所用，那我们作为邻国的陈、蔡国就危险了。不能让他过去，于是派兵阻拦孔子。在兵丁的围困下，孔子及其弟子断粮七天、寸步难行。粮食吃完，众人病倒，整体氛围陷入沮丧。唯有孔子慷慨激昂地讲授学问，弦歌不绝弹唱了七天。面对险恶的局面，人心浮动。孔子找了三个学生来问询，想证明自己是不是"道"和"本"出了问题。

他先问子路："我的'道'有错吗？为什么寸步难行呢？"子路很不开心，说："君子不会被什么东西困扰，看来老师的仁德不够，老师的智慧不够吧！做善事上天就会降福，做坏事上天就会降祸。老师您的德行这么高，推行您的主张很长时间，您怎么处境如此的困窘啊。"[1] 子路开始怀疑老师的德不够，道不行。

孔子马上正本清源，把根本点出来说道："你真不懂吗？我告诉你，仁德的人就一定会被人相信吗？有智慧的人就一定会被重用吗？忠心的人就有好报吗？"孔子揭示出惊世骇俗的根本："遇不遇到贤明的君主是时运的事，自己能不能登高行远是自己才能的事情。这个时代知识渊博深谋远虑有伟大理想的人，往往时运不济。君子修养身心、培养道德，绝不会因为穷困而改变节操。一个君子何去何从，在于自己是生还是死，所以居于下位而无所忧虑的人是私利不远；安身处世，想安逸舒适的人，志向不大，怎能知道它的终始呢？"[2] 在孔子那儿，"本"和"末"是哲学上的含

---

① 《孔子家语·在厄》。"子路愠，作色而对曰：'君子无所困，意者夫子未仁与，人之弗吾信也；意者夫子未智与，人之弗吾行也。言人不使通行而因穷者，岂以吾未知也？且由也。昔者闻诸夫子，为善者天报之以福，为不善者天报之以祸，今夫子积德怀义，行之久矣，奚居之穷也。'"

② 《孔子家语·在厄》。"夫遇不遇者，时也，贤不肖者，才也。君子博学深谋而不遇时者，众矣，何独丘哉。且芝兰生于深林，不以无人而不芳，君子修道立德，不谓穷困而改节。为之者人也，生死者，命也。"

义，"终"和"始"是时间上的推移，孔子将其结合在一起。

子路出去了，孔子又叫来子贡，问同样的问题。子贡说道："老师，您的道很伟大，天下看来容不下您啊。我倒是有个建议，您能不能把您的道降低一些，去迁就一下这个世俗的时代呢？"如果说前面的子路怀疑老师的仁德不够、道不行而穷困，那么聪明的子贡很懂得迎合，所以劝老师把道降低一些。

孔子怎么回答呢？"一个好的农夫很会种庄稼，但是不一定有收获。一个好的工匠能做精巧的东西，但是不能合乎每个人的意愿。君子能培养他的道德学问，创立政治主张，别人不一定能采纳呀。现在不修养自己道德学问，而要求别人采纳，不提升自己的伟大的道德、仁德和精神，却要去降低去迎合这个世界。你的思想和志向不够远大。"①

断粮七天的苦难，考验出了子路和子贡。难道跟随孔子的学生本、末不明，终、始不清吗？子贡出去了。孔子最信赖的学生颜回进来，孔子问了颜回同样的问题。颜回说："老师的道广大深远，天下容不下呀，尽管如此，您还是坚持推行自己的大道。我很感慨，您的道不为世人所用，不是您的耻辱，是当权者的耻辱，不是您不行，而是这个社会现实的污浊。您何必为此忧虑呢？真正的道不被采纳，不容于世，才可以看出您是真正的君子。"②

孔子开心地说："你说得真好啊，如果你今后做好了，我来给你当管家吧。"孔子放下身段，把颜回看成是自己的同路人。这种厄于陈蔡、断粮七天的苦难，考验出了孔子的学生并非铁板一块。他们在本末、终始的问题上各有所想，各有所思，各有所选择。而孔子真正认同的学生是颜回。

但是紧跟着就出事了。子贡用他的聪明才智，偷偷地逃出敌军包围，

---

① 《孔子家语·在厄》。子曰："赐，良农能稼，不必能穑，良工能巧，不能为顺，君子能修其道，纲而纪之，不必其能容。今不修其道，而求其容，赐，尔志不广矣，思不远矣。"

② 《孔子家语·在厄》。颜回曰："夫子之道至大，天下莫能容，虽然，夫子推而行之，世不我用，有国者之丑也，夫子何病焉？不容，然后见君子。"孔子欣然叹曰："有是哉，颜氏之子，吾亦使尔多财，吾为尔宰。"

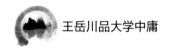

到村上换了一些米回来做饭。颜回在做饭时，子贡远远地望见颜回突然从饭锅里取出饭来吃了几口。子贡马上判断颜回在偷吃，并认定颜回这个人言行不一致。

子贡进屋委婉地问老师："仁人志士在穷愁潦倒的时候会改变节操吗？"孔子说，当然不会。子贡又问："像颜回这样道德高尚的人，他不会改变节操吧？"孔子说："是的，你有什么事告诉我吧。"子贡就把颜回偷偷吃了几口饭的事情告诉了孔子。

孔子说，"我相信颜回是仁德之人已经不是一天两天，你这样说，我还是不怀疑他。他从锅里边拿出米饭来吃了几口，一定有他的原因。我要来问问他，以澄清事实。"

孔子把颜回叫过去说："米饭做好了，赶紧拿进来，我要献给祖先。"我们知道，古人祭祖必须是整衣沐手，孔子很委婉地向颜回提出他需要干净的米饭来祭祖。颜回赶紧说："老师，不可以，因为刚才有墙上的灰尘块掉进了饭中，如果留在饭中就不干净，如果扔掉这锅饭太可惜了。我就把染黑的那一点点饭吃了。所以，这饭已不能用来祭祖了。"孔子开心地说，"我明白了，你做得很对"。孔子环视他的弟子说："我相信颜回不是等到今天。"弟子们从此更加佩服颜回。[①] 看来，《大学》把孔子所说的"本"贯穿到底，尤其是把孔子厄于陈蔡、弦歌不绝的伟大精神在"本末""终始"中总结表现出来。

由此，笔者想起了老子《道德经》中的一段话，"上士闻道，勤而行之；中士闻道，若存若亡；下士闻道，大笑之，不笑不足以为道也。"老子认为：真正的高迈的"上士闻道"，听到伟大的理想就坚定地去实行，默默地去做；"中士闻道"，智力中等的人听到道以后，与自己毫不相干，若存若亡，好像不存在一样，仍然我行我素；"下士闻道"，那些玩乐颓

---

① 《孔子家语·在厄》。子曰："吾信回之为仁久矣，虽汝有云，弗以疑也，其或者必有故乎。汝止，吾将问之。"召颜回曰："畴昔予梦见先人，岂或启祐我哉？子炊而进饭，吾将进焉。"对曰："向有埃墨堕饭中，欲置之则不洁，欲弃之则可惜，回即食之，不可祭也。"孔子曰："然乎，吾亦食之。"颜回出，孔子顾谓二三子曰："吾之信回也，非待今日也。"二三子由此乃服之。

废、品德不高的人，听到伟大的理想和道以后，一定会大肆攻讦嘲笑。①
于是，老子欣慰而睿智地说，那些不被小人攻讦和嘲笑的道就不是真正的
"道"！

总体上看，"物有本末，事有终始，知所先后，则近道矣"。这段话主
要强调"溯本正源"。人总是被一些支流末节、细微琐碎的东西左右，而
忘掉了真正的本原性和根本性所在。"物有本末，事有终始"说明事物有
本根，也有末梢，事情总是有开端，也有结束。"知所先后"是说认识有
一个先后秩序。"物有本末，事有终始，知所先后"，强调要知道先做什么
后做什么，要知道开端与终结，要知道什么是重要的什么是不重要的，要
知道什么是本原什么是末流枝节。这是一个从"知"到"行"的过程。让
人明白本心，然后把握社会世界秩序的真正的方向。只有这样才能培元固
本，才不会本末倒置，才不会去坑害他人，同时也不再去醉心于蝇头小利
而忘掉了自己的本性。

否则，就如《圣经》所说：人若赚得全世界，赔上自己的生命，有什
么益处呢？人还能拿什么换生命呢？

---

① 人常说：生而在世，有三"不笑"：不笑天灾，不笑人祸，不笑疾病。立地为人，有"三
不黑"：育人之师，救人之医，护国之军。

第三讲 《大学》的"八目"方法论问题

"大学"的三大纲:"大学之道,在明明德,在亲民,在止于至善。"这三个纲要必须配以具体的步骤,这就是"大学"的"八目"。

一、格致诚正、修齐治平的人格升华

"古之欲明明德于天下者,先治其国;欲治其国者,先齐其家;欲齐其家者,先修其身;欲修其身者,先正其心;欲正其心者,先诚其意;欲诚其意者,先致其知;致知在格物。"① 这一段话中的"平天下""治国""齐家""修身""正心""诚意""致知""格物"是很重要的关键词,也表明了八个层次。这八个层次形成一个由外到内的谱系:"天下""国""家""身""心""意""知""物"。相应还有八个动词,"平""治""齐""修""正""诚""致""格"。这八个动词非同一般,意思值得深入探究。②

在八目中,"平天下""治国""齐家""修身"可以说是一种"亲

---

① 《礼记·大学》,(清)阮元校刻:《十三经注疏》,北京:中华书局 1980 年版,第 1673 页。
② 美国哲学家安乐哲认为,"诚"习惯上被译为"sincerity"或"integrity"。但在一个过程性的世界里,"诚"(integrity)是一个创造的过程。它是一个由"多"成"一"的形成过程。这一整体的不可分离性和创造性在《孟子》上面的章句中表达得非常明确。孟子通过"仁"的关系性自我来强调这一点,其中,自我和他者的实现是相互牵制相互促成的。《论语》极为精到地说明了"仁"的这一生成过程:夫仁者,己欲立而立人。己欲达而达人。能近取譬,可谓仁之方也已。

（新）民知识"，通过启迪民众的智能，把自己所体会到的东西传播到天下去。这是对外的一方面，对内的方面是修身。如果说前面的外是外王，那么这个内就是内圣。"修身"主要强调言行的一致，言语的谦恭，行动的合乎规范。中国人历来都强调修其身、正其身。[①]

"修身"之要在于"正心"。"正心"并不容易把握。心正不正不能从表面看出来，即使有人口口声声说自己心正也不能完全相信。人们常说"知人知面不知心"，在某种程度上说明了"知心"之难。知心之难也就在于不能把握那颗心到底正还是不正。儒家讲究的"正心"就是让自己做到问心无愧。"正心"的关键是"诚意"。"诚意"有多方面的要求，其中真诚性、本真性、真血性，这些"真"是"诚意"的关键所在。"致知"是指"凡一事不晓皆为耻"，要尽其所能地去把握外在世界的各个方面的知识以全面提升自己。

"致知在格物"，在古代"格"有多重含义，今天只保留下来部分含义，比如，"格斗""格"，就是指把一些不好的东西推举开。除此之外，"格"还有另一个意思是"穷极"，即对事物的方方面面尽可能精微地加以了解观照，并去把握它。"格"的意思就是指去掉那些遮蔽眼睛的表面现象，看清楚事物的本质，这就叫穷极观照。"格物"在古代被人说得很玄，或者很形而上。其实，"格"最重要的意思就是去掉事物的表面现象，对它加以深度把握，本质直观它的真实本体。"格物"就是要排除那些虚幻的、引你走入歧途的东西，去把握真实的本质。

"格物""致知""诚意""正心""修身""齐家""治国""平天下"是《大学》中的"八目"，这"八目"是《大学》的核心思想，因为《大学》后面的章节都是在阐释这"八目"，阐释如何通过"八目"的修行，

----

① 清代书法家何绍基"嫁女送字"的事就很能说明这个问题。何绍基家不穷，女儿出嫁是大事，一般人家都会给爱女好嫁妆来显示财富和父爱。她们以为会收到重礼或传家之宝，可打开箱子一看是一空箱，再仔细看，箱底写了一个"勤"字。于是，明白了父亲是告诉她们人生最根本的道理——修身为本、勤劳为本。给女儿的嫁妆就一个字，但实际很重，因为他把对女儿全部的爱和未来的希望都寄托在这个字里。"勤"不仅指身体的勤快，也指德行修为的从不间断。

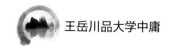

而达到"三纲"的最高境界。在我看来,《大学》的"八目"有着很深的价值关怀和人文意识,并没有因时代变迁而完全过时。"修身""正心""诚意""致知""格物"并不都是明日黄花,它仍可以在当代引导人抛弃虚假的消极的自我而走向真正的善良的自我。①

"格物"就是尽可能地穷尽把握对象世界的本质。"致知"就是主体去掉蒙昧变得智慧起来。"格物""致知"之后使自己"诚其意"。"诚"极为重要,甚至一本《大学》都立足于"诚"字。"诚意"之后是"正心"。此时的"心"就如同一块透明的翡翠,一块珍贵的宝石,经过了纯净心灵陶冶精神之后,在言和行上达到君子所具有的合度与规范,并以这样的君子风度去治理国家,才能使天下和谐太平。

家是国家的最小细胞,家是个体安顿自己身体的一个基本单元。没有家,人将漂泊无依;没有家,国将变得不稳定,所以人们总是期望"家和万事兴"。因此,儒家把进退有节、长幼有序的"齐家",看成是一个人成年所必须经历的过程。走向社会的第一步就是在家族里边要言行规范,要有能够齐家化解矛盾的能力。

人是个体的人,也是社会的人,他要参与一个群体,这个群体首先就是家,然后是国,而修养或责任的实施也是由"齐家"到"治国"。有的人会认为,治理国家与个体没什么大的关系,而是那些当领导的人去治理的。这种看法是有失偏颇的。中国有一句话叫"天下兴亡,匹夫有责",②正说明天下的事、国家的事并非与个人没有关系。如果国将不国,家何

---

① 被称为"中国的脊梁"的鲁迅小时侯上学经常迟到,老师严厉训斥他。他立刻警觉醒悟,并在自己课桌上刻"早"字,以此作为座右铭时刻警醒自己。此后鲁迅再也没有迟到过,勤勤恳恳地写作了一生。他的座右铭就是救治自己的劣根性,救治自我生命中那些弱化的方面。

② (清)顾炎武:《日知录》卷十三《正始》(长沙:岳麓书社1994年版,第471页)中说:"有亡国,有亡天下,亡国与亡天下奚辨?曰:易姓改号,谓之亡国;仁义充塞而至于率兽食人,人将相食,谓之亡天下。……保国者,其君其臣肉食者谋之;保天下者,匹夫之贱与有责焉耳矣!"梁启超在《饮冰室合集》进一步发展了这一思想"今欲国耻之一洒,其在我辈之自新,……斯乃真顾亭林所谓天下兴亡,匹夫有责也"。(梁启超:《饮冰室合集·文集之三十三·痛定罪言·三》)

为？人何在？在这个意义上，家国与个人的关系是紧密相连的。

在笔者看来，《大学》的"八目"尽管产生于先秦语境中，有其历史的局限性，但是它对心性之学的强调，对诚实、心诚、心正的强调，让人见小利见大利而不为不贪，这些都是有现实意义的。其实，今天我们看到更多的是，很多人并没有重视自己的心性教养自我修养，而是贪婪无比、肆无忌惮地投机钻营，费尽心机地去钻制度的空子、钻法律的空子以中饱私囊，最后的结局就是被"绳之以法"。

二、"内圣外王"式的制度和灵魂互动模式

可以说，今天的新儒家提出"内圣"开出"新外王"是一种拯救人世的努力，但也有根本性问题。因为"内圣"是"格物""致知""诚意""正心""修身"这五大方面的内容，都跟自我个体相关，是"内圣"之学修为之学。这五点很重要，但却不一定能够开出"新外王"。"外王"就是社会制度、社会秩序，就是"齐家""治国""平天下"。

由"内圣"想开出"新外王"很难，因"格物""致知""诚意""正心""修身"强调的是心性调养自我陶冶，因此修身是一个自我提升、灵魂净化的过程。但要说道德很好了就能够"齐家""治国""平天下"，在今天看来，可能至少是不全面的，因为社会并不仅仅包含个体的方面，还包括制度的方面。

一个灵魂再好的人，如果没有一个健全良好的社会制度，他的好就不可能被他人接受，人与人之间就不可能形成平等对话，这个社会也不能达到良性循环。人类仍然需要具有公正性、合法性的制度，制度的建立仍然是必要的。因为用心性只能起到陶冶心性的作用，但并不必然开出"新外王"。教育可以直接影响人的心灵和道德，但教育不可能直接导致制度的完善。从内心进行教育就可以对政治有直接的影响还是太理想化了。在这一点上，新儒家有他们的局限性。

反过来看，制度好并不意味着无论什么样的官吏，无论什么样的人都

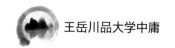

可以治国。尽管拥有了一个健全良好的制度，并不意味着必然是一个好的社会。制度是一种安排好的社会生活方式，一个健全良好的制度确实可以遏制人犯罪，可以遏制人因小失大，可以遏制人懒、馋、占、贪、变、败，但是不能保证所有人都如此。在一个人自己内在教养不严的情况下，也就是"内圣"不足的情况下，如果有一天他身居高位，很可能会以制度的合法性做出祸国殃民的事情。笔者不同意西方人所谓只要制度好了，这种制度就天然地保证什么样的人都可以做首相总统治国的看法。

我认为，东方的强调心性陶冶和西方的强调制度方面应该形成互补，应该进行和谐的对话，而不要形成非此即彼的二元对立。应该说，一方面个体需要提升，灵魂需要净化；另一方面制度需要加强，由此使得制度和灵魂成为一种互动的圆融和谐的模式，而这就可能是解决未来天下太平、人类和谐的关键。

三、格物的穷极观照与精神指向

"物格而后知至，知至而后意诚，意诚而后心正，心正而后身修，身修而后家齐，家齐而后国治，国治而后天下平。"正序叙述之后，又反序申说一遍，说明八目之间的关系很密切。徐复观认为，《大学》对八条目的陈述，"使人容易感到从'明明德于天下'到'格物'，再从'物格'到'天下平'，中间不要增加什么。物格与天下平之间，好像可以画上一个等号；而中间的项目，几乎仅成为媒介体的虚设"。他认为朱熹和王阳明都误解了这一陈述形式，"朱元晦对此的解释，意义完全落在格物上；而王阳明则实际完全落在致知上。其实，《大学》的这种陈述，已经说得清清楚楚，只在表明其本末先后。并且此处之所谓本末，只表示先后，而非表示轻重"。① 当你穷极观照那个物，你就可以获得一种智能。当你获得了一种智能以后，你的意志可以正平。因为只有智慧者才可能剔除内心的

① 徐复观：《中国人性论史·先秦篇》，上海：华东师范大学出版社 2005 年版，第 246 页。

私欲，尽可能地使自己公平、公正和善良。一个蒙昧的人，你要求他的意诚，他可能会诚，但是你要他完全消除私利却不可能。意诚才会心地端正，心地端正才会言行得体、修养合度，这样才可以让整个家族生活整齐、规范、良善及和谐。有了这种能力和品德，就有资格服务社会，才可以去治理国家，成为一名好的官吏。治理好国家以后，才可以使得天下太平，使得人类的大同世界到来。

这是中国古代所说的由小及大、循序渐进、环环相扣的思想方式和行为方式，具有积极的实践价值。不要以为小事就不必在乎，认为不值得做，而小恶就可以做，在小节上可以不断地犯错。往往细节决定成败，一个人小时候的某个习惯可能决定他一辈子的胜负。这就在于他是否认真地去格物了，是否获得了对内在自我的一种提升，从而彰显一种差异性的精神魅力。

"东坡画竹"就深刻体现了这一点。苏东坡多才多艺，他是书法家，写过"天下第三行书"——《黄州寒食帖》；他是诗人，写过著名的西湖诗《饮湖上初晴后雨》；他是词人，《水调歌头·明月几时有》传唱千古；他是一个大文豪，是唐宋八大家之一；他又是造福一方百姓的好官；[①] 他还是一位出色的画家。他画的竹和一般人不一样，他不合乎常规。竹子是青绿色的，但他用朱砂来画竹，画出的竹子是竹影婆娑的丹竹。这使他受到一些同僚的耻笑，说你画竹都没有去"格"竹，没去仔细观察仔细琢磨竹子，去把握那个真实精深之竹。苏东坡说，我把握的恰好是去其表面现象，得其神得其本之竹。可以说，正是因为他观竹观得如此深厚才可能画出独属于苏东坡的丹竹。他用红色画竹子，画的竹子就是心中之竹、胸中之竹、人格之竹、一片丹心之竹。用苏东坡《书鄢陵王主簿所画折枝二首》来说明："论画以形似，见与儿童邻。赋诗必此诗，定知非诗人。诗书本一律，天工与清新。"

文与可也画竹，画的竹又跟苏东坡不一样。苏轼诗云："与可画竹时，

---

① 苏轼在杭州第二次为官时（1089—1091），兴修水利，赈济灾民，减免租税，体察民间疾苦，给万众留下了极其美好的印象，以至他离开杭州时，老百姓集体为他送行。

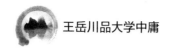

见竹不见人。岂独不见人，嗒然遗其身，其身与竹化，无穷出清新。庄周世无有，谁知此疑神。"①文与可画的是弯竹。谁都知道，竹是一杆直上苍天、中正挺拔、虚心境界、高风亮节。但文与可为什么画弯竹？那就是文与可心中的情感意志之竹。文与可的"弯竹"表明，知识分子哪怕是被压到了巨石之下，也要挺身而出昂扬向上，呈现了知识分子九死而未悔，不屈服于任何恶势力的光辉形象。

郑板桥画竹又不一样，从竹子那婆娑的身影中，从风吹过竹子的声音中，他听到了民间的疾苦。正可谓其《潍县署中画竹呈年伯包大丞括》所言"衙斋卧听萧萧竹，疑是民间疾苦声。些小吾曹州县吏，一枝一叶总关情"。

从三个画竹的故事可知，观物很重要。在观物过程中，人就在诚意正心，就在推己及人地将美德和明德推向社会，让整个社会充满人间的温暖和温情。在这个意义上，诚心仍然是我们今天需要重视的关键问题。

四、修身为本是超越上下关系的人伦大本

"自天子以至于庶人，壹是皆以修身为本。"从最高领导人到一般老百姓都有一样的规则，都应该把修养身心看作自己处世的根本。修身为本的"本"在于强调每个个体、全体民众乃至最高统治者都应该去修身，无分上下，这是超越上下关系的人伦大本。只有这样，整个民族修养才能得到提升，全民才会有教养，这个社会才会是一个文而化之文明知礼的社会。

"其本乱而末治者，否矣。其所厚者薄，而其所薄者厚，未之有也。"如果根本是混乱的，本质是差的，本质出了问题，但却把那些花枝招展的枝叶、那些末梢还做得金辉灿烂，这是不可能的，即使做到了也只是一时的，因为表面的繁华掩盖不住本质的虚空，建立在本质的空虚之上的繁华

---

① 苏东坡：《书晁补之藏与可画竹三首》。另外，苏轼《文与可画筼筜谷偃竹记》："故画竹必先得成竹于胸中，执笔熟视，乃见其所欲画者，急起从之，振笔直遂，以追其所见，如兔起鹘落，少纵则逝矣。"

也会迅速衰败。"华而不实"或"外强中干"就表达了这层意思。正因为本乱、无本、无实，末就不能得到根本治理。"其所厚者薄，而其所薄者厚，未之有也。"这句话是说，应该厚的心性灵魂而不去培根厚本，应该薄的功名利禄欲望而不去鄙视摒弃。这种当厚不厚当薄不薄的结局就使其适得其反。如此，他想成为一个高尚的人，那将是南辕北辙。①

从大说到小，从天下说到"格物"，又反过来，从"格物"说到天下，然后又再反过来，指出去追逐末流而舍弃根本，追逐虚假现象，否定本质的真实和灵魂的升华，而要成为一个良善之人、能去治国之人那是根本不可能的。《大学》开篇便表明了一个道理，就是个人的修养很重要，即修身为"本"之"本"是一切事情的根本，如果没有这个根本，你做得越多，错得越多，不是不断进步，而是不断"巩固错误"。

很多人住在豪华的别墅里，但他们灵魂空虚。因此，中国儒家所说的修身为本对丰富灵魂极为重要。如果是一个情趣高尚的人，哪怕住在冷寂陋室也可以写出境界高远的《陋室铭》（刘禹锡）。哪怕处于污泥浊水之世也可以出淤泥而不染灵性自高的《爱莲说》（周敦颐），这就是修身为本的思想光辉和价值光彩，如果追逐舒适生活而遗忘了修身根本，那么即使获得最优裕的生活条件，但依然没有获得到高迈的精神生活。

除了"本"，还有一个字是"止"，"终止"的"止"。同时这个"止"还有前面所说的是"诗意栖居"的意思。"止"告诉我们，有些事是不能做的，到此为止，那是个底线，最后我们才可能心定，心定就是目标坚定，有一个远大的目标，就叫"无欲则刚"（林则徐），最后才会得。人们喜欢说两个字"舍得"，只有舍才能得，只有有所不为才能有所为。这就是《大学》"八目"重要的思想启示。

---

① 《曾国藩家训》中说："爵禄可以荣其身，而不可以荣其心。文章可以文其身，而不可以文其行。功名官爵，货财声色，皆谓之欲，俱可以杀身。诚无悔，恕无怨，和无仇，忍无辱。巧辩者与道多悖，拙讷者涉者必疏，宁疏于世，勿悖于道。绮语背道，杂学乱性。知足则乐，务贪必忧。广积聚者，遗子孙以祸害；多声色者，残性命以斤斧。"

第四讲 "明明德"与"亲民"的纲举目张

　　《大学》"三纲""八目"有其生命力的部分，也有其过时僵化的成分，前者要发扬，后者要剔除。但是，最重要的是要推陈出新，要发现那些因为历史残片衰落后依然可以嵌入当代生活之中那些本质美好的碎片，应该对其加以重新清理。对个人如此，对社会如此，对中国历史文献同样如此。

　　一般而言，《大学》的前一部分是孔子的言论，是由孔子的弟子曾参记录下来的。其后的传闻十章，大抵是曾参的见解，是由曾参的门人记录下来的。

一、光明大德的人性光辉

　　"《康诰》曰：'克明德。'《大甲》曰：'顾諟天之明命。'《帝典》曰：'克明峻德。'皆自明也。"这一部分主要是解释"明明德"，共引用三部古代文献。"明明德"就是除掉一己之私欲，把被现实污染的内心本有的宁静的德行彰显出来、光大起来。这个彰显、光大的思想在孔子以前就已经出现。在《大学》以前，周代的文献《康诰》，还有记载商代历史的文献《大甲》，甚至包括商代以前记载唐尧的《尚书·尧典》，它们里面都有这样的思想。这些思想汇集到《大学》里面，用来阐发一种观点，这种方式就是"引经据典"即"六经注我"，就是用先人思想来说明、证明、阐发我的思想。

　　《康诰》是周代的文献，主要是周公代周成王大诰治殷的方法。武王克商之后，有一个问题摆在周的面前，即如何处置商遗民问题。殷商灭了以后，周并没有将商代遗民赶尽杀绝，也没有完全剥夺他们做人的权利。实际上，周代是一个很有气象的朝代，也是一个颇有人性的朝代。周虽灭了商，但是却尽力去感化商朝遗民，使他们成为归附新朝的新人。"克明德"之"克"即"能够""可以"之意，就是说可以去明德。明德首先要明自己的德，以身作则去做让他们感动的事情，这样就能让商朝遗民感受到自己那种宽容仁厚之心。"克明德"就是说能够发明德行、弘扬德行，并且让先前社会中的遗民转化过来，并从内心佩服自己归附自己。

　　《大甲》的"大"（读"tài"）。《大甲》是商朝的文献，它主要讲的是贤相伊尹如何规劝大甲，让他知道，当年成汤顾念上天的灵明命令，敬奉上帝的神灵，善待百姓，所以得到上天的护佑，得到了天下。所以只有仿效先王的行为做到仁慈，上天才会降下吉祥与和平。"顾諟"，"諟"，这、此、那么的意思；"顾"，目的所在，就是顾念这个天之命、灵命。"顾諟"，就是要顾念上天灵命的命令，敬奉上帝神灵，就是心要有所敬畏。不要成为一个霸主，不要成为一个凶残之人，不要成为一个目中无人、目中无物、目中无天的人，不要成为一个丧失人性的人，而要善待百姓，这样社会才会吉祥、和平、安宁。

　　《帝典》指的就是《尚书·尧典》。"克明峻德"，克，就是能够，可以。明，阐明，弘扬的意思。峻，大，恢宏。"克明峻德"是说尧舜发扬大德的事情，他们能够彰明伟大的德行。尧认为，家族和睦才可能处理好事情，只有"家和"才可以向天下万邦广施仁政、德政，把自己的国家治理好。正是因为他能明明德能施仁政，他才成为被后世怀念缅怀的理想君王。

　　"皆自明也"，"皆"，都是。"自明"，自己敞明，弘扬光大。一个人、一个君王，如果他内心一团黑暗，充满贪婪残忍，就不可能让天下的百姓过过上幸福生活，更不可能让这个国家成为一个光明伟大的国家。"皆自明也"有两层意思，一是自知之明；二是自己去发明敞开弘扬，自己去光大

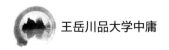

之意。

《大学》所引事迹，不管是周公去告诉姬封（康叔名，武王胞弟），还是伊尹规劝的大甲，还是唐尧自己的政绩，这些都说明发扬自己的德行才可能感召他人，才可能在天下建立和谐的社会。

"明明德"所讲述的是人们自己的美德怎样得以彰显和发扬。"明明德"正是人区别于动物的关键所在。如果想"以其昏昏"而"使人昭昭"，① 肯定不行。如果自己都没有弄清楚，都是糊涂、昏庸、偏私的，那怎么可能让这个社会变成一个清静明白、朗朗乾坤的和谐社会呢？如果自己内心都是充满了贪婪、野蛮、疯狂，怎么可能让这个社会变得公正、公平、文明呢？由此可知，儒家抓住了一个根本点，人之所以不同于动物，人之所以来自动物界但又高于动物，就是因为他有一个很重要的东西，那就是他有自己的灵魂、心性和价值判断。

人的价值并不在于活得长寿，而在于活得有意义。② 说别人很容易，但是如果我们扪心自问，去考问我们每个人的心灵，自己是否真的活得有意义有价值，恐怕任何人都应该深加思考。当然，为了灵魂开启，为了一生有意义并不需要在绞刑架上才明白这个道理。其实，每天太阳的升起都告诉我们，人需要不断更新自己、敞明自己的明德。这样，每时每刻才是有意义的，这样的人生才是光辉明亮的人生。本章通过三篇古籍《康诰》《大甲》《帝典》来说明先人们就是这么做的。如何敞亮自己变得非常

---

① 《孟子·尽心下》，（清）阮元校刻：《十三经注疏》，北京：中华书局 1980 年版，第 2775 页。

② 记得一位俄国作家曾写过一篇短篇小说《最后的三分钟》，情景简单而内容精警：一天，沙俄要判一个年轻罪犯死刑，就在临刑前的三分钟，他抬头看看天，天是那么蓝，突然间他想到了自己的父母亲，于是他拼命地在人群中寻找，终于他看到了两位老人，他们是那么的苍老、伤心和痛苦。他感到懊悔极了。就要拉开绞刑绳索时，远方传来了皇帝大赦的命令，他被释放了。可是，他被释放后并没有悔改，还是继续着自己的罪恶生涯。在六十岁时，他又一次被抓，这次他真的要被枪决了。就在这时，他突然想到，四十年前他被放到绞刑架上时只有瞬间发现了自我良知，而后又坠入黑暗中而不能自拔，而今真的要告别人世时，他一下子顿悟了，其实自己这一辈子真正活过的时间只有绞刑架上那三分钟，也就是良知发现灵魂开启的三分钟。

重要。

笔者认为，今天世界"明明德"确乎极为重要。如果人不去发扬内在光辉品德，而是被名利金钱欲望所左右，这个社会就会变得一团黑暗。今天对每个人内在情思和良知的发掘并没有过时。为了整个人类社会的和谐和人性光辉的澄亮，在全球化的新历史条件下，更应该强调个体内在心性的光明和价值担当。①

二、君子维新的社会启蒙

《大学》的第一个纲领是"明明德"，强调发扬本心，并以发扬展现出来的大德推己及人推而广之，这就是"亲民"。"亲民"是《大学》的第二个纲领。"明明德"是对自己的、内在的德行的要求，而"亲民"则是对外的要求，即在自我启迪以后，进而把这种明德推广到整个社会和全体国民中，让人们共同享受启迪蒙昧之乐，享受人类向前推进和升华之乐。"亲民"不是对他人的一种强迫，而是如春风化雨般滋润人的心灵。启蒙不是强制别人远离蒙昧，而是诱导所有的人自觉地去接受新知、明白事理。这个原理尽管简单，但很深刻。

"汤之《盘铭》曰：'苟日新，日日新，又日新。'《康诰》曰：'作新民。'《诗》曰：'周虽旧邦，其命维新。'是故君子无所不用其极。""汤"指的是殷商王朝的奠基人成汤，是一位很有作为很有德行的帝王，在自己的实践中很少犯错误。这么一位很少犯错误的帝王，依然严格要求自己，或者说他不犯错误是因为他能够时刻警醒自己。《盘铭》之"盘"就是浴盆洗澡之器，"铭"是刻下的文字。他为了不让自己做错事，天天给自己一个警告，在沐浴洗刷自己时，在每天把自己变得清洁的过程之中，也提醒自己。"苟日新"，"苟"，成也，也可以解释成假设——如果的意思。如

---

① 曾国藩认为："古之人修身以避名，今之人饰己以要誉。所以古人临大节而不夺，今人见小利而易守。恶莫大于毁人之善，德莫大于白人之冤。……尖酸语称快一时，当之者终身怨恨。聪明外露者德薄，词华太盛者福浅。"

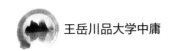

果每天都是新的，就像我洗澡一样，"日日新"，我经常地洗涤自己，不仅洗涤身体，还洗涤灵魂，不仅洗涤自己，还洗涤整个世界。"又日新"，如果一天能够革新的话，那么每时每刻都可以变得更新，而且天天往前走，天天革新，这样一来，这个社会就可以更加美好。

《康诰》曰："作新民。"意思是说，《尚书·康诰》上说，殷商的遗老遗少，你们要做新式的人民。如果汤之《盘铭》是帝王对自己的要求的话，是商汤对自己个人的要求，那么《康诰》的对象就扩大了，由一个人扩大到一群人，即新的政权周朝对上一个政权殷商的遗老遗少的要求——"作新民"。告诉殷商的遗民，你们要做新式的人民，你们要改变自己的思维方式，改变自己在那个旧的社会中的一整套的生活方式、行为方式、言说方式，而去适应新的朝代，才可能做一个新式的老百姓、新式的人民。这个移风易俗、改换新民的习惯可以说和制度紧密相关，就是说，它是通过周朝的建立与周朝的"诰"来推动实行的。

"《诗》曰：'周虽旧邦，其命维新。'"出自《诗经·文王》。"周虽旧邦"说明，夏、商之后成为统治者的周朝，是旧日和殷商一样历史悠久的邦国。周并不是在灭了殷商以后才出现的一个新国家，而是一个历史悠久的国家即旧邦。那么，两个同样很早的国家，为什么商却败了，腐败了，战败了，而周却变成一个新兴的政体呢？其原因就在于"其命维新"，就是说在于其命运得到了革新。周因为不断地革新自己，所以能够获得天命，而殷商的统治者纣王，不自思、自醒、自强，而腐朽没落被上天所遗弃。因而可以说，不进则退，不新则亡。甚至从某种程度上说，慢进也是退，因为进步速度没有别人快，当然就意味着退步。

"是故君子无所不用其极。"有德行的圣人君子没有什么是不可以达到极点的。君子或者品德高尚的圣人，由于他们不断地超越，他们没有极限，他们是"路漫漫其修远兮"，但"虽九死其犹未悔"，[①] 他们将不断地以崭新的自我来面对这个世界。这里的"无所不用其极"是一个非常简练

---

① 屈原：《离骚》，（清）李光地注，清康熙五十八年（1719）刻本。

而深刻的概括。"无所不用其极"有两个方面的意思，一个是在自我修养方面，无论做什么，他都可以去做到日日新；另一个是在修养的境界上，他又不为自己设限，不是说达到了一个美好的境界我就终止，而是到死都要尽力。"止于至善"说明"至善"是不断接近但永远也不可能达到的，因此"止"本身就是过程性的。一旦终止在某个固定的点上那就是保守，就会没落而走向衰亡。

周文王和周武王能够振兴周邦，消灭殷商并改变了殷商遗民过去的命运，使他们变成了一种新的民众。在这种情况下，那个腐朽没落的商纣王朝当然是无可抵挡的。在这个意义上说，圣人、君子正因为超越，他才可以不断地走向完善，才可能真正地获得善良，臻达美好的未来。那些达到一个小目标而自满的人，那些得到了一点蝇头小利而自得自足的人，如果不去开启自己的心扉，不去革新自己，不去拨开那些遮蔽内心的杂物，不去拭去那些模糊心灵的杂念，不去祛除那些负面的情绪和心态，那么等待着他的就将是衰败和灭亡。

第五讲　"止于至善"的精神高地

《大学》第一章"明明德"告诫人们要弘扬自身美德成就伟大事业的道理；第二章"亲民"要求人们自新、新民，对上要求君主自新，对下要求百姓更新的道理；第三章则要求人们"止于至善"。

一、"知止"的主体自觉与多元取向

"止于至善"一章较复杂，引用了《诗经》诸多的话加以阐释。"《诗》云：'邦畿千里，惟民所止。'"《诗经·玄鸟》上说，邦国的王都有千里之广，都是他的老百姓所居住的地方。"惟民所止"指老百姓所达到，所居住的地方。"止"，除了终止、截止以外，还有理想境界、至善之区的意思。在这里可以把它解释成"至善之区"，即最美好、最理想的生活环境。"邦畿千里，惟民所止"是说，邦国的王都很宽阔，老百姓所居住的是美好的地方，在这里安居乐业。用德国诗人荷尔德林的话说就是"诗意地栖居"，就是说他住在很诗意盎然的地方，生活得很幸福。

"《诗》云：'缗蛮黄鸟，止于丘隅。'""缗蛮"，"缗"，也读 mín，是一种鸟的叫声。黄鹂鸟的鸣叫又清脆又动听。如果因为黄鹂鸟叫得动听，那就让满天下都是黄鹂鸟，行不行呢？肯定不行。尽管黄鹂鸟鸣叫得很动听，但它只能栖息在山丘的一个区域、一个地点。黄鹂鸟虽然很多，但它也不能占尽整个世界。可以设想一下，如果有一种树，这种树很好，比如桉树，它长得快，而且遮阳，那么把全世界所有的树都伐掉种桉树，这样不更好吗？这不是更好，而是更坏。在笔者看来，只有百花齐放、百鸟争鸣才是多姿多彩的生态世界。如果这个世界只有灭万树而成单一之树，那就是霸权主义单边主义，就是世界的末日，人类的末日。因此，"止"很重要，它代表了一种节制和限度。在古代中国，除了《诗经》以外，有很多关于多元节制、知足常乐的思想话语。①

　　在引用了《诗经》之后，又接着引用了孔子的话来加以说明。"子曰：'于止，知其所止，可以人而不如鸟乎?'"孔子发感慨说，对于"止"，就是居在一个善良、美好的地方，对自己栖息之地有自足感，就是说不能盲目地扩展，不能无所顾忌地占有别人的领地，然后自己个人独享，而是说只住到我应该住到的地方。通过这一比喻，可以知道儒家思想对节制、秩序、知足和分寸是极为重视的。儒家的"止"有其深刻的人类主义价值和意义。可以说，"知足""知止"都是为人生设立界限。"知足"是适可而止而不贪，"知止"是是达到至善的境地。体现了儒家"过犹不及"的基本思想。其实，老子也讲"知止"："始制有名，名亦既有，夫亦将知止，知止可以不殆。"河上公注："人能知止（知）足则福禄在己，治身者，神不劳，治国者，则民不扰，故可长久。"柳宗元《酬娄秀才寓居开元寺早秋月夜病中见寄》诗："味道怜知止，遗名得自求。"程颐《四箴·听箴》："卓彼先觉，知止有定。闲邪存诚，非礼勿听。"

　　孔子发出反问：难道人却连那黄鸟也不如吗？"知其所止"，即鸟都知道所止，都知道栖息在它应该栖息的地方，难道人还不如鸟吗？如果人不守和谐安乐，他就不如鸟。他只知道征战，只知道霸权，只知道去践踏别人的人权。如果个体不守社会的秩序，不守人伦礼节，那这样的人，孔子认为连禽兽都不如。《诗经》和孔子所说的绝非是封建迷信，而是闪烁着

---

① 《孟子·滕文公下》："富贵不能淫，贫贱不能移，威武不能屈"（阮元校刻：《十三经注疏》，北京：中华书局1980年版，第2710页）；《礼记·儒行》："苟利国家，不求富贵"（阮元校刻：《十三经注疏》，北京：中华书局1980年版，第1670页）；贾谊《新书·阶级》："国尔忘家，公尔忘私，利不苟就，害不苟去，惟义所在"；《荀子·荣辱》："与人善言，暖于布帛；伤人以言，深于矛戟"（《诸子集成》2，上海：上海书店1986年版，第33页）。

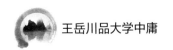

人文理性的光辉和智慧，是人对自身的自醒和反观。唐代孟郊《择友》："兽中有人性，形异道人隔。人中有兽心，几人能真识。古人形似兽，皆有大圣德。今人表似人，兽心安可测。虽笑未必和，虽哭未必戚。面结口头交，肚里生荆棘。好人常直道，不顺世间逆。恶人巧谄多，非义苟且得。若是效真人，坚心如铁石。不谄亦不欺，不奢复不溺。面无吝色容，心无诈忧惕。君子大道人，朝夕恒的的。"① 这几句话所表达的是中国传统文化思想中仍然有生命力的文化碎片，不仅值得中国人去重新发现，也值得整个世界去发现。

在笔者看来，"止于至善"极为重要，安居乐业是老百姓的事情，国泰民安是国家的事情。有了"止于至善"，国和家都是安康的，而国家的安康是一个国家的福音。由此可知，为什么孔子动辄就要把人和动物加以比较呢？就是因为，人有超越于动物之上的对社会、自我的思考。莎士比亚说："人是宇宙的精华，万物的灵长。"② 远远超越了动物，他有语言，会创造和使用工具。孔子认为这都不是最重要的，如果不遵守秩序，不遵守人伦礼节，那连禽兽都不如。人与动物的差别很可能不像通常所说的那么大，要不然为什么动物可以做到的，而人却不能做到呢？人通过"比德"，从动物身上看到了很多光辉的品德，比如"知止"。当然，最常见的就是动物的母爱。这种母爱被人冠以"本能"而草率地从价值平台转移到了科学的冷冰冰的事实平台上。其实，人很可能在走向文明的过程中遗忘了这种来源于天地本身的母爱。

屠格涅夫写过一本《猎人笔记》，其中有一篇描写动物母爱的，读来令人感动：一天雨后，屠格涅夫带着他的狗出去打猎。走到路上，突然间从水淋淋的树上掉下来一只还没有长羽毛的小麻雀，这时这只猎狗毫不犹豫地冲过去就要吃掉这弱小的生命，就在这猎狗张开血盆大口要吃它时，只见一只蓬松得不成样子的母麻雀从树上飞了下来，它一次次地去撞猎狗

---

① 《全唐诗》卷274，北京：中华书局1960年版，第4199页。
② ［英］莎士比亚《哈姆雷特》说："人是宇宙之精华，万物之灵长。"

的嘴，它是要用自己的身体去保护自己的孩子。这只母麻雀的举动让猎狗惊愕。①

屠格涅夫跟常人不一样的地方就在于，常人看到这个场景可能一笑了之，或者无动于衷。而他作为一个心灵的作家，能由此体察出一种感天动地的精神。他首先感受到的是，究竟是一种什么样的力量让那只母麻雀在枝头上不能停留，而一定要冲下来用自己的身体去保护自己的孩子？显然，是出于她的母爱，她要救她的孩子，她要救她的小雏。这种就叫母爱。他说，这种母爱的力量使他的狗在面对这个母亲时感到惊愕，也许这只狗也感受到这种母爱的伟大和震撼。动物能够为了自己的孩子奋不顾身，人类世界又何尝不是。人如果连这点都做不到，那就连动物都不如。②

"止于至善"对于人而言，首先就是要坚守人伦礼节，饱含人性和美好的光辉，如果肆意践踏道德礼法，人也就不能成其为人了。其实，"止于至善"的君子哪怕有小过失也犹如日月之蚀而难逃公众的眼睛，更不要说有大错了。因此，君子应该严于责己宽于待人，不张扬他人之过或拿别人的错误轻侮别人，这样他将拥有更多的朋友并使敌人减少一半。那么，在孔子看来，谁才可以被看作"止于至善"的典范呢？

二、人伦所止的仁敬孝慈信

"《诗》云：'穆穆文王，于缉熙敬止。'为人君，止于仁；为人臣，

---

① ［俄］屠格涅夫：《猎人笔记》，武汉：长江文艺出版社 2005 年版。

② 《华西都市报》2004 年 10 月 1 日报道："在成都洞子口乡王贾桥附近的铁路段上，一位太婆抱着两岁孙女在铁路上玩耍时，一列火车急驰而来，眼看就要撞上婆孙俩，危急关头，太婆一把将孙女抛出 5 米外，自己却被火车当场撞死。"人的求生本能使其在关键时肯定先救自己，但就在那短短一瞬，太婆能够反应如此之快，可谓母之爱之深。这位太婆尽管没有太多的学问，但她内在良知是光明博大的，充满着温润宽广的仁心，有着朴实而壮烈的母爱。如果没有深刻的人伦仁爱，没有真诚深切的爱，人真不如禽兽。就此笔者认为做学问绝不能做空头之学问，而要做体验之学问，心体身验，既深入理论又进入实践。能够加以体验而超验的学问，才是真血性真性情的充满仁心之学问。

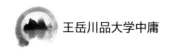

止于敬；为人子，止于孝；为人父，止于慈；与国人交，止于信。"这句话出现了几个关键词，是中国历史上最有争论的大词。《诗经·文王》中说，深远的周文王光辉照人而且恭敬威武。作为人民的君主，为人君为人臣为人子为人父。这几个关键词，君、臣、父、子，人们耳熟能详，君君、臣臣、父父、子子，君要成君之样，臣要有臣之格，父要有父之慈，子要有子之孝。作为君用今天的话来讲即作为领导，应该"止于仁"，即定位在"仁"。

从孔子对曾参一段话可以推知"仁"的真谛。孔子对曾参说："吾道以一贯之。"曾参告诉其他人说："夫子之道，忠恕而已矣。""吾道"就是孔子自己的整个思想体系，而贯穿这个思想体系的必然是它的核心。分别讲是"忠、恕"，概括讲是"仁"。孔子自己曾给"恕"下了定义："己所不欲，勿施于人。"这是"仁"的消极面，另一面是积极面："己欲立而立人，己欲达而达人。"事实上，无论是孔子的"仁"，还是孟子的"义"，都将个体人格的建立放在重要地位，只不过，孔子更重视仁心爱人的内在光辉，孟子更注重养个体浩然之气罢了。

陈荣捷曾述"仁"之观念演进颇详，值得引述：（一）诗书之仁皆为特殊道德，孔子始以仁为基本道德，百善皆本乎此。孔子乃以仁为其伦理之基。（二）历代论仁解释不同。或以为人心，或以为爱，或以为人相偶，或以为觉，或以为恕，或以为与天地为一体。朱子以为"心之德，爱之理"。（三）最持续有力者为以爱为仁之说。（四）爱即博爱。然爱必有差等，亲亲而仁民，仁民而爱物。爱由亲始。（五）仁者无所不爱，故天人合一。（六）仁不只是心境，态度，或感觉，而是人与天地万物之活的、动的关系。（七）仁为万善之本，"人心也"。天地生生之源。（八）因此仁不仅是伦理的，而亦是形而上的。（九）清末以来，虽有努力将仁之形而上性质加强，而儒家特重仁之活动伦理性质贞健如故，为儒家古今不衰之一贯传统。[①]

---

① 参见陈荣捷：《王阳明与禅》，台北：学生书局 1984 年版，第 83—84 页。

"止"非常重要，"止"就是定位。定位到什么形态就显示出什么样的政治秩序社会秩序。可参见诸葛亮"识人七法"：问之以是非而观其志；穷之以辞辩而观其变；咨之以计谋而观其识；告之以祸难而观其勇；醉之以酒而观其性；临之以利而观其廉；期之以事而观其信。行仁政、爱人民，还是行暴政、害人民，结局截然不同。行暴政的结局就是君不成其君，就会被人民厌弃。因此要"君其君"就应定位于"仁"，"仁"就是对一个君王的要求。这里《大学》鲜明地提出，作为国家的领导者，应该定位在仁，就是爱人民。

"为人臣，止于敬"，指作为下级应该定位在尊敬上级。当然这里有历史局限，因为太求敬，必然导致最后连意见都不能提，提了就叫大不敬，更不能提出自己独到的看法。对敬不能过分强调，不能过分到牺牲真理的程度。在尊敬的基础上，还要提出自己的意见和独到的想法。当然，作为下级也不能没有敬，而且即使平等的双方之间也要敬。如果我们不尊敬别人不听人家说清楚，就开始反驳，那这个社会岂不是非理性化了？相互尊重是很重要的。

"为人子，止于孝"，指作为子女应该定位在孝顺父母。被人骂为"不孝"是极为严厉的。在中国历史上孝道始终都被看作衡量人道德修养的最基本的标准。"二十四孝"的故事可谓家喻户晓。汉文帝刘恒以他开创文景之治的清明政绩名垂青史，又以仁爱孝顺的德行品德名闻天下。他的母亲薄太后卧病三年，他在病榻前侍奉三年，常常夜不能寐，衣不解带，没有丝毫倦怠，母亲所服的汤药他亲口尝过后才放心让母亲服用，这就是文帝亲尝汤药的故事。① 其他的还有虞舜孝感动天，曾参啮指痛心、子路百里负米、黄香扇枕温衾，他们的故事世代相传，成为人们实践孝道的典范。因此，亲情和对父母亲的孝敬之心非常重要，如果对父母亲都不孝而能忠贞报国者，一定是没有的。所谓"忠孝不能两全"，"忠"对国家而

---

① 汉文帝，名恒，高祖第三子，初封代王。生母薄太后，帝奉养无怠。母常病，三年，帝目不交睫，衣不解带，汤药非口亲尝弗进。仁孝闻天下。

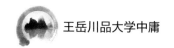

言，"孝"对父母而言。实际上，"忠"高于"孝"，因为"齐家"之后是"治国"，或者说"齐家"是"治国"的基础。孝是日常生活中很重要的人伦标准。如果一个人连父母都不孝顺，那他忠于国家为国捐躯是不可能的。他连家族中最起码的人伦常识都没有，他要为国家为这个大集体去付出生命，其难乎哉！在这个意义上，在"忠孝"之间，人们往往会选择"忠"，因为选择"忠"就是"大孝"，是对整个国家的负责。但对一般人而言，尽孝道与尽忠并没有严重的冲突。

"为人父，止于慈"，指作为父亲要定位在慈爱上。朱自清有一篇散文《背影》。朱自清离家时，身体不好的父亲到月台上送他，车还没有开，这时父亲想要给孩子买一袋橘子。父亲买橘子两次爬月台，父爱融进在艰难地攀登月台的背影之中，儿子爱父之意也从注视着父亲背影的泪眼中流泻出来。"这时我看见他的背影，我的泪很快地流下来了。我赶紧拭干了泪，怕他看见，也怕别人看见。"[1]父亲留给孩子的不仅仅是"朱红的橘子"，还有父亲所有的寄托和慈爱。朱自清那个时代已经是走向现代了，但这孝慈思想过时了吗？难道都应该完全抛弃吗？当然没有过时，也不能抛弃。

"与国人交，止于信"，指与他人交往，应该定位在信，定位在诚信上。一个国家的人民和国家的基本机构，如果没有诚信，那真是不可思议。如果自然、天地、宇宙没有诚信，这个世界就大乱了。大自然已有的规范和秩序丧失了，今天太阳是早上六点升起的，明天突然五点就升起，下午两点太阳就落山，宇宙的轨道就出了大问题。诚信是一个恒定不变的品质，是一个一往无前坚守自己德行的品德行，是一言九鼎的信守诺言。这种品质以其不变而展现了自己的价值。那些丧失了诚信、巧言令色、花样百出、坑蒙拐骗，甚至是妖言惑众的人，尽管能得宠于一时，最终将自食其果。

君、臣、父、子、国人都各有其所"止"，准确定位自己的身份，遵守道德行为的伦常，社会才能在诚信与和谐中发展，尽管作为民主国家已

---

① 朱自清：《背影》，原载 1925 年 11 月 22 日《文学周报》第 200 期。

无君臣，但还有上下级，对当代社会仍有其现实观古鉴今的意义。

　　《大学》的第三章，强调了仁、敬、孝、慈、信，说明中国儒家文化是一种柔性的、软性的文化。《大学》规定，作为国君或王者，作为家族里边的子和父，以及作为普通人的老百姓，是紧密相关的社会链条，就此《大学》提出了一个关于个人自由与社会规范的关系的问题。对现代社会而言，君臣关系可以转换为上级与下级的关系。不能苛求在孔子时代或先秦时代，就有现代意义上的上级与下级关系。经过现代的阐释，君臣关系其实代表了一种上下级关系。同样父子关系也不能照搬古代，应该增加新的意义。

　　需要重视的是，古代中国强调子孝父慈从根本上说是合理的。即使在今天的家族里边，这种基于血缘关系的父子关系也应该强调孝与敬。往深里看，中国特有的"孝文化"的最基本意义在于孝顺父母尊敬亲长。《诗大序》："先王以是经夫妇，成孝敬，厚人伦，美教化，移风俗。"[①]《左传·文公十八年》："孝敬忠信为基德，盗贼藏奸为凶德。"[②]《汉书·武帝纪》："故旅耆老，复孝敬，选豪俊，讲文学。"[③] 唐许浑《题卫将军庙》诗序："既而以孝敬睦闺门，以然信居乡里。"子夏向孔子问孝，孔子回答说："色难。有事，弟子服其劳；有酒食，先生馔，曾是以为孝乎？"[④]"色难"就是和颜悦色地在父母亲周围去表现你的孝道，这是最难的。给父母买东西、给父母做衣服那不全是孝，因为动物都能做到孝（反哺），孝最重要的就是在漫长岁月中的不改本色的孝——"色难"。有些人可能认为，"孝"是不科学不普世的东西。不能这么绝对。父母亲生下儿女养

---

①　（清）阮元校刻：《十三经注疏》，北京：中华书局1980年版，第270页。

②　（清）阮元校刻：《十三经注疏》，北京：中华书局1980年版，第1861页。

③　《汉书》，北京：中华书局1962年版，第166页。

④　《论语·为政》，（清）阮元校刻：《十三经注疏》，北京：中华书局1980年版，第2462页。

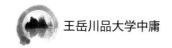

育三年才能走路，到父母晚年尽尽孝是应该的。① 人都有生也都有老，老有所养，这是人性中最重要的部分。也是一个国家稳定的重要的社会文化心理基础。②

从品德意义上说，仁爱、尊敬、慈孝和诚信，在今天基本上还应继续发扬下去。当然，要是愚忠、愚敬、愚孝、愚慈，甚至被忠、敬、孝、慈吞噬，那是不允许的。其实，古人也不是一味地愚忠愚孝。孔子、孟子在这方面有相当清楚的表述，不可误读。③ 因为今天的社会是一个民主而理性的社会，强调人自己的个体自由是不可以出让的，这与古代不同。因此，我们不应对古代的东西完全加以否定，当然也不能完全加以肯定。正确的做法是，理性地丢掉不合时宜的东西，并去发扬仍然有生命力的东西，包括人类文明中那些美好的，还有价值的，还可以为现代社会提供精

---

① 据《荀子·宥坐篇》记载："孔子为鲁司寇，有父子讼者，孔子拘之，三月不别，其父请止，孔子舍之。"说孔子做鲁国司寇时，曾赦免一个被父亲起诉的不孝之子。因父亲提出撤讼，孔子将人赦免。这件事引起季氏不满，对孔子强调以孝为本却又赦免不孝之子表示困惑。孔子说，言行孝当以教化为先，不行教化，独行杀戮，则与杀无辜无异。

② 孔融让梨，国人都知道。有外国友人告诉我，他把这个故事讲给他的孩子听，孩子不以为然，说"我为什么要让?"西方人强调要孩子学会竞争，不要忍让，否则今后到社会上会受欺负。这种想法不错，但是后果却很严重。当孩子学会了一饱私囊，从小就知道往自己兜里拿东西，损人利己而不会谦让，他今后成就大事业的空间将会变小。

③ 参见《论语·公冶长》子曰："道不行，乘桴浮于海。""邦有道，不废；邦无道，免于刑戮。"（阮元校刻：《十三经注疏》，北京：中华书局 1980 年版，第 2473 页）《论语·子路》子曰："居处恭，执事敬，与人忠。虽之夷狄，不可弃也。"（阮元校刻：《十三经注疏》，北京：中华书局 1980 年版，第 2507 页）《论语·八佾》定公问："君使臣，臣事君，如之何?"孔子对曰："君使臣以礼，臣事君以忠。"（阮元校刻：《十三经注疏》，北京：中华书局 1980 年版，第 2467 页）《论语·先进》："'所谓大臣者，以道事君，不可则止；由与求也，可谓具臣矣。'曰：'然则从之者与?'子曰：'弑父与君，亦不从也。'"（阮元校刻：《十三经注疏》，北京：中华书局 1980 年版，第 2500 页）《论语·卫灵公》："卫灵公问陈于孔子。孔子对曰：'俎豆之事，则尝闻之矣；军旅之事，未之学也。'明日遂行。"（阮元校刻：《十三经注疏》，北京：中华书局 1980 年版，第 2516 页）。而孟子"民为贵，社稷次之，君为轻"之说，更是深入人心。《礼记·中庸》："是故居上不骄，为下不倍。国有道，其言足以兴；国无道，其默足以容。""国有道，不变塞焉；强哉矫。国无道，至死不变；强哉矫。"（阮元校刻：《十三经注疏》，北京：中华书局 1980 年版，第 1626 页）

神支撑的东西。

君仁臣敬，父慈子孝，人和人坦诚相待，这是《诗经》中所记录的周文王对"止于至善"的实践，那是一种理想的社会状态。而作为理想社会的主体的君子，应当不断地修身养德。在笔者看来，仁、敬、孝、慈、信都不是针对一个人而言的，而是针对一种关系而言的，这说明中国和西方的关于人与人之间的关系着眼点不尽相同。在西方，个人自由是高于社会规范，或者社会应服务个人，强调的是个人的主体性、个体性。在中国，强调的是个人自由应该是和社会的规范形成和谐的关系。这是一种差别，在今天个人主义甚嚣尘上之时，东方的重整体关系的价值更应加以重视。

三、止于至善的切磋琢磨

"《诗》云：'瞻彼淇澳，菉竹猗猗。有斐君子，如切如磋，如琢如磨。瑟兮僩兮，赫兮喧兮。有斐君子，终不可喧兮！'""瞻彼淇澳"，在那个淇水的岸边，岸口。"菉竹猗猗"，菉竹长得那么茂盛，那么葱绿。"斐"是文质彬彬的意思，"君子"在古代除了指德高望重文质彬彬的人，还指美男子。在《诗经》里，也可以看作是那个美男子。"如切如磋，如琢如磨"。"切"，切骨，就是一般的骨头，可以用来做器具。"磋"，磋角，就是去磋很硬很尖锐的兽角或象牙。"琢"，是琢玉。"磨"，是磨石。骨、角、玉、石都是很硬的东西，但正是因为硬，才能显示出这种君子的厚度和高度。① 一般而言，如果做学问找了一块很薄的板子钻下去，那只能是学问中的弱者，不会引起人们的关注。这就如同奥运会比赛，一个跳高运动员起身一跳不是两米多，而是一米多，那他早就被淘汰更不可能成为冠军，当然不可能成为万民敬仰的英雄。因此，硬度、高度、厚度和深度是君子必须达到的，当然这也是很难达到的。只有当获得了很高的成就之

---

① 《论语·学而》："《诗》云：'如切如磋，如琢如磨。'其斯之谓与？"（阮元校刻：《十三经注疏》，北京：中华书局1980年版，第2458页）（宋）朱熹注："言治骨角者，既切之而复磋之；治玉石者，既琢之而复磨之，治之已精，而益求其精也。"

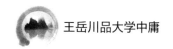

后，才会引起人们的关注。

"瑟兮僩兮"，真威武啊！真勇仪啊！"赫兮喧兮"，真显赫啊！真高大呀！"有斐君子，终不可諠兮。"文质彬彬的君子啊，不能忘啊，不可以忘怀的呀！这里提出，只有君子才是不可以忘怀的。只有拥有优美德行，文质彬彬，质胜文不行，文胜质也不行，只有文质彬彬才是君子。①

"如切如磋者，道学也；如琢如磨者，自修也。""如切如磋者，道学也"。这是一个总结，如切如磋，就像切角磋角。因为骨和兽角都很硬，切磋时就是硬碰硬，就是前沿对前沿、思想对思想，要碰出火花。这说的是诗友之间相互学习提高的过程。中国古代做学问并不是说"骑墙派"，不是折中调和，不是左右各对一半。相反是如切如磋，刀切肉很容易，切骨头容易吗？很难。拿一个牛角，拿一个象牙，很难切，因为它很硬很尖锐。这说明《大学》强调的是研究学问的艰、深、高，为了学问，就是诗友之间可以争论、争辩，甚至争得面红耳赤。这是古代很好的一句关于做学问的话。"如琢如磨"是对自己说的，当你深夜在灯下，一灯独萤，窗外竹影婆娑，细心研读古籍和今人之作时，应该做的就是如琢如磨。如琢如磨就是说，如同拿着一块美玉慢慢地琢磨，因为一刀下去可能就毁坏了，就好像对一块璞石慢慢地磨，打磨得很光滑，珠圆玉润，晶莹剔透。这是很高的境界，这就是质的精微，做的是慢功夫。"如琢如磨"要求就是要自我不断的打磨，竭力做到精益求精。

"瑟兮僩兮者，恂栗也。赫兮喧兮者，威仪也。有斐君子，终不可喧兮者，道盛德至善，民之不能忘也。""瑟兮僩兮者，恂栗也"，真威武、真武毅，这是指君子呈现出端庄恭敬的状态。"赫兮喧兮者，威仪也"，真显赫、真高大，这是指君子呈现出一种威风的仪态。"有斐君子，终不可喧兮者，道盛德至善，民之不能忘也"。文质彬彬的君子让我难忘，他道德最完善，而百姓就不可能忘记他。为什么人民众口铄金，为什么人民可以高山仰止？你如果做了坏事，千夫所指；做了好事，万民永记。这就是

---

① 《论语·雍也》，（清）阮元校刻：《十三经注疏》，北京：中华书局1980年版，第2479页。

说，人们对于好的德行、好的人物、文质彬彬的君子，会因为心里佩服而去仿效，感到高山仰止。在我看来，《大学》是对一种高大美好的君子形象的赞美。这种赞美至今不可小看，因为如果没有这样完美的君子人格，遍地都是一心向私、损公肥私的精神侏儒，这个社会就没救了。严于治学、防微杜渐、行为端正，这样的人才可以称得上是君子，才能成为道德的典范。

最后，《大学》引用《诗经》的话对"止于至善"进行总结。"《诗》云：'于戏，前王不忘。'君子贤其贤而亲其亲，小人乐其乐而利其利，此以没世不忘也。"这里的"于戏"就是"呜呼"，是感叹词。"前王不忘"，先前的君王，不会遗忘，就是高风亮节的贤民君王，对后世影响极大的那些伟大的人物，人类精神的领袖和先导者，人们是不会忘记他们的。"君子贤其贤而亲其亲"，作为君子的圣人君王去敬重他的贤人，亲近他的亲人。"小人乐其乐而利其利"，平民百姓享受他的欢乐，而得到了这位伟大人物的利益。"此以没世不忘也"，因此尽管他已经去世了，但是人们却永远缅怀他。① 他"贤其贤而亲其亲"，正是因为这样，人们怀念他，正是因为这样，他把善良推进到了极致。

由此可知，德行的绵长、个人的修养不是一次就能完成的，它是需要生生不停，可谓生生之谓道、生生之谓易（《周易·系辞上》），要不断地发扬光大，而且要智能不灭、薪火相传，需要一代代地往下传。同时，这种定位，要定位在仁爱上，所谓的子孝父慈等，其实都是一种慈爱，都是一种仁政。《大学》还讲到一个问题，就是一个人达到了完善，还不是最美好的世界，要使他人同样完善，使所有的人达到完善，这个社会才是一个完美的社会。

在本章中，引用了《诗经》中的话来说明"止于至善"的"止"，强调有所止，且止于善处。接着，又引用了《诗经》来说明"至善"，还引用了"前王不忘"来咏叹周文王的至善至美，至此大学"三纲"得以完满阐释。

---

① 在中国，周恩来就是这样一位伟大的人。他作为政府总理为人民鞠躬尽瘁，死而后已。

第六讲　内本外末的人格提升

　　经典细读是走进经典内层的最好方法，也是防止误读的最佳途径，尽管庄子说过"然则君之所读者，古人之糟粕已夫"。① 但笔者还是坚持从自身的生命体验出发认为，经典的细读是最接近思想原生态的方式。

一、求真知本的"听讼"与"无讼"

　　《大学》的前三章详细论述了大学的三大纲领："明明德""亲民""止于至善"。第四章则引用孔子的言论，论述品德的修养是本，处理具体的外在事物是末，先修养品德，再用美德感化百姓，这才是当务之急。

　　"子曰：'听讼，吾犹人也，必也使无讼乎！'无情者不得尽其辞，大畏民志。此谓知本。"孔子说：审讯诉讼时，要用公平的人心去对人心，而不是以一个法官的身份去惩罚所谓的刁民，使其没有诉讼。这是最高的境界。"无讼"是一个很有意思的话题，因为诉讼在现代特别是在西方很普遍。西方是法律社会，几乎每个人都有律师，官司缠身，一年打几件官司很平常。孔子却说，"必也使无讼乎"，最好不打官司，要没有官司更

---

　　① 《庄子·外篇·天道》："桓公读书于堂上，……轮扁曰：'臣也以臣之事观之。斫轮，徐则甘而不固，疾则苦而不入，不徐不疾，得之于手而应于心，口不能言，有数存乎其间。臣不能以喻臣之子，臣之子亦不能受之于臣，是以行年七十而老斫轮。古之人与其不可传也，死矣，然则君之所读者，古人之糟魄已夫！'"《诸子集成》3，上海：上海书店1986年版，第218页。

好。这种社会理想并不低于法治法律社会。① "无情者不得尽其辞"，"无情者"，那些没有真感真情的油嘴滑舌巧舌如簧的人，"不得尽其辞"，不能够去尽说他的讼词。"大畏民志"，用明德去慰抚民心，把大德张扬开来，让老百姓口服心服。"此谓知本"，这就叫知道根本。

　　"必也使无讼乎"——法律的最高境界就是减少乃至于无诉讼，使诉讼这类官司根本不发生。一般认为，中国历代尤其是宋明理学出现以后，社会上有了君君、臣臣、父父、子子的严格规定，特别是对女性的压抑。其实也不尽然，因为社会是很复杂的，也有一些诉求得到了比较好的人性关怀。② 有人总是从五四运动那里找到中国传统对妇女的扼杀——"饿死事小，失节事大""礼教吃人，从一而终"之类的说法，认为古代妇女的地位惨不忍睹。其实，这都是以偏概全的结果。事实上宋代以前，妇女在婚姻和离婚方面大都享有自己的选择自由。自由选择配偶的如：《左传·昭公元年》"郑徐吾犯之妹美。公孙楚聘之矣，公孙黑又使强委禽焉。犯惧，告子产。子产曰：'是国无政，非子之患也，惟所欲与。'犯请于二子，请使女择焉，皆许之。子皙（公孙黑）盛饰入，布币而出；子南（公孙楚）戎服入，左右射，超乘而出。女自房观之，曰：'子皙信美矣，抑子南夫也，夫夫妇妇，所谓顺也。'适子南氏"；另有《后汉书·梁鸿传》"同县孟氏有女，状肥丑而黑，力举石臼，择对不嫁，至年三十。父母问其故，女曰：'欲得贤如梁伯鸾者。'鸿闻而聘之"。

　　判案在孔子看来，要以一种平常的、同等的心思去体谅感受，而最高境界是让这个社会和谐，尽量少纠纷少打官司。因为官司中会有一些巧言令色、巧舌如簧的人，尤其是那些不法的律师，经常吃了甲方吃乙方，吃了原告吃被告，这些恶劣的现象应该杜绝。"无讼"体现着儒家的和谐社

---

　　① 《论语·子路》："礼乐不兴，则刑罚不中；刑罚不中，则民无所错手足。故君子名之必可言也，言之必可行也。"阮元校刻《十三经注疏》，北京：中华书局1980年版，第2506页。

　　② 如清代有一女18岁结婚，不到20岁守寡，想再婚而不能。她请秀才写状纸曰："豆蔻年华，失偶孀寡，翁尚壮，叔已大，正瓜田李下，当嫁不嫁？"法官大笔一挥——"嫁"。这应是一个不错的结果。

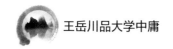

会理想。① 和谐社会不是打官司、打口水打出来的，和谐社会是要减少对簿公堂的频率，相互沟通而尽量和谐相处。

真正好的社会不是鼓励人们去诉讼，不是鼓励人们通过打官司致富，而是让人们更多地充满"仁者爱人"之心，从而减少自己与社会的矛盾冲突，把那些恶性事件减到最小。② 社会才会处在平等平和的完善状态，这样的社会才是一个安宁的社会。明乎此，就是知道了根本，即"此谓知本"。

朱熹怀疑这两句话是一个结语，在过渡性和结语的话中间肯定有一段遗失了。他认为，这部分讲的是格物致知。"格"有去掉的意思，格物就是去掉那些虚伪不真的杂质，还有反反复复不断钻研的意思。致知之"知"是智能的"智"。格物就是穷究根本劈波寻源，找到事物最重要的内在规律或道路。

"致知"是寻求一种大智慧，一种超越日常生活的智能。"致知"代表了人类对最高智慧的追求。在这个过程中，要能"弃己"，把自我固执的主观性逐渐抛弃，尽可能地贴近真理。同时还要明白，"致知"的对象——大自然、世界、万事万物需要人去认识，而非人为破坏；需要人去尊重，而不需要人去践踏；需要人去了解爱护，而不需要人为地误解误读。"致知"说明了对规律的把握的态度和难处，因为"致知"往往不能做到"弃己"，而是自满自足，自傲自负，充满知识的僭越。正是由于弃

---

① 《礼记·曲礼》："道德仁义，非礼不成。教训正俗，非礼不备。分争辨讼，非礼不决。"《礼记·王制》："司寇正刑明辟，以听狱讼。必三刺。有旨无简，不听。附从轻，赦从重。凡制五刑，必即天论。邮罚丽于事。凡听五刑之讼，必原父子之亲、立君臣之义，以权之。意论轻重之序、慎测浅深之量，以别之。悉其聪明、致其忠爱，以尽之。疑狱，泛与众共之；众疑，赦之。必察小大之比以成之。"《礼记·月令》："命有司省囹圄，去桎梏，毋肆掠，止狱讼。""审断决，狱讼必端平。戮有罪，严断刑。"阮元校刻：《十三经注疏》，北京：中华书局1980年版，第1361、1373页。

② 《忍经》："人心有所愤者，必有所争；有所争者，必有所损。愤而争斗损其身，愤而争讼损其财。此君子鉴'易'之'损'以惩愤也。""按《图记》云：'雷孚，宜丰人也。登进士科，居官清白，长厚，好德与义，以枢相恩赠太子太师。自唐雷衡为人长厚，至孚十一世，未尝讼人于官。时以为积善之报。'"《忍经》，珠海：珠海出版社2004年版，第177页。

68

己，人才可以宽容博大不断精进，成就一番大事业。①

格物致知，说简单也很简单，说难也很难，就是数十年如一日地对问题穷追不舍，剥掉那些伪善、虚假、不实的表层，寻找真实的本体，探究其中肯的结论。这事实上颇为不易。孔子说："朝闻道，夕死可矣。"② 早上我知道"道"，哪怕晚上死了也是可以的，把"闻道"——认识规律、大道、真理和死亡联系起来。这也是中国的智者、哲人第一次把求真，把对规律的认识和死亡相连，可见求真之难。同样，佛教也重视悟道。《四十二章经》第三十八章："佛问沙门：'人命在几间？'对曰：'数日间。'佛言：'子未知道。'复问一沙门：'人命在几间？'对曰：'饭食间。'佛言：'子未知道。'复问一沙门：'人命在几间？'对曰：'呼吸间。'佛言：'善哉。子知道矣。'"西方人也曾提出，"在科学的入口处，正像在地狱的入口处一样"，把求真、了解事物规律和进入地狱联系起来。可以说，格物致知之不容易，因为人总是有私心的，总是带有主观情感的，而事物是他者，是和人相对的客观存在，不排除一己私心，怎么可能进入事物内部去发现和把握它的规律呢？要把握事物规律，一定得克服自己的私心。

《大学》八目"格物、致知、诚意、正心、修身、齐家、治国、平天下"是一个从小到大，从客观到主观，从个体到人类渐进修为的过程，而格物致知的重要之处在于它们是"大学之道"的起点，"致知"之后的"诚意"是八目中的第三个阶段。

二、君子慎独而诚中形外

《大学》第五章讨论格物致知，第六章讨论诚意，二者紧密相关。"所

---

① 曾国藩的例子可说明弃己致知的重要性。曾国藩是清朝重臣，早年熟读经书，入试获乡试的前几名。于是，他骄傲地夸口说天下书尽在腹中，以饱学之士无所不知无所不能自居。入朝为官后与真正满腹经纶者对谈，他才发现自己实在浅薄，除了书本上那点知识，对万事万物的规律一窍不通。于是幡然醒悟，从有己到弃己，真正去格物，不断获得真知灼见。

② 《论语·里仁》，（清）阮元校刻：《十三经注疏》，北京：中华书局1980年版，第2471页。

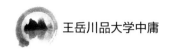

谓诚其意者，毋自欺也，如恶恶臭，如好好色，此之谓自谦。故君子必慎其独也。"诚意在《大学》中非常重要。"所谓诚其意者"，即"诚实"自己的心意，让自己的心像通体透亮的赤子之心一样。"毋自欺也"，不可自欺，你能骗其他人，但最不可骗的是自己。在笔者看来，《大学》把诚意集中表述为不自欺、毋自欺是非常有见地的。如何做到诚意，《大学》用了两个类比，一是"如恶恶臭"，诚意就像厌恶很恶臭的气味那样。二是"如好好色"，好色有两种解释，一种是美丽颜色，另一种就是女色，这个地方的"好色"应该是泛指所有亮丽夺目的美好事物。"此之谓自谦"，这就叫作自己内心惬意满足，自己才能融洽和谐地与自然相处。

"故君子必慎其独也"，君子在一个人待着时一定要谨慎。① 荀子将"慎独"与"诚"相联系："君子养心莫善于诚，致诚则无它事矣。唯仁之为守，唯义之为行。诚心守仁则形，形则神，神则能化矣。诚心行义则理，理则明，明则能变矣。变化代兴，谓之天德。天不言而人推高焉，地不言而人推厚焉，四时不言而百姓期焉。夫此有常以至其诚者也。……天地为大矣，不诚则不能化万物；圣人为知矣，不诚则不能化万民；父子为亲矣，不诚则疏；君上为尊矣，不诚则卑。夫诚者，君子之所守也，而政事之本也，唯所居以其类至。操之则得之，舍之则失之。操而得之则轻，轻则独行，独行而不舍，则济矣。济而材尽，长迁而不反其初，则化矣。"② 人是社会的人，在社会中，人可能戴了一副社会面具。这个面具使得他本身不真而表象为真，本身不善而表情为善，本身不美而装饰成美。但这没有用，只有在其独处之时也能彰显自己的德行、真善、美好，那才是最重要的。很多人在人前戴上人格面具，私下里却原形毕露。只是别人不知道而已，这种面具只能骗人一时。儒家强调，更重要的是要由内向外

----

① 历代对"慎独"有不同解释，尤其对"慎独"的"独"有几种不同理解：一是马王堆帛书及郭店竹简《五行》中的"舍体"说，"慎独"指"独立性"——"舍体"即专注于"德之行"统一于内心的状态；二是郑玄的"慎其闲居之所为"说；三是朱熹的"人所不知而己所独之地也"说。笔者以为朱熹的解释超越了郑玄，而更有合理性。

② 《荀子·不苟篇》，《诸子集成》2，上海：上海书店1986年版，第29—30页。

表现出一种表里如一的美德操守，这个人才是可信的。在《大学》看来，无论在社会上还是在私下里，都应是堂堂正正的君子。正可谓："独行不愧影，独卧不愧衾。"①

"小人闲居为不善，无所不至，见君子而后厌然，掩其不善，而著其善。"小人处在闲居时，去做缺德的事情，进而养成一些恶习。"无所不至"，怎么坏怎么来乃至五毒俱全。"见君子而后厌然"，当他看到了光辉朗照德行高尚的君子之后，突然觉得自惭形秽，原来世界上有这样高大完美、目光深远、声若洪钟、心无芥蒂的高人，回头一看自己形神猥琐。于是，他就有所行动，即"掩其不善"，首先就把那些不好的不善的，比如，进退失序、动辄骂人甚至打家劫舍等事掩盖起来。因为他面对高大光辉的君子不能表现自己的丑陋，就"掩其不善"而遮盖起来，但并没有摒弃它。"而著其善"，即把那种表象的善展开来，表面似乎成为一个君子，但其实是一个伪君子。

"人之视己，如见其肺肝然，则何益矣?"《大学》一针见血地指出，那些自认为护丑、纳虚、作伪，并故意显示出自我大美的人，表面上像是个君子，但是旁人看他们"如见其肺肝然"，就像看到了他们的肺和肝一样清晰无疑。他们所作的恶即使被掩藏起来，却仍然处于光天化日之下而被人所唾弃。《大学》一再强调"君子慎其独"，就是在独处独居时，在没有众人眼睛盯着时，在没有神性眼睛盯着时，在没有他人监督时，也要做到跟平常一样的状态，这样才可以称为君子。中国有一句俗话："你知我知，天知地知。"就是说别人不知道，但天地知道。有些行贿的官员或者作恶的小人说，这件事情绝不会有任何人知道，而君子就会告诉他"天知地知"！怎么可能逃掉呢？最好的办法是，不善的事、坏的事绝对不做。

"此谓诚于中形于外"，只有内在的肺腑心肝呈现出"诚"才会形于外，外表才会和内在相统一。三国蜀相诸葛亮忠心为国鞠躬尽瘁，给刘禅

---

① （南朝·齐）刘昼《新论·慎独》："故身恒居善，则内无忧虑，外无畏惧，独立不愧影，独寝不愧衾"；《宋史·蔡元定传》："贻书训诸子曰：'独行不愧影，独寝不愧衾，勿以吾得罪故遂懈。'"

上《出师表》多次进行北伐，终因积劳成疾。在病入膏肓即将离世时，仍"强支病体，令左右扶上小车，出寨遍观各营。自觉秋风吹面，彻骨生寒，乃长叹曰：'再不能临阵讨贼矣！悠悠苍天，曷此其极！'"①将士无不为之动容，跪拜于地，齐声高呼："丞相保重！"正是孔明这种诚于中而形于外，"出师未捷身先死"的精神，才会千古感人肺腑。

"故君子必慎其独也"，君子最重要的就是"慎独"。② 在所有人都不在场的情况下，自己成了自己灵魂的法官，成了自己行动的监视器，成了自己一心向善的提升者。天下万物不难战胜，最难战胜的是自己。儒家就是要战胜最难战胜的自己。"胜人易，胜己难"，要自己约束自己、提升自己，做到表里如一，哪怕极小的瑕疵也要去掉，通过这种艰难的人生修炼达到最完美的境界。儒家最尊重的器物是玉，因为一块玉里有了一点点杂质，也要尽量"如琢如磨"地去掉。真正的好玉通体透明，很少有杂色，这样的玉不仅是价值连城的瑰宝，也是光辉人格的体现。孔子在君子生命中以玉作为象征品质，标明自己德行高尚文质彬彬。孔子曾说："昔者，君子比德于玉焉。温润而泽，仁也。缜密以栗，知也。廉而不刿，义也。垂之如队，礼也。叩之其声，清越以长，其终诎然，乐也。瑕不掩瑜，瑜不掩瑕，忠也。孚尹旁达，信也。气如白虹，天也。精神见于山川，地也。圭璋特达，德也。天下莫不贵者，道也。"③古代君子必佩玉，与玉形影不离，用以规范言行不越规，人格具有玉的光辉。玉成为德的载体和君

---

① （明）罗贯中：《三国演义》一百零四回，北京：中国戏剧出版社 2007 年版。

② 梁漱溟认为"儒家之学只是一个慎独"，其对慎独的重视超过了古人。古人对"慎""独"的解释值得重视，先看看对"慎"的解释，强调"慎"包含的"顺""神""重""思"等含义。例如，朱骏声《说文通训定声·坤部》："慎，假借为顺"；《尔雅·释诂》："神，慎也"；郝懿行《尔雅义疏》引杨倞注："不敢慢即慎矣"；《玉篇·心部》："慎，思也"。而对"独"的解释，强调"单""特""独用""独见""特立独行"等含义。例如，《广雅·释诂》："特，独也"；《淮南子·泛论》："必有独用之听，独见之明，然后能擅道而行也"；《吕氏春秋·制乐》："圣人所独见，众人焉知其极"；《礼记·儒行》："世治不轻，世乱不沮，同弗与，异弗非也。其特立独行有如此者"。阮元校刻：《十三经注疏》，北京：中华书局 1980 年版，第 1670 页。

③ 《礼记·聘义》，（清）阮元校刻：《十三经注疏》，北京：中华书局 1980 年版，第 1694 页。

子的化身，所以君子以玉比德。孔子用《诗经》说明君子与玉的契合"言念君子，温其如玉"，"故君子贵之也"。① 这意味着，儒家的人格理想是"秀外慧中"，强调把自己内在的光辉温润地、和谐地、得体地表达出来。这就是玉的光辉。

　　"曾子曰：'十目所视，十手所指，其严乎！'"这是《大学》第一次引用曾子的话。君子慎其独，曾子把它形象化了。当你在一个地方独处时，可以想到有众多的眼睛在看着自己；在做什么坏事时，有很多双手在指着自己。② 所谓"举头三尺有神明"，"其严乎"——岂不是很严厉的吗？你怎么可能逃掉呢？东汉名臣杨震通晓经典、博览群书、淡泊名利，而有"关西孔子"之称。他到东莱出任太守途经昌邑时，昌邑县令王密为答谢杨震以前的举荐之恩，夜里拿十斤黄金到驿馆拜见杨震。杨震断然拒绝。王密说："夜黑人静，无人知晓。"杨震回答说："天知、神知、我知、你知，你怎么说没有人知呢？"说完将黄金掷于地上。③ 就此而言，君子必须慎重对待自己的独处，谨慎地对待自己的所思所行，阻断有违道德的欲念和行为的发生，使充沛的道义伴随自由主体。④ 慎独在古今君子中不乏其人：

---

① 《诗经·秦风·小戎》，（清）阮元校刻：《十三经注疏》，中华书局1980年版，第370页。

② 王阳明以诗《咏良知四首示诸生》表意"无声无臭独知时，此是乾坤万有基。抛却自家无尽藏，沿门持钵效贫儿"；"良知即是独知时，此知之外更无知。"（《答人问良知二首》）

③ 范晔《后汉书》："（杨震）四迁荆州刺史、东莱太守。当之郡，道经昌邑，故所举荆州茂才王密为昌邑令，谒见，至夜怀金十斤以遗震。震曰：'故人知君，君不知故人，何也？'密曰：'暮夜无知者。'震曰：'天知，神知，我知，子知。何谓无知！'密愧而出。"范晔：《后汉书》，北京：中华书局1965年版，第1760页。

④ 曾国藩"日课四条"中强调了"慎独"的重要性："慎独则心安。自修之道，莫难于养心，心既知有善知有恶，而不能实用其力，以为善去恶，则谓之自欺。方寸之自欺与否，盖他人所不及知，而己独知之。……故能慎独，则内省不疚，可以对天地质鬼神，断无行有不慊于心则馁之时。人无一内愧之事，则天君泰然，此心常快足宽平，是人生第一自强之道，第一寻乐之方，守身之先务也。"

如柳下惠对女子"坐之于怀，至晚不乱"；① 曾参临死守节辞季孙之赐；② 曾国藩的"日课四条"：慎独、主敬、求仁、习劳，其所谓慎独则心泰，主敬则身强。以上种种，无一不是慎独自律、道德完善的体现。③ 同时，中国古代还对"慎"有多方面的阐释，诸如，有慎独、慎染、④ 慎微、⑤ 慎

---

① 《论语·微子》提及过柳下惠："柳下惠、少连，降志辱身矣。"（清代学者阮元校刻：《十三经注疏》，北京：中华书局1980年版，第2529页）当评价颇不高。其后《孟子·万章下》和《荀子》也提及柳下惠。千余年后，元人胡炳文《纯正蒙求》相加描述："鲁柳下惠，姓展名禽，远行夜宿郭门外。时大寒，忽有女子来托宿，惠恐其冻死，乃坐之于怀，以衣覆之，至晓不为乱。"明初陶宗仪《南村辍耕录·卷四·不乱附妄》阐释道，"夫柳下惠夜宿郭门，有女子来同宿。恐其冻死，坐之于怀，至晚不乱"。于是，"坐怀不乱"似乎就成了定论。

② 《礼记·檀弓上》："曾子寝疾，病。……童子曰：'华而睆，大夫之箦与？'……曾子曰：'然，斯季孙之赐也，我未之能易也。元起易箦。'曾元曰：'夫子之病革矣，不可以变，幸而至于旦，请敬易之。'曾子曰：'尔之爱我也不如彼。君子之爱人也以德，细人之爱人也以姑息。吾何求哉？吾得正而毙焉斯已矣！'举扶而易之。反席未安而没。"阮元校刻：《十三经注疏》，北京：中华书局1980年版，第1277页。

③ 黄仁宇认为，孔子"虽为圣贤，仍要经常警惕才能防范不仁的话，可见他认为性恶来自先天。他又说'观过，斯知仁矣'，好像这纠正错误，促使自己为善的能力，虽系主动的，但仍要由内外观察而产生。"（黄仁宇：《赫逊河畔谈中国历史》，北京：三联书店1997年版）

④ 《墨子·所染》曰："子墨子言见染丝者而叹曰：'染于苍则苍，染于黄则黄，所入者变，其色亦变，五入必而已，则为五色矣。故染不可不慎也！'非独染丝然也，国亦有染。……非独国有染也，士亦有染。其友皆好仁义，淳谨畏令，则家日益、身日安、名日荣，处官得其理矣，则段干木、禽子、傅说之徒是也。其友皆好矜奋，创作比周，则家日损、身日危、名日辱，处官失其理矣，则子西、易牙、竖刁之徒是也。"《诗》曰"'必择所湛，必谨所湛'者，此之谓也。"张纯一：《墨子集解》，成都：成都古籍书店1988年版，第14—21页。

⑤ 《周易·系辞下》："善不积不足以成名，恶不积不足以灭身。"（阮元校刻：《十三经注疏》，北京：中华书局1980年版，第88页）《荀子·大略》："尽小者大，积微者著。"（《诸子集成》2，上海：上海书店1986年版，第333页）《淮南子·缪称》："君子不谓小善不足为也而舍之，小善积而为大善。不谓小不善为无伤也而为之，小不善积而为大不善。是故积羽沈舟，群轻折轴，故君子禁于微。"陆贾《新语·慎微》曰："建大功于天下者，必先修于闺门之内，垂大名于万世者，必先行之于纤微之事。"王符《潜夫论·慎微》"小人以小善谓无益而不为也，以小恶谓无伤而不去也，是以恶积而不可掩，罪大而不可解也。……圣人常慎其微也"。

初、① 慎终②之说，影响弥深。

《大学》通过对比君子和小人对待独处的不同态度说明了慎独对诚意的重要性。对诚意的阐释并没有就此结束，而是从另外一个角度加以深化。

三、以诚为本而无愧天地

"富润屋，德润身，心广体胖，故君子必诚其意。"有了钱之后，可以把这个房子装饰成豪华的别墅，就叫"富润屋"。但这房子还不是最重要的，最重要的是身，而身只有用德行才能养护。如果有了品德，德行很高，就会润身养身。人们总是把身体说成臭皮囊，好像不需太重视，其实身在中国并不是单纯指肉体，而是扩大为健康、风神、意态等，蕴含了诸多精神因素。这就是内德外显的魅力！这种内在的精神美德发出超越人的神性的光辉，让人的身体光辉透亮。人们经常会看到一些学术泰斗、高僧，说话声音不大却充满吸引力，声音不高却中气十足能穿透很远，让你忘掉了周边的世界，忘掉了时空，惊奇于自己在与这位圣人高人的相遇之中。这就叫"德润身"。人的臭皮囊已经通过他的德行慢慢地变成一个内外光辉的个体了。

"心广体胖"意味着只有心胸开阔，不去欲求那些蜗角功名蝇头小利，不去津津乐道那些日常生活中的琐碎之事低俗趣味，对这些都已经不感兴趣之时，你的身体就会因为纯粹而处于非常良好的状态——"胖"。这个

---

① 《尚书·蔡仲之命》曰"尔其戒哉，慎厥初，惟厥终"（阮元校刻：《十三经注疏》，北京：中华书局1980年版，第227页）；《左传》襄公二十五年引《书》曰，"慎始而敬终，终以不困"；《礼记·经解》引《易》曰"君子慎始，差若豪牦，谬以千里"。

② 《老子道德经下篇》曰，"民之从事，常于几成而败之。慎终如始，则无败事"（《诸子集成》3，上海：上海书店1986年版，第39页）；《尚书·蔡仲之命》曰"尔其戒哉，慎厥初，惟厥终，终以不困；不惟厥终，终以困穷"（阮元校刻：《十三经注疏》，北京：中华书店1960年版，第227页）；《贞观政要·慎终》："安不忘危，治不忘乱，虽知今日无事，亦须思其终始。常得如此，始是可贵也。""每思危亡以自戒惧，用保其终。""既有此功业，何得不善始慎终耶！"

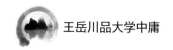

"胖"不是肥胖的意思，而是指身体很舒缓、很健康、很有光泽、很有气质，是内外通透的高迈精神境界的必然体现。《大学》告诉人们，德还可以润身，德还可以长寿，德还可以养人。"故君子必诚其意"，诚意能达到养性养心的高度实在不可低估，其当代意义同样是不言自明的。

诚意不仅是让心意真诚，也是让人心有诚信，诚意诚信不可分割。晋商在中国历史上是相当有名的。晋商的根本经营思想并不是唯利是图，而是诚信为本。① 心诚了就无所畏惧，无所畏惧就天地宽阔，天地宽阔便知整个宇宙的奥秘，知宇宙的奥秘更能反观到人生的一瞬，"生年不满百，常怀千岁忧"。② 人通过这种方式能深刻地认识自己，反过来说也一样。君子正是因为不欺骗天、不欺骗地、不欺骗人、不欺骗自己的良知，才可以无愧于天地，才可与天地万物相往来而无所负累。③

在爱情方面的诚同样惊天动地。庄子曾说古代一位青年尾生，跟他的恋人约好在一座小桥下相会。不幸的是，下雨而水涨，至诚使得尾生坚持不移动自己的位置，他最后抱梁在原地一直等到水淹没了头部，最后付出了生命。④ 今天的青年可能会嘲笑尾生，这哪算诚呢？这完全是迂腐。这当然有迂腐的地方，不必效仿，但是这种坚持诚心的"唯一性"，还是值得人们发自内心地尊敬的。

---

① 近代战事频仍，山西一钱庄难以维系而最终破产。但有人曾秘密在这店中存了一笔巨款，并说好三年后来取，可三年过去一直没取钱。老板坚守承诺，每年到了约定取钱的日子就拿着内藏巨款的破包裹坐在树下等候，年复一年，直到去世。

② （清）张赓纂：《众妙集》，《古诗十九首解》之十四，（明）赵师秀编，北京：中华书局1985年版。

③ 《礼记·儒行》："儒有居处齐难，其坐起恭敬，言必先信，行必中正，道涂不争险易之利，冬夏不争阴阳之和；爱其死以有待也，养其身以有为也。其备豫有如此者。……儒有上不臣天子，下不事诸侯；慎静而尚宽，强毅以与人，博学以知服；近文章砥厉廉隅；虽分国如锱铢，不臣不仕。其规为有如此者。"阮元校刻：《十三经注疏》，北京：中华书局1980年版，第1668—1669页。

④ 《庄子集释·杂篇·盗跖》："尾生与女子期于梁下，女子不来，水至不去，抱梁柱而死。"《诸子集成》3，上海：上海书店1986年版，第431页。

四、诚意修身与面对本真

诚意的"意"还不是显示出或说出的话，"意"是大脑中人们看不见的东西，是转瞬即逝的心灵活动，就连这样的意，内在的心理活动都要诚，可见儒家对人要求之严。行善如春原之草，不见其长，日有所增；行恶如磨刀之石，不见其损，日有所亏。春天的草地每天看不见生长，但是它"日有所增"，你将看到一片生机。如果做了不好的事，去欺人欺己欺心，那就像磨刀之石，没人觉察它每天的缺损，但是时间一长总是矮一大截。德行不好就会损其本然。

在儒家看来，社会中最关键的问题是每个个体的真诚。如果社会的每个个体，国家的最小单位都是尔虞我诈，都在通过不正当竞争谋夺更多的私利，那么国家的社会基础就瓦解了。在这个意义上说，儒家的格物、致知、诚意仍有其现实的意义。它的历史局限性我们当然要清理，同时也要看到东方智能对今天人性的完善和社会的完善有着积极意义。

其实，求道如"朝闻道，夕死可矣"，①比如，"科学的入口处就像是地狱的入口处"，都把求真求知和死亡连在一起。古希腊神话中的斯芬克斯是狮身人面长有双翼的女妖，站在一个山崖上拦住过往的人，让他们必须回答问题。这个问题极其复杂，但是又极其简单：一个东西早上是四条腿，中午是两条腿，晚上是三条腿。这是什么？很多过往的人想了又想难以回答。于是，斯芬克斯把他们都吃了。终于俄狄浦斯来了，当斯芬克斯提出同样问题时，他回答道"是人"。②结果斯芬克斯跳崖而死。但是，从此俄狄浦斯的一生坠入冥冥中的命运悲剧，在不知情的情况下，先弑父后娶母。而当他知道真相以后，非

---

① 《论语·里仁》，（清）阮元校刻：《十三经注疏》，北京：中华书局1980年版，第2471页。

② 古希腊神话认为，早上喻指人类童年，人刚生出来柔弱不能站立走路，需四只手脚都在地上爬行，故有四条腿；中午喻指壮年，顶天立地，故有两条腿；晚上喻指晚年，身体衰弱行走需用拐杖，故有三条腿。

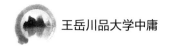
常痛苦，就刺瞎了双眼，流落他乡。① 这个故事，表达了这样一种思想：面对真实，面对真理，就要面对死亡跳下山崖，那是怪兽的问题；同样你回答出了谜底，你知道了人的最大的谜底和结论时，你要为此付出生命的代价。

儒家的格物、致知、诚意，其实也是要求人面对真实，哪怕为它付出生命，哪怕为它付出自己一辈子的幸福也要去做。这就是"知其不可为而为之"，充满了悲壮的生命求索色彩，但也是对人的一种精神提升。可以说，儒家思想的意义在于它强调了个体的心灵光辉和精神价值。

"格物""致知"和"诚意"是《大学》"八目"中前三个阶段，格物致知是"大学之道"的起点，也是为学之根本。认识事物必须与修养自身品德相结合才符合君子的要求，而诚意则是修养自身品德的重要内容，是界定君子和小人的试金石。

---

① ［希腊］索福克勒斯《俄狄浦斯王》中，俄狄浦斯勇敢地面对个人极大不幸而毅然献身，使我们体认到他的悲剧性在于：坚持同命运斗争却又不能掌握自己的命运，企图同"神示"抗争却又难以逃脱"神示"的归宿。可以说，在古希腊美学中，《俄狄浦斯王》正是"最完美的悲剧"。

第七讲　身心公正的理性意识

一、修身正心规避"不得其正"

正心、修身是关于身体的、心理的，《大学》对此有详细的阐明。"所谓修身在正其心者，身有所忿懥，则不得其正；有所恐惧，则不得其正；有所好乐，则不得其正；有所忧患，则不得其正。""修身在正其心者"，修身首先要修心。修身主要指的是言辞、姿态、仪态等要合乎道德规范。修身就是用一种社会的规范和道德使自己与社会其他角色能够和谐相处。笔者认为，中国强调"三和文明"——对整个世界和人类来说是"和平"，对国家来说是"和谐"，对家庭来说是"和睦"。这三"和"的境界很难达到，其中最重要的是"修身在正其心者"，即"心"要"正"。心正是在与心不正的对比中表现出来的。《大学》列出了四种心不正的状态。所谓"不正"就是不能保持一种客观的、中立的、实事求是的态度，而是带有成见偏见，带有过分情绪化的自我情感，当然就不能保证心正、中正。

四种不正分别是："身有所忿懥，则不得其正"。"忿懥"就是愤怒甚至勃然大怒。人在极其愤怒的情况下是不清醒的，有人可能会说"愤怒出诗人"。的确，愤怒是可以出诗人。但鲁迅认为，当诗人真正写诗时，他一定要等那种愤怒忧愤的心情平静下来，等心灵的愤懑冲撞平息之后，才可以客观中正地去写作，而不是说在愤怒时去激情澎湃地写诗。那样可能会出浪漫主义诗人，比如像李白。但是，像杜甫的诗——"三吏""三别"

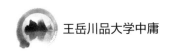

却不是愤怒时写出的。这就需要通过内心陶养把这种愤怒加以过滤，变成一种中正之气，一种深情冷眼的历史眼光，才能够去更有深度地看待历史，故而杜诗有"诗史"之称。在忿懥愤怒的情况下，要去把握事情的真相，"则不得其正也"。

"有所恐惧，则不得其正"。人有所恐惧时，心也偏了。当一个人缩手缩脚、畏前畏后时，他要去做光明磊落的事情是很难的。因为恐惧尤其是巨大的恐惧会使人丧失基本的判断力。

"有所好乐，则不得其正"。如果人有特殊的爱好、偏好，那么在对待事情时也不能保持中正之心，也不能够去正确客观有效地去看世界万物。过分地沉醉在某一种喜爱之中，也可能麻痹了自己的神经，掩盖了自己的深邃的目光。

"有所忧患，则不得其正"。从表面看，这话会让人感到奇怪，因为孟子就强调"生于忧患，而死于安乐"，[1]而且儒家的文化精神在有些学者看来就是一种"忧患意识"。《大学》居然说，"有所忧患，则不得其正"，的确会给人误解。其实，这个地方的"忧患"是患得患失的意思，不敢去大胆地创新而经常瞻前顾后、忧心忡忡，总是放不下放不开。这里的"忧患"就是与孔子所说的"君子坦荡荡"相对的"小人常戚戚"的"戚戚"，[2]就是一种斤斤计较、左顾右盼的心灵不释然的状态。在这样的状态下人当然不能做到心正。

《大学》认为，"忿懥""恐惧""好乐""忧患"是阻碍心正的四种不良态度。因此，摒弃鲁莽武断和缩手缩脚，不再玩物丧志和患得患失，潜心陶养自己的品格，这样才能正其心修其身。

在"正心"这一目上，儒家所指出的这四大内涵很有意义。历史上的一些例子鲜明地体现了心正的重要性。明代开国功臣徐达功勋卓著。朱元璋奖给他一座豪宅。一般而言，帝王对臣属的奖赏会让人受宠若惊，但徐

---

① 《孟子·告子下》，（清）阮元校刻：《十三经注疏》，北京：中华书局1980年版，第2762页。

② 《论语·述而》，（清）阮元校刻：《十三经注疏》，北京：中华书局1980年版，第2484页。

达和朱元璋的关系非比寻常，按常理说应该欣然接受。但此时的徐达极其冷静，坚辞不受。朱元璋想了一个办法，用酒把他灌醉，然后命令下属把徐达抬到宅子里，以为等他酒醒以后就会接受了。可是，徐达酒醒后还是跪拜坚辞不受。朱元璋无法，只好给他修了一个不大的新居，徐达才住下。徐达夫人不理解，说：“你功勋卓著，皇帝都嘉奖你，你为什么还要拒绝一片好意呢？而且你的功劳盖世，应该得到这样的奖赏。”徐达说：“如果我住进去而且住得很舒服，皇帝就会猜忌我居功骄傲，我的心就不正了。而我住进去慢慢就会觉得荣华富贵是很舒服的，不再是如过眼云烟，这时我就无心杀敌不可能再建功立业。”不久，胡惟庸做了左丞相，很多官员迫于他的威风都去送礼讨好。① 这时胡惟庸反而跑到徐家里拉拢徐达，但徐达拒斥不见。徐达知道，胡惟庸是一个权力炙手可热的人，自己不能出卖原则和良知与他结交。这就是徐达“心正”。徐达的夫人又不明白了，她说，他现在势力很大而这样拒绝他，你会受到排挤而前途暗淡。徐达说，像胡惟庸这样的小人，他可能网罗很多人或辉煌一时，但最终会自食其果。今天我远离他，得不到什么好处，甚至还会遭到他打击报复，但我们应从长远来看，不能出卖自己的原则。果然，后来胡惟庸因事被朱元璋诛杀，靠阿谀奉承拼凑起来的整个关系网都作鸟兽散。②

心正最重要的东西是不贪，不在恐惧、忧患、富贵、快乐中使自己的心抛离了中正之线。③ 在《大学》看来，恐惧、忧患等不良情绪，深深地

---

① 胡惟庸权重后，结党营私，蔑视皇权，骄横跋扈，不知节制，以谋逆罪被杀。后来，明太祖以他有通倭、通元（北元）罪，穷追党羽，韩国公李善长等大批元勋宿将被株连，牵连致死者三万余人，史称“胡惟庸案”。（参见冯玉荣：《明十五疑案》，北京：中华书局 2006 年版）当然，据吴晗《胡惟庸党案考》，胡通倭通虏等皆是“莫须有”的罪名。

② 其实，徐达也未能善终，洪武十八年他患上背疽忌吃蒸鹅。朱元璋特意派人送一只蒸鹅命他吃。徐达只好吃下蒸鹅，几天后恶疮迸发而过世。

③ 《孟子·滕文公下》：“居天下之广居，立天下之正位，行天下之大道；得志与民由之，不得志独行其道；富贵不能淫，贫贱不能移，威武不能屈，此之谓大丈夫。”阮元校刻：《十三经注疏》，北京：中华书局 1980 年版，第 2710 页。

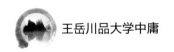

影响着心灵发挥其正常的认知功能。因此，所谓正心就是要去掉偏僻、狭隘的私心杂念，摒弃外界干扰和不良情绪的影响，使心始终保持一种中正平和不偏不倚的状态。

　　有一个家喻户晓的故事说出了"心正"的重要性。三国时东吴陆逊是一个文人，他任海昌屯田都尉兼海昌县令时，强调心正人正。当时他治理的海昌县出现了两个棘手问题，一是赋役繁重，使很多人为生计远逃他乡；二是县里山贼不断地扰乱人民。陆逊心正就能处世精明正确，一方面对那些逃避赋役的穷苦农家子弟加以安抚，让他们有饭吃，并把逃跑的人征召为兵，带领他们到山里剿灭山贼。结果海昌县一片平安。陆逊不为外在东西所左右，用一个方法解决了两个问题。后来，陆逊被委任为吴国大将军。吴国和蜀国既有矛盾，也有共同的利益。吴国王室有意与关羽结亲，却遭到恃才自傲的关羽的拒绝，两国关系开始紧张起来。陆逊在关羽逞强时却示弱，他明白示弱并不代表真的就弱。陆逊将心摆正，而关羽居功自傲，以为神功在手而目空一切，犯了"心不正"的错误，不能正确判断局势。陆逊抓住了关羽性格的弱点，上任前给他写了一封信："前承观衅而动，以律行师，小举大克，一何巍巍！敌国败绩，利在同盟，闻庆拊节，想遂席卷，共奖王纲。近以不敏，受任来西，延慕光尘，思禀良规。……仆书生疏迟，忝所不堪。喜邻威德，乐自倾尽，虽未合策，犹可怀也。倘明注仰，有以察之。"[1] 表示自己敬仰关羽的神勇，并愿意向他讨教学习。关羽的自尊心得到满足，对陆逊放松了警惕。陆逊对吕蒙说："羽矜其骁气，陵轹于人。始有大功，意骄志逸，但务北进，未嫌于我，有相闻病，必益无备，今出其不意，自可擒制。"[2] 最后，关羽中计败走麦城，其后又率少数骑兵从麦城突围，被吴将潘璋部司马忠擒获斩首。刘备在悲愤中起大兵攻打东吴，违背了诸葛亮当时"三分天下""联吴抗曹"的国策。陆逊坚守不出，静待蜀军疲惫，并说："备举军东下，锐气始盛；且

---

① （晋）陈寿：《三国志·吴书·陆逊传》，北京：中华书局1982年版，第1345页。
② （晋）陈寿：《三国志·吴书·陆逊传》，北京：中华书局1982年版，第1344页。

乘高守险，难可卒攻。攻之纵下，犹难尽克，若有不利，损我大势，非小故也。今但且奖励将士，广施方略，以观其变。若此间是平原旷野，当恐有颠沛交逐之忧；今缘山行军，势不得展，自当罢于木石之间，徐制其敝耳。"① 结果被陆逊火烧连营四十余寨，刘备大败而归，逃奔秭归，后在白帝城抑郁而终。而张飞也是在悲痛中狂怒喝酒，鞭打士兵，后反被将士杀害。于是，刘、关、张的桃园三结义艰难建立的蜀国遭到重创，蜀国命运也因此大势已去。

历史说明，"正"是由于一人的不"正"，一人的骄傲，一人的愤怒使得国将为之倾。关羽丧失了心正，被陆逊打败；刘备没有心正，也被陆逊打败。在儒家看来，心正关乎性命。虽然《大学》只举了四不正，但这只是举其大略。其实，《大学》想说明的是，有更多的不正，这些不正只要没有避免和克服，问题就会接踵而至，导致功败垂成。面对诸多不正，唯一的办法就是做到心正，做到了就能正确地判断形势，光明磊落地展开工作。正心才能修身，心不正则身不修。

二、清心出尘的澄明境界

《大学》除了警告心不正，还提出如何去心不正。"心不在焉，视而不见，听而不闻，食而不知其味。此谓修身在正其心。"② "心不在焉"，在今天似乎有贬义，人们经常说某某人读书心不在焉，就是说读书不认真，虽然坐到那里做读书状，但心早飞走了，完全不在读书上。其实，《大学》里的"心不在焉"没有这层意思，强调的"心不在焉"另有深意。

晋穆帝永和九年（353）农历三月初三，人们到水边修禊以消除不祥。

---

① （宋）司马光：《资治通鉴》卷六十九《魏纪一》，（元）胡三省音注，北京：中华书局1956年版，第2200页。

② 有学者认为，"心不在焉"的"在"应为"正"字之误，因"此章释'正心'，所讨论的是心的'正'与'不正'，而不是心的'在'与'不在'"。参见郭沂：《〈大学〉新论》，载《新儒家评论》第2辑，北京：中国广播电视出版社1995年版。

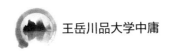

王羲之宦游山阴与当时名士孙绰、谢安等四十一人在会稽山阴的兰亭聚会，饮酒赋诗，修祓褉之礼。暮春三月，天朗气清，曲水流觞，饮酒赋诗。他用鼠须笔和蚕茧纸，乘酒兴而书写了一篇序。《兰亭诗》记录了众好友在会稽山曲水流觞的盛况——心脱离俗务恶趣，而飞入一个自由境界。① 置身于崇山峻岭和茂林修竹，沐浴着自然天籁，品味着诗书的雅韵，天、地、人的无比和谐让书法家心旷神怡。此时，王羲之的"心不在焉"就是一种心无旁骛，不为世俗凡欲所困，不为功名利禄所扰，无欲无求物我两忘，俯仰自得游心太玄，② 才得以成就了一片天籁的"天下第一行书"——《兰亭序》。这种魏晋名士的自由风韵通过微醺下笔的书法神品，一览无余地表现出来——回归自然、远离凡俗的"心不在焉"正是"正心"的关键。③

自由的风尚就是无所求、无所欲。这高妙的境界非常人所能睹。相反，如果有人一下笔就想要拿金牌、获大奖、得重金，买洋楼、买汽车等，在这种心态下创作的作品是没有品位价值的，也不可能成为惊世杰作。

日本著名作家川端康成是第一位获诺贝尔文学奖的日本文学家，本来东方人获诺贝尔文学奖的作家就不多，获奖对川端康成来说是一个巨大的改变。他的《雪国》写得美妙绝伦。但这样才华横溢的作家最后竟难以战胜自己。晚年的川端康成发现自己再也写不出好作品，当时写《雪国》的那种淡然高远的心境飘走了。写《雪国》时，他没有那么多名誉在身，没有那么多让身心疲累的重负，没有那么多让自己轻浮悬空的轻飘。获得诺贝尔文学奖以后，他成了名人，一位世界级的文学大师，名誉加身，俗务

---

① 《晋书·王羲之传》："会稽有佳山水，名士多居之，谢安未仕时亦居焉。孙绰、李充、许询、支遁等皆以文义冠世，并筑室东土，与羲之同好。尝与同志宴集于会稽山阴之兰亭，羲之自为之序以申其志。"见房玄龄等：《晋书》，北京：中华书局1974年版，第2099页。

② 嵇康《赠秀才入军·其十四》句："目送归鸿，手挥五弦。俯仰自得，游心太玄。"

③ 王羲之微醺书写（心不在此）的一片神机的《兰亭序》，酒醒之后，"他日更书数十百本，无如祓褉所书之者……。"见（唐）何延之《兰亭记》。

缠身，时时被报道，处处被关注，常常被追踪，被人们期待，被读者追寻。于是，他的心不在其位，心有所索，心有所忧，心有所投，于是他写不出来作品了，每况愈下使质疑声蜂起。1972年4月16日，川端康成颓丧地回到他新购置的玛丽娜公寓四楼的工作室，慢慢地躺在铺了棉被的冰冷地板上，把煤气管拔下来含在嘴里，诀别了这个喧嚣的世界。①

　　一个伟大的文豪，写作"惊天地，泣鬼神"，能够做人类灵魂的工程师，但他却救不了自己，只好杀了自己。"心不在焉"的重要性凸显出来——心不在此，心不在功名利禄上，才可能创作出好作品。做到"视而不见，听而不闻"，人才能专心唯一，才能心正似中。人在看见了那些诱惑之物，要去反思，而不是垂涎功名、迷恋利禄，从而回归内心的澄净，如视无物地保持一种中正立场。"听而不闻"，听见了，但似乎没有倾心去听，就像播放的背景音乐一样，只是关注自己心中的事。孔子"闻韶乐三月不知肉味"。②孔子听了那么美妙的音乐以后，三个月吃肉都不知道吃什么了。还有如王羲之"心不在焉"，就是心不在俗务上，吃饭时心里想着书法，心根本不在饮食上，以致把馒头蘸到墨汁里面，拿起来吃而毫无感觉。这种状态才是真正创造性的好状态。"心不在焉"并不是说读书心不在焉，而是不孜孜以求那些利禄功名。"心不在焉"，心在什么地方？心在你所追寻的那种自我心正空灵和无所依傍的境界中。

　　"正心"具有重大的人格价值。③君子"心不在焉"，心不在功名利禄，

① 〔日〕长谷川全：《川端康成之死》，孟庆枢译，《川端康成论》，长春：时代文艺出版社1993年版。有人认为与日本作家三岛由纪夫的自杀有关。据板坂刚披露，三岛由纪夫自杀后不久，川端康成即前往现场观看了三岛身首分离的遗体并受到很大的精神刺激。
② 《论语·述而》，（清）阮元校刻：《十三经注疏》，北京：中华书局1980年版，第2482页。
③ 一般人知道晏殊是宋代大词人，其《浣溪沙》"无可奈何花落去，似曾相识燕归来"；《蝶恋花》"昨夜西风凋碧树，独上高楼，望尽天涯路"，脍炙人口。但知道晏殊还是大政治家的可能不多。晏殊早年任职县令，但他克己奉公兢兢业业，一些同僚邀他出去喝酒，他均婉拒。同僚以为他怕花钱而提出替他付账。晏殊却静心留下来，细心办公文。一次，同僚因事被贬，好友们顾及自我前程纷纷远离，而晏殊却在那人挥泪独行时公开赠他送别词，大家都对晏殊的行为感到佩服。后来，宋真宗要为太子找位老师，有人举荐了晏殊，说他学问大人品高，心如止水心无旁骛。晏殊遂成太子师，最后官至集贤殿大学士，同中书门下平章事兼枢密使。

不在人际关系，不在拉帮结派等小利上，而是在人格塑成、道德修为、道义担当上。这样的人才有公心，才算正心。因此，孔子说："君子周而不比，小人比而不周。"① 君子广交朋友而不拉小圈子，而小人却拉小圈子，而没有公心。② 在这个意义上，心正才能身正，反之也只有身正才能心正。

三、身心端正的道德修为

"此谓修身在正其心"，修身的根本就在于正其心。只有心正才身正，反过来，也只有身正才心正，它们是互为表里的。也就是说，他不以物喜、不以己悲，他不再津津乐道于外在利禄的引诱，而始终处于一种为了追求自己真正的美好想法而"心不在焉"的精神状态。同时，我们可以知道，人被境转就是凡夫俗子。人被境转是说，人随环境而转，被环境逼迫而不断改变自己，这就是一种凡夫俗子的处世方式，因为他的心在不断地变化。相反，境随人变、境被人转，才是真正的君子之道。只有高风亮节、德高望重的君子才可以恪守自我，转变环境。他不仅通过自己的正心去改变了周边的环境和他人，而且使得整个氛围变得祥和，充满了朝气、正气和生气，并富于人格的主动性和创造性，这样才可以扭转局势。

三国时蜀国丞相诸葛亮就是心正的典范，是能够改变环境的典范。自古至今，许多人都对诸葛亮加以评论咏叹，但有一个方面值得思考。诸葛一家三兄弟，长兄诸葛瑾在东吴很受重用，弟弟在卧龙岗。而曹操求贤若渴，三次颁布"求贤令"，决意广纳天下贤才。诸葛亮既可以投奔自己的

---

① 《论语·为政》，（清）阮元校刻：《十三经注疏》，北京：中华书局1980年版，第2462页。

② 《论语》论述"君子"的话语很多："君子成人之美，不成人之恶；小人反是"；"君子名之必可言也，言之必可行也"；"君子不重，则不威；学则不固。主忠信。无友不如己者。过，则勿惮改"；"君子食无求饱，居无求安，敏于事而慎于言，就有道而正焉，可谓好学也已"；"君子不器"；"君子无所争。必也射乎！揖让而升，下而饮。其争也君子"；"君子之于天下也，无适也，无莫也，义之于比"；"君子怀德，小人怀土；君子怀刑，小人怀惠"；"君子喻于义，小人喻于利"；"君子欲讷于言而敏于行"；"质胜文则野，文胜质则史。文质彬彬，然后君子"。

长兄，在东吴舒展自己的才华，也可以投奔曹操在其幕下做一谋士，因为曹操和东吴都比当时的刘备实力强。但就在这种实力对比极大、差异极大的情况下，他选择了刘备，提出了"三足鼎立"。一般人可能会说，那是因为刘备对诸葛亮很重视。这的确是一个重要因素，"三顾茅庐"经过小说的渲染已经家喻户晓，① 但最重要的问题是，他看清形势，《隆中对》提出"三足鼎立"帮助刘备恢复汉室的国策，为此他的表现异乎寻常的勇毅和知恩——"鞠躬尽瘁，死而后已"。刘备在病重之际对诸葛亮说："君才十倍曹丕，必能安国，终定大事。若嗣子可辅，辅之；如其不才，君可自取。"亮涕泣曰："臣敢竭股肱之力，效忠贞之节，继之以死！"先主又为诏敕后主曰："汝与丞相从事，事之如父。"② 诸葛亮表现自己的一心辅佐的忠心。

在笔者看来，诸葛亮选择刘备的"三足鼎立""恢复汉室"，尽管功亏一篑，但是这一选择铸就了诸葛亮"千古第一人臣"一生辉煌命运和千古流芳。反过来，他长兄诸葛瑾选择终身效力东吴，则导致他一家几代几乎整个家族的惨死。这兄弟二人选择了不同历史，而历史也给了他们不同的

---

① "三顾茅庐"在小说《三国演义》铺排得相当精彩，用了近两回的篇幅来渲染气氛，逐层展示刘备与诸葛亮会见的过程，但在《三国志》中这"三顾茅庐"一段，只有五个字"凡三往，乃见"。

② 《三国志·蜀书·诸葛亮传》："章武三年春，先主于永安病笃，召亮于成都，属以后事"（第918页）。

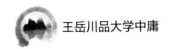

未来。① 这就是《大学》所强调的身正和心正，正是因为这一"心正"让他有了正确的人生选择，并让家族兴旺，千古流芳。

人正是因为心正，才可以无坚不摧、无所不能，才可以去做应该做的而且一定会做好的大事。心有杂念或心术不正，做什么事都不成。这不是能力的问题，而是心的问题。这就是《大学》反复强调"正心"重要性之所在。

"正心"作为大学八目中承上启下的一目，有着非同寻常的意义，心是身体的灵魂和主宰，只有不断净化自己的心灵，不断提高品德修养，才能修身齐家，才能治国平天下。

---

① 历史往往忽略了很多真相的说明，比较西蜀诸葛亮和东吴诸葛瑾两兄弟的不同选择，其后的现实机遇和后代命运的差异是巨大的：一、东吴诸葛瑾一脉，命途多舛：诸葛瑾病死，时任大将军，左都护等职；（《三国志·诸葛瑾传》）诸葛瑾长子诸葛恪，吴魏交战，诸葛恪因屡胜而骄，终导致大败，被诬以谋反罪而诛，尸体扔于乱坟冈；（《三国志·诸葛恪传》）诸葛恪长子诸葛绰，因参与孙权儿子孙霸的阴谋，事发被用药酒毒死；（《三国志·诸葛恪传》）诸葛恪次子诸葛竦，诸葛恪被诛后，他带着母亲和弟弟外逃时，被吴将追斩于白都；（《三国志·诸葛恪传》）诸葛恪幼子诸葛建，其父被诛后与母兄逃亡，兄被杀，诸葛建亦被吴兵捕杀；（《三国志·诸葛恪传》）诸葛瑾次子诸葛乔，过继给诸葛亮为嗣，诸葛亮视他如亲生儿子；（《三国志·诸葛亮传》，裴松之注）诸葛瑾幼子诸葛融，兄诸葛恪被诛，追兵围城，诸葛融吞金自杀，他的三个儿子也被杀（《三国志·诸葛瑾传》）。二、蜀国诸葛亮一脉，青史留芳：诸葛亮，公元263年，刘禅下诏，在沔阳为诸葛亮立庙；（《三国志·诸葛亮传》）诸葛亮长子诸葛瞻，十七岁被后主刘禅招为驸马，公元263年魏将邓艾入蜀，在绵竹与魏军决战时，因寡不敌众而战死；（《三国志·诸葛亮传》）诸葛瞻长子诸葛尚，公元263年与父诸葛瞻同战死于四川绵竹；（《三国志·诸葛亮传》）诸葛瞻次子诸葛京，蜀国亡后在晋为官，后为江州刺史；（《三国志·诸葛亮传》，裴松之注）诸葛瞻之子诸葛质，刘禅之子洮阳王刘恂不愿降魏，派诸葛质为使，与夷帅孟虬通好；（张澍：《诸葛忠武侯文集故事卷一·杂记》）诸葛亮幼子诸葛怀，愿终老于家，晋帝同意了他的请求；（张澍：《诸葛忠武侯文集故事卷一·朝真观记》）诸葛亮女儿诸葛果，成都西南有朝真观，诸葛果在这里修行成仙升天（张澍：《诸葛忠武侯文集故事卷一·朝真观记》）。三、诸葛亮弟弟诸葛均，诸葛亮离开卧龙出山后，诸葛均仍留在隆中，后为蜀国长水校尉（《三国志·诸葛亮传》）。

第八讲　家国相连的社会伦理

　　《大学》的第七章主要讲述正心和修身的关系。在《大学》看来，格物、致知、诚意、正心的目的是为了修身，只有完成了修身，才能齐家，治国，平天下。第八章解释修身、齐家和治国的关系。个人修身和齐家对国家民族来说很重要，因为事都要从小事做起。

一、公正合度的人际交往

　　"所谓齐其家在修其身者，人之其所亲爱而辟焉，之其所贱恶而辟焉，之其所畏敬而辟焉，之其所哀矜而辟焉，之其所敖惰而辟焉。"齐家和修身的关系，《大学》举了五个方面：
　　一、"人之其所亲爱而辟焉"。"辟"就是不公正，缺乏公正心，有偏僻之心。一般而言，人们对亲爱的人往往喜好，喜好就会有所偏袒就会溺爱，甚至可能包庇。在喜好偏爱的状态下，人往往缺乏公正心。二、"之其所贱恶而辟焉"。人们对自己所讨厌憎恶的人，会将他的缺点放大而看成一无是处，甚至不公平地对待和打击对方。三、"之其所畏敬而辟焉"。人们看到令自己敬畏的人，会因尊敬畏惧产生仰视而不能平视对方，其结果使自己丧失公正之心。四、"之其所哀矜而辟焉"。人们哀怜悲悯他人，但正因为可怜对象，而使自己丧失了公正之心。五、"之其所敖惰而辟焉"。人们面对自己所傲视轻看的人，也会导致自己缺乏公正之心。这五方面的结果是可想而知的，因为连公平公正都不能做到，那么，这个

家不可能安宁。当然，对周围的关系也不可能和睦，因为丧失了中正之心。①

"故好而知其恶，恶而知其美者，天下鲜矣。故谚有之曰：'人莫知其子之恶，莫知其苗之硕。'此谓身不修，不可以齐其家。"爱好一个人却能知其坏处，或讨厌一个人却能知其长处，天下是很少的。因为，一个人总不可能绝对地保持公正性。但修身要求你尽可能地达到中正、平和、公平的状态，因为只有这样才能使人们在对待他人时不绝对化，知道恶也知道美，从而保持一种公正判断力。这样美者就美之，恶者就恶之，好的就是好的，不好的就是不好的，而不是因为自己的好恶就颠倒是非混淆黑白。"故谚有之曰：'人莫知其子之恶，莫知其苗之硕。'"人们不知道自己孩子有什么不好，也并不认为自己的孩子有什么坏处和缺点，因为人们总是溺爱、偏爱自己的孩子。人们都感觉自己的禾苗长得不壮，因为他总是觉得人家的好。"此谓身不修，不可以齐其家。"这是修身不好，修身欠火候，修身欠佳的结果，而身不修"不可以齐其家"。如果不把身心修养好，就不可能使自己整个家庭充满和谐，充满秩序和进退的规范。如果一个家庭失序没有规范，因不和谐而矛盾蜂起，治国也就无从做起。这个家就是一个失败的家庭，去治国也是失败的。

修身和齐家的关系，有一个例子很能说明问题。三国时吴国的鄱阳太守，有个儿子叫周处。按道理说，父亲作为太守，应该有一整套的教育方法，但是由于忙于公务而疏于教导孩子。当然，还有一个原因就是上面所说，天下人都很少知道自己孩子的缺点。周处从小就失范于家教，养成了骄横跋扈横行乡里的恶习。乡人称之为此乡有"三恶"：一恶是山中的白虎；二恶是河中的蛟龙；三恶就是周处本人。周处自己不清楚自己在人们心中的形象，他看见老百姓很忧伤，就问为什么，人们就说此地有"三恶"。他感觉到自己已被乡亲抛弃了，于是下决心改，先上山打死老虎，

---

① 沈括在《梦溪笔谈·序》中就说自己不敢随便在文章中臧否人物，而是存仁心隐人恶，"圣谟国政及事近宫省，皆不敢私纪；至于系当日士大夫毁誉者，虽善亦不欲书，非止不言人恶而已"。

然后下江河把蛟龙消灭掉。心想这一下三害除掉了两害，回去肯定会得到嘉奖。结果没想到回家一看，周围的乡亲都在欢庆，以为他被山中虎或河中蛟给吃了，一看他回来了，乡亲们很失望。他这才意识到，原来他是三恶中最恶的。这意味着人之恶猛于兽。他痛下决心从头学起，修身读圣贤书，按照高标准严要求再造自己。最后，他不仅把一身的缺点完全改正，而且在吴国灭亡后当上了西晋王朝的御使中丞。①周处从过去没有修身而祸害乡里，到后来痛改前非重新做人，能够做类似监察部长的御史中丞，这就说明修身对人格生成和身份重建的极端重要性。

第八章是说修身，这里的修身，主要不是指家庭中的一般成员，而是指家庭中的主要负责人，或叫作家长。一个家长，有带头模范的作用，上梁不正下梁歪，自己都没有做好，都没有修自己的身，包括言辞、礼仪和公心，怎么要求你的家属、家庭成员？家族的一家之长的举止、言谈、风度、仪表代表这个家庭的水准、修养、身份。今天同样如此，身如果不修，家庭秩序最后只能纵容贪婪，只能纵容骄奢淫逸，只能纵容偏爱溺爱，这个家庭最终将走向失败。只有通过修身，成为家庭楷模，家庭其他成员才可能仿效家庭的优秀者，全家才会和谐向荣。

在修身齐家的关系上，《大学》认为主观上的好恶容易导致偏见，这不仅不利于修身，更不利于齐家。齐家和治国的关系也是如此。第九章开始谈更大的问题，从身体与灵魂、内在与外在和谐统一到家庭整齐有序。齐家还不是目的，目的是齐家之后的治国。

二、由家及国的伦理扩展

"所谓治国必先齐其家者，其家不可教，而能教人者，无之。"《大学》把人、家、国三位一体的关系阐释得很清楚。对于一个东方大国来说，国

---

① 周处（236—297），字子隐。东吴吴郡阳羡（今江苏宜兴）人，鄱阳太守周鲂之子。周处年少时纵情肆欲，为祸乡里，后来浪子回头，改过自新，功业更胜乃父，留下"周处除三害"的传说。吴亡后周处仕晋，刚正不阿，得罪权贵，被派往西北讨伐氐羌叛乱，遇害于沙场。

家是我们的家园，是我们生老死葬的一个地方。这里《大学》将国和家连起来是中华民族一种很重要的精神。"所谓治国必先齐其家者"，治理国家必须首先整齐自己的家庭，其内容就是，"其家不可教，而能教人者，无之"。如果一个人对家庭成员的关系都不能协调好处理好，不能够对家庭成员进行良好的陶冶、熏陶，使每个人的行为合乎规范，那么，要去教别人、管理别人，是不可能的。榜样的力量无穷，人们看你怎样去调教你的孩子，怎样去规范你的家庭成员，怎样去和睦相处，大家也跟着做。只有你做好了，才能让大家感觉到心生温暖进退有度，这个家庭才是一个欢乐祥和而又尊长重幼的家庭。此时，你才有资格去教别人。

"故君子，不出家而成教于国。"真正的圣人君子不用出门离家，就可以成就教化于国家。齐家对治国而言非常重要。因为，家庭是国家的细胞，如果一个人把一个大家族都整治得有条有理非常完善，这就是对国家的安宁平和做出了贡献。在家庭中忍辱负重调解各种矛盾，在治国上就能承担更大的责任。在这个意义上，"成教于国"就是成就教化到国家，其基础就在于齐家。

"孝者，所以事君也；悌者，所以事长也；慈者，所以使众也；《康诰》曰：'如保赤子。'心诚求之，虽不中，不远矣。未有学养子而后嫁者也。"

"孝者，所以事君也"。学会了孝敬，未来就可以忠心爱国，孝就是一种先行的培养，是对内在心性的一种教养。

"孝"是儒家经典中的重要关键词。"四书"中关于孝的论述比比皆是。相传曾参曾作《孝经》。孝文化的最基本意义在于孝顺父母尊敬亲长，这构成以孝为本的礼法规范要求。① 对父母"孝"的情感的扩充和延展，形成儒家传统中的祭祀祖先的"家—国"集体无意识形式。《毛诗·关雎

---

① 《孝经》："用天之道，分地之利，谨身节用，以养父母，此庶人之孝也。故自天子至于庶人，孝无终始，而患不及者，未之有也。"《礼记·檀弓下》："丧之朝也，顺死者之孝心也。"《汉书·武帝纪》："外迫公事，内乏资财，是以孝心阙焉。"《宋史·乐志十四》："帝受内禅，纪元绍熙，钦崇慈亲，孝心肃祇。"

序》："先王以是经夫妇，成孝敬，厚人伦，美教化，移风俗。"《左传·文公十八年》："孝敬忠信为基德，盗贼藏奸为凶德。"《汉书·武帝纪》："故旅耆老，复孝敬，选豪俊，讲文学。"唐许浑《题卫将军庙》诗序："既而以孝敬睦闺门，以然信居乡里。"儒家以夫妇父子之家庭为中心，坚信通过自我修养而成孝敬，厚人伦，美教化，移风俗，最终将由此及彼地扩展到家庭、国家和社会层面。

那么，何为孝呢?① 子夏向孔子问孝，孔子回答说："色难，有事弟子服其劳，有酒食先生馔，曾是以为孝乎?"②《论语·为政》记载，子游问孝，孔子曰："今之孝者，是谓能养，至于犬马皆能有养，不敬，何以别乎?"可以说，敬为孝之根本，只有敬才能真正孝。"色难"就是和颜悦色地在父母亲周围去表现你的孝道，这是最难的。给父母买东西、给父母做衣服那不全是孝，因为动物都能做到孝（反哺），孝最重要的就是在漫长岁月中的不改本色的孝——"色难"。父母亲生下儿女养育三年孩子才能走路，到父母晚年儿女尽孝是应该的。这是人性中最重要的部分，也是一个国家稳定的重要社会文化心理基础。

钱穆认为，中国文化本质上是一种"孝的文化"，如果对此没有清醒的认识，就是对中国文化精神的简单化。梁漱溟进一步将"孝"列为中国文化的第十三项特征，将民族文化认同的"孝"看作中国文化之"根荄所在"，坚持"说中国文化是'孝的文化'，自是没错"。

在中国历史上，孝道始终被看作衡量人道德修养的最基本的标准。"二十四孝"的故事可谓家喻户晓。前面已举过汉文帝刘恒孝敬他母亲薄太后的例子，此处不再赘述。

---

① 《礼记·祭义》说："孝子之有深爱者，必有和气，有和气者，必有愉色，有愉色者，必有婉容。孝子如执玉，如奉盈，洞洞属属然，如弗胜，如将失之。严威俨恪，非所以事亲也。成人之道也。"《曲礼上》又说"父子不同席"，"为人子者，居不主奥，坐不中席，行不中道，立不中门"。《内则》："父母有过，下气怡色，柔声以谏，谏若不入，起敬起孝。说则复谏，不说，与其得罪于乡党州闾宁孰谏。父母怒，不说而挞之，流血，不敢疾怨，起敬起孝。"

② 《论语·为政》，（清）阮元校刻：《十三经注疏》，北京：中华书局1980年版，第2462页。

　　"弟者，事长也"。知道了"孝悌""悌道"，就会妥善地敬侍长者。这个长者不仅仅是自己的兄长，还包括天下的那些比自己年长的兄长，对所有"长者"都要行尊敬之道。

　　"慈者，使众也"。内心能够慈爱，并且将这种慈爱推及开来，就能够"使众"，能够让大众跟随你，听你的指挥。并不是暴戾、乖张、愤怒才可以让大家听你的话，相反，只有慈爱才能如此，虽然它柔弱，但是最能服人心。

　　"《康诰》曰：'如保赤子。'"《尚书·康诰》说，像保护刚生下的孩子一样去保护它。"心诚求之"，就是对这些美好的东西就像爱护赤子一样，发自内心地去做这个事情。"虽不中"，虽然可能没达到目的，没达到最完美的境界。"不远矣"，离目标已经不远了。《大学》把心诚看得非常重要。如果一个人心不诚，他虽然为追求目标达到个人目的而绞尽脑汁用尽手腕，但是他"远矣"——隔得太远了。相反，只要心诚，尽管是道路漫漫，他通过努力，锲而不舍，最终总能达到目标。

　　"未有学养子而后嫁者也"，就像一个姑娘只有出嫁后跟她丈夫共同创业共同生活，她才可以去养自己的孩子开始自己未来的生活，而不是先学习了养孩子之后才出嫁。只有认真地做好自己的事情，一切事情才可能很好地解决。在这个意义上，心诚是第一位的。然后将这种"诚"在未来的生活中加以实践和实施，问题就迎刃而解了。

　　"一家仁，一国兴仁；一家让，一国兴让；一人贪戾，一国作乱。其机如此。此谓一言偾事，一人定国。"如果一个家庭里充满了仁爱，那么就可以让世界充满爱。如果一个家庭都学会了互相谦让，长幼有序，那么一个国家就会兴起谦让之风。相反，"一人贪戾，一国作乱"。一个人贪而暴戾，甚至是诉诸暴力，那么，一个国家就会随之发生为非作乱的事情。蜀国大将张飞，喝酒以后鞭打士兵，鞭打他的下级军官，结果受害者首先是自己，然后是他的国家。一人作乱，绝非小事。"其机如此"，其中的机运、运行的规律就是如此。

　　"此谓一言偾事，一人定国"。一言就可以败事。这个"一言"往往是指关键性的话。如果你没有学会"慈"，没有学会"让"，没有学会"仁"，而仅仅学会了贪戾作乱，那么一言可以让你的家族坏事，从此家道中落。鲁迅临去世时，告诫孩子千万不要做空头文学家。道理就在于，不能躺在父母亲的、祖辈的财富上吃一辈子，而要自己去创业。"一人定国"中"一人"指的就是关键的人物。按朱熹的说法，指的是国君一个人，他兴了仁、兴了让、兴了慈，那么，这个国家就安定了。

三、人己相系的道德力量

"尧舜帅天下以仁，而民从之。桀纣帅天下以暴，而民从之。其所令反其所好，而民不从。是故君子有诸己而后求诸人，无诸己而后非诸人。所藏乎身不恕而能喻诸人者，未之有也。故治国在齐其家。"

这段话说尧舜是用仁政"帅天下"。"帅天下"就是他以"仁"来统帅天下，而人民都跟随他。而桀纣这种暴君"以暴"来对天下，民也从之，也仿效他。善当然就有善报，恶当然就有恶报。

"其所令，反其所好"。他自己都不喜欢的东西，却命令他的人民去做，人民都反对他。"是故君子有诸己而后求诸人"。《大学》就此得出结论说，君子先要求自己做到，然后才能去要求别人做到。自己享受安逸，不思进取，却要求别人辛辛苦苦去做事情，勤勤恳恳地去完成每天的任务，那是不可能的。"无诸己而后非诸人"，自己本身没有那些不好的东西，才可能去非诸人，才去批评别人。

"所藏乎身不恕而能喻诸人者，未之有也"。藏在自己内在的私心，或者是想独自满足的东西，却让别人去做不愿意做的，甚至让别人做那些做不到的事情，自己却想一饱私欲获得很多的好处，但却让人家去吃苦耐劳，去大公无私，自己都做不到却要求别人去做到，那是不可能的。

最后结论是，"故治国在齐其家"，这是反过来说的。正说是，齐家而后能治国，而治国的前提就是把每个家族处理得非常有序。从这个意义上说，《大学》对家庭和个人提出很高的要求，那就是心有多大，国就有多

大，天下就有多大。如果心眼极小，就知道饱囊私欲，就知道损公利私，那国家就有多小。天下在心目中荡然无存，当然就小了。相反，能够真正做到大公无私的人，才可能鞠躬尽瘁，死而后已，千古流芳，为后人所敬仰。①

《大学》认为，治国的前提是齐家，君子要兴孝悌、兴谦让，并将这样的美德推己及人，才能齐其家，而后治其国。为了详细论证这一观点，《大学》引用《诗经》中的诗句：“《诗》云：‘桃之夭夭，其叶蓁蓁。之子于归，宜其家人。’‘宜其家人’，而后可以教国人。《诗》云：‘宜兄宜弟。’‘宜兄宜弟’，而后可以教国人。《诗》云：‘其仪不忒，正是四国。’其为父子兄弟足法，而后民法之也。此谓治国在齐其家。”

《诗经·桃夭》说“桃之夭夭”，桃花长得是茂盛漂亮；“其叶蓁蓁”，叶子很丰满；“之子于归”，这个女子出嫁了，她将使那个家庭和睦充满了快乐慈爱。“宜其家人，而后可以教国人”。只有一个家庭都能感觉到你的人格光辉，才可能让国家国人感受到你的人格光辉。

“宜兄宜弟，而后可以教国人”。如果你能够让兄长和幼弟和睦相处，能够让他们感觉到你的人格魅力，感受到你非凡的协调能力，你才可以去教别人。如果不能让自己的家庭保持和谐，不能够尊重兄长爱护幼弟，还要去教别人，那是不可能的。“其仪不忒”，举止没有差错；“正是四国”，这样的人才可能很好地教正四方各国，才可以成为周围国家效法的榜样。“其为父子兄弟足法”，才会让他的父子兄弟去效仿他，而后人民才会效仿他。结论是“治国在齐其家”。

这里反复谈治国首先要齐其家，家是国家的缩影，是国家的细胞，一个家庭有了进退秩序达到和睦，那么你就可以出来做事教导他人。在《大学》看来，修身是齐家的前提，而家国同理，治家的原则也就是治国的原则，治国的重点在于修身齐家。君子的品行得到陶养，使家庭有条不紊、和谐有序，国家自然也会安定团结。

---

① 《论语·季氏》：“君子有三戒：少之时，血气未定，戒之在色；及其壮也，血气方刚，戒之在斗；及其老也，血气既衰，戒之在得。”阮元校刻：《十三经注疏》，北京：中华书局1980年版，第2522页。

第九讲　天下太平的社会理念

要想成教于国必须守孝悌、施仁慈。一家仁，一国才能兴仁，一家让，一国才能兴让。《大学》又分别以尧舜和桀纣为正反两面的例证揭示修身和齐家对于治国的重要意义。

一、絜矩之道的重要意义

继齐家、治国之后的第十章，"平天下"是《大学》修为的最高目标。

"所谓平天下在治其国者，上老老而民兴孝，上长长而民兴弟，上恤孤而民不倍，是以君子有'絜矩之道'也。"修养的过程是一个不断提高、不断由内向外生发扩展的过程，即从修身、齐家、治国到最后的平天下。平天下的平是"使天下太平"。天下太平是中国知识分子的价值担当，平天下是中国儒家伦理中很重要的思想。平天下的基础在齐家，对整个社会的治理要从整饬家庭伦理开始：一屋不扫，无以扫天下；一家不宁，无以宁天下；一家一族不太平，无以让国家和天下太平。《大学》能从小见大、由微见著，认识到起点的重要性，具有重要的人生修为的方法论意义。

"所谓平天下在治其国者，上老老而民兴孝"。"上老老"是说，国君或国家的各级领导人要孝敬老人；"而民兴孝"，而后全国民众都兴起重视老人的孝道。"上长长而民兴弟"，在上的人能够以长者为长，那么民也就是老百姓才会尊敬长者。"上恤孤而民不倍"，领导人能够抚恤孤寡，去爱惜那些飘零于世之人，那么这个国家才会有爱，才不会违背人伦和人道。"是以君子有絜矩之道也"，絜，指的是量围长的绳子，而"矩"就是量直

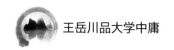

角的角尺，就是讲究方圆规矩，可谓"没有规矩不成方圆"。君子有方圆，就是具有了这种可能性，有了遵循道的标准。絜矩之道就是一种达到道的方法。

"所恶于上，毋以使下；所恶于下，毋以事上；所恶于前，毋以先后；所恶于后，毋以从前；所恶于右，毋以交于左；所恶于左，毋以交于右。此之谓'絜矩之道'。"你厌恶上级那些对你不好的行为，那么，处于上位的你就千万不要以这种方式对待下属；你所厌恶下级那些毛病，千万不要故技重演地用来对上级；后面的先、后、左、右与前面的上下是相同结构，正好构成共同环境空间，呈现六个纬度，上、下、前、后、左、右。意思是说，所有这些都要合乎规矩之道。这样，一个君子才具有平天下的可能性，而且也只有这样的可能性，他才可能有一种真正的中正之心。

《大学》非常清楚地说明，只有治理好国家才能使天下平定，因此治国是平天下的前提。而作为国家各级领导，其德行修养对于国家和民众而言，具有十分重要的示范意义。

二、仁政重民的施政原则

"《诗》云：'乐只君子，民之父母。'民之所好好之，民之所恶恶之，此之谓'民之父母'。"《诗经·南山有台》中说"乐只君子，民之父母"中的"只"，语气词。全句是说，快乐的圣人君子啊，就是人民的父母。真正去做一个君子，他是快乐的。[1]

为什么真正去做一个君子，就会是快乐的？儒家有"孔颜乐处"之说。颜回之乐亦是孔子之乐，合称为"孔颜乐处"。颜回矢志不改的志向追求，是与孔子志同道合。正如曾参所说："士不可以不弘毅，任重而道远。仁以为己任，不亦重乎？死而后已，不亦远乎。"孔颜之乐在于——

---

[1] 《论语·述而》中，夫子自道："其为人也，发愤忘食，乐以忘忧，不知老之将至云尔。"阮元校刻：《十三经注疏》，北京：中华书局1980年版，第2483页。

乐于仁，乐于道，乐于大同。颜回十四岁拜孔子为师，一生不离不弃，至死未对孔子学说产生怀疑，面对艰险坚决捍卫孔子思想，是与孔子思想达到高度一致的第一高徒，被后世尊为"复圣"。孔子和颜回的真正快乐是什么？在《论语·述而》中，孔子说："饭疏食饮水，曲肱而枕之，乐亦在其中矣。不义而富且贵，于我如浮云。"这是何等的大气象、大快乐！在《论语·述而》中，孔子说："女奚不曰，其为人也，发愤忘食，乐以忘忧，不知老之将至云尔。"这是何等的高迈的生死观、人生观！在《论语·雍也》中，孔子说："贤哉，回也！一箪食，一瓢饮，在陋巷。人不堪其忧，回也不改其乐。贤哉，回也！"这是何等刚性的清贫自守、贫贱不移的大志向、大气魄！这就是"孔颜之乐"、君子之乐、圣贤之乐的灵魂所在。

君子有发自内心的和谐仁爱，并且拥有爱民如子的心性，可以作为老百姓的父母。其原因就在于，"民之所好好之"，老百姓喜欢的东西，他也喜欢；"民之所恶恶之"，老百姓所厌恶的抵制的拒绝的，他也厌恶抵制拒绝。"此之谓民之父母"，就是说，他的心和老百姓想到一起，命运和老百姓连在一起，这样的人才能叫作老百姓的父母。今天还有父母官、清官的说法，是说爱民如子的意思。再如子弟兵，也是说他们和老百姓亲如一家，只有这种深层的关系，老百姓才会放心，才会听从你的指挥。否则，国家就会出现动乱。

"《诗》云：'节彼南山，维石岩岩。赫赫师尹，民具尔瞻。'有国者不可以不慎，辟则为天下僇矣。"《诗经·节南山》上说，"节彼南山"，那巍峨高耸的南山啊；"维石岩岩"，石头高耸入云；"赫赫师尹"，威严赫赫的太师尹氏；"民具尔瞻"，人民对你高山仰止崇拜你。"有国者不可以不慎"，拥有国家、治理国家的人，手中握有重权的人，不能不谨慎。如果你不公平，你有了私欲私心，就会有很大麻烦，"辟则为天下僇矣"，就会受到诛戮。"诛戮"一词说得相当严重，就是警告那些在上位者，如果你不公正，政权就可能会被推翻。相反，如果你以公正、公平、公心来治理这个国家，老百姓就拥戴你，国家就可以长治久安。做到"天下为公"的"公"何其难哉！又何其益哉！

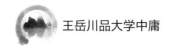

"《诗》云：'殷之未丧师，克配上帝。仪监于殷，峻命不易。'道得众则得国，失众则失国。"《诗经·文王》中说，殷商还没有失去民众没有被颠覆时，老百姓还跟随他；"克配上帝"，那时的君王还可以德配上帝，具有光辉的品德可以做天下的君王。但由于殷商丧失了民心，殷商的君主丧失了那种光辉的美德，不再能获得天下。"仪监于殷"，我们应该去反观自己，以殷商为"前车之鉴"。"峻命不易"，"峻"，大，得到大命、天命是很不容易的，须谨慎对待。"得众则得国，失众则失国"。得到了老百姓的拥戴，民心所向，你就得到国家。相反，你已经得到国家了，但是不去爱你的人民，作为一个地方官，你不去爱当地老百姓，不想他们所想，忧他们所忧，而是先天下之欲望而自取，把贫穷灾难推给人民，这样必然失去民众和国家。如果有人过分强调自己的聪明和欲望，强调一己的抱负，而置家、国、父母乃至所有的伦常于不顾，那他就会失去国家，失去人民的信任，最后走向失败。

战国名将吴起就是一个典型的代表。吴起是战国时卫国人，很有才华。他为了求官，把祖产田产当尽换成钱去买官鬻爵，结果失败。于是他发誓，如果没做上丞相誓不回乡。结果他的母亲去世，他不回去。当时他拜曾子为老师，曾子就告诉他，你母亲去世了，按儒家伦理和家庭伦理应该回去奔丧。他坚决不回去。曾子觉得这个人不可理喻，断然终结了二人的师生关系。当鲁国要抵抗齐国的入侵，他终于有机会被鲁国任命为将军时，鲁国对吴起有所疑虑，因为吴起的夫人是齐国人。于是，官迷心窍的吴起为了得到这个职位，竟然把妻子杀了，目的就是让鲁国放心，让自己能够得到将军的职位。吴起最后获得了这个职位，率兵把齐国打得大败，把他妻子的家乡杀得血流成河。最终，人们识破了他的丑恶灵魂，在鲁国被人们厌恶疏远。最后，吴起在楚国被乱箭射死。①

---

① 事见《史记》卷六十五；又见《资治通鉴》卷一："吴起者，卫人，仕于鲁。齐人伐鲁，鲁人欲以为将，起取齐女为妻，鲁人疑之，起杀妻以求将，大破齐师。或潜之鲁侯曰：'起始事曾参，母死不奔丧，曾参绝之。今又杀妻以求为君将。起，残忍薄行人也。且以鲁国区区而有胜敌之名，则诸侯图鲁矣。'起恐得罪。闻魏文侯贤，乃往归之。"

一个人有才华，有抱负，想治国，由于他无德无品，最后落得个乱箭穿身的下场。一个人为了官爵，不要祖产，不要父母，不要老师，不要妻子，这个人实际上已经被彻底异化。现实生活中，这样被异化的人并不少见。因此，《大学》提出警告，"得众则得国，失众则失国"。吴起就是失众的典型代表。

三、德本财末的体用意识

"是故君子先慎乎德。有德此有人，有人此有土，有土此有财，有财此有用。德者本也，财者末也。外本内末，争民施夺。是故财聚则民散，财散则民聚。是故言悖而出者，亦悖而入；货悖而入者，亦悖而出。《康诰》曰：'惟命不于常。'道善则得之，不善则失之矣。"

"是故君子先慎乎德"，君子首先要谨慎于德，就是规范自己的德行，使德行得到一种规范，要谨慎地对待这个问题。"有德此有人"，只有有德才能拥有人民。"有人此有土"，有了国民才有国土。"有土此有财"，只有有了广阔的国土，人民才可能拥有充盈的财货。"有财此有用"，有了财物才可能拿来振兴国家，做出一番大事业。这里把德、人、国、财四个方面的"体用关系"说得非常清楚。"德者本也，财者末也"。品德是根本，而财是末，是枝微末节。有些人利欲熏心，觉得人生不易，生命匆匆，因此大肆聚敛财物搜刮民脂民膏，认为那是最重要的，这就是以末为本，其害大焉。"外本内末，争民施夺"。"外本"，远离了根本，而进入内末，就是枝微末节。"争民施夺"，就是盘剥民众，掠夺他们的财富。

"是故财聚则民散"，你获得的财物越多，离开你的老百姓越多，离散得就越厉害。"财散则民聚"，你广施财富，让老百姓安居乐业，人民就会聚集在你的身边，因为你能够通过散财来团结他们。可以说，"财聚民散，财散民聚"充满了辩证法。如果一个人光知道敛财，人们就会咬牙切齿地痛恨他，因为他不顾别人只顾自己。相反，如果一个人真正地痛人民之所痛、思人民之所思，人民就会拥戴他。

"是故言悖而出者，亦悖而入"。言语悖理地说出也会悖理地弹回来。用一句通俗的话说，你给一堵墙一拳，你打得有多重，返回到你手上的反作用力也就有多重，你的手也就会有多疼。你的话违背情理地说出来，同样就会有人用违背情理的话对待你。"货悖而入者，亦悖而出"。就是货物悖理，这些货物的获得背离了伦常伦理，那你今后就要为此付出惨重代价。货物不是正当得来的，也会遭到同样的待遇，古代盛行的杀富济贫，说明了人们对不正当的财富聚敛的厌恶之情。因而，为富不仁是受到儒家批判的。这里的意思是说，所有有违常理的事情都要付出代价，这个代价就因为行事的不正当之"悖"。非法聚敛财货，其代价可能就是丧失生命。

明朝朱元璋称帝以后颁布政策，对盐茶和马匹等资源实行国家专卖，而当朝安庆公主的驸马欧阳伦却无视国法走私茶叶，中饱私囊，到后来竟然利欲熏心，每每以驸马令要求各级官员横征暴敛。然而，好景不长，东窗事发，朱元璋震怒之余，下令将他赐死。一个贪得无厌，一个一心想吞天下之财为己有的人最后得到了身首异处的下场。① 当一个人怀有大私心时，贪婪得对世界无度盘剥时，其命就危矣！

《大学》引用《尚书·康诰》话说："惟命不于常。"唯独天命不会保持永久。只有善良才能长久地得到它。"道善则得之，不善则失之矣。"不行善道，就会失去它。只有行道善良才可以长久得到天命的眷顾。一旦不再行善，天命就不再眷顾你。道和善的关系很明白，道居于善。只要为善，道自然与你同在。欧阳伦的悲惨下场，跟他敛财有关系。其实，清代弄臣和珅同样如此，聚敛巨额财富，最后被赐死，半国之财富，悉数充公。历史的教训值得人们吸取，在这个意义上可以说，道德修养的程度，是君子能否治国平天下的关键所在。

---

① （清）张廷玉等撰《明史·公主列传》："安庆公主，宁国主母妹。洪武十四年下嫁欧阳伦。伦颇不法。洪武末，茶禁方严，数遣私人贩茶出境，所至绎骚，虽大吏不敢问。有家奴周保者尤横，辄呼有司科民车至数十辆。过河桥巡检司，擅捶辱司吏。吏不堪，以闻。帝大怒，赐伦死，保等皆伏诛"。《明史》，北京：中华书局 2003 年重印，第 3664—3665 页。

四、仁善保民的道德关注

"《楚书》曰：'楚国无以为宝，惟善以为宝。'舅犯曰：'亡人无以为宝，仁亲以为宝。'"《楚书》指《国语》中的《楚语》。《楚语》说："楚国无以为宝，惟善以为宝。"楚国没有什么宝，只有善人才是宝。楚国有很多宝，但是最重要的宝是行善之人。舅犯曰："亡人无以为宝，仁亲以为宝。"舅犯，指晋文公的舅舅狐偃，字子犯，叫舅犯。舅犯说，流亡的人没有什么可以当作宝贝，而只有把仁义、族情看作宝贝。

《秦誓》曰："如有一介臣，断断倚无他技，其心休休焉，其如有容焉。人之有技，若己有之。人之彦圣，其心好之，不啻若自其口出。是能容之，以保我子孙黎民，尚亦有利哉！人之有技，媚疾以恶之；人之彦圣，而违之俾不通。寔不能容，以不能保我子孙黎民，亦曰殆哉！"①

《尚书·秦誓》上说，如果有这样一个臣子，他没有其他的技能，但他的心灵非常安详、平和，而且能够容纳万物，别人拥有技能就能像自己拥有一样。他不去嫉妒别人，也不去羡慕别人。别人精明和美好，他自己内心就会喜欢，就会去赞美，绝不亚于自己亲口所说出或亲自拥有，这样才能够海纳百川，能够保护子子孙孙黎民百姓。这种人能够容纳百姓，百姓有好的，他就快乐，而不去嫉妒，不去中伤。但是还有一类人，人家如果有技能，他就开始嫉妒、压抑、阻止，使别人的美德不能为上所了解，如果重用这种心胸狭隘的人，那是不能保护子孙百姓的，这种人是很危险的祸国殃民者。

《大学》这里谈到的是治国平天下中的人之根本是善。这种善包括不嫉妒、不谄媚、不破坏他人、不收敛钱财，而是要一心为公。做到这一点，确实极难。儒家强调"大道之行，天下为公"，②为公者，心有天下才可能拥有天下。

---

① 《尚书·秦誓》，（清）阮元校刻：《十三经注疏》，北京：中华书局1980年版，第256页。
② 《礼记·礼运》，（清）阮元校刻：《十三经注疏》，北京：中华书局1980年版，第1414页。

第十讲 以义为先的行动原则

《大学》认为君子只有在道德上做到推己及人，才可以治理好国家、平定天下，指明君子要有仁爱宽容之心，而不应该嫉妒贤能。常怀公正之心，大道才能得以推行，天下才能得以平定。

一、仁人爱恶的理性判断

"唯仁人放流之，迸诸四夷，不与同中国。此谓唯仁人，为能爱人，能恶人。见贤而不能举，举而不能先，命也。见不善而不能退，退而不能远，过也。"

"唯仁人放流之"，只有仁德的国君，才能将那些嫉贤妒能的人放逐到很远的四夷之地。意即那些不好的人嫉妒贤能、专门为人家设置障碍，就应该远远地放逐他们。这个良善美好的富有仁德的国家要排斥那些不好的人，要保护好他的人民，对那些不好的人，要放逐驱逐。在现实中，如果有人在这个国家违反德纪，就会被国家和人民远离。"此谓唯仁人为能爱人能恶人"，只有那些有仁德的人才能够喜爱人民，而厌恶那些不受欢迎的人。"见贤而不能举"，见到贤人，而不能推荐，不能重用。"举而不能先，命也"。这个"先"很重要，就是说，你"举"了但不让他领先，不把他放到比你自己的位置还要靠前的地方。"命"，郑玄解释为"慢"，程颐解释为"怠"，怠慢的意思。这就说明，你自己没有推举最优秀人才的那种能力，就是一种怠慢。"见不善而不能退"，见到那些不好的人，你不能辞掉他，不能推开这些小人，不能够回避他。"退而不能远"，回避了又不能远，不能远离他，"过也"，那你就会犯错误，你就有过错了。"远小人""亲贤者"就体现了这个意思。

"好人之所恶，恶人之所好，是谓拂人之性，菑必逮夫身。是故君子有大道，必忠信以得之，骄泰以失之。""好人之所恶，恶人之所好，是谓拂人之性。"人们喜欢的东西，你厌恶，人们厌恶的东西，你很喜欢。总是那么别扭，总是那么不入潮流，总是显得与这个时代格格不入。这就是"拂人之性"，是违背人性的，其结果就是"菑必逮夫身"，灾难紧跟着就要来到你的身上，这就很严重了。① "故君子有大道"，君子拥有人生的大道和规律，就是"必忠信以得之，骄泰以失之"。你忠信、诚信，必然能够条条大路通向你的目的地。相反，"骄泰以失之"，过分的骄傲和放肆，甚至是偏离中正之心，就必然失去它。

二、身本财末的价值关怀

"生财有大道，生之者众，食之者寡，为之者疾，用之者舒，则财恒足矣。"

"君子爱财而取之有道"，正如孔子所说："富与贵，是人之所欲也，不以其道得之，不处也。"②完全把私利都去掉而喜欢贫穷，这样的人很少，而且也不必要。孔子也说，富而后"教"。③ 一个国家如果没有财富，国库不充盈，人们温饱不解决，教育怎么可能施行呢？当然，孔子也欣赏"一箪食一瓢饮"、忧道不忧贫的精神，④ 但国家的富强并非不重要。"生财有大道"，生财有它的规律和需要遵循的原则。"生之者众"，从事生产的人很多兢兢业业，大家都努力为这个国家的富强而努力工作。"食之者

---

① 《四十二章经》："佛言：恶人害贤者，犹仰天而唾，唾不至天，还从己堕。逆风扬尘，尘不至彼，还坌己身。贤不可毁，祸必灭己。"

② 《论语・里仁》，（清）阮元校刻：《十三经注疏》，北京：中华书局 1980 年版，第 2471 页。

③ 《论语・子路》，（清）阮元校刻：《十三经注疏》，北京：中华书局 1980 年版，第 2507 页。

④ 《论语・雍也》，（清）阮元校刻：《十三经注疏》，北京：中华书局 1980 年版，第 2478 页。

寡"，而分而食之的人很少，用今天的话说就是消费的人少，更不要说过度消费主义了。合理的消费是维持国家家庭，维持劳动力再生产的必要前提，而消费主义却会害了国家。提出"生之者众，食之者寡"，相当深刻。"为之者疾，用之者舒，则财恒足矣。""为之者"，就是生产它的人，要快速地生产，提高生产力，加速自己的转化过程，就是人力转化为财力的过程。而"用之者舒"，就是要慢慢地享受，慢慢地消费，不要一下子把所挣来的钱花光，一下子把国库全都掏空。"财恒足矣"，这样一个家族一个国家，财产才会长久地保持充盈，保持国库很充实。

"仁者以财发身，不仁者以身发财。"有仁德的人以财来使自己的身心发达，而不仁的人以身发财，就是通过自身以发达财富。[①] 这里财是手段而身是目的。人们觉得要拼命挣钱，于是没日没夜地熬，去为了一个外在的目的——金钱而拼命戕害自己的身体。于是，亚健康状况、过劳死、神经衰弱、失眠等紧随而来，最后他挣的所有钱都交给了医院，最终不治，这就叫作"以身发财"。相反，有仁的人，以财发身，他把财用来拓展自己的知识，拓展自己的教育，扩大自己的交游方式，增加自己对世界的把握和对知识的了解——读万卷书，行万里路，广为交游，而以天下为目的，这就叫作以财发身。身体才是目的，个体、家族、国家才是目的，而发财只是手段而已。相反，"以身发财"就是把财变成目的，而把自己、家庭和国家看作手段。康德说，什么才是目的，"人是他自己的最终目的"。[②] 在这一点上与《大学》是有异曲同工之妙。

"未有上好仁而下不好义者也，未有好义其事不终者也，未有府库财非其财者也。"从来没有"上"（上司）好仁政而下不好义的，也就是说，没有上面的领导仁义仁慈而下属变贪婪的。"未有好义其事不终者"，也没

① 颜回将西游，问孔子曰："何以为身？"孔子曰："恭、敬、忠、信，可以为身。恭则免于众，敬则人爱人，忠则人与人，信则人恃人。人所爱，人所与，人所恃，必免于患矣。可以临国家，何况于身乎？故不比数而比疏，不亦远乎？不修中而修外，不亦反乎？不先虑事，临难乃谋，不亦晚乎？"刘向：《说苑》，上海：华东师范大学出版社1985年版，第298页。

② ［德］康德：《实用人类学》，上海：上海人民出版社2005年版，前言第1页。

有好道义而他的事业不能达到目的的，反过来说，"上行下效"，上面行仁，下边就跟随其义；上面好义，那么你的目的就一定能够达到。"未有府库财非其财者也"，也从来没有钱库的财物不是他的财物，意思就是说，你只有把财产看得很轻，财产才能为你所用。

三、以义为利的治国纲领

"孟献子曰：'畜马乘，不察于鸡豚。伐冰之家，不畜牛羊。百乘之家，不畜聚敛之臣。与其有聚敛之臣，宁有盗臣。'此谓国不以利为利，以义为利也。"①

孟献子，姬姓，孟孙氏，名蔑。是鲁国的一位贤良大夫。他说，"畜马乘，不察于鸡豚"。自己已经是一个拥有马匹车辆的官员，拥有了一定的地位，就不要去细察那些鸡豚的数量。他已经有一定的财富，有他的官饷，就不要再去贪婪那些鸡猪之小利。"伐冰之家"是指大夫之家。"伐冰"是说丧祭时可以使用冰，这一家人如果有了丧事，就有资格用冰来保存逝者遗体，这样的级别就更高了，他不需要再去聚敛其他像牛羊这样的财产，因为这些相对来说都是小利。"百乘之家，不畜聚敛之臣。"已经有百乘之家的人，地位比前面更高，就不要再去豢养那些为自己收集民脂民膏的敛钱的人。"与其有聚敛之臣，宁有盗臣"，这话说得很厉害，你与其这么做，不如去养那种盗窃之臣，因为与聚敛之臣相比，盗臣只是转移了财物，并没有对整个国家产生大的影响，而聚敛之臣则对整个国家有极强的破坏作用。"与其有聚敛之臣，宁有盗臣"说明《大学》对聚敛之臣是多么深恶痛绝。

"此谓国不以利为利，以义为利也"。一个好的国家不应该以私利和一般意义上的财物为最高的利益，而应该"以义为利"，应该把道义看作是

---

① 《礼记·大学》，（清）阮元校刻：《十三经注疏》，北京：中华书局1980年版，第1675页。

最高的国家利益。①

"长国家而务财用者，必自小人矣。彼为善之，小人之使为国家，菑害并至，虽有善者，亦无如之何矣。此谓国不以利为利，以义为利也。"②为什么不以利为利，要以义为利。掌握国家的命运，但专门去搜集财物以中饱私囊，这一定是出自小人的主意，"必自小人矣"。"彼为善之，小人之使为国家，菑害并至"，如果是他们被善待、被重用，让这些小人去治理国家去戕害人民，其结局就是"菑害并至"国将不国。"虽有善者，亦无如之何矣"。即使有行为端正的人，在处处都是小人的情况下，在满地都是侏儒的情况下，在这个国家充斥着私心杂念祸国殃民的人的情况下，哪怕是有善人，也无回天之力。"此谓国不以利为利，以义为利也"。义就是一种大义道义，一种价值担当。③ 在今天这个金钱滚滚、全球消费主义化的时代，重新认识《大学》的不以利为利而要以义为利的思想，是很有借鉴意义的。它不是迂腐，也不是腐朽没落，它保持了一份人类的童真，我们应该虚心听一听。

《大学》最终告诉知识分子，告诉人们成人之始，通过三纲、八目，最后达到治国平天下。治国平天下要以担当道义为自己的原则和纲领而不以利为利。君子要担当道义，以天下为己任，才能使国家乃至天下达到教化。

---

① 《孟子·尽心上》："孔子登东山而小鲁，登泰山而小天下，故观于海者难为水，游于圣人之门者难为言。观水有术，必观其澜。日月有明，容光必照焉。流水之为物也，不盈科不行；君子之志于道也，不成章不达"；"鸡鸣而起，孳孳为善者，舜之徒也。鸡鸣而起，孳孳为利者，跖之徒也。欲知舜与跖之分，无他，利与善之间也"。阮元校刻：《十三经注疏》，北京：中华书局1980年版，第2768页。

② 《礼记·大学》，（清）阮元校刻：《十三经注疏》，北京：中华书局1980年版，第1675页。

③ 《孟子·告子下》："故天将降大任于是人也。必先苦其心志，劳其筋骨，饿其体肤，空乏其身，行拂乱其所为，所以动心忍性，曾益其所不能。"阮元校刻：《十三经注疏》，北京：中华书局1980年版，第2762页。

中编　品读《中庸》

国学经典中的《中庸》一书，因其哲理思辨性和严谨体系性，成为"四书"中最难理解且争议最多的一部书。阅读理解《中庸》之不易，不妨听听朱熹怎么说："某要人先读《大学》，以定其规模；次读《论语》，以立其根本；次读《孟子》，以观其发越；次读《中庸》，以求古人之微妙处。《大学》一篇，有等级次第，总作一处，易晓，宜先看；《论语》却实，但言语散见，初看亦难；《孟子》有感激兴发人心处；《中庸》亦难读，看三书后，方宜读之。"[①]

　　孔子继承和发挥商周"中"的思想，第一个提出"中庸"这一哲学范畴，进而成为充满辩证精神的中庸思想的坚定推行者。"天不生仲尼，万古长如夜"。钱穆讲过精辟的话："孔子为中国历史上第一大圣人。在孔子以前，中国历史文化当已有两千五百年以上之积累，而孔子集其大成。在孔子以后，中国历史文化又复有两千五百年以上之演进，而孔子开其新统。在此五千多年，中国历史进程之指示，中国文化理想之建立，具有最深影响最大贡献者，殆无人堪与孔子相比伦。"

---

　　① （宋）黎靖德编：《朱子语类》卷一四，《四库全书》本，上海：上海古籍出版社 1987 年版，第 219 页。

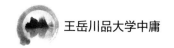

中庸是国学一个重要本体论范畴，在中国思想史上是重要的思维方法论和践行本体论。一方面《中庸》难读难懂，孔子说，"中庸其难哉"。孔子一生都很难达到几次，可见其精神把握的高度和践行的难度。另一方面，"中庸"思想在历史长河中遭遇到不断的误读，在 20 世纪西方现代性进入中国之初，更是名声不佳、命运多舛。五四以后，经过现代性洗礼的中国，一些人根深蒂固地认为，"中庸"无非是保守性、庸常性之类，应该被批判和抛弃。①再以后，"中庸之道"遂变成一个贬义词，在其后很长时间里，成为被批判、检讨、嘲笑的对象。这一文化中断和思想愚化，使得当代人对中国思想经典相当隔膜。朱自清认为，以往曾作为启蒙教材的"四书"，到了今天却成为很难读懂的"天书"，"一般人往往望而生畏，结果是敬而远之"。② 实在是令人痛心。

百年来，"中庸"一词不断地受到攻击，有人说是和稀泥、骑墙派、墙头草、两边倒，不一而足，似乎中庸是作为中华民族的一种精神痼疾而存在着。笔者认为，这是很大的文化误读。大体上说，"中"是不偏不倚中正平和，"庸"是长期坚持在纷繁复杂险象环生的环境中去获得四两拨千斤的高风险权衡平衡。这是中国大智慧！南宋朱熹释"庸"："庸者，常也。"常，经常、时常，每时每刻往前推进。如此看"庸"并不平庸，"庸"是在不起眼的日常生活当中做出惊天伟业，在平平淡淡中显示出超越平淡的了不起的大事。中庸具有原则性、刚性、实践的艰难性。在儒家知识谱系中，中庸是中国文化中最核心的部分。

进入思想开放的时代，尤其是进入 21 世纪，随着中国崛起成为国际关注的话题，以及新的出土文物文献的发现和阐释，人们对体现中国思想文化的重要著作《中庸》的研究更加深入，其成果不仅为当代中国学界所关注，而且成为国际会议的重要议题。于是，人们意识到数典忘祖文化断根

---

① 徐炳昶《致鲁迅的信》："惰性表现的形式不一，而最普通的，第一就是听天任命，第二就是中庸。听天任命和中庸的空气不打破，我国人的思想，永远没有进步的希望。"（鲁迅：《华盖集》，北京：人民文学出版社 1980 年版，第 22 页）

② 朱自清：《经典常谈·序》，上海：上海古籍出版社 2006 年版。

的危险，更进一步关注全球化时代中国经典历久弥新的生命力，希望通过细读具有重大启迪价值的名篇佳著，从中寻绎古代先贤的睿智与深邃的思想，从而在传承经典、守正创新中，把握未来中国文化的精神命脉。

今日重温《中庸》，也是通过回忆唤起曾经被遗忘了的东方思想文化经验，而打开面向更高生存形式的可能。① 在笔者看来，今天众多的重要理念和政治命题或多或少都与"中庸"相关。诸如，"修己以敬""修己以安人，修己以安百姓""修己以安天下""成己成物""过犹不及""通权达变""己所不欲，勿施于人""立己达人""居安思危""多难兴邦"，以及小康社会、与时俱进、和谐世界、和平发展、竞争合作、互利共赢等，其中都寓于中庸的哲理与方略。

事实上，只有那些关注人类命运共同体的大德君子贤人，才会参透运行于人世间的天地宇宙的规律，故而强调中和中道，追求不急不缓、不过不及、不骄不馁的人生至境。中庸不仅影响了东方文化，而且正在影响西方文化。在全球化时代，人们已经意识到西方霸权过分攫取自然资源的害处，注意到过分张扬人类的竞争去肆意改造自然的弊端。西方哲人将目光投向东方，吸收整合了东方中庸思想，提出并正在完善生态文化理论。因此，中庸思想在 21 世纪必然有其不可忽略的全球性意义和世界性价值。

---

① ［法］雅克·布罗斯：《发现中国》，济南：山东画报出版社 2002 年版。

第十一讲 《中庸》的作者及其
成书过程考辨

　　研读《中庸》思想和精神，是在反思中阐明并发扬其积极维度，在拓展东方思想中对当代世界生发出新意义。在21世纪讨论《中庸》意味着："中庸"精神不只具有局部性个体性的意义，还具有着眼于当代中国和世界的问题，在世界性视角中涉入中国立场，发掘传统思想的积极价值。无疑，站在21世纪文化地基来细读《中庸》，弄清历史公案中隐藏的意义和价值，确定《中庸》在中国思想史上的地位，有着重要的意义。

　　厘定《中庸》在汉字语境中的意义及其在历史话语中的价值，首先需要弄清《中庸》的作者和成书经过，以及文本细读所呈现出来的重要维度。

一、关于《中庸》的作者

　　关于《中庸》的作者，历史上的说法可谓林林总总，已然成为学术思想史上的一大公案，值得分梳。

　　荀子在《非十二子》中论子思、孟轲之学："略法先王而不知其统，犹然而材剧志大，闻见杂博。案往旧造说，谓之五行，甚僻违而无类，幽隐而无说，闭约而无解。案饰其辞而祗敬之曰：'此真先君子之言也'。子思唱之，孟轲和之……"① 司马迁、郑玄称《中庸》是孔子之孙子思所作。

---

　　① （清）王先谦：《荀子集解·非十二子》，载《诸子集成》2，上海：上海书店1986年版，第59页。

《史记·孔子世家》载："孔子生鲤，字伯鱼，伯鱼生伋，字子思，年六十二，子思作《中庸》。"而汉代孔鲋《孔丛子》的记载可以作为《史记》的补证：子思"困于宋"，作"《中庸》之书四十九篇"。① 《汉书·艺文志》著录有《中庸说》二篇，表明西汉时已有人专门研究《中庸》。郑玄认为，《中庸》是"孔子之孙子思伋作之，以昭明圣祖之德"。② 南北朝宋戴颙《礼记·中庸传》二卷和南朝梁武帝萧衍《中庸讲疏》一卷，大抵用佛家的观点阐释儒家经典《中庸》。唐代李翱在《复性书》中阐释发挥《中庸》的思想，力求去建立儒家的心性理论体系。宋代朱熹认为《中庸》的作者应该是子思及其弟子："子程子曰：'不偏之谓中，不易之谓庸；中者天下之正道，庸者天下之定理。'此篇乃孔门传授心法，子思恐其久而差也，故笔之于书，以受孟子。其书始言一理，中散为万事，末复合为一理。放之则弥六合，卷之则退藏于密。其味皆实学也。善读者玩索而有得焉，则终身用之，有不能尽者矣。"③ 这些说法大多认为，《中庸》的作者是子思及其弟子。可以说，从唐宋开始，"道统"论兴起而形成儒家知识基本谱系，子思上承曾参而下启孟子，在儒家"道统"传承中具有了承前启后的重要地位，而《中庸》也作为儒家心性理论的主要理论纲领。

　　宋代以后学术界怀疑思潮兴起，《中庸》作者为子思的说法受到质疑。宋代欧阳修对《中庸》出自子思提出疑义，认为子思之说与孔子思想不符——《中庸》中有"自诚明谓之性"等，"在孔子尚必须学，则《中庸》之所谓自诚而明，不待学而知者，谁可以当之乎？"所以，《中庸》"所传之谬也"。④ 南宋的叶适在其《习学纪言序目》中表示怀疑。清袁枚、叶

---

① （汉）孔鲋：《孔丛子》，扫叶山房本二卷。《孔丛子·杂训》："子思曰然。吾昔从夫子于郯遇程子于途，倾盖而语，终日而别，命子路将束帛赠焉，以其道同于君子也。"

② （唐）孔颖达：《礼记正义·中庸·疏》引郑玄《目录》，（清）阮元校刻：《十三经注疏》，北京：中华书局1980年版，第1625页。

③ （宋）朱熹注：《四书章句·中庸章句》，王云五主编：《万有文库》第二集七百种，上海：商务印书馆1935年版。

④ 欧阳修认为："礼乐之书散亡，而杂出于诸儒之说，独《中庸》出于子思。子思，圣人之后也，所传宜得真，而其说异于圣人。"（《欧阳修文集·问进士策》）

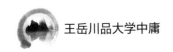

西、俞樾等因《中庸》中有"载华岳而不重""车同轨、书同文"等语，认为《中庸》非子思所作，而必然晚出。宋代王柏认为，《中庸》的前二十章，以及二十一章以下均为子思所作，而其余部分则非子思所作。清人崔述认为："《中庸》独探赜索隐，欲极微妙之致，与孔、孟之言皆不类，其可疑一也。……《中庸》之文独繁而晦，上去《论语》绝远，下犹不逮《孟子》？其可疑二也。……《中庸》必非子思所作。"① 冯友兰则认为："《中庸》中又有'载华岳而不重'之言，亦似非鲁人之语，且所论命、性、诚、明诸点，皆较《孟子》为详明，似就孟子之字说，加以发挥者。则此篇又似秦汉时孟子一派之儒者所作。"② 这些说法，几乎剥夺了子思的著作权。

其实，从近年来出土的《郭店竹简》儒家十四篇中，可以看到属于子思的作品起码有《缁衣》《五行》两篇，而《缁衣》出于《子思子》。③ 当然通过文献考订，也可以发现今本《中庸》成书有一个复杂过程。大抵包括原初独立的两篇即《中庸》和《诚明》。在其后的发展中，这二篇才被编在一起形成今本《中庸》。宋代王柏在《古中庸·跋》中说："愚滞之见，常举其文势时有断续，语脉时有交互，思而不敢言也，疑而不敢问也。一日偶见西汉《艺文志》有曰：'《中庸说》二篇。'颜师古注曰：'今《礼记》有《中庸》一篇。'而不言其亡也。惕然有感，然后知班固时尚见其初为二也。合而乱，其出于小戴氏之手乎？"④ 子思之后，孟子最先引用过今本《中庸》多处。如《孟子·离娄下》："居下位而不获于上，民不可得而治也。获于上有道：不信于友，弗获于上矣。信于友有道：事

---

① （清）崔述：《崔东壁遗书·洙泗考信余录》，海宁陈氏1924年影印本。值得注意的是，崔述考辨先秦古事，一切取信于经。对战国以下诸书，都以为不可全信。所著书以《考信录》为主，包括《三代考信录》《丰镐考信录》《洙泗考信录》等，近人汇印为《崔东壁遗书》。可以说，崔述的学术思想成为顾颉刚"疑古"思想的重要来源。

② 冯友兰：《中国哲学史》，北京：中华书局1961年版，第447页。

③ 《隋书·音乐志》引沈约之言："《中庸》《表记》《坊记》《缁衣》，皆取《子思子》。"而《子思子》一书在不少古籍中均有著录，如《隋书·经籍志》、新旧《唐书·艺文志》。

④ 转自张心澂：《伪书通考》上册，上海：商务印书馆1939年版，第448页。

亲弗悦，弗信于友矣。悦亲有道：反身不诚，不悦于亲矣。诚身有道：不明乎善，不诚其身矣。是故诚者，天之道也；思诚者，人之道也。至诚而不动者，未之有也；不诚未有能动者也。"① 这段话可与《中庸》第二十章17—18条相比照："在下位不获乎上，民不可得而治矣。获乎上有道：不信乎朋友，不获乎上矣。信乎朋友有道：不顺乎亲，不信乎朋友矣。顺乎亲有道：反诸身不诚，不顺乎亲矣。诚身有道：不明乎善，不诚乎身矣。诚者，天之道也。诚之者，人之道也。诚者，不勉而中不思而得：从容中道，圣人也。诚之者，择善而固执之者也。"② 可见，两篇文字和内容基本吻合。值得注意的是，并非《中庸》引用《孟子》。恰恰相反，是孟子引用子思《中庸》。徐复观在《中国人性论史》中，论证《孟子》这段文字晚于《中庸》，证明了是《孟子》引用《中庸》。

另外，孟子之后，荀子所作《不苟》篇与今本《中庸》也有密切关系，但与孟子不同的是，荀子不仅说到"中庸"而且说到"诚"，表现出把二者融合在一起的倾向。③ 这已然说明《中庸》成书早于孟子、荀子时代，使得那些所谓《中庸》晚出于孟子、荀子的"秦汉说"不能成立。至于冯友兰认为《中庸》有"书同文，车同轨"之言，必然晚于秦代也是站不住脚的。因为《管子》也说过这样的话："衡石一称，斗斛一量，丈尺一绰制，戈兵一度，书同文，车同轨，此至正也。"④ 可见战国时期已经有"书同文，车同轨"的说法。

---

① （清）阮元校刻：《十三经注疏》，北京：中华书局1980年版，第2721页。

② （清）阮元校刻：《十三经注疏》，北京：中华书局1980年版，第1632页。

③ 梁涛《郭店楚简与〈中庸〉》（载《台大历史学报》2000年第二十五卷）认为，荀子《不苟》："君子小人之反也，君子大心则敬天而道，小心则畏义而节。……小人则不然，大心则慢而暴，小心则流淫而倾，知则攫盗而渐，愚则毒贼而乱，见由则兑而倨，见闭则怨而险，喜则轻而翾，忧则挫而慑，通则骄而偏，穷则弃而儑。"此段文字与今本《中庸》第二章仲尼曰"君子中庸；小人反中庸。君子之中庸也，君子而时中。小人之反中庸也，小人而无忌惮也"精神一致，其中，"君子大心则敬天而道，小心则畏义而节"显然即"君子中庸"，而"小人则不然"一段明显是对"小人反中庸，小人而无忌惮也"的发挥。

④ 《管子·君臣上》，《诸子集成》5，上海：上海书店1986年版，第166页。

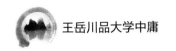

及至汉代，思、孟一系的说法得到当时学者的进一步确认。《史记·孟轲荀卿列传》："孟轲，邹人也。受业子思之门人。"据考证，子思约生于公元前483年，卒于公元前402年。而孟子生于约公元前372年，子思过世30年后孟子才出生，这意味着孟子一生没有见到过子思，[①] 而只是受业于子思的门人弟子，只能说间接受到子思的影响，二者在思想上具有承前启后性而已。[②] 受到子思影响的孟子发挥其学说，而逐渐形成"思孟学派"。应该说，孔子到子思的中间环节是曾子，这倒不仅因曾子或子游与子思、孟子有"道统"的一脉相传，而且因子思曾经从曾子或子游问学，在精神取向上具有思想的一致性。所以《二程集·河南程氏遗书》说："孔子没，曾子之道日益光大。孔子没，传孔子之道者，曾子而已。曾子传之子思，子思传之孟子，孟子死，不得其传，至孟子而圣人之道益尊。"[③] 这一记述，当基本符合事实。子思是战国初年著名的哲学家和思想家，后世被尊为"述圣"。荀子把子思和孟子看成是一个学派，从师承关系上可以如是观。子思学于孔子高足曾子，孟子又学于子思门人，从《中庸》的基本观点和孟子的思想比较来看，源流亦当如此。二者只有思想详略的不同，而没有精神本质的区别。因此，子思作《中庸》的说法为历代注疏家所遵循。

值得注意的是，宋清以降，其"伪书"案的怀疑说法大多相当武断。正如钱大昕所说：宋后之儒者，"其持论甚高，而实便于束书不观，游谈

---

① 古籍中普遍的说法是"孟子师事子思"，如刘向《列女传》："（孟轲）旦夕勤学不息，师事子思，遂成天下名儒。"班固《汉书·艺文志》："名轲，邹人，子思弟子。"赵歧《孟子题辞》："孟子生有淑质，凤丧其父，幼被慈母三迁之教，长，师孔子之孙子思，治儒术之道，通五经，尤长于《诗》《书》。"应劭《风俗通义·穷通》："孟子受业于子思。"《孔丛子》甚至杜撰出孟子拜见子思："孟子居尚幼，请见子思。子思见之，甚悦其志，命子上侍坐焉，礼敬子居甚崇。"（《孔丛子·杂训》）这些说法当然不可信。

② 孟子重视"执中"："汤执中，立贤无方"（《孟子·离娄下》，阮元校刻：《十三经注疏》，北京：中华书局1980年版，第2727页）；"子莫执中，执中为近之。执中无权，犹执一也。"（《孟子·尽心上》，阮元校刻：《十三经注疏》，北京：中华书局1980年版，第2768页）。

③ （宋）程颢、程颐：《二程集·河南程氏遗书》，王孝鱼点校，北京：中华书局1981年版，第327页。

无根之辈。有明三百年，学者往往蹈此失"。① 那些怀疑论者大多拈出只言片语或一枝半节而大做文章，方法论上采用攻其一点不及其余之法，但得出的结论却往往空疏无当十分片面，被证明是根本靠不住的。但是，这种怀疑论和疑古论长期形成学人"束书不观，游谈无根"的空疏学风，使得古典经典的重要意义在怀疑论者的有色眼镜中被不断边缘化和空洞化，这实在应引以为戒。

经过考订得到的结论是：《中庸》作者是子思及其弟子，他上承曾参下启孟子，在孔孟"道统"的传承中有重要地位。他与其弟子经过扩大、浓缩、精练而修成《中庸》一书，日益成为儒家心性理论重要文献。

二、《中庸》成书的大体过程

《中庸》一书最初并非独立存篇，而是作为《礼记》中的第三十一篇。一直未引起历代注疏家注意。② 秦始皇"焚书坑儒"后，儒家典籍丧失殆尽。西汉宣帝时，戴圣从秦汉以前各种礼仪论著中辑录了《礼记》四十九篇。但《礼记》自西汉问世后，虽有人整理注释，但因为主要是典章制度书籍，亦未能引人重视。直到唐代韩愈、李翱强调《大学》《中庸》的重要性，看成与《孟子》同样重要的"经书"，《中庸》才得到重视。

到了宋代，理学家程颢、程颐大为尊崇《中庸》，看成"孔门传授心法"。理学家朱熹将《中庸》从《礼记》中抽出来，重新校订章句并作注释，殚精竭虑完成《四书章句集注》，强调《中庸》"历选前圣之书，所

---

① （清）钱大昕：《潜研堂文集》卷三三"与晦之论《尔雅》书"，四部丛刊初编，上海：上海书店1989年版。

② 《中庸》进入《礼记》有一个过程。《汉书·艺文志》列有"《中庸说》二篇"，颜师古注曰："今《礼记》有《中庸》一篇，亦非本礼经，盖此之流。"《四库全书总目·中庸辑略》（北京：中华书局1965年版，第294页）云："盖子思之作是书，本闿阐天人之奥，汉儒以无所附丽，编之《礼记》，实于五礼无所属。故刘向谓之'通论'，师古以为'非本礼经也'。"

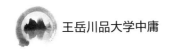

以提挈纲维，开示蕴奥，未有若是之明且尽者也"。① 这是对《中庸》的极高的评价。② 可以说，"四书"并行实在是继"五经"立于官学之后，中国学术思想史上的又一件大事。

元朝恢复科举，以《四书章句集注》试士子，悬为令甲。从此，《四书章句集注》成为科举士子的必读"经书"和科举考试的标准答案。明永乐帝敕撰《四书大全》，"四书"与"五经"共同列为经书，从此，"四书"被确立了其儒家经典的地位，而理学则成为官方哲学。源自《礼记》的《中庸》和《大学》在历史文化中不断调整的位置，最后终于被确立为中国思想史上的经典文本。

一般认为，《中庸》的价值远远超过《大学》。程颐说："此篇乃孔门传授心法，子思恐其久而差也，故笔之于书，以授孟子。其书始言一理，中散为万事，末复合为一理；放之则弥六合，卷之则退藏于密，其味无穷，皆实学也。"朱熹说："《中庸》何为而作也？子思子忧道学之失其传而作也。盖自上古圣人，继天立极，而道统之传有自来矣。其见于经，则'允执厥中'者，尧之所以授舜也。'人心惟危，道心惟微，惟精惟一，允执厥中'者，舜之所以授禹也。尧之一言，至矣尽矣，而舜复益之以三言者，则所以明夫尧之一言，必如是而后可庶几也。"

全书三十三章三千多字的《中庸》，其论不仅关涉哲学思维论，还关涉天地人生本体论，是孔子门生传授心得体会和关键方法的重要著作。从方法论上看，《中庸》最初只强调"中庸"原理，并且把这一原理分开阐释，最后又回归到"诚"这一根本道理上来。孔子的中庸思想强调"尚

---

① （宋）朱熹注：《四书章句集注·中庸章句序》，王云五编：《万有文库》第二集七百种，上海：商务印书馆1935年版。

② 《宋史·道学传·序论》说：程颢、程颐"表章《大学》《中庸》二篇，与《语》《孟》并行。于是上自帝王传心之奥，下至初学入德之门，融会贯通，无复余蕴"。《宋史·程颐》说：程颐"以《大学》《语》《孟》《中庸》为标指，而达于《六经》"。

中"的"无过无不及";① 注重"时中"的"无可无不可";② 坚持"中正"的正当"礼义",追求"中和"的和谐之美。这使得"中庸"学说的思想核心指向"诚"。这意味着,人们如果违背了诚之性,变成了伪善者伪君子,那么社会就将大乱。这个道理充满天地之间,而又深藏于人心之中。只有善于细读的人在玩味探索后,获得真知灼见而必有所得,进而深刻地洞悉中庸之道。在某种意义上可以说,中庸之道所标举的"诚",对一个人来说,是一辈子都取之不尽用之不竭的宝藏。对一个社会而言,同样是保持和谐共生的重要精神内核。

---

① "子曰:'不得中行而与之,必也狂狷乎!狂者进取,狷者有所不为也。'"《论语·子路》,阮元校刻:《十三经注疏》,北京:中华书局1980年版,第2508页。

② 《论语·微子》说:"无可无不可。"(阮元校刻:《十三经注疏》,北京:中华书局1980年版,第2530页)"逸民:伯夷、叔齐、虞仲、夷逸、朱张、柳下惠、少连。子曰:'不降其志,不辱其身,伯夷、叔齐与!'谓'柳下惠、少连,降志辱身矣,言中伦,行中虑,其斯而已矣。'谓'虞仲、夷逸,隐居放言,身中清,废中权。我则异于是,无可无不可'。"阮元校刻:《十三经注疏》,北京:中华书局1980年版,第2529—2530页。

第十二讲　中庸思想的实践难度
及中西中庸观

　　《中庸》与其他经典不同之处在于，其所书写的是历代圣贤彼此心领神会相互传承的心法。① 朴素地说，中庸是儒家的重要道德准则，是儒家所追求的为人处世的最高规范。正是在这一点上，显示出"中庸"思想在中国思想中的特殊位置，它对古代儒家思想体系的完善和儒学教育的延续，产生了深远的影响。

一、中庸的内在含义及其是否可能

　　从所见到的先秦文献看，孔子之前的古籍有不少有关中庸的思想论述，如《尚书》："人心惟危，道心惟微，惟精惟一，允执厥中。"② "今予告汝不易！永敬大恤，无胥绝远！汝分猷念以相从，各设中于乃心"；③ "兹式有慎，以列用中罚"。④ 而《周易》等典籍中，就有不少关于中庸的记载，如："有孚窒惕，中吉""'得尚于中行'，以光大也""'鼎黄耳'，中以为实也""'震索索'，中未得也""中以行正也"等，在强调执中、

---

　　① 《河南程氏外书》卷十一，见程颢、程颐：《二程集》，北京：中华书局2004年版，第411页。蔡沈《书经集传序》："精一执中，尧舜禹相授之心法也。建中建极，商汤周武相传之心法也。"见（元）董鼎：《书传辑录纂注》引。

　　② 《尚书·大禹谟》，（清）阮元校刻：《十三经注疏》，北京：中华书局1980年版，第136页。

　　③ 《尚书·盘庚中》，（清）阮元校刻：《十三经注疏》，北京：中华书局1980年版，第171页。

　　④ 《尚书·立政》，（清）阮元校刻：《十三经注疏》，北京：中华书局1980年版，第332—333页。

中行中呈现出中庸之意。① 《左传》中说："民受天地之中以生，所谓命也。"《周礼》中关于"中"的表述也不少，如："以刑教中"，②"以五礼防万民之伪，而教之中；以六乐防万民之情，而教之和"（《地官·大司徒》），"以乐德教国子：中、和、祗、庸、孝、友"（《春官·大司乐》）。

冯友兰认为："《中庸》的主要意思与《易传》的主要意思，有许多相同之处。例如《中庸》说中，《易传》亦说中。《中庸》注重时中，《易传》亦注重时中。不但如此，《中庸》与《易传》中底字句，亦有相同者。如乾'文言'云：'不易乎世，不成乎名，遁世无闷，不见是而无闷。'《中庸》亦云：'君子依乎中庸，遁世不见知而不悔。''文言'云：'庸言之信，庸行之谨。'《中庸》亦云：'庸德之行，庸言之谨。''文言'云：'夫大人者，与天地合其德，与日月合其明，与四时合其序，与鬼神合其吉凶。'《中庸》亦云：仲尼'辟如天地之无不持载，无不覆帱，辟如四时之错行；如日月之代明。'"③从尧、舜、禹，到成汤、文、武、皋陶、伊、傅、周、召，再到孔子、颜氏、曾氏，一直到子思，《中庸》均被理解为中国文化精神与哲学思想的直接诠释。

孔子总结先贤中庸思想说而加以创新，更为集中地多次论述"中庸"："中庸之为德也，其至矣乎！民鲜久矣。"④ "君子中庸，小人反中庸。"⑤ "不得中行而与之，必也狂狷乎！"⑥ 盛赞中庸之德的高尚，同时也指出实践中庸之道的难度。其后，在《庄子》《韩非子》《抱朴子》《淮南子》

---

① 《周易》有"中行""中道""得中""中正""正中"等观念，强调"时中"："易道深矣，一言以蔽之，曰'时中'"。（清）惠栋：《易汉学·易尚时中说》，上海：上海古籍出版社1990年，第62页。

② 《周礼·地官大司徒》，（清）阮元校刻：《十三经注疏》，北京：中华书局1980年版，第703页。

③ 冯友兰：《新原道》，《贞元六书·下》，上海：华东师范大学出版社1996年版，第779—780页。

④ 《论语·雍也》，（清）阮元校刻：《十三经注疏》，北京：中华书局1980年版，第2479页。

⑤ 《礼记·中庸》，（清）阮元校刻：《十三经注疏》，北京：中华书局1980年版，第1625页。

⑥ 《论语·子路》，（清）阮元校刻：《十三经注疏》，北京：中华书局1980年版，第2508页。

《墨子》《太玄经》中，可看到"守中""执中"的概念。《庄子》也曾提出"中道""养中"："无入而藏，无出而阳，柴立其中央"，①"周将处乎材与不材之间"；②《韩非子》："去甚去泰，身乃无害"；③《管子·宙合》："中正者，治之本也"，④《白心》篇所谓"和以反中，形性相葆"，⑤ 这都说明中国儒道文化精神中重视"中"的境界和本体的精神是互通的。中庸成为中华民族精神世界的一种集体无意识，一种文化型态集成。从《尚书》到《论语》到《中庸》，再到《孟子》等，中国思想家对"中"这一重要范畴开始了不懈地阐释和拓展，不断延伸了中国思想史和中庸思维论。正是看到这一点，宋代黎立武在《中庸指归》中断言："《中庸》者，群经之统会枢要也。"

但是，正因为没有明确的内涵所指，所以人们对"中庸"的解释历来众说纷纭，莫衷一是。

对"中"的解释大多认为是：不偏不倚中度合节。"中"字在先秦古籍中有三层意义：一指中间或两者之间；二指适宜、合适、合乎标准；三指人心、内心的和谐境界。有人认为不偏不倚很容易，似乎"中庸"就是折中而已——有上下而必有中，有左右而必有中，有前后而必有中。这实际上将"中"简单化了。其实，"中"既是内在的辩证规定，又是外在的超越性。⑥"中"表征为一个恰切的"度"，是在面对复杂对象时精确把握事情的"分寸"。⑦"中"强调的度既不能过（过分），又不能不及（达不

---

① 《庄子·达生》，《诸子集成》3，上海：上海书店1986年版，第117页。

② 《庄子·山木》，《诸子集成》3，上海：上海书店1986年版，第122页。

③ 《韩非子·扬权》，《诸子集成》5，上海：上海书店1986年版，第30页。

④ 《管子·宙合》，《诸子集成》5，上海：上海书店1986年版，第62页。

⑤ 《管子·白心》，《诸子集成》5，上海：上海书店1986年版，第228页。

⑥ 《左传》成公十三年引刘子曰："吾闻之，民受天地之中以生，所谓命也。"尧对舜说："天之历数在尔躬，允执厥中！"（《论语·尧曰》，阮元校刻：《十三经注疏》，北京：中华书局1980年版，第2535页）

⑦ 《尚书·吕刑》里说："士制百姓于刑之中""故乃明于刑之中""惟良折狱，罔非在中""明启刑书胥占，咸庶中正"。这里所说的"刑之中""在中""中正"，都是指不偏不倚、无过不及的标准。参见阮元校刻：《十三经注疏》，北京：中华书局1980年版，第248、250页。

到）。这一合适的"度"非同小可，不可小看。同时，"中"还意味着合乎一定的标准或法则，意味着与人的生命和谐感具有某种同形同构的心理内在性。如艺术中有一重要审美律即 0.618 黄金分割法，宽与长之比满足黄金分割比的矩形物件的外形会使人感到美观大方，赏心悦目。如雅典的帕特农神殿是古希腊的一大杰作，这座建造于公元前 5 世纪的神殿的宽与高之比就恰恰符合黄金分割法。在中世纪，黄金分割被作为美的象征几乎渗透到了建筑和艺术的各个部分。例如，据说人体雕塑的上半身和下半身的长度，如果满足黄金分割比，就最匀称优美。黄金分割合乎人的视觉感受性，使人感觉极其美妙。

人们在中庸之"庸"字的理解上更是见仁见智。"庸"一般解释为平常、日常。三国何晏《论语集解》中将"庸"解释为"常行之常"；北宋程颐解释为"不易"；南宋朱熹则解释为"平常"，[①] "庸固是定理，若以为定理，则却不见那平常底意思。"[②] 冯友兰认为，"在封建社会中，人确实都在'君臣'等'五伦'的关系之中，照着这些关系所要求的规范生活，这些都是平常的事。平常的事称为'庸'。《中庸》就是要求封建社会中的人，都照着封建统治阶级的标准，过这样的日常生活"。[③] 徐复观认为："完全的说法，应该是所谓'庸'者，乃指'平常的行为'而言。所谓平常的行为，是指随时随地，为每一个人所应实践，所能实现的行为。"[④] 庞朴认为，"中庸不仅是儒家学派的伦理学说，更是他们对待整个

---

① （宋）朱熹：《四书章句集注·中庸章句》："中者，不偏不倚、无过不及之名。庸，平常也。子程子曰'不偏之谓中，不易之谓庸。中者天下之正道，庸者天下之定理。'"王云五编：《万有文库》第二集七百种，上海：商务印书馆 1935 年版。

② （宋）黎靖德：《朱子语类》，北京：中华书局 1994 年版，第 1481 页。

③ 冯友兰：《中国哲学史新编》，北京：人民出版社 1998 年版，第 31 页。东汉郑玄认为："以其记中和之为用也。庸，用也。""庸，常也。用中为常道也。"（《礼记·中庸注》）。三国魏何晏也说："庸，常也。中和可常行之德。"《论语·雍也注》，阮元校刻：《十三经注疏》，北京：中华书局 1980 年版，第 2479 页。

④ 徐复观：《中国人性论史》，上海：华东师范大学出版社 2005 年版，第 70 页。

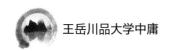

世界的一种看法，是他们处理事物的基本原则或方法论"。① "公正地而不是徇私地听取对立两造的申诉，便能得'中'。那么，这样的'中'，已经不是道德范畴，而属于认识领域了。这就是说，'中'不仅是善，而且也是真"。②李泽厚认为："'中庸'者，实用理性也，它着重在平常的生活实践中建立起人间正道和不朽理则。"③ 执两用中，用中为常道，中和可常行，这三层互相关联的意思，就是儒家典籍赋予"中庸"的全部含义。

在笔者看来，对"庸"的理解应该回到古代语境。汉代许慎认为，"庸者，用也"。④ 用，就是实践，是把握纷繁复杂的事情的度，并将这个度运用到生活与实践中。《尔雅·释诂上》："庸，常也。"具体指常行常道。中庸的本意应为中道和常道，即日用常行之"礼"。中庸本质上不是一般的平庸平常，因为"中庸"是由"礼"转化而来，是礼的理论化和哲学化。这种礼不是制度规章繁文缛节，而是从人的心理结构中透出的思想观念和价值体系对人的基本要求。这意味着，中庸不是平庸和放纵，不是日常的放松和失度，而是用更高的合于"礼"的要求来约束自己，使人不要去追求过多的外在物质附加物，不要对人生做太多的欲望贪婪的"加法"，不要往自己身上叠加过多的名誉、地位、财富，否则就会沉重痛苦烦恼焦虑。真实的人生应该把握合适的"度"，在做生命的"减法"中得其本真之"度"——做事需不偏不倚，不去做"怪力乱神"之事，依循正常的生活规律去做。"中庸"启示人们戒贪、戒躁、戒欲、戒满。戒除之后，人才是真人，才会成为守节持中恒常有度的君子。

孔子曾用"执其两端，用其中于民"来盛赞虞舜的中庸之德，而"用其中于民"正是中庸之道的具体体现。处于两个极端的中间，在对立的两极之间寻求适中的解决方案，犹如要"乐而不淫，哀而不伤"地达到适

---

① 庞朴：《庞朴文集》第四卷，济南：山东大学出版社2005年版，第1页。

② 庞朴：《儒家辩证法研究》，北京：中华书局1984年版，第80页。

③ 李泽厚：《论语今读》，北京：三联书店2004年版，第186页。

④ （汉）许慎：《说文解字》，上海：上海古籍出版社1981年版，第128页。

中，因为"过犹不及"必然走向反面。将"庸"理解为恒常之用，正与孔子"中庸"本义一脉相承。如果说"中"是一种知，那么"庸"就是实践，知已很难，行则更难，可谓知难行亦难，甚至知难行更难。这就不难理解孔子发出的"中庸其难哉，民鲜能久矣"的感叹了。[①]

实行"中庸"之道绝非易事，难度很大。孔子曾说："天下国家可均也，爵禄可辞也，白刃可蹈也，中庸不可能也。"[②] 要实行中庸之道已经够难了，而行道之时又"不能期月守也"，[③]说明了实践"中庸之道"，真可谓难上加难。

孔子践行中庸之道也有一个艰难过程，如在对待学生的态度上他就经历了曲折。公正客观地评价他人是一种中庸，反之偏激片面地评价则是"非中庸"。孔子有弟子三千，贤人七十二。学生中他最喜欢的是颜回。[④]颜回之可爱不仅仅是"一箪食一瓢饮"，更在于他听道闻道时"似愚"，好学而志于道。他想默默吸收老师的思想，并躬身实践。[⑤] 而孔子最不喜欢的学生大概当是宰予。因为宰予正好与颜回的敦厚木讷相反，伶牙俐齿充满了话语机锋，经常向孔子提出一些刁钻的问题。

有一次宰予问："'三年之丧，期已久矣！君子三年不为礼，礼必坏；

---

① 《论语》"中"，往往成为孔子品评人物的重要标准和自我修为的准则。"子贡问：'师与商也孰贤？'子曰：'师也过，商也不及。'曰：'然则师愈与？'子曰：'过犹不及。'"《论语·先进》，阮元校刻：《十三经注疏》，北京：中华书局1980年版，第2499页。

②③ 《礼记·中庸》，（清）阮元校刻：《十三经注疏》，北京：中华书局1980年版，第1626页。

④ 《论语·先进》："颜渊死，颜路请子之车以为之椁。子曰：'才不才，亦各言其子也。鲤也死，有棺而无椁；吾不徒行，以为之椁，以吾从大夫之后，不可徒行也'"（阮元校刻：《十三经注疏》，北京：中华书局1980年版，第2498页）；"颜渊死，子曰：'噫！天丧予！天丧予！'""颜渊死，子哭之恸。从者曰：'子恸矣！'曰：'有恸乎！非夫人之为恸而谁为！'"（阮元校刻：《十三经注疏》，北京：中华书局1980年版，第2499页）"颜渊死，门人欲厚葬之，子曰：'不可。'门人厚葬之。子曰：'回也，视予犹父也，予不得视犹子也。非我也，夫二三子也。'"（阮元校刻：《十三经注疏》，北京：中华书局1980年版，第2499页）这表现出孔子"礼"大于"情"的节度，以及坚持不偏不倚的中庸之道的精神。

⑤ 《论语·雍也》："有颜回者好学，不迁怒，不贰过。不幸短命死矣，今也则亡，未闻好学者也。"阮元校刻：《十三经注疏》，北京：中华书局1980年版，第2477页。

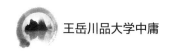

三年不为乐，乐必崩。旧穀既没，新穀既升；钻燧改火，期可已矣。’子曰：‘食夫稻，衣夫锦，于女安乎？’曰：‘安！’‘女安，则为之！夫君子之居丧，食旨不甘，闻乐不乐，居处不安，故不为也。今女安，则为之！’宰我出。子曰：‘予之不仁也！子生三年，然后免于父母之怀。夫三年之丧，天下之通丧也，予也有三年之爱于其父母乎？’”① 孔子认为，父母去世子女要守孝三年以孝道作为爱的回报。而宰予则认为，“三年不为礼，礼必坏，三年不为乐，乐必崩”。② 守丧会导致礼坏乐崩，因此认为“一年之丧”即守孝一年就足够了。宰予走后，孔子感叹说：“予不仁也。”③孔子批评学生“不仁不义”当是颇为严厉的。

又一次，宰予向孔子提出一个两难问题：“宰我问曰：‘仁者虽告之曰，‘井有仁焉。’其从之也？’子曰：‘何为其然也？君子可逝也，不可陷也；可欺也，不可罔也。’”④ 宰予假设这样一个情景：如果告知仁者，有一个人掉进井里，他是否应该跳下去救呢？如果跳下去会死，而不下去就是见死不救而落入不仁。孔子想，宰予怎么会提出这种不可能的问题呢，只好应答说：“为何会这样呢？可以诱骗仁者去看，但不能陷害他；他可以被欺骗，但不会因受骗而去愚弄。”⑤ 颇有辩才的宰予三番两次的进攻，使得孔子很恼火。

后来，孔子终于抓住一次机会严厉批评宰予。这一次对宰予的批评，以中庸之道观之似有欠公允。“宰予昼寝”——宰予白天睡觉，孔子很生气而大骂：“朽木不可雕也，粪土之墙不可圬也；于予与何诛？”又说：

①③ 《论语·阳货》，（清）阮元校刻：《十三经注疏》，北京：中华书局1980年版，第2526页。

② 《礼记·仲尼燕居》记载了孔子与弟子们的一段对话：“子曰：‘敬而不中礼谓之野，恭而不中礼谓之给；勇而不中礼谓之逆。’……子贡越席而对曰：‘敢问将何以为此中者也？’子曰：‘礼乎礼，夫礼所以制中也’。”（阮元校刻：《十三经注疏》，北京：中华书局1980年版，第1613页）孔子重视的“中”，其内核有“礼”为标准。

④ 《论语·雍也》，（清）阮元校刻：《十三经注疏》，北京：中华书局1980年版，第2477页。

⑤ 其实，孟子的看法与孔子相同：“故君子可欺以其方，难罔以非其道。”《孟子·万章上》，阮元校刻：《十三经注疏》，北京：中华书局1980年版，第2734页。

"始吾于人也，听其言而信其行；今吾于人也，听其言而观其行。于予与改是。"① 在孔子看来，这样的学生像朽木一样不可雕，他的基础底子太差，怎么可以做大事情呢？白天睡大觉还能有什么抱负做大事情呢？应该说，孔子的激怒批评有点"过"。② 学生有了疑问，提的问题不能接受，老师终于抓住一个问题就狠狠批评一通，这就"过"了。但是孔子的伟大在于，他是一个不断修正自己的伟大教育家，最后他更正了自己非中庸的态度。

后来，孔子也意识到自己对宰予的态度有失中庸之道。于是，他对包括宰予在内的弟子德行特长重新进行了评价。③ 在孔门弟子十哲中，宰予是言语科中的翘楚，孔子将他排在子贡前面，说明孔子充分肯定了宰予的言辞才能。"德行：颜渊、闵子骞、冉伯牛、仲弓；言语：宰我、子贡；政事：冉有、李路；文学：子游、子夏"。④ 孔子又曾说："吾以言取人，失之宰予；以貌取人，失之子羽。"⑤ 不难看到，孔子终其一生才重新回到了公允中庸的坐标上，这不能不说中庸之道实践起来有相当难度。⑥

从孔子在实践中逐渐接近"中庸"看，一个人要时时刻刻达到中庸之境确乎很难，难在中庸观的理想境界与现实人生的差距，难在人们在日常人伦生活中对诸多要素的复杂性难以穿透，难在对社会内外部因素考虑不周而易剑走偏锋，难在不易达到纯粹的无遮蔽精神状态而偏离中庸目标。

---

① 《论语·公冶长》，（清）阮元校刻：《十三经注疏》，北京：中华书局1980年版，第2474页。

② 有人推测"宰予昼寝"，是做了见不得人的事，这其实是对古人的"过度阐释"。另如梁武帝、韩愈所认为的，"昼寝"是"画寝"之误——宰予在寝室里雕梁画栋，而孔子似乎好心劝说不要太奢侈。这些说法似有望文生义妄加推测之嫌。

③ （汉）司马迁《史记·仲尼弟子列传》："孔子曰'受业身通者七十有七人'，皆异能之士也。德行：颜渊，闵子骞，厓伯牛，仲弓。政事：厓有，季路。言语：宰我，子贡。文学：子游，子夏。师也辟，参也鲁，柴也愚，由也喭，回也屡空。赐不受命而货殖焉，亿则屡中"。司马迁：《史记》，北京：中华书局1959年版，第2185页。

④ 《论语·先进》，（清）阮元校刻：《十三经注疏》，北京：中华书局1980年版，第2498页。

⑤ （汉）司马迁：《史记·仲尼弟了列传》，北京：中华书局1959年版，第2206页。

⑥ 宰予又曾向老师询问五帝之德，孔子回绝说："宰予啊，你现在还不配谈论五帝之德呀。"后来，宰予做了齐国都城临淄的大夫。据《史记》记载，宰予参与田常的叛乱，后被诛灭九族。

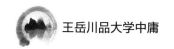
这就是孔子兴叹"中庸不可能也"原因之所在。然而，孔子又以自己不偏不倚的调整功夫，使得中庸逐渐构成自己精神的一种蕴含，使得很难达到的中庸之境成为可能。于是我们明白了，"中庸"尽管很难达到，但不是一种不可企及的至境，尽管孔子都"不能期月守也"，但是仍旧是"道不远人"的。

二、中庸思想的当代性与世界性

20 世纪的社会风云中，"中庸"之道被冠上了"折中骑墙"的帽子而不断遭受各种误读歪曲。有些人认为，中庸是骑墙折中，不思进取，从而导致中国落后挨打。更有甚者，有人将中庸之道与折中主义、平均主义、不彻底主义、庸碌主义、妥协主义混为一谈，认为"中庸"缺乏原动力，其不偏不倚守中持中让人圆滑处世，无助于社会生产力的提高和个体刚健清新人格的塑造。于是，人们在"反中庸"中全盘采用西方的过度"竞争"手段，运用西方对自然掠夺的"竭泽而渔"方式，泛用西方的"时间就是效率""时间就是金钱"的理论，以竞争、斗争、战争的现代性观念来取代传统"中庸"节制合度的观念。导致了"现代性的恶果"和"后现代性的颓败"。在人们看来，在现代知识谱系和单维时间发展观上，"中庸"精神似乎显得落伍而不够现代，在人类新价值坐标中成为被边缘化的陈旧观念。其实，这是建立在误读中庸之上的偏颇之见，必须正本清源。

正确揭示"中庸"的真正内涵尤为重要。其实，中庸有很强的法度和原则，不是随便折中轻易妥协的。中庸要求不偏不倚、择善持节；而折中主义是一种无原则性的调和，一种平均主义的随波逐流。中庸的原则性具有不可调和的刚性，因为任何不公和偏斜就会导致整体的倾斜颠覆，故而要求把握好事物对立矛盾之间的和谐度，洞悉事物存在和发展变化的规律性尤为重要；而折中主义是混淆是非和稀泥的"乡愿"，是在对立矛盾中无原则地调和的伪善之人，所以，孔子斥之为"乡愿，德之贼也"。①

"中庸"的内涵可表述为"中和"。子思认为："中也者，天下之大本也，和也者，天下之达道也。致中和，天地位焉，万物育焉。"可以说，《中庸》全书的主旨是"致中和"，意思是通过不偏不倚的方法处理万事万物，使人们达到和谐相处的理想境界。而"致中和"的前提是要求人们通过道德修养恢复人固有的善的本性。要恢复人的善的本性，首先要努力做到"诚"，因为诚是"物之终始"，是沟通天道和人道的桥梁，因此"诚"是中庸的关键所在。更深地看，《中庸》的主旨虽然讲"中和"，强调不偏不倚，无过无不及，但讲"至诚"似乎有一味强调"诚"的深度与"至"的极端性："至诚之道，可以前知。国家将兴，必有祯祥；国家将亡，必有妖孽。见乎蓍龟，动乎四体。祸福将至，善，必先知之；不善，必先知之，故至诚如神。"这个问题关系到中庸与诚的关系，值得深加追究。

中庸的"诚"有三个维度：一、联结天和人（"天命之谓性"），"诚"是"天人合一"的一种规范，既重天又重人，体现了从"礼"到"仁"，从"天"到"人"的重要历史时代转折；二、"诚"是贯通天、地、人的一种普遍规范，使天和人、地和人、人和人、人和社会处于一种和谐的理想状态；三、"诚"强调个体和群体的关系，诚既是道德本体，也是道德实践，既是个我自身的修养，也是人际关系充分协调的原则，更是国与国之间的交往的准则。诚要求以双方之诚去寻求对话，寻求沟通以避免恶性战争、竞争、斗争，最后达到和平状态。换言之，中庸追求的是人与事的"中和"境界。正因为尚"中"所以达到"和"，正因为达成"和"，所以返求"中"。世间万物与人生处世总的要求就是"中"——世界的平衡发展需要遵循"中道"，人的思虑审事行为方式要求"中庸"，顺"中"则

①《论语·阳货》，（清）阮元校刻：《十三经注疏》，北京：中华书局1980年版，第2525页。《孟子·尽心下》："阉然媚于世也者，是乡原也。……同乎流俗，合乎污世，居之似忠信，行之似廉洁，众皆悦之，自以为是，而不可与入尧舜之道，故曰为'德之贼'也。"（阮元校刻：《十三经注疏》，北京：中华书局1980年版，第2779—2780页）徐干《中论·考伪》："乡愿亦无杀人之罪也，而仲尼恶之，何也？以其乱德也。"

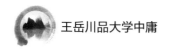

"和"，反"中"则"败"。

"中庸"思想具有东方文化思想的魅力，但并非仅仅为东方所独有。中庸精神具有东西方文化思想的共性，是东方和西方共有的哲学理论，具有人类精神的内在互通性。

西方古希腊有着"中庸"思想：希腊诗人潘季里特在他的祈祷诗中说"无过不及，庸言致祥，生息斯邦，乐此中行"；数学家毕达哥拉斯在他的《金言》中说"在一切事情中，中庸是最好的"；哲学家德谟克利特也有许多关于中道的言论："当人过度时，最适意的东西也变成了最不适意的东西"，"人们通过享乐上的有节制和生活上的宁静淡泊，才得到愉快"，"从一个极端到另一个极端的动摇不定的灵魂，是既不稳定又不愉快的"；苏格拉底讨论过"中道"问题；① 柏拉图认为"需要'中'的原则，以论证绝对精确的真理"。② 希腊哲学家这些论述表明，古代希腊社会很早就存在着以"中道"为佳的思想，但对中道思想的系统理论化，是由亚里士多德完成的。

亚里士多德在《政治学》和《尼各马可伦理学》中都对"中庸"作了深入分析。亚里士多德说："中庸在过度和不及之间，在两种恶事之间。在感受和行为中都有不及和超越应有的限度，德行则寻求和选取中间。所以，不论就实体而论，还是就其所是的原理而论，德行就是中间性，中庸是最高的善和极端的美。"③ 亚里士多德把"中庸"分成九种：怯懦和鲁莽之间的是勇敢，吝啬与奢侈之间的是大方，淡薄和贪婪之间的是志向，自卑与骄傲之间的是谦虚，沉默与吹嘘之间的是诚实，暴戾与滑稽之间的是幽默，争斗与阿谀之间的是友谊，等等。在亚里士多德那里，最美丽的和谐来自对人们应否弃相反的两端尽可能地向"中道"靠拢，并最终取得善。亚里士多德强调"时中"，他认为："在一切可称赞的感受和行为中都

① 罗国杰、宋希仁：《西方伦理思想史》（上卷），北京：中国人民大学出版社 1985 年版，第 194 页。

② ［希腊］柏拉图：《政治家》，黄克剑. 译，北京：北京广播学院出版社 1994 年版，第 75 页。

③ 苗力田主编：《亚里士多德全集》第八卷，北京：中国人民大学出版社 1997 年版，第 36 页。

有着中道。一个有德行的人自然应当时时求中。"哲学家维尔·杜兰特在《哲学的故事》中总结道："在西方，古希腊哲学家亚里士多德就竭力倡导过中庸思想，他认为，任何事情只有做到中庸才是正确的。……柏拉图将道德称作是和谐的行为时，心里想的就是这些；苏格拉底将道德等同于知识时，心里也想的是这些。七位贤人已创建了这一传统，在德尔斐阿波罗神庙内刻上了那句箴言：切勿过度。"① 罗国杰对亚里士多德的"中道"思想评价很高，认为"中道思想，对是非、善恶的区别，是有着严格的界限和鲜明的态度的，与那种在是非、善恶之间模棱两可、不偏不倚的折中主义，毫无共同之处"。② 可以说，孔子、子思与柏拉图、亚里士多德在"中道"观点上志趣相近、不谋而合，决定了中庸在中西古典伦理思想中的核心地位，更影响了中西方世界两千年来的发展进程。

　　仔细考察东西方的关于"中庸""中道"思想的论述，二者还是有所区别的。孔子"中庸"的"中"有很浓的人性仁爱意味，注重以内在的心灵之"诚"去把握世间万物，而亚里士多德"中道"的"中"表达出西方哲学智慧知性的对象化特征；东方"中庸"的根本目的是通过"致中和"而达到的心灵"和谐"境界，而西方的"中道"寻求的则是城邦法律的平衡"公正"；孔子的中庸之道的底线是国家的"礼法"，要求个人服从社会的整体，而亚里士多德则强调在社会准则中选择符合中道的同时，对个体意志自由的充分尊重；中国的"中庸"思想，更多地强调日常人伦节操中现实和谐感，西方的"中道"更多地强调本体论中的人的知识和美德的形而上思考。通过中西方思想中"中庸"的比较，可以看到被德国存在主义哲学家雅斯贝尔斯称为"轴心时代"的中国先秦和古希腊的"中庸"思想，在历史长河中各有自己的发展轨迹，具有不同的特点。相对而言，中国的"中庸"思想发展更具有体系，而且更具有人生在世坚持"中

---

　　① ［美］威尔·杜兰特：《哲学的故事》，金发燊等译，北京：三联书店1997年版，第111页。
　　② 罗国杰、宋希仁：《西方伦理思想史》上卷，北京：中国人民大学出版社1985年版，第197页。

度""中节"人生操守的意义。^① 可以说，东西方的"中庸"思想都产生于轴心时代，轴心时代是人类思想的发源地，轴心时代的思想影响东西方的重要思想历史进程。

产生过"轴心时代思想"的东西方，到了当代都遭遇到"反中庸"问题，表征为中庸思想的失落或中庸之"度"与"用"的失落。不难看到，人类进入现代社会以来，社会节奏和生命观念发生了惊人的变化，中庸思想的地位和作用也逐渐被东西方人们普遍质疑。在西方，由于片面强调发展竞争和大国霸权，人们逐渐越过了中庸不偏不倚的平衡发展之道，导致过度开采、竭泽而渔、盘剥自然、国际争端，最终出现大面积的精神缺钙和人与自然的疏离对立，出现自然生态和精神生态双重失衡。如果说西方是因为"过"而要退回到中庸，那么东方正在"过"与"不及"之间应重新寻求偏离的中庸之道。

在全球化价值危机时期，"中庸"作为一种人类精神遗产被重新提了出来，表明"中庸"依然具有不可忽视的思想魅力和重要的现实意义。今天，重提中庸就是要在今天的全球化、现代性中去发现过去那些思想中还有生命力的部分，同时也要反观过去思想中已经失效的部分，并加以剔除。

中庸是一种哲学本体论，之所以在近一百年来逐渐失效，大抵因为它生不逢时——现代社会"反中庸"。在反中庸时代重新提倡中庸，显得更为迫切。因为社会经过了否定之否定后，人类思想更加成熟，也更加希望自己与他人、自己与社会、自己与国家、国家与国家之间充满冷静的思索和辩证的认知，从而把握中庸之道的规律。今天，中庸思想的意义正在显示出来，在反省现代之路的偏激和极端之后，人类才会迷途知返遵循中庸之道，而走向具有生态文化意义的"诗意地栖居"。人类和平和谐才会成为手中之物，而不只是空中楼阁。

---

① 孔子按照自己的中庸之道存之于世。《论语·泰伯》："笃信好学，守死善道。危邦不入，乱邦不居；天下有道则见，无道则隐。邦有道，贫且贱焉，耻也；邦无道，富且贵焉，耻也。"阮元校刻：《十三经注疏》，北京：中华书局1980年版，第2487页。

第十三讲　天人合一的儒家之道

如前所述，《中庸》集中体现的中庸之道，在世界范围均有其渊源。由于西方社会的现代化理论发展到极限引发了竞争、斗争和战争，而中庸之道倡导的和睦、和谐、和平的思想正逐渐被人们重新认识和评价。在西方现代化推到极限而变成"三争文明"——竞争、斗争、战争之时，东方强调"三和文明"——和睦、和谐、和平，应当有互动互补之功。今天世界重新关注东方发现东方和谐思想，重新评价中国经典的中庸思想，是时代发展和东西方文化互相尊重的必然结果。

一、中庸的形而上学根据

"天命之谓性，率性之谓道，修道之谓教。道也者，不可须臾离也，可离非道也。"

《中庸》开篇就出现众多的"大词"或者关键词。"天命之谓性"中的"天""天命"与"性"，"率性之谓道"中的关键词是"道"；"修道之谓教"的关键词是"教"。中国哲学语言的丰富凝练和深邃包含于此并显现出来。"天命之谓性"。"天"有自然的天，有宗教伦理的天，还有情绪化的天。这里所说的天，既带有形而下自然的含义，也带有形而上的思想、哲学、理念的含义。"天命"赋予人的一种人性，它就是自自然然的，这一点强调了儒家的"性本善"。"天命之谓性"，按照这种自然规律去发

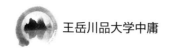

展自由生动的人性。"率性之谓道",① 依据生命宇宙的规律,按照人性自然去延伸。不能反生命宇宙规律,反规律的人最终要受到规律的惩罚,因为规律不以人的意志为转移。

"天命"观中国思想史上很早就出现了。《尚书·汤誓》曰"夏多罪,天命殛之",把夏看作有多种罪孽,因而灭夏兴商,是由"天命"所定的。到了周朝,承袭《尚书》"天命"观,孔子"五十而知天命""不知命,无以为君子也"等,不断出现"天命"范畴,表征了孔子在尽人事而待天命中,对天命规律的认同和生命达观的人生态度。

"修道之谓教",这里的"修"不是去修大道。"道"蓬勃于天地之间,浩然之大气也,何以可修"道"呢?那么修什么呢?修为自己——用大道改造人先天的本性,不断地修养、提升、陶冶自身,进而与大道合二为一,跟随着大道,与大道相通、相合、相正、相荡。这就是所谓教化,这就是教育——遵循自然,获得道行,最后得到教化和提升,完成知识和人格的量变到质变的整体提升和飞跃。进一步看,"教"是孔子"富而后教"② 论述中的终极环节,是提升人安顿人转化人的提升之道。儒家将受教与修己等同起来,今日之"学"可以成为明日之"教",在教学相长中获得教学换位的辩证法。为了获得固本去末的教学效果,孔子将教学内容限定在经典解读(读经)和思想正脉(思无邪)的认同上,坚持以历代圣贤的言传身教的教诲和各种经典记载的事迹作为教材。

"道也者,不可须臾离也"。这个规律,这个宇宙间的道,包括人本身要遵从要相激相荡的和谐之道,是一刻都不能离开的。很多人内心阴暗有一些私心杂念,离道很远,当然会受到道德的惩罚。"可离非道也",能够离开的那个东西,就不是大道。有些人一辈子是与道无缘的。所以要回归

---

① 郑玄、朱熹皆注:"率,循也",指循性而行即是道。

② 参见《论语·子路篇》:"子适卫,冉有仆。子曰:'庶矣哉!'冉有曰:'既庶矣,又何加焉?'曰:'富之。'曰:'既富矣,又何加焉?'曰:'教之'。"《管子·牧民第一》:"仓廪实则知礼节,衣食足则知荣辱。"《荀子·大略篇第二十七》:"不富无以养民情,不教无以理民性。"《汉书·食货志》:"食足货通,然后国实民富,而教化成。"

到大道，不可离道。

这一部分主要阐释了儒家学派对道的理解，认为自然形成的禀赋叫作人性，遵循各自的人性叫作道，修明并推广这些道就叫作教化。道是片刻也不能离开的，可以离开的就不是道。

二、中庸的自我性情修养实践

接下来，进入更为人性的或者心理学的分析："是故君子戒慎乎其所不睹，恐惧乎其所不闻。莫见乎隐，莫显乎微，故君子慎其独也。"所以，有教养的君子要警戒谨慎。谨慎什么呢？"其所不睹"，就是在别人看不到时要注意并戒备——慎独。"恐惧乎其所不闻"，在人们听不到的地方也一定要注意，要有一种自我戒备恐惧。这两句话还有一种解释：要警戒那些自己看不见的东西，要恐惧那种自己听不到的事情，也能讲得通。这个世界由道、理、义规范制约着人类社会。要想人不知，除非己莫为，启发人们，超越于人之上还有人看不见听不到的维度。归根结底，"莫见乎隐，莫显乎微"。没有什么东西比隐讳的东西更容易被呈现出来被人看见。有些人将自己的凶悍愚蠢藏起来，以为别人看不见，其实是藏不住的，反而因为隐藏而更加显示出来。"莫见乎隐"，没有什么比所隐藏起来的那些东西更能够显现出来。有人认为很多事情很小，见小利去拿小利，今后可能见大利去拿大利，最后可能窃国。"莫显乎微"意思是说，极其微小细微的东西，都会呈现出来，逃不过众人的眼睛。

"故君子慎其独也"，所以君子一定要谨慎恐惧自己单独的时刻不做坏事，能自觉地严于律己而谨慎地对待自己的所思所行，防止有违道德的欲念和行为发生，从而使道义时时刻刻伴随主体之身。在这个意义上说，《中庸》讲的一个关键词就是心灵之"诚"。"诚"的对立面就是本能之"欲"。一个人的私心太多私欲太大，就会处处为了自己去贪婪争斗，就会为达到目的而不择手段地说出谎言。这时《中庸》告诫人们，要放弃一些东西，人不要做"加法"，而要做"减法"，"减法"就是把自己心中想得

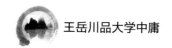
到的一切物质的欲望的、权利名誉的东西放开去掉,① 这样才会成为一个诚实规矩内心坦荡的人。这就叫作"修道之谓教"。《中庸》开篇论述了人的自我修养与自我反省的要点,指出有道德的君子要慎重对待自己的独处,用大家所看不到的美好品德使自己充实起来。

《中庸》里的"慎独"侧重于"戒慎于其所不睹,恐惧乎其所不闻"。这里的几个"其"指代的都是"君子",自己的个性常常藏于自己不睹不闻的地方,习惯成自然而浑然不知,但"莫见乎隐,莫显乎微",在下意识的言行之中,自我个性暴露无遗。这样一来,不是"人虽不知而已独知之",而是"人虽知之而已独不知",甚至在潜意识的层面上努力将自我意识控制住,发扬善的方面抵制恶的念头。这些都要认真对待。如果说"已知""已觉"之"独"是指个体意识的话,那么"不知""不觉"之"独"就是"个体潜意识"。"从心所欲而不逾矩",这就是所谓的"不偏不倚",也就是所谓的"中行"。"慎其身""慎求之于己":"慎其独"的本意。

三、中和的精神意义在于心怀谨慎

心怀谨慎才能对他人所听不到的地方也心存畏惧,只有这样才能摒弃外部诱惑产生的私欲,使其心自然中正。"喜怒哀乐之未发,谓之中;发而皆中节,谓之和。中也者,天下之大本也;和也者,天下之达道也。致中和,天地位焉,万物育焉。"《中庸》在论述了天、道、教、慎独之后,进入人的心理部分,即从天、地、人、神的物理、命理进入心理层面。喜、怒、哀、乐凡人必有,关键是有了喜怒哀乐该通过什么途径去表达。这个问题的解决涉及性情本体和深层心理。"喜怒哀乐之未发",就是说喜

---

① 《论语·季氏》"孔子曰:'君子有三戒:少之时,血气未定,戒之在色;及其壮也,血气方刚,戒之在斗;及其老也,血气既衰,戒之在得。'""孔子曰:'君子有三畏:畏天命,畏大人,畏圣人之言。小人不知天命而不畏也,狎大人,侮圣人之言。'"阮元校刻:《十三经注疏》,北京:中华书局1980年版,第2522页。

怒哀乐在内心还没有产生，还没发展时要控制到一定的度，使其安然于感情未发的状态。朱熹注："喜怒哀乐，情也。其未发，则性也，无所偏倚，故谓之中。发皆中节，情之正也，无所乖戾，故谓之和。"①《中庸》强调的是心意的意，在没发时达到中和之度，"中"的含义就是指合度。孔颖达《中庸》疏曰："未发之时，澹然虚静，心无所虑而当于理，故'谓之中'。"②"发而皆中节"，意味着情绪可以发泄表现出来，但是要有一个度。不能够激烈冲撞，不能够尽性而为，不能够自己独乐。这种有控制的状态就是"和"，"和"就是和谐，达到和谐既不伤人又不伤己，更不会伤社会。这就是中庸性情思想核心性表述的关键。

"中也者，天下之大本也，和也者，天下之达道也，致中和，天地位焉，万物育焉。"这是一句总结。"中也者，天下之大本也"，"大本"是根本的含义。中是天下的根本，"喜怒哀乐之未发"就是中，不是说不发，而是形成之后找到一个合适的途径发。"和也者，天下之达道也"，喜怒哀乐发而有节制、合度，这就是和。和是天下最通达的道路，是天下最能够团结大家共同和谐前行的通达之路。"致中和"的"致"是说应该去努力做到中与和，做到了就"天地位焉"——天和地都各得其所各得其位，整个乾坤朗朗，不会乾坤颠倒。"万物育焉"，万事万物按照自己本来的状态蓬勃发展欣欣向荣，此可谓"生生之谓易"。③

《中庸》第一章点明君子要遵循大道谨慎独处，只有这样才能掌握中庸之道促成"中和"。第三部分点明了"中和"的功效和极致，认为"中"是天下的本原，"和"是天下的普遍规律，只有做到"中和"才能使天地安处其位、万物生生不息。

在我看来，《中庸》开篇第一章在全书中有特殊地位。这一章是后面

---

① （宋）朱熹注：《四书章句集注·中庸章句》，王云五编：《万有文库》第二集七百种，上海：商务印书馆 1935 年版。

② 《礼记正义·中庸·注》，（清）阮元校刻：《十三经注疏》，北京：中华书局 1980 年版，第 1625 页。

③ 《周易·系辞上》，（清）阮元校刻：《十三经注疏》，北京：中华书局 1980 年版，第 78 页。

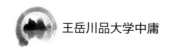
的三十二章的纲领和关键，这个纲领和关键就是从天、道、教、慎独，最后谈到了致中和，努力去达到中和，整个社会才各得其所，各得其位，安居乐业，万物蓬蓬勃勃地发展。而不是说以邻为壑，不是说自我的发展要遏制他人的发展，而是"己欲立而立人，己欲达而达人"，[①]"己所不欲，勿施于人"。[②]你要立起来去做一项顶天立地的大事，就得让别人都能够立起来。你要发达有美好的前途，但不能去损害别人的前途，也应让别人跟自己一样有美好的前途。今天，这个"双赢"原则已经被国际社会所认可。这说明，中庸思想在当代没有过时，它仍然是人类重要的生存伦理，是社会交往国际交往中的重要准则。

《中庸》的第一章是子思立言，表明传述孔子中庸之道的意图，成为全书重要纲领。从第二章开始的十章内容，则是大量引用孔子言论对第一章内容进行具体阐释申述。学术界对第二章以下多章有不同的看法，基本达成共识的看法是：前面部分是子思将《论语》中的阙文和孔子行状言说收集整理编于此，而后边是子思及其弟子对孔子思想加以总结而升华而成的理论。

四、中庸之路的正与反

"仲尼曰：'君子中庸，小人反中庸。君子之中庸也，君子而时中。小人之中庸也，小人而无忌惮也。'"孔子说，"君子中庸，小人反中庸"。这句话点明了小人与君子的对比关系。孔子在许多言论中都是用君子和小人作为一种例证。做小人易，但做君子很难，而做比君子更高的圣人，更是难上加难。"君子中庸"，君子采纳的方法、遵循的规律即中庸之道是不偏不倚的，不偏不倚就是坚持走正道。人生的道路有多条，人们最喜欢走的是捷径，但是捷径面临很多歧途，面临的道路可能是断路、绝路、死路、

---

①　《论语·雍也》，（清）阮元校刻：《十三经注疏》，北京：中华书局 1980 年版，第 2479 页。

②　《论语·颜渊》，（清）阮元校刻：《十三经注疏》，北京：中华书局 1980 年版，第 2502 页。

末路。断路没有希望，绝路铤而走险，死路执迷不悟，末路无可挽回，所有捷径的投机取巧，都是不归路！还有一条路，尽管艰难，但对人生来说非常关键，就是"正路"。正路不仅仅是一条路，更是对待道路的人生态度。正路就是不偏不倚之路——中庸之路——一条非常难但是唯一能成功的路。"君子中庸"，意味着君子要遵循实行中庸之道。反过来说，正因为遵循了中庸之道，君子才因此而成为君子。"小人反中庸"，点明小人违反中庸，不遵循中庸之道，专门走侧峰，走偏峰，走捷径，违反了不偏不倚的中庸之道。他一意孤行地去剑走偏锋，偏倚而"过"，当然会因为反中庸而受到事物发展规律的惩罚。

"君子之中庸也，君子而时中"。君子之所以能够中庸，因为君子实实在在、时时刻刻地按照中庸去做，无时无刻不处在中庸的状态。"小人之中庸也，小人而无忌惮也"。小人之所以去违反中庸，是因为他不按照规律办事，而不按照规律办事就会受到规律的惩罚。道的规律是存在的，如水100℃就要开，如果把手放到100℃的水中，不管谁的手都会被烫伤。而小人不按照这个规律办事，他肆无忌惮，怎么想就怎么放，去逞能冒险，无知者无畏，当他把手放进开水中，就会被规律惩罚烫了手。所以为人处世应依中庸之规、守中庸之道。

《中庸》第二章阐明君子和小人对待中庸的态度是不同的，君子时刻用中庸之道约束自己，而小人则肆无忌惮，视大道为无物。《中庸》引孔子的话对比君子和小人对待中庸之道的不同态度，其实想告诉我们，人要按照君子的方式遵循规律去做事。世界上最可怕的不是自然规律，最重要的不是外部的形式、程序、等级，最可怕的是内心不正、自心不诚，那么在生活中对中庸的坚守也不可能。儒家最大的敌人不是学习中所遇到的种种困难障碍，而是内心的欲望恶念和肆无忌惮。人心的规律与大道的规律相生相契。正唯此，心不诚使人们离开真理大道非常远。事实上，君子不是一个高不可及的人格境界，不是一生都达不到的目标，孔子和《中庸》其实告诉我们，回到平常心就有可能走向君子。

孔子强调做君子不做小人。小人有两大缺陷，第一"反中庸"，有意

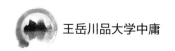

同中庸对着干。第二，肆无忌惮，就是完全不按照规律办事，无所顾忌地按照自己的内心贪欲去谋划，把贪欲发展到极点。其实，小人离我们并不远，甚至就在我们心中。鲁迅在《一件小事》中说，他从一个黄包车的车夫心底无私上，看到了"要榨出皮袍下面藏着的一个'小'来"，看到了黄包车夫作为人的高尚和伟大，看到自己作为一个知识分子还有一些私心没有荡涤清，还有不光彩、不明朗的东西。每个人都不是天生的君子，每个人都离小人不是很远。每天的"三省吾身"，① 防止贪、欲，戒除一味求大、损人利己的贪念，这才有可能使自己远离小人，而逐渐修为成君子。事实上《中庸》强调了自我修为的功能，强调在君子和小人中选择君子的精神意向。选择君子就是选择自觉，选择自己觉醒，选择发自本心恒常去做事，主动地而非被动地去做事情。因为主动是按照内心的善良的愿望自然去做，而被动做事往往是迫于外在的压力外在的律令，这样做往往事与愿违而南辕北辙。

《中庸》开篇两章非常关键，第一章讨论是大词、圣词，境界高远内容阔大——天、性、道、教、中、和、慎等。第二章内容比较具体集中，讨论君子和小人对中庸的不同态度及其不同结果。今天，是一个信仰失落的时代，在西方还可以说人们信仰上帝，但如今很多人拜金而信仰钱包。对中国人而言，由于儒家思想不是宗教信仰，它是一种日常人伦中的平常心修为，在娓娓道来的心灵对话中的自我启蒙。所以，一些人认为儒家思想的力量太弱。在我看来，一些乐于在日常生活中沉沦的人，开始在无信仰时代找到一种世俗的信仰，这个信仰就是"孔方兄"。但是当人们信仰金钱时，人生充满了乖戾之气，② 问题多多而灾难重重。因此，回到本性，让自己的本性发出光辉，这才是中庸之道的精神指向和价值归宿。

---

① 《论语·学而》，（清）阮元校刻：《十三经注疏》，北京：中华书局1980年版，第2457页。

② （清）刘熙载《艺概·书概》说："凡论书气，以士气为上。若妇气、兵气、村气、市气、匠气、腐气、伧气、徘气、江湖气、门客气、酒肉气、蔬笋气，皆士之弃也。"

第十四讲　中庸的精神高度与实践价值

　　《中庸》第一、二章点明了性、道本源于天，道时刻不可离开人自身本体，要从戒慎、恐惧、隐、显、慎独等方面培养自身的品格，掌握中庸之道以促成中和之气，并引用孔子话语阐述君子与小人对中庸所持的不同态度及其原因。第三章继续引用孔子的话对中庸进行深入阐述。

一、中庸境界的高度与难度

　　"子曰：'中庸其至矣乎！民鲜能久矣！'"合度合适地实行中庸这不偏不倚之道是极高的修为，而正因为高，"民鲜能久矣"。老百姓很少能够达到这种长久的状况。中庸确实很难，之所以难就在于人失去了自己的本性，失去了自己的常态。人们宁做大事不做小事，宁做表面鲜亮的事不做那种朴素艰苦的事。这都是不以中庸精神做事。如果这种不以中庸规律做事成为一个国家、一个民族、一个社会的原则导向，那么，那些真正扎扎实实干事、为民请命的民族脊梁就会"失重"。人们学会了走捷径，总想用最小的投入甚至不投入获得最大的利润回报。这样的人如果多了，社会就会是"中庸其难哉，民鲜能久矣"的状态。既然"民鲜能久矣"，那么孔子是否做到了中庸？

　　孔子三岁丧父，十七岁丧母，家境十分贫寒。在《论语》中记录了孔子这样一句话，"吾少也贱，故多能鄙事"。① 据文献记载，他先在鲁国贵

---

① 《论语·子罕》，（清）阮元校刻：《十三经注疏》，北京：中华书局1980年版，第2490页。

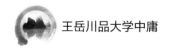

族家里做过管理仓库的人员，后来又做过管理牲口的小官。由于小时候给富人家放过羊，很了解牲畜的习性。上任之后，孔子制定了卓有成效的管理措施，不到一年，饲养场里便牛羊成群。于是，这年的祭祀都用了最上乘的牲畜，朝野上下无不赞誉孔子，鲁昭公对此也十分赞赏。①

孔子的人生经历证明这样一个道理，人类有一个劣根性，这个劣根性就是违反平淡恒常。在孔子看来，具有平常心是对人最高的评价。但是，由于今天我们引进了西方的竞争斗争，人总是想要超越自我和别人，总是不愿意成为真正的自己，带有狭隘目的去做事就缺乏平常之心。一切纷争都基于不安于寂寞，一切的战争和斗争都源自以邻为壑的褊狭观念，一切罪恶来自想最大限度地置别人于一种贫穷落后的境地，而使自己达到一种辉煌无比的状态。这种褊狭观念触发层出不穷的社会问题，甚至导致社会内部的断裂和长久的动荡不安。

而孔子则藐视"不义而富且贵"，② 他从来不怕做低贱的事情，他不怕人们说他平常。③ 他总是去做一些低下平常之事。这个低不是一味求低，能把低做好，就能做高的；能把平常事情做好，就能做不平常的事情；能把自己的事情做好的，就能把社会和国家的事情做好。这一思想受到后世的推崇。三国刘备就说："勿以恶小而为之，勿以善小而不为"。④ 儒家思想强调从小处入手，从细微处入手，所以"莫显乎微，莫见乎隐"，"隐"和"微"就是这个含义。

在中国儒、道、释文化中，儒家强调"复性"，就是把自我本真美好的"性"重新展现出来，在面对自己本心时，犹如冷水浇背、陡然一惊、醍醐灌顶，把被遮蔽的那些美好展示出来，去发现自我本心；而道家是要

---

① （汉）司马迁：《史记·孔子世家》，北京：中华书局1959年版。

② 在《论语·述而》中，孔子说："饭疏食饮水，曲肱而枕之，乐亦在其中矣。不义而富且贵，于我如浮云。"

③ 在《论语·述而》中，孔子说："女奚不曰，其为人也，发愤忘食，乐以忘忧，不知老之将至云尔。"

④ （晋）陈寿：《三国志·蜀书·先主传》，（南朝·宋）裴松之注，北京：中华书局2006年版，第532页。

"归真"，回归到一种真人的状态，不做假人；佛家则强调"见性"，或者说是"万法唯心"，强调本性无蔽慈悲为怀。所以，东方思想都强调本性、本真、本心，这是东方思想的精神魅力之所在。正唯此，我们不要妄自菲薄——中庸之道确实很难，"民鲜久矣"，但是从小事做起，相信中庸之道会播撒普及发扬光大。

二、过与不及的历史经验教训

《中庸》第三章引用孔子的话赞美中庸之德，感叹人们很少能够做到中庸。这是有原因的。"子曰：'道之不行也，我知之矣，知者过之，愚者不及也。道之不明也，我知之矣，贤者过之，不肖者不及也。人莫不饮食也，鲜能知味也。'"孔子说中庸之道不能实行，这一现状我是知道的，其原因是"知者过之，愚者不及也"。聪明人做得过头就离开了中庸，不太聪明的人又达不到中庸。"过"和"不及"二者都离中庸甚远。"道之不明也，我知之矣"。道之不彰明，我是知道原因的，是因"贤者过之，不肖者不及也"。贤良的人做得已经"过"了，而不贤良的人又达不到。这里孔子提出两个关键的概念——"过"与"不及"，这正是中庸的两个极限，一端是过了，一端是不及，只有达到中间才会合律适度。

"人莫不饮食，鲜能知味也"。没有一个人不喝水不吃饭，但是很少有人能够品尝出其中的味道。为什么食而不知其味呢？为什么眠而多梦呢？这是因为我们心在别处。心本来在这儿，由于杂务缠身，很多事情使人们灵魂出窍飘飘忽忽，心不在胸中，思维不在脑中，出现这样的情况，必然是心在别处。

"子曰：'道其不行矣夫？'"是以自我反问的方式提问，大道真的不能实行起来了吗？从表面看这是一种将信将疑的态度，然而实际上孔子认为大道是能实行的，因为孔子自己就是一位"知其不可为而为之"的人。在这个茫茫世界，大道真的就实行不起来吗？大道真的就消隐了吗？大道真的就没有了吗？这里隐含的本体问题是：如果大道真的没有，那么知识分

子作为人类精英，其存在还有什么意义什么价值呢？因为，知识分子和精英存在的意义就是担当道义，甚至说就是"天下为公"的仲裁者、担当者，正是因为他们用自己已明白的道理去启蒙他人，同时也启蒙社会传承他人，整个社会才是"大道之行也，天下为公"。① 否则，天下为私，整个社会物欲横流，也就不成其为正常的社会了。这里，孔子通过一种带有反问和自我疑问的方式，肯定大道是要仁人志士的努力才能够传下去，不去实践不去努力，大道必然远离人类社会。

三、行中庸之道的思想文化意义

孔子感叹中庸在天下难以实行，然而自上古时，从尧舜禅让开始，中庸之道便开始实行。"子曰：'舜其大知也与！舜好问而好察迩言，隐恶而扬善，执其两端，用其中于民，其斯以为舜乎！'"朱熹对此注释道："盖凡物皆有两端，如小大厚薄之类，于善之中，又执其两端，而量度以取中，然后用之，则其择之审而行之至矣。然非在我之权度，精切不差，何以与此？此知之所以无过不及，而道之所以行也。"孔子说，舜真是大智慧的圣人，他特别喜欢提问。这提问充满了玄机。但是今天，好问却被人诟病。如果今天一个人德高望重知识渊博，他好问的话就会被人耻笑。一是笑他不知为耻；二是笑他居然连这么简单的问题都不懂，这么浅显的问题都不知道。其实，在孔子看来，这没有什么可耻的，因为孔子自己就很好问。②

《吕氏春秋》《史记》《礼记》等多种古籍都记载了孔子问礼于老子的事。《史记》有如下记载，孔子到周都向老子问礼。老子说："你所谈的礼，制定它的人早已死了，只有其言论还在。我听说君子遇到适当的时势就出仕，遇到不适当时就隐居起来。会做生意的商人深藏货物，看上去好像没什么货物，具有大德行的君子表面上却好像愚钝。你要去掉骄气和过

---

① 《礼记·礼运》，（清）阮元校刻：《十三经注疏》，北京：中华书局1980年版，第1414页。

② 《论语·八佾》："子入太庙，每事问。或曰：'孰谓鄹人之子知礼乎？入太庙，每事问。'子闻之，曰：'是礼也'。"

多的欲望，除掉你雍容华贵的风度和过高的志向，这些对于你本人都没有好处。我所要告诉你的，就这些罢了。"孔子离开周都后，对弟子们说："鸟，我知道它能飞；鱼，我知道它能游；兽，我知道它能跑。会跑的可以用网捕捉它，会游的可以用钓丝去钓它，会飞的可以用箭去射它。至于龙，我就不知道了，它是乘着风云而上天的。我今天见到老子，就像见到龙一样。"①

生于春秋末期的老子博学多闻，曾担任周朝的守藏室之史。当时的孔子虽远在鲁国，但醉心于周公所制的礼乐，对老子更是抱有深深的敬意。汉代的《孔子问礼图》就呈现了孔子与老子第三次见面的场景。当时，老子在家乡讲学，孔子在陈蔡被围时，在鹿邑再度问礼，老子详尽地介绍了自己的辩证哲学观点，以及由此产生的对宇宙起源的基本看法，向孔子深入阐述了圣人之道、修身之道和治国之道，揭示了宇宙万物的变化规律，并尖锐地批评了当下的现状和制度，这使孔子受到极大精神启发和心灵震动。孔子不仅向自己敬仰的老子求教，更主张"敏而好学，不耻下问"。这种好问的精神值得后人推崇。

孔子对舜好问的精神推崇备至，这种精神对中庸之道的实行有特殊意义。正是因为问，他达到了两个目的。一是凡事问人，使得自己的事变成大家的事，使得个人的困惑与个人思考的尖端问题，成为共同思考共同解决的问题。我给你一种思想，你给我一种思想，我们同时拥有两种思想，因为思想是可以分享的。凡事让大家共同来探讨结论，可以防止自己的误读，防止自己的偏窄，并且只有大家来关注这个事情，事情才会成功。这是舜好问、孔子好问的一个原因。二是好问还有一个重要的精神素质，可以使自己不犯错误或少犯错误。好问就是一种有进有退的方式，它是征求意见。好

---

① 《史记》："孔子适周，将问礼于老子。老子曰：'子所言者，其人与骨皆已朽矣，独其言在耳。且君子得其时则驾，不得其时则蓬累而行。吾闻之，良贾深藏若虚，君子盛德，容貌若愚。去子之骄气与多欲，态色与淫志，是皆无益于子之身。吾所以告子，若是而已。'孔子去，谓弟子曰：'鸟，吾知其能飞；鱼，吾知其能游；兽，吾知其能走。走者可以为罔，游者可以为纶，飞者可以为矰。至于龙，吾不能知，其乘风云而上天。吾今日见老子，其犹龙邪！'"

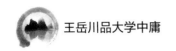

问，就是在前进时给自己留下了退路，在无路可走时仍有一条路。好问可以告诉自己，原来这个问题的解决不是唯一的方案，而可能有多个方案。

"好问而好察迩言"，"迩"就是浅与近的意思，"好察迩言"就是善于体察那些浅近的话。在我看来，往往莫测高深的理论最终显出浅薄，往往浅近的语言能道出微言大义。有些哲学著作往往令人不知所云，有些宗教著作使人觉得隔得很远。而浅近的话直指人心，如"人要做事业，不要做是非"这句话很简单，人人都能懂，就是说人好好去做事，不要去搬弄是非。这句话用谐音方式把"事"与"是"连到一起，这就叫作"迩言"，浅近的言论，让人远离是非，远离争端，而踏踏实实做事。

孔子提出舜的三个品德，一是好问；二是喜欢去体察体会那些浅近的话；三是"隐恶而扬善，执其两端，用其中于民，其斯以为舜乎"。恶与善问题关乎道德的深层问题。有人问孔子"以德报怨"还是"以怨报怨"。所谓"以德报怨"就是人家打了你的右脸，你就把左脸也伸过去。基督教传教士奉行这种做法。但是孔子是有中道原则的，他马上就问，那"何以报德"？既然"以德报怨"的话，那用什么来报德呢？最后孔子说了四个字——"以直报怨"。[1]"直"就是用率直、正直的态度去回答怨。比如，这个怨来势凶猛，你当然不能用德去报它，而是"以直"，即用正直的直率的态度，不遮掩的态度去回应它。"以德报德"，只有对美好的品德，你才能用发自肺腑的好德行去感恩报答。这里的"隐恶而扬善"，为什么用隐恶，而不是用戒恶惩恶杀恶？历史上有过很多战争，如黄帝和炎帝打仗惊天动地，最后觉得杀戮太多罪孽太重，后来也握手言和。隐恶就是说隐而不发，不主动去揭露别人。虽然不去说，但是在人的内心有是非判断力。"隐恶"还隐含一层意思，意味着相信他觉悟时，会认识到自己的恶，而会自处解决。"隐恶而扬善"代表了东方文化的一种怀柔思想，以宽厚之心待人接物，承认人性的善良，这正是儒家仁爱精神的集中体现。儒家

---

[1] 《论语·宪问》云："或曰：'以德报怨，何如？'子曰：'何以报德？以直报怨，以德报德。'"阮元校刻：《十三经注疏》，北京：中华书局1980年版，第2513页。

思想强调，恶是暂时的，善是本原的，善是本，恶是流。一个人只要不断地推举高扬他的善，他就会去以善抑恶。①

事实上，历代思想界关于人性善恶的观点迭出，而且常常针锋相对。大体上看，自战国以来关于人性善恶主要观点大致有：孟子"性善论"，后来宋明理学以及王夫之、颜元、戴震等承接这一观点而主"性善论"；荀子"性恶论"，今天一些个人主义者赞同此说；告子"性无善无不善论"，宋代王安石亦赞同此说；董仲舒、扬雄"性有善有恶论"；王充、韩愈"性上中下三品论"，折中为人性上品善，中品可善可恶，下品恶；张载强调"性二元论"；二程（程颢、程颐）强调天命之性与气禀之性；朱熹强调讲本然之性与气质之性；而近现代新儒家牟宗三、唐君毅等中西汇通看人之本性更是新见不断，可谓众说纷纭，莫衷一是。

笔者不太赞成孟子的性善论，而荀子的性恶论，笔者倒觉得有些实话成分，但也不完全赞成。人性的恶，在人类与世界相见的刹那，表现得最为充分。伴随着啼哭来到世界的婴孩，似乎是脆弱的，几乎全身都是软软的。唯一例外又最富特色的是，那一律紧握拳头状的双手，极为有力地要抓住天地万物，这或许就是人性本能的第一次毫无遮拦的呈现。但社会是复杂激浊扬清的过程，"物以类聚，人以群分"，笔者倒是认为"人之初，性本善恶之间"。

"执其两端，用其中于民"。两端就是两个极端，这两个极端就是过和不及，"执其两端"，在两端之间去寻找一个恰到好处的平衡点，并且对这个平衡点掌握得非常精妙，此时许多问题就会像冰释一样很好地解决。而用于其民，人民就会安居乐业。② 如果用偏激的方法去做，受害的是老百

---

① 儒家悲天悯人倾向于"人性善"。故而《三字经》开篇："人之初，性本善，性相近，习相远。"

② "孔子曰：'不得中道而与之，必也狂狷乎'。"（《孟子·尽心下》，阮元校刻：《十三经注疏》，北京：中华书局1980年版，第2779页）"中道"的"中"有适宜符合之意。孟子也重视"中道"："大匠不为拙工改废绳墨，羿不为拙射变其彀率。君子引而不发，跃如也；中道而立，能者从之。"《孟子·尽心上》，阮元校刻：《十三经注疏》，北京：中华书局1980年版，第2770页。

姓，如果用过分保守的方法去做，不作为的方式去做，受害的也是老百姓。"两害相权取其轻，两端相对取其中"。这个"中"绝不会是二分之一的"中"那样简单而确切，而是说要找到这个事情的最恰到好处、合度的解决方式，如同找到0.618的黄金分割线的精妙一样。

"其斯以为舜乎"，大概这就是舜之所以为舜的原因了吧，舜之所以会成为圣人就在于他行了中庸之道。据说舜传位给夏禹时曾经说了十六字真经："人心惟危，道心惟微，惟精惟一，允执厥中。"① 说的就是如何把握那种精微的度，如何把握最高的领导艺术的平衡。可以说，这正是对中庸之道的真正领悟和贯彻。

四、作为理论和实践双重难题的中庸之道

"子曰：'人皆曰予知，驱而纳诸罟擭陷阱之中，而莫之知辟也。人皆曰予知，择乎中庸而不能期月守也。'"人们都说"予知"，就是说自己很智慧，能懂得道，所以自己显得很智慧。但是，把他驱入"罟"网之中，陷入"擭"的陷阱中而不知怎么逃避。过分的危险人都知道逃避，但遇到了网罟陷井，就不知道怎么躲避。往往在危险时，那些自认为智慧的人就离开清澈理性和中庸之道，忘记了自己本性。人都说自己智慧，选择中庸之道，但是"不能期月守也"，尽管可以一时做到中庸，却坚持不了一个月。孔子在这里提出两个问题，第一，在理论上可能知道了中庸之道的重要，但却不能运用在实践上；第二，在实践上可以运用的人，可惜不能坚持而只能在短时期之内运用，时间稍微一长就不能坚守。这都说明了中庸之道是很难坚守的。②

---

① 《尚书·大禹谟》，（清）阮元校刻：《十三经注疏》，北京：中华书局1980年版，第136页。
② 相传，古希腊哲学家苏格拉底走进教室对学生们说："今天做哲学操——极为简单的甩手操，大家定要坚持下去。"一个月后，苏格拉底说坚持的请举手。一半学生举起手。一年后，苏格拉底说，坚持一年的请举手。教室鸦雀无声，只有后排一个学生慢慢举起手。这个学生就是柏拉图。柏拉图的毅力坚持，使他学问精益求精，终于成为苏格拉底之后伟大的哲学家。

　　《中庸》第七章运用比兴的艺术手法，阐述了人们难以实行中庸之道的原因在于被物质的私欲所笼罩。《中庸》通过用孔子的话，从各个角度阐释了中庸之道的度、思维方式，圣人做法，贤人和不肖者之区别，以及一般人在理论上懂得而在实践上为何做不到，或实践上开始做了为何不能坚持下去等问题。可以说，这回应并深化了"中庸其难哉"。

　　中庸是很难的，但孔子对中庸之道的实行持乐观态度。中庸难在人们不想去中庸，不想去做小事，不想回到道心，不想回到本意回到常识上。但正因为难，才值得去做，值得去发扬。在孔子看来，人应该从小事做起，从自我做起，才可以做大事，才可以走得远。因为"登高必自卑，行远必自迩"，想要登高，只有从低处开始走，想要行远，必须从第一步迈起。只有这样，中庸之道才可能实行。如果不迈出这一步，中庸之道永远是难以企及之道，中庸之道永远是理论上的难题，同时更是一个实践上的难题。

　　孔子盛赞中庸之道是一种极高尚的美德，但中庸之道的实行难度很大，而不能实行的原因在于知者和贤者过之，而愚者和不肖者不及，指出提高对大道的自觉性是能否推动中庸之道的重要一环。最后，《中庸》以舜为例证，正是为了说明"隐恶扬善"和"执两用中"在中庸之德实践中的重要性。

第十五讲　中庸之难与君子之强

　　《中庸》在前面部分主要谈到孔子一些行状和言说，从中引
出微言大义，指出中庸之道的玄奥之所在。

一、须臾不离的中庸之道

　　"子曰：'回之为人也，择乎中庸，得一善，则拳拳服膺，而弗失之
矣。'"颜回为人处世选择了中庸之道。孔子弟子三千，贤人七十二，[①] 而
真正继承他衣钵者，颜回、曾参等几人而已。孔子是一个大教育家、大思
想家，为什么被称为"素王"的宏大思想，继承衣钵者仅仅是颜回等几个
人呢？[②] 原因何在呢？其原因在于颜回等选择并终身实践着中庸之道。颜
回"得一善，则拳拳服膺"，"得一善"之"善"不是和恶相对的善，而
是得善端善事美好的东西，就表现出恭敬挚诚的样子。得一个开端而
"拳拳服膺"，打心眼里佩服而且去遵循这善事。有些人可能在很短时间内
就忘到脑后，而颜回却牢记在心中永远不忘。

──────────

　　① （汉）扬雄著、（晋）李轨注、（清）汪荣宝义疏《法言义疏·学行卷第一·疏》："游、
夏大贤，犹不过得圣人之一体，七十子学有浅深，材有高下，岂得尽肖仲尼？则作'二三子'者，
于义为优。二三子之肖仲尼，谓若冉牛、闵子、颜渊具体而微。"
　　② 孔子弟子三千，贤人七十多人，前辈如子路、冉有、子贡都忙于从政，后辈如子游、子
张、子夏、曾参都从事于教学。"自孔子卒后，七十子之徒散游诸侯，大者为师傅卿相，小者友教
士大夫，或隐而不见。"（《史记·儒林传》）《韩非子·显学篇》又说孔子死后"儒分为八"，有
子张之儒、子思之儒、颜氏（颜回）之儒、孟氏（孟轲）之儒、漆雕氏（漆雕开）之儒、仲良氏
之儒、孙氏（荀况）之儒和乐正氏（乐正子春）之儒。

孔子认为自己一生中都难得几次做到中庸，但却盛赞颜回对中庸之道的坚守。颜回实践中庸一方面是"一箪食，一瓢饮，在陋巷，人不堪其忧，回也不改其乐也"。① 另一方面，颜回还是一个信念坚定的人，他的优点是沉默不语——听老师讲道，却终日不语。为什么不语？他在思考如何把老师的雄才大略应用于具体实践中。可以说，孔子是一个思想家、教育家，而颜回是一个实践家、践行家。孔子有颜回所不及的地方，而颜回也有孔子所不及的地方，那就是他终日去修行践行。正是这种教学相长的做法，才使颜回成为孔子所说的"回之为人也，择乎中庸"这样一位实践家的形象。

中庸之道在颜回身上的体现，一方面是"回不改其乐也"，当然孔子也不改其乐。孔子"在齐闻韶，三月不知肉味"。② 孔子对美好音乐的向往和深入体验，使他三个月都忘记了食欲味觉，可见这乐是大快乐——充沛于心的智慧快乐和审美愉悦。

这里想对儒家整体上非常重视"音乐教育"的话题稍微展开。为什么儒家对音乐教育作用如此重视？为什么儒家要强调"郑声淫""成于乐"呢？为什么强调要"尽善尽美"呢？孔子深知"乐"的教化功用，因为"乐"不仅有社会教化作用，而且还可以陶冶情操，完善仁和礼。孔子曾"访乐苌弘"。《礼记·乐记》中记载："宾牟贾侍坐于孔子，孔子与之言及乐，曰：'……声淫及商，何也？'对曰：'非《武》音也。'……子曰：'唯。丘之闻诸苌弘，亦若吾子之言'。"③《孔丛子·夫子适周》中记载："夫子适周，见苌弘。言终退。苌弘语刘文公曰：'吾观孔仲尼有圣人表，河目而隆颡，黄帝之形貌也，修肱而龟背，长九尺有六寸，成汤之容体也。言称先王，躬礼谦让，洽闻强识，博物不穷；抑亦圣人之兴者乎。'刘子曰：'今周室衰微而诸侯力争，孔丘布衣，圣将安施？'苌弘曰：'尧舜文武之道近弛而坠，礼乐崩丧，亦正其统纪而已矣。'夫子闻之曰：'吾

---

① 《论语·雍也》，（清）阮元校刻：《十三经注疏》，北京：中华书局1980年版，第2478页。

② 《论语·述而》，（清）阮元校刻：《十三经注疏》，北京：中华书局1980年版，第2482页。

③ 还可参见《春秋左传》《史记·乐书》相关记载。

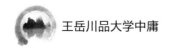

岂敢哉，亦好礼乐者也。'"①

孔子不仅重视音乐的社会功能，而且亲自学琴并透过琴音与上古圣人精神气质相联通。据记载，公元前523年，29岁的孔子专程师从鲁国著名的乐官襄子学琴。司马迁《史记》说："孔子学鼓琴师襄子，十日不进。师襄子曰：'可以益矣。'孔子曰：'丘已习其曲矣，未得其数也。'有间，曰：'已习其数，可以益矣。'孔子曰：'丘未得其志也。'有间，曰：'已习其志，可以益矣。'孔子曰：'丘未得其为人也。'有间，有所穆然深思焉，有所怡然高望而远志焉。曰：'丘得其为人，黯然而黑，几然而长，眼如望羊，如王四国，非文王其谁能为此也！'师襄子辟席再拜，曰：'师盖云《文王操》也。'"②师襄子为孔子演奏并深入阐释乐曲。孔子在乐曲中不断加深领悟，从乐曲的"数"（道理）、"志"（含义）、"人"（作曲者情操）、"类"（乐曲真谛），推断师襄演奏的是歌颂周文王的《文王操》，使师襄赞叹不已。孔子从古琴曲《文王操》中找到了"持文王之声，知文王之为人"③的根据，并不断完善儒家音乐美学思想："乐而不淫，哀而不伤"的音乐审美评价标准；"尽善尽美"的音乐尺度；"兴于诗，立于礼，成于乐"的诗意人生标准。

颜回之乐与孔子之乐另一方面是"不贰过"，④即不犯两次同样的错误。原因在于颜回不断思考揣摩，不断把理论放到实践中。当听了一件事情以后，他总是去模仿好的善端，对于"过"这种不好的事情，绝对不再犯第二次，这就是中庸。中庸之道之难就在于不走极端，甚至是不专门去分辨好、坏、是、非，在苦中也能感觉到乐，在乐中他能意识到危险的临近和忧郁的到来。正是因为他处于不分别或不刻意分别的中和状态，才能够坚持中庸之道。正是因为木讷不贰过而仔细体道，而且把这个道放在心中，"拳拳服膺而弗失之矣"，不再丢弃中庸之道，所以颜回成功了。颜回

① 《孔丛子·夫子适周》。

② 《史记·孔子世家》。

③ 《韩诗外传》。

④ 《论语·雍也》，（清）阮元校刻：《十三经注疏》，北京：中华书局1980年版，第2477页。

之所以能很好地践行中庸之道，是因为他把中庸之道当作自己毕生追求的目标，并且不断思考不断改正错误、修正方向。正唯此，孔子把颜回看作是自己唯一的同道。他评价颜回说："用之则行，舍之则藏，惟我与尔有是夫。"[①] 这是孔子对学生的最高评价。

一般人在一个月（"期月"）之内就已经违背中庸之道，而颜回时刻不放弃中庸之道，永远坚守中庸之道。很多人把规律或道当作外在的强迫，总要不断地要求自己警告自己，才可能去被动地接受道。但是当把这样一种外在的强迫性变成了一种内在的自觉性，再去实行道时，他就充满了本真的快乐。

《中庸》第八章是针对前一章那些不能坚持中庸之道的人而言的。以孔门高足颜回为例，说明颜回对中庸之道的坚定不移，符合孔子"吾道一以贯之"[②] 的风范，同时也说明只有化外在的强迫性为内在的自觉性，才能坚守中庸完美品格。虽然孔子盛赞颜回能够实行中庸之道，但是孔子也曾经说过："中庸其难哉"，连他自己一生也没有几次能够做到"中庸"，因为实行中庸之道是有相当难度的。

二、中庸不可能的深层原因

"子曰：'天下国家可均也，爵禄可辞也，白刃可蹈也，中庸不可能也。'"话说得似乎很绝对。这有孔子的考虑。"天下国家可均"，要把天下治理好，要让国家的每一个人各得其位各得其所，这就是平治、平安、平定而治理国家，确乎很难。做到的人很少，只有尧、舜这样伟大的国君才能够做到。"爵禄可辞也"，人生在世，很多人是"皆为利来，皆为利往"。推辞掉官位和金钱，只有那种秉承了天下正气，坚守大道的知识分子和勇义之士才可以做到，而一般人很难做到。"白刃可蹈也"，可以赴汤蹈火在

[①]　《论语·述而》，（清）阮元校刻：《十三经注疏》，北京：中华书局1980年版，第2482页。

[②]　《论语·里仁》，（清）阮元校刻：《十三经注疏》，北京：中华书局1980年版，第2471页。

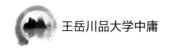

所不辞，英勇就义也毫无惧色，非常难。这三者都极为不易。孔子用三件很难的事情——"国家可均，爵禄可辞，白刃可蹈"，对比映衬中庸最难——"中庸不可能也"。孔子把中庸之道的推行看作比"国家可均""爵禄可辞""白刃可蹈"更要难以实现的事情，原因就在于中庸更为内在、持久、日常。孔子以他漫长的坚守而达到中庸之道。在孔子一生中，一直把恪守中庸之道作为人生的最高准则。可见，一个人要实现中庸之道，需要具备优秀的素质和坚毅的心志。

天下最英明的国君才可以把国家治理好；天下最优秀的作为民族脊梁的知识分子才可以看破功名利禄，坚守自己的德行，坚守自己的理想的大道；天下最勇敢的人，像苏武、岳飞、文天祥等这样的人，才可以不惧死亡、赴汤蹈火。① 这三者做起来非常难。所以，孔子认为"中庸不可能也"。因为均天下是一种智慧，世界上有智慧的人很多。辞爵禄是忠义，世界上忠义的人不能说很多很多，所以不乏忠义之士。蹈白刃是勇毅、勇敢、坚毅，不能说天下人都是勇毅之人，但是天下确有英雄存在。智慧者、仁义者、勇毅者难能可贵。中庸之道，不仅仅需要勇敢，需要智慧，需要忠义，更加需要坚守，更加需要执着。

中庸之道，把握这个中的度，再通过日常住行的方式去实践，的确非常之难。孔子传达的思想是，伟大的事情、拍案而起的事情往往比较容易，而那种在日常生活中默默无闻地坚守一种中庸尺度，却分外不易。知识分子在穷时坚守自己的道义，在达时把正确的道推之天下而不移。孔子不是危言耸听，不是过分夸大，而是恰到好处地说明了日常生活中的坚守、平常独处时的意志和自觉的判断力、从小事做起的可贵精神才是最重

---

① 颇能体现"爵禄可辞也，白刃可蹈也"的是齐国史官的故事：崔杼杀死了齐王，齐国太史记录下"崔杼弑齐君"。崔杼杀了太史。另一个太史接着勇敢地记录，崔杼再杀太史。第三个太史仍然坚持记录，崔杼再杀太史。这时匆匆进来的两位太史说，"崔杼弑齐君，崔杼杀记录这件事的三位太史，我们再来记录"。崔杼说："你们就不怕我杀你们吗？"太史说，"杀了我们还会有其他史官来记录，史官杀不完"。真可谓"宁蹈白刃"，绝不放弃职守和原则，这就是《中庸》张扬的"不易""恒常"精神。

要的。所以"中庸不可能也",并不是说中庸做不到,而是说需要坚毅的精神和意志才能做到。①

在第九章中,孔子对中庸之道持捍卫和高扬的态度。一般人对中庸理解过于肤浅,孔子对此有感而发,将中庸推到了比赴汤蹈火、治国平天下还难的境地,其目的还是在于引起人们对实行中庸之道的高度重视。在论述了"中庸其难"之后,第十章的内容是孔子与自己的学生子路之间的对话,孔子用浅显的言语,深入阐述了"强"的道理。

三、君子之强的精神向度与价值操守

"子路问强。子曰:'南方之强与?北方之强与?抑而强与?宽柔以教,不报无道,南方之强也,君子居之。衽金革,死而不厌,北方之强也,而强者居之。'"子路问老师关于强、强大、刚强的问题。子路性格果敢直爽,为人勇武,这样一个人来问强,孔子的回答很具有分析性和引导性。孔子说,你问的是南方的那种刚强呢?还是北方的那种刚强呢?或者是说你自己的那种刚强呢?这说明孔子对强的问题有灵活性。孔子在这里把一个关于强、刚强的问题一分为三,而且还引进了地缘学或者是地理文化学,说明刚强在不同的时代、不同的地区、不同的氛围中有不同的含义。

"宽柔以教","宽柔",柔顺地去教诲别人,不是声色俱厉,不是拍案而起。"不报无道",不报复那种无道之人即恶人,这很宽容。"南方之强也"。之所以宽柔以教、不报无道,在于南方空气湿润,地理环境良好,人的体格也不是很高大,脾气秉性也很温和,在这个氛围中形成一方人民的人格和秉性。"君子居之",孔子把这种南方之强看成是君子所应持

---

① 《论语·乡党》:"入公门,鞠躬如也,如不容。立不中门,行不履阈。过位,色勃如也,足躩如也,其言似不足者。摄齐升堂,鞠躬如也,屏气似不息者。出,降一等,逞颜色,怡怡如也。没阶,趋进,翼如也。复其位,踧踖如也";"孔子于乡党,恂恂如也,似不能言者。其在宗庙朝廷,便便言,唯谨尔"。

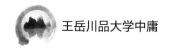

之强。

北方是塞北，华北平原以北，与作为中原的南方不同，寒风凛冽，飞沙走石。北方和南方在水土、气候、地理环境等方面都有很大的差异，正是这些地理环境的差异使北方人和南方人有区别。北方人"衽金革"，把金和革当成席子一样躺着，连死都不怕还怕什么呢？这是北方之强。北方人身材高大，他们怀抱着铠甲刀枪入睡，是一群赳赳武夫，雄强至极，死而不厌。"而强者居之"，这里不是"君子居之"，而是"强者"，超过了君子的叫强，因为君子行中庸之道。孔子认为北方之强"衽金革，死而不厌"，还是"过分"强了一些，所以"强者居之"，强者就把这种视死如归看成自己的人生准则，这就是北方的强。还不是君子所居之强。

南方之强在于用宽厚、仁义的方法去教化人，即便对残暴的人也不加以报复；而北方的强则在于勇毅、果敢，哪怕是在金戈铁马的战场，面对强敌也能够勇往直前。但在孔子看来都不如"君子之强"。

"故君子和而不流，强哉矫！中立而不倚，强哉矫！国有道，不变塞焉，强哉矫！国无道，至死不变，强哉矫！"和而不流，即和和气气但不流俗不低俗，这才是真强大、刚强。立定中道把握到忠直的度而不偏不倚，这才是真正的强。在国家有道需要人才时，不变过去穷时的伟大志向，也就是说国家有道时，他出来做事，但并不是因为做大事而忘本，而是坚守自己处于过去那种穷知识分子在陋巷的美好情操和远大理想。这样的人才是真正的强。如果国家处于无道的状态，处在满地是小人的境况，那么到死都不改变自己的节操，宁死不变节，这样的人是真刚强。

通过子路问强，孔子传达出自己对地缘政治和地缘文化的看法，谈到了南方的强、北方的强和君子的强。当然，他欣赏君子的强，其中的关键是"和而不流，中立而不倚，国有道不变塞，国无道至死不变"。"和而不流"是态度，不是一团和气，不流是不流俗，要保持自己的理念。"中立"，不走偏激，不偏不倚，并不是强，而是有原则。在国家有道时，不忘其本，在国家无道时，宁死不变节，这都很难。

《中庸》第十章通过"子路问强"的故事，说明真正的强不在于体力的强大，而在精神力量的强大。精神力量的强大体现为和而不流，体现为柔中有刚，体现为中庸之道，也就是坚持自己的信念永不动摇，固守自己的高远志向和操守。孔子推崇君子之强，君子之强的核心就是永远坚守中庸之道，即便周围环境如何变化也决不中途放弃。

四、君子遵道而行的中庸实践

"子曰：'素隐行怪，后世有述焉，吾弗为之矣。君子遵道而行，半途而废，吾弗能已矣。君子依乎中庸，遁世不见知而不悔，唯圣者能之。'"
"素"，按照《汉书》当为"索"，"素隐"可以叫作"索隐"。"索"和"隐"指的是人的言行和思想通过隐怪曲折的方式表现出来，或者故作高深标新立异。"行怪"就是行为很怪诞、怪僻，不同于一般。后人也把他们记载下来流传下去。但是孔子说自己不去做这样的事情。孔子表明自己绝不做那些过分怪诞、过分怪僻的事情，甚至去思考过分刁钻古怪的东西。[①]

"君子遵道而行，半途而废，吾弗能已矣"。很多人都有良好的初衷，都像君子一样怀着远大的理想，而且痛下决心要去坚守他的道义，可惜半途而废的人比比皆是，走到终点的人却非常少。所以，唐代玄奘难能可贵就在于，西天取经者不下千人万人，而学成归来的，有去有回、有始有终者玄奘也，所以他成了万世的表率。对半途而废的情况，孔子说，"吾弗能已矣"，我是不能像这样停下来的，就是他既不赞成那些奇怪的言论和行动，也不赞成半途而废的，有好的愿望而没有好的结果的事情。

"君子依乎中庸，遁世不见知而不悔，唯圣者能之"。君子要依照中庸之道去行，遁世隐居，不为人知，但却不会后悔。遁世隐居有不同的解说，也有人说整个世界都不知道他，他也不悔，"人不知而不愠"，[②] 这当然只有圣者才可以达到。

---

① 《荀子·儒效》："凡事行，有益于理者立之，无益于理者废之，夫是之谓中事。凡知说，有益于理者为之，无益于理者舍之，夫是之谓中说。事行失中谓之奸事，知说失中谓之奸道。"

② 《论语·学而》，（清）阮元校刻：《十三经注疏》，北京：中华书局1980年版，第2457页。

这表明了孔子的三个态度，一个态度是绝不做言辞上的伟大人物，而要做坚定不移的实践者，但在行动上绝不去过分张扬、夸张搞得满城风雨，让所有的人都叹为观止。行中庸之道的人是踏踏实实、任劳任怨，沉默而行的君子。第二个态度是孔子也不赞成半途而废的行为，孔子认为坚持到底殊为重要。第三，人不知道自己，我也坚守我的事业，不为天下所知也没有关系，这正是君子杰出之处，只有圣者才可以做到。反过来说，那种大张旗鼓传播自己的名声，到处张扬自己宣传自己做了什么稀奇古怪的事情，或者把自己打扮得很流行、很时髦、很另类，孔子认为都不合乎中庸之道。真正的中庸之道是在日常生活中的一种平淡、一种优雅，一种沉默是金的形象。在这个意义上说，"子不语怪、力、乱、神"，① 那些很怪的，那些残暴的，那些混乱的，那些神乎其神的东西，他都不谈。孔子专注的事情是人间的事情，人和人之间的平等，生命中的朴素的人我交往。真正的君子泯灭一分是非之心、名利之心、夸耀之心及作秀之心，而回归到一片平常心。不争不斗，不喜不厌，无生无死之忧，不知老之将至，这才是孔子要坚守的中庸之道，才是君子应该真正做到的。②

在孔子看来，坚守中庸之道也许在相当长一段时间内不会被人们理解、认可和接受，甚至那些坚持中庸的人在很多的超强、超胜、超高的领域中还不能取得一席之地，但是他维系了人类的和谐发展。也许那些超

---

① 《论语·述而》，（清）阮元校刻：《十三经注疏》，北京：中华书局1980年版，第2483页。

② "中"的道德信念和准则一旦确立，就永不偏离，无论治世乱世、有道无道，君子都要坚守信念，保持节操，"至死不变"。孔子提倡"死守善道"，说"匹夫不可夺志。"（《论语·子罕》，阮元校刻：《十三经注疏》，北京：中华书局1980年版，第2491页）曾子说："临大节而不可夺也。"（《论语·泰伯》，阮元校刻：《十三经注疏》，北京：中华书局1980年版，第2487页）孟子说："得志与民由之，不得志独行其道。富贵不能淫，贫贱不能移，威武不能屈，此之谓大丈夫。"（《孟子·滕文公下》，阮元校刻：《十三经注疏》，北京：中华书局1980年版，第2710页）荀子说："上不循于乱世之君，下不俗于乱世之民。仁之所在无贫穷，仁之所亡无富贵。"（《荀子·性恶》）《礼记·儒行》说："戴仁而行，抱义而处，虽有暴政，不更其所。"从这些话可以看出，坚持"中立不倚"，不调和，不妥协，正是儒家一贯的优良传统。

强、超胜、超高的也有其意义，标榜了人类达到的极限。但是孔子的哲学不强调极限，相反，在两个极限之间取其中，这是一种东方的思想、东方的智慧和东方无言之大美，需要人们放平机心去沉静体悟。

第十六讲　君子之道的广大与隐微

前面通过引述孔子言论反复论述"中和"概念，说明弘扬中庸之道的难度、必要性和重要性。孔子盛赞颜回对中庸之道的坚守，并以国家可均、爵禄可辞和白刃可蹈来衬托中庸之道实施的难度，又通过子路问强的故事说明真正的强者在于对中庸之道的坚守，并教导人们不做欺世盗名半途而废的人，要做无悔中庸之道的圣人君子。

一、儒家对君子的多重规定性

"君子之道费而隐"。"君子之道"是中庸之道。"费"就是广大，"隐"就是微小隐微。君子之道既广大又隐微。换言之，君子的中庸之道有"费而隐"两个方面，或者说是"最低纲领"和"最高纲领"。这两个纲领构成了君子的极限。行中庸之道者，君子也。做一个君子很难，因为孔子或者儒家对君子有很多的规定和要求：

君子"群而不党"，① "不党"不是说不参加党派，这个地方的"不党"指的是不偏私，处以公心，合群而不争夺，不拉帮派；"君子不以言举人，不以人废言"，②不因为他说好听的话就提拔他，也不因为这个人有了问题，他曾经说过的有真理性的话都废除掉；"君子不器"，③ 一个器皿

---

①② 《论语·卫灵公》，（清）阮元校刻：《十三经注疏》，北京：中华书局1980年版，第2518页。

③ 《论语·为政》，（清）阮元校刻：《十三经注疏》，北京：中华书局1980年版，第2462页。

只有一个用途，君子具有广博的、宽阔的眼光和学识，能够处理天下的大道大事，而不仅仅做一个小方面事情；君子"不忧不惧"，① 因为君子心中无鬼，故坦坦荡荡，无所忧也无所惧；"君子耻其言而过其行"，② 君子以话说得很满很多，而却是行动矮子甚至根本没有结果为耻；"君子固穷"，③ 君子虽然遭遇穷困，但是能够坚持自己的操守；"君子和而不同"，④ 君子求差异性的和谐相处，而不寻求臭味相投者，始终保持个体精神的独立性差异性；"君子谋道不谋食"，⑤ 君子坚守的是道，而不是为了自己的衣食而去操心；"君子求诸己，小人求诸人"，⑥君子严格要求自己，而小人却苛刻地要求别人。换句话说，要求别人做到的，君子自己先要做到，自己都没达到而要求别人达到，这不是君子所为；"君子上达，小人下达"，⑦上达于天达于道达于仁义，下达于"利"，达于"钩心斗角"，达于"蜗角功名"，君子上达于仁义，小人下达于财利；"君子坦荡荡，小人长戚戚"，⑧君子心中无鬼，做的是大事业。小人长戚戚，总是为了自己的得失而操心；"君子喻于义，小人喻于利"，⑨ 君子与小人的精神之高低一目了然；"君子忧道不忧贫"，⑩君子不为贫穷担忧，而是为了大道之行而思虑。

由此可知，在孔子的思想谱系中，要成为君子何其难哉。在行动、言辞、名利关系上，在人生观、世界观、宇宙观上都高、大、远，这就叫作广大。但如果一个真理高得神龙见首不见尾，那么庶民百姓都听不懂而无法感受，虽广大又有什么用呢？所以，在哲学上，如果是一个空想的理想主义者，是一个空想的哲学家，人们就会一笑置之转身就走。仅仅谈大还不够，还要强调隐微具体之"隐"，"费而隐"相反相成。

---

① 《论语·颜渊》，（清）阮元校刻：《十三经注疏》，北京：中华书局1980年版，第2503页。

②⑦ 《论语·宪问》，（清）阮元校刻：《十三经注疏》，北京：中华书局1980年版，第2512页。

③ 《论语·卫灵公》，（清）阮元校刻：《十三经注疏》，北京：中华书局1980年版，第2516页。

④ 《论语·子路》，（清）阮元校刻：《十三经注疏》，北京：中华书局1980年版，第2508页。

⑤⑥⑩ 《论语·卫灵公》，（清）阮元校刻：《十三经注疏》，北京：中华书局1980年版，第2518页。

⑧ 《论语·述而》，（清）阮元校刻：《十三经注疏》，北京：中华书局1980年版，第2484页。

⑨ 《论语·里仁》，（清）阮元校刻：《十三经注疏》，北京：中华书局1980年版，第2471页。

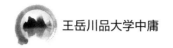

二、实践君子之道的张力结构

"夫妇之愚，可以与知焉，及其至也，虽圣人亦有所不知焉；夫妇之不肖，可以能行焉，及其至也，虽圣人亦有所不能焉。"这里的夫妇不是今天所说的夫妻，而是指匹夫匹妇或个体大众。不太智慧的普通百姓，他们也是可以知道中庸之道的。中庸之道并不是玄乎其玄不知所终。达到中庸之道的最高境界，即使那些了不起的尧舜禹等圣人，也是不能完全把握的。"夫妇之不肖，可以能行焉"。那些不太贤良的百姓，也是可以去感受道、去行中庸之道的。在这里，孔子坚持了中庸之道的原则性，就是在最低层次上，人人皆可为之，而在最高境界上，圣人也不能完全达到和把握。

"天地之大也，人犹有所憾。故君子语大，天下莫能载焉；语小，天下莫能破焉。"天地之大，大到人所不能及，但是人类还是觉得天地不是完满的，还是有所遗憾的。圣人君子说它大，大到没有任何一个东西可以把天和地载起来。这比喻的是中庸之道，君子说这个中庸之道大，天下没有能够突破这个规律，没有什么不在这个道之内；要说它小，天下没有人能够分割它。中庸之道虽然小，但是天下没有一个人可以去忽略它。

"《诗》云：'鸢飞戾天，鱼跃于渊。'言其上下察也。君子之道，造端乎夫妇；及其至也，察乎天地。""鸢飞戾天"，大鸟飞到九天之上，鱼翔广水之渊，鸢和鱼在天和地之间那高迈、深不可测的空间中遨游。它对上上下下的空间都很清楚。君子之道在老百姓的日常用度中，这是君子之道的起源和基础，是运用的广大区域。达到最高境界时，昭明着天地万物的根本道德。从这一点上看，孔子的中庸之道确实是君子应该坚守的至高、至大之道。

《中庸》第十二章提出了"君子之道，费而隐"的观点，定下广大而精微的尺度。这表明宇宙之大都不能出于中庸之道外。在中庸之道上，孔子列出了最高和最低纲领。对于一个人来说，最低纲领是他成为一个君子的最起码的入门渠道。设想一下，如果君子都是高不可攀，圣人都是全世界没有几个，那很多人就会说：我们成不了君子，我们也不想成为君子了；我们成不了圣人，我们也不想成为圣人了。如此一来，这天下就是芸芸小人的天下。所以，孔子列出最低纲领，就是像匹夫匹妇一样的普通人通过努力也可以达到中庸之道。但并不因此而小看中庸之道，因为中庸之道是大道，它小到无极，大到无边无涯，它永远在我们的人、宇宙的生成的过程中，这就是最高纲领。

三、道不远人的人文立场

《中庸》第十二章是作者子思的言论，阐明了中庸之道其大无外、其小无内，时时处处无所不在，充分印证了《中庸》开篇第一章所提出的"道不可须臾离也"的观点。第十二章以后的八章广征博引孔子言论进一步对这一观点加以说明。

"子曰：'道不远人。人之为道而远人，不可以为道。'"中庸之道不远离人世，真正的道与人紧密相关，真正的大道与人的生存、人的价值、人的发展相生相契，大道就在人世间。所以，"道不远人，人之为道而远人，不可以为道也"。人们讲求的大道，如果远远离开了人世间，是不可以为道的。离开人的"道"，不是"大道"和"正道"。

"《诗》云：'伐柯伐柯，其则不远。'执柯以伐柯，睨而视之，犹以为远。故君子以人治人，改而止。"伐柯就是砍一个斧柄，拿着斧头去砍木柴要做成柄的样子。"则"就是样板，并不远，就在手上。抓着斧柄去砍一个斧柄，斜眼看它的样子，很多人还是觉得远。这是一个常识，人们去砍一个东西时，如果不精确地去画线和衡量，要做到跟手上这个柄一模一样是很困难的。"故君子以人治人，改而止"。以自己的榜样和道理去说服别人，不可能要求别人跟那个原来的样板一模一样，他只要改正了他的缺点就行。因为，既然拿了一个样板斧柄去砍，都不能做到一模一样，那你在去教训人时，怎么能要求别人跟你做得完全一样呢？在这个引申过程

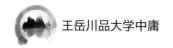

中，儒家思想的意义出现了，即在很多问题上，不能要求百分之百的正确和一致。

"忠恕违道不远，施诸己而不愿，亦勿施于人。"只要是忠诚宽恕，中庸之道已经不太远了。只要做到了忠心耿耿，又宽容地对待别人，就已经走在中庸之道上了，只是还需要更加精进而已。"施诸己而不愿，亦勿施于人"，一件事情放在自己身上而不愿意接受，那么千万不要放在别人身上让别人接受。孔子认为，做到忠诚宽恕、"己所不欲，勿施于人"，就离中庸之道不远了。

四、日用规范中的中庸实践要求

"君子之道四，丘未能一焉：所求乎子，以事父未能也；所求乎臣，以事君未能也；所求乎弟，以事兄未能也；所求乎朋友，先施之未能也。"孔子说，君子的中庸之道有四条，我自己一条都没有做好。这四条是父子、君臣、兄弟和朋友。要求子女以事父母的孝道，我没有做好；要求臣以事君的忠诚，我也没有做好；要求弟以事兄的悌道，我也没有做好；要求结交朋友应先施之，我也没有做好。"子以事父""臣以事君""弟以事兄""朋友先施之"，孔子都没做好。这是不是说孔子的人生很失败呢？不是。其实读过《孔子传》《论语》就会明白，孔子在这些方面做得很好。他确实是做到了这四条，但是他从更高的标准来要求自己。这个地方"未能也"，并不是说没有完全做到，而是说没做到"至善"，没做到至善至美。"止于至善"是一个非常高的要求。

"庸德之行，庸言之谨，有所不足，不敢不勉，有余不敢尽。言顾行，行顾言，君子胡不慥慥尔！"日常生活的那种德行道德实践，日常语言的那种谨慎，还做得不够，不敢不勉励去做。做得很好的地方，也不敢大力渲染，而要谨慎谦虚。庸德和庸言不是平庸之德和平庸之言，而是日常用度中的保持一致的言和行，有所不足就需完善，并精益求精长期坚持。"言顾行，行顾言。君子胡不慥慥尔"。所言的要顾及所行的，所行的要顾及所言的，言行一致，言必信行必果。孔子说，"君子耻其言而过其行"。[①]
说得好听，做得很差不行；或者信誓旦旦地保证要做得多么美好，而行动
却相反；或者言论像一个君子，而行动却像个小人。孔子认为这些都是不
合适的。"君子胡不慥慥尔"，君子为什么不老老实实地做人和做事呢？为
什么要说得好听而做得很差呢？为什么要言过其实呢？君子应该言行一
致、表里如一。

《中庸》第十三章引用了孔子的言论，论述了中庸之道不可离的观点，
孔子提出用孝、悌、忠、信四种道德治己治人，鼓励人们言行一致，这样
才能成为德才兼备的君子，这是实践中庸的标准与规范。中庸之道处在人
们的行为规范中，处在人和人的关系中，处在启蒙自己和启蒙他人的关系
中。真正的启蒙者应该是先要求自己达到君子的中庸之道，达到君子的德
行，然后才可以去要求他人。

由此可见，中庸之道既是本体论，又是方法论。中庸之道不仅成为儒
家的思想准则，而且在中国思想史上成为很多哲学流派的思想方法论，因
而具有中国思想经典和世界观纲领的重要地位。中庸之道贯穿在宇宙万事
万物规律之中，影响了中国文化思维和人们处世行为，具有历久弥新的重
要思想文化价值。历史表明，中庸不是折中调和的中间路线，而是在不偏
不倚中寻求恒常之道。君子参透了运行于人世间的天地宇宙的规律，故而
强调中和中道，追求不急不缓、不过不及、不骄不馁的人生至境，不仅影
响东方文化，而且正在影响西方文化。

当代文化已经意识到西方过分攫取自然资源的害处，注意到过分张扬
人类的竞争去肆意改造自然的弊端。西方人将目光投向东方，[②] 吸收整合
了东方"中庸"思想，提出并正在完善生态文化理论。强调人应顺应自然
让自然"如其所是"，而不是违反自然规律去征服自然。否则，洪水、泥
石流、海啸、温室效应等就会大规模地出现。只要人类反自然，那么大自

---

① 《论语·宪问》，（清）阮元校刻：《十三经注疏》，北京：中华书局1980年版，第2512页。
② 参见王岳川：《发现东方》，北京：北京图书馆出版社2003年版。

然的报复会很快到来。所以，东方思想中讲求"上下察也"，强调要顺应自然，保持人与自然的和谐状态。在人文精神领域同样要贯穿中庸之道。中庸强调不偏不倚，不过分竞争开发，保持自然生态的和谐，保持精神生态的健康和谐。因此，中庸思想在21世纪仍然有其不可忽略的全球性意义和世界性价值。

第十七讲　中庸实践的主体自觉与积极功效

　　在对《中庸》的文本细读中，我们逐渐接近中国思想中的最具有辩证论和价值论的意义层面，同时体悟到中庸精神所具有的社会政治和伦理道德意义。正是从更为全面的文化视野出发考察，因而能够尽量减少历史赘加物带来的种种文化误读，尊重东方思想史的发展脉络，并从中感悟中国文化创新与守正的本体依存关系。①

　　一般而言，中庸之道在自然与社会两个方面均注重适度与均衡，其构成的"天人关系"主要表现在天道与人道的合一上。所谓天道的关键在于"诚"，而人道的终极目标则是对诚的追求。在人道与天道相合中努力达到原天以启人，尽人以合天，从而使人与自然、人与自己的天性相和谐。当人性与天性相应相合之时，人性也就与天性的至善至诚至仁至真相合一。这种人性与天性的和谐相生，对君子提出了内在修为与外在践行相互合一的高

----

　　①　"中庸"一词在历史上，有正面与负面两种理解。正面理解为处世不偏不倚，无过无不及。如唐柳宗元《柳河东集·祭吕衡州温文》："泊乎获友君子，乃知适于中庸，削去邪杂，显陈直正。"（明）张宁《见方洲集》卷4《画元章拜石图附一诗》："但恐违中庸，行怪不可率。"（文渊阁《四库全书》本，上海：上海古籍出版社1987年版）负面理解则指中等平常、平庸的人。如《荀子·王制》："元恶不待教而诛，中庸民不待政而化。"（《诸子集成》2，上海：上海书店1986年版，第94页）北齐颜之推《颜氏家训·教子》："上智不教而成，下愚虽教无益；中庸之人，不教不知也。"（唐）刘知几《史通·品藻》："上智中庸，等差有叙。"（上海：世界书局1935年版，第11页）《文选·贾谊〈过秦论〉》："材能不及中庸。"（北京：中华书局1974年版，第1199页）《晋书·高光传》："下士竞而文，中庸静而质。"

169

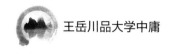

要求，成为历代君子追求至诚至仁的目标。

"中庸"之"中"，为历代人所重视并不断重新阐释。王夫之认为："一中者不易，两中者易。……中立于两，一无可执，于彼于此，道义之门"① 中，"本训云：和也。其字从口，而上下贯通，调和而无偏胜，适与相宜，故周子曰：'中也者，和为也。'酌之以中，所以和顺义理，而苟得其中，自无乖戾也。中为体，和为用，用者即用其体，故中、和一也。东西南北之无倚，上下之皆贯，则居事物之里矣，故又为内也，与外相对。唯在其内，故不偏倚于一方，不偏不倚，必贯其内矣，其义一也。不偏而和，则与事物恰合，故又为当也，'发而皆中节'，当其节也。俗有'中用'之语，意正如此。"②

子思提出"君子之道费而隐"的观点，指明君子所坚守的中庸之道用途广大，无穷无尽，而其本体精细隐微，无所不在。其后又引用了孔子对君子之道的观点，认为只有做到了孝悌忠信言行一致，才能成为君子，而作为君子须知道自己的位置。这一思想谱系，值得细致分梳。

---

① （明）王夫之：《周易外传》卷六《系辞下传》第十章，《船山全书》第一册，长沙：岳麓书社1996年版，第1065页。

② 王夫之：《说文广义》卷二，《船山全书》第九册，长沙：岳麓书社1996年版，第240页。"中立而不倚"（《礼记·中庸》，阮元校刻：《十三经注疏》，中华书局1980年版，第1626页），"执其两端，用其中于民"（《礼记·中庸》，阮元校刻：《十三经注疏》，北京：中华书局1980年版，第1626页），"和而不同"（《论语·子路》，阮元校刻：《十三经注疏》，北京：中华书局1980年版，第2508页）。"君子而时中"（《礼记·中庸》，阮元校刻：《十三经注疏》，北京：中华书局1980年版，第1625页），"过犹不及"（《论语·先进》，阮元校刻：《十三经注疏》，北京：中华书局1980年版，第2499页），"攻乎异端"（《论语·为政》，阮元校刻：《十三经注疏》，北京：中华书局1980年版，第2462页），"不在其位，不谋其政"（《论语·泰伯》，阮元校刻：《十三经注疏》，北京：中华书局1980年版，第2487页）。"执中无权，犹执一也"（《孟子·尽心》，阮元校刻：《十三经注疏》，北京：中华书局1980年版，第2768页）"中庸"的英文翻译为golden mean 或 the doctrine of the mean，有"黄金分割"（Golden Section）之意。

一、自我定位的"素位"意识

"君子素其位而行，不愿乎其外。素富贵，行乎富贵；素贫贱，行乎贫贱；素夷狄，行乎夷狄；素患难，行乎患难；君子无入而不自得焉。"①这里，论述君子修中庸之道的次序等问题，说明君子应该怎样得其位，应该居什么样的位置，做什么样之事。"素"即得其分、安其位，意味着居于什么样的位置，就在这个位置上去行事，而不做分外的好高骛远之事。

"素富贵"，在富贵的位置上就要行乎富贵。如果富贵了却还想得到更大的富贵，于是就更加贪婪，把他人囊中之物据为己有，这就叫不行富贵之位。相反，有些富人觉得自己富了而他人还穷，于是心有不安，于是拿出部分钱财去赞助教育、资助宗教、扶助贫困，这就叫行乎富贵，做了有钱人可以做到的善事。

"素贫贱"，一个人贫穷时，如果天天做黄粱美梦，想发大财发洋财，就没有"行乎贫贱"。人应该安贫乐道，如果怀有太多的野心就会徒增痛苦，而且会嫉妒甚至是埋怨那些富起来的人，不是调整自己更加努力，使社会制度更为公正，而是一心怨恨社会和他人，从而造成了更多的社会内伤，受到来自他者的更多的伤害。

"素夷狄"，夷狄指的是边疆边陲，不在华夏或中原等经济文化发达地区之列。"行乎夷狄"，不是去埋怨条件差或地理位置不好，而是踏踏实实地从本民族本地区的实际出发去做事情。不能邯郸学步把其他地方的制度照搬过来，那样反而收不到好的效果。

"素患难，行乎患难"，处在患难之中就应知道患难是一种多么重要的提升自我品质的契机，因为正是患难可以使人超越自己。在患难中如果只想着有人来解救帮助自己，幻想着不经过努力就获得平安畅达，这是与人

---

① 《礼记·中庸》，（清）阮元校刻：《十三经注疏》，北京：中华书局1980年版，第1627页。

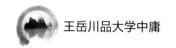

生修为背道而驰的。在患难中要重温"一箪食，一瓢饮，居陋巷，人不堪其忧，回也不改其乐"① 的精神，安于患难中的坚守道义的意志和相信未来的自信，通过自我实力提升走出困境并重新崛起，造就君子的精神生命魅力。

"在上位不陵下，在下位不援上，正己而不求于人则无怨。上不怨天，下不尤人。故君子居易以俟命，小人行险以徼幸。"这是君子素其位而行的实践方法。"在上位不陵下"，处在上面位置的上级不要去欺凌下级，因为人在人道主义的光谱上是平等的，在人道主义的天平上是同质的。在上位不应该借势压人、仗势欺人。在下位也不攀缘巴结讨好上级，虽处下位对上级也应行坦荡的君子之风。"正己而不求于人则无怨"，从严从正要求自己，从来不去乞求别人施舍给自己任何好处，这样也就没有怨言。"故君子居易以俟命"。"居易"就是居在平易安定之处，"居易以俟命"，就是说不要去铤而走险，而是等待机会有所作为。相反，"小人行险以徼幸"，小人总是铤而走险，而且怀着侥幸的冒险心理。

"子曰：'射有似乎君子；失诸正鹄，反求诸其身。'"这里拿射箭来比喻君子为道，一箭射去，但脱靶，没射到靶心——"鹄"，是去怪靶子不好呢？还是应该怪自己射得不好呢？当然应该"反求诸其身"，从自己身上找原因。这是君子之道自我内修的重要价值诉求。

《中庸》第十四章强调君子要素位而行，安于所守，这一观点同《大学》中"知其所止"的观点相一致。《中庸》其实告诉我们，任何成功的取得都基于对现状恰如其分地适应和处置。一个不能适应现状，在现实面前手足无措的人是很难成功的。

二、循序渐进的君子之道

"君子之道，辟如行远必自迩，辟如登高必自卑"。君子的中庸之道就

---

① 《论语·雍也》，（清）阮元校刻：《十三经注疏》，北京：中华书局1980年版，第2478页。

好像行远路，做大事业实现远大的抱负，必须从近处小事做起，只有始于近处才能至于远处，要攀登精神思想的高处，就必须从微小事情做起。"行远必自迩，登高必自卑"，其实说明事物的渐进过程或可持续发展过程。接着，用若干例证来阐述这一思想："《诗》曰：'妻子好合，如鼓瑟琴。兄弟既翕，和乐且耽。宜尔室家，乐尔妻帑。'子曰：'父母其顺矣乎！'"《诗经》中说，夫妻情感喜悦和谐，就像鼓琴鼓瑟和弹琴那样声音和美，兄弟情真意切和睦而快乐，能够让家庭充满了祥和安宁，让妻子和儿女一起快乐呀！孔子说，如果妻子、兄弟、儿女之间的关系达到和睦相处的境界，呈现出和和乐乐的祥和气氛，那么父母亲是最高兴最开心的！

君子致力于中庸之道绝非好高骛远，更不是一下子挖一座金山银山，而是在日常人伦的当下生活和家庭的安宁快乐之中逐步实现。君子大道在日常生活中体现出来，君子应该从自己家庭做起，从中显现出自己和谐和睦的融合能力、组织能力、协调能力。这就是中庸之道的朴素要求。《中庸》提出的"行远必自迩，登高必自卑"，说明了万事万物的发展总是遵循循序渐进的原则。君子修中庸之道也必须由近及远、由低到高，不可操之过急。否则，欲速则不达，结果适得其反。

三、敬畏神灵的当代思想启示

"子曰：'鬼神之为德，其盛矣乎！视之而弗见，听之而弗闻，体物而不可遗。使天下之人齐明盛服，以承祭祀。洋洋乎！如在其上，如在其左右。'"鬼神所做的功德是盛大的，而其来去无踪影、虚无缥缈，但充塞宇宙之间；体养万物却不能把它抛弃掉，因为它在我们身边。天下的人斋戒时清洁而隆重，穿着节日的盛装从事祭祀活动，这种庄严肃穆与日常生活的自由散漫不同。在这特殊的时刻，鬼神洋溢在灵动的气氛里，在祭祀的场所就好像在人们上方盘旋，在人们左右环绕一样。这样，人就体会到，除了人和人之间的关系外，生命世界中还有天地人神的关系，存在一个超

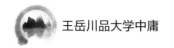

验的维度。① 人不是这个世界唯一的中心，不是这个世界的唯一的主人，不能颐指气使地指挥整个宇宙。相反，在高于人之上，还有一种看不见摸不着的存在充塞宇宙，力量巨大而让人们敬畏的神的形象。这双神性的眼睛盯视着我们，使人性污脏显现出来。人们常说你知、我知、神知、地知，正是因为有超越人的天地之"知"，使得人不敢妄自尊大，使得人不敢肆无忌惮地膨胀自己的贪心。

"《诗》曰：'神之格思，不可度思！矧可射思！'夫微之显，诚之不可揜，如此夫。""神之格思"，神思降临，"不可度思"，神旨降临神妙而不可想象，怎么可以去厌倦它、厌恶它呢？在神性光辉之下，人们感受到一种神恩，同时去深刻地反省自己。隐微之事的显现和诚信不可掩盖竟然如此相关。诚信在人与人的关系中具有重要意义。事实上，人额头上没写着字，不知道他是欺骗还是忠诚。但是天地之间有了神的维度，就使人不敢肆无忌惮地做坏事，使人不敢过分地贪婪，不敢心怀侥幸去做那些害人害己之事。在这个意义上，生命中有了神性的维度，人就不仅得以从日常生活中去体验中庸之道，还可能从天地人神的关系中去获得自己的位置和身份，使人在天地之间具有谦卑和谐的心态。

---

① 古代中国关于"人与神"的关系论域大抵有几个方面：其一，宗教及神话中的超自然体的神。《礼记·祭法》："山林川谷丘陵能出云，为风雨，见怪物，皆曰神。"（阮元校刻：《十三经注疏》，北京：中华书局1980年版，第1588页）孔颖达疏："风雨云露并益于人，故皆曰神而得祭也。"（阮元校刻：《十三经注疏》，北京：中华书局1980年版，第1588页）刘向《说苑·修文》："神灵者，天地之本，而为万物之始也。"（《四部丛刊初编》，上海：上海书店1989年版）其二指人死后的魂灵。韩愈《黄陵庙碑》："尧死而舜有天下，为天子，二妃之力，宜常为神，食民之祭。"（魏仲举：《五百家注昌黎文集》，文渊阁《四库全书》本）其三指神奇神异。《周易·系辞上》："阴阳不测之谓神。"韩康伯注："神也者，变化之极妙，万物而为言，不可以形诘者也。"（阮元校刻：《十三经注疏》，北京：中华书局1980年版，第78页）《吕氏春秋·当赏》："荆廷尝有神白猿，荆之善射者，莫之能中。"（《诸子集成》6，上海：上海书店1986年版，第314页）其四，精神，魂魄。《荀子·天论》："形具而神生。"（《诸子集成》2，上海：上海书店1986年版，上海：上海书店1986年版，第206页）杨倞注："神谓精魂。"（《诸子集成》2，上海：上海书店1986年版，第206页）《史记·太史公自序》："凡人所生者神也，所托者形也，神大用则竭，形大劳则敝，形神离则死。"

肉体的生命终会死亡，而精神生命可以永恒。"死而不亡者寿"，那些肉体死亡了而精神还存在的君子，才是真正的长寿之人。今天，科技理性告诉人们没有神鬼，人也不再相信鬼神，很多人变得越来越自信狂妄，人类中心主义使人变得过分张狂，甚至有人达到胡作非为、为非作歹、肆无忌惮的境地。虽然古代引进了"神格"这个维度有唯心因素，但是我们在批判这种唯心主义的同时，也应该反思，如果人就是宇宙中唯一中心，那人就应该为自己所做的事承担全部责任，人就更应该深刻反思并克制自己的行为。反过来说，如果广大无边的超验神性的眼睛盯着我们，那人们岂不是可以更多地有一种畏敬虔敬和自我约束吗？君子应该是文质彬彬知其所是，而不应茫然狂妄地认为自己是宇宙的中心。

四、大德受命的中庸功效

《中庸》第十六章借孔子对鬼神的比喻再次重申"道无所不在"的论断。孔子又以舜为例对中庸之道的功效加以进一步说明。"子曰：'舜其大孝也与！德为圣人，尊为天子，富有四海之内。宗庙飨之，子孙保之。故大德必得其位，必得其禄，必得其名，必得其寿。故天之生物，必因其材而笃焉。故栽者培之，倾者覆之。'"孔子说，虞舜真是一个大孝顺的人啊！德行可谓是德高望重的，他的尊贵成了天之子——领导四方的最高的首领，四方诸侯国都是他的领地，宗庙中祭祀他，子孙后代继承他的伟业。因此，有大德的人，"必得其位、必得其禄、必得其名、必得其寿"。这四个"必得"要三思。大德之人，就是德高望重、公而无私的人。具有大德之人在滚滚红尘中，声名必然如雷贯耳；必定得到应有的位置，而不用贪心获得；必因公正廉明而得到属于自己的俸禄；必然快乐而健康长寿。天下万物必根据他的资质才华而去加以培养，应该栽培的就要好好地去栽培提升，那些不好的就应该铲除。圣人相信上天是公正的，只要你努力而尽到了诚心并具有大德，就必然得其位、得其名、得其禄、得其寿。只要是把自己内在的善良与真诚升华出来，个体的努力必然不负期望，会让自我走向成功之道。

"《诗》曰：'嘉乐君子，宪宪令德。宜民宜人，受禄于天。保佑命之，自天申之。'故大德者必受命。"《诗经》说，嘉美和乐的圣人君子，显明昭著的就是其美德，善于安民，善于用人，受禄于天是一种享受天赐的大福禄。上天保佑为王命，从天而降，加以赐予。所以，拥有大道的人，必定承受天命。

君子要顺其自然，不要胡作非为，不要强词夺理，不要铤而走险。就古代认识论而言，自然之道是"损有余而补不足"，人类之道则是"损不足而奉有余"。[①] 损不足而奉有余会让富的更富而穷的更穷，由于社会的不公平违背了事物发展规律，必然使人产生贪婪之心、凶恶之心。于是，社会争端由此而生，善良美德被愚蠢取代，变成了不思进取的保守，这个世界就将充满战争而永无宁日。因此，人要守其德守其位，有其位就要守其实，如果不在自我所希望的位置上，就要静心于现状等待新机，而不能心慌气急地铤而走险。

《中庸》告诉我们，每个人应该顺应自然并感恩天地。人们看到太阳升起来而万物生长，说明自然不辜负任何有为的生命。但如果人一意孤行则"倾者覆之"，就是说如果有人生出祸心、是非之心，以及战争的恶魔之心，自然一定会倾覆他、颠覆他。尽管这有浓厚的中国古代人文思想中因果报应的意味，但如果从社会现实角度理解，今天也应该奖赏鼓励美好的品德，批评遏制那些不好的恶性，这样人类社会才能扶正气压邪气。

由此可知，儒学并不是绝对排斥功利，而只是反对急功近利。换言之，儒学所强调的是从修养自身、提高自身的德行和才能做起，然后顺其自然、水到渠成地获得自己应该获得的一切。君子只要通过修身而提高德行，总有一天会受命于危难之际，担当起治理国家的重任。

《中庸》这几章主要谈论了如何达到君子之道，指出修中庸之道犹如登高行远，君子要素位而行、安于所守，同时要由浅入深、循序渐进，方

① 老子《道德经》第七十七章。

可达到。随后，又以鬼神为比喻，说明了君子之道既盛大又隐微，客观存在于人的周围。最后以虞舜之大德受命于天为例，阐发了君子之道的功效，告诫人们要坚守中庸并一以贯之。

第十八讲 礼治规范与伦理政治话语

《中庸》第十八、十九、二十章这三章的共同性在于，转入历史的阐述印证，用周文王周武王的故事来说明圣人处世合乎中庸之道，并且逐渐展开对儒家纲领和个体修养的方法的论述。这一部分触及儒家传统的核心，有些思想或观念已经时过境迁而丧失了积极意义，我们应在文化批判中加以文化清理和重新定位。

一、圣人续接的礼治规范

"子曰：'无忧者其惟文王乎！以王季为父，以武王为子，父作之，子述之。武王缵大王、王季、文王之绪。壹戎衣而有天下。'"孔子说，古代帝王中最无忧无虑而快乐的就是周文王，因为他有贤良的父亲王季，而且有圣明的儿子武王。父亲开创大业，儿子又将事业继承下去，所以他不会再有什么忧愁。周文王是快乐的帝王，而周武王继承了太王、王季、文王的功业以后，没有仅止于此，而是穿上了战衣去讨伐商纣王，一举夺得了天下。"身不失天下之显名，尊为天子，富有四海之内。宗庙飨之，子孙保之。武王末受命，周公成文武之德，追王大王、王季，上祀先公以天子之礼。"周武王以正义之师讨伐独夫民贼，并没有因战争而使自己的名声损害，相反，却名扬天下，成了天下的圣君。他被尊为高贵的天子富甲海内，得到社稷宗庙的祭祀，子孙永远在他的辉煌感召下继承他的伟业。周武王最终接受天命做天子时年事已高，周公辅助周成王继承了文王、武王

的大业，以天子之礼来祭祀先公先祖。①

"斯礼也，达乎诸侯大夫，及士庶人。父为大夫，子为士；葬以大夫，祭以士。父为士，子为大夫；葬以士，祭以大夫。期之丧达乎大夫，三年之丧达乎天子，父母之丧无贵贱一也。"周公把这种礼仪、秩序、规矩推行到诸侯、大夫、士人和庶民中。父亲如果是大夫，儿子是士或者知识分子，父亲死了以后，用大夫的礼制来安葬，祭祀时则用儿子的士的礼制来对待。如果父亲是士，儿子是大夫，那么父亲死了以后，用士的礼制来安葬，而祭祀时用大夫的礼制。守丧一周年，达于大夫；守丧三年，达于天子。至于父母亲的丧服，则没有贵与贱的区别，天子君王和老百姓都是一样的。在今天这样一个人人平等的社会中按什么样的礼制安葬，与周代已经有天壤之别，不可同日而语。因此，这一部分不去过多探究。只需要清楚：古人是圣德相传，所制定的规矩和礼仪使得人人各得其位，生、养、死、葬，都有自己的位置和自己的名分。②

《中庸》第十八章阐述周文王和周武王，父作子述，圣德相传，周公旦又制礼作乐辅佐成王。这些在孔子看来都与中庸之道的标准相符合。正是他们的行为符合中庸之道，周朝的基业才得以延续。"子曰：'武王、周公，其达孝矣乎！夫孝者：善继人之志，善述人之事者也。春、秋修其祖庙，陈其宗器，设其裳衣，荐其时食。'"孔子说，周武王和周公可以说是最孝顺的人。孝不是饮食之道——让父母亲不乏吃住之用还不是孝，孝是要善于继承前人的志向，把他们未竟的事业往前推进，这才

---

① 古人相当重视丧事的礼节，《周礼·春官·大宗伯》说："以凶礼哀邦国之忧，以丧礼哀死亡。"阮元校刻：《十三经注疏》，北京：中华书局 1980 年版，第 759 页。

② 儒家认为，国之礼尤为重要，国亡则礼亡，礼散失则求之于民间鄙野之人。班固《汉书·艺文志》："仲尼有言：礼失而求诸野。方今去圣久远，道术缺废，无所更索，彼九家者，不犹愈于野乎！"班固：《艺文志》，北京：中华书局 1962 年版。

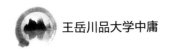

是大孝道。① 从这个角度来看，周公春秋两季举行祭祀的根本意义在于，对祖先伟业的歌颂体认，对祖先未竟事业的努力张扬，对祖先制定的政策的重新阐释，也是对今天和后人的一次提升教导。在祭祀上，不管是修缮祖庙，还是把过去的祭祀祭器一一陈列，或是把祖先留下的衣服摆设出来，献上新鲜的时令水果，以表示后代的虔敬之心，都需要某种制度规定，这个制度就叫作礼。②

周公认为，祭祀宗庙时需要有礼制来规范人们的行为。这些礼制包括："宗庙之礼，所以序昭穆也；序爵，所以辨贵贱也；序事，所以辨贤也；旅酬下为上，所以逮贱也；燕毛，所以序齿也。践其位，行其礼，奏其乐，敬其所尊，爱其所亲，事死如事生，事亡如事存，孝之至也。"宗

---

① 当然，孝道孝顺的本意仍然在于善事父母。《诗·大雅·既醉》："威仪孔时，君子有孝子。孝子不匮，永锡尔类。"（阮元校刻：《十三经注疏》，北京：中华书局1980年版，第536页）《尚书·文侯之命》："汝肇刑文武，用会绍乃辟，追孝于前文人。"（阮元校刻：《十三经注疏》，北京：中华书局1980年版，第254页）孔颖达疏："追待孝道于前世文德之人。"（阮元校刻：《十三经注疏》，北京：中华书局1980年版，第254页）《左传·隐公三年》："君义、臣行、父慈、子孝、兄爱、弟敬，所谓六顺也。"（阮元校刻：《十三经注疏》，北京：中华书局1980年版，第1724页））《庄子·天地》："孝子操药，以修慈父，其色燋然，圣人羞之。"《孝经·天子》："爱亲者，不敢恶于人；敬亲者，不敢慢于人。爱敬尽于事亲，而德教加于百姓，刑于四海，盖天子之孝也。"（阮元校刻：《十三经注疏》，北京：中华书局1980年版，第2545页）贾谊《新书·道术》："子爱利亲谓之孝，反孝为孽。"（《四部丛刊本》，上海：上海书店1989年版）《汉书·贾山传》："故以天子之尊，尊养三老，视孝也。"（北京：中华书局1962年版，第2330页）《晋书·李密传》："伏惟圣朝以孝治天下，凡在故老，犹蒙矜恤，况臣孤苦，特为尤甚。"《旧唐书·列女传·李德武妻裴氏》："性婉顺有容德，事父母以孝闻。"（北京：中华书局1973年版，第5138页）

② "礼"有几层相关的意思，一是解释人类的行为规范。《礼记·曲礼》上："夫礼者，所以定亲疏，决嫌疑，别同异，明是非也。"（阮元校刻：《十三经注疏》，北京：中华书局1980年版，第1231页）二是规矩恭敬的态度或行为，《左传·僖公三十年》："以其无礼于晋，且贰于楚也。"（阮元校刻：《十三经注疏》，北京：中华书局1980年版，第1830页）三是仪式或祭礼。如：典礼、婚礼、丧礼、成年礼。四是厚待。《吕氏春秋·开春论》："魏文侯师卜子夏，友田子方，礼段干木。"（《诸子集成》2，上海：上海书店1986年版，第277页）

庙祭祀的一种礼制，就是区别秩序，区别先后的秩序。① 大致上说有以下几种，一是排列官爵区分贵贱，位高辈尊者走在前面；二是在同级中排列职事，区分贤与不贤、能干与不能干和部门的重要次序；三是劝酒喝酒的敬法，应是晚辈敬长辈，以显示出先祖的恩惠下达；四是饮宴时依据头发的黑白来排列座位，即在饮酒宴会时不太恪守等级秩序官位爵禄，而是注重年龄齿序大小。大家就位以后，升起先王的牌位，举行先王留下的祭礼，演奏先王的音乐，敬重先王所尊敬的祖宗，爱戴先王所爱戴的子孙和臣民。这样，就好像死者仍生，他的思想还延续。这就是所谓的大孝、至孝。②

"郊社之礼，所以事上帝也；宗庙之礼，所以祀乎其先也。明乎郊社之礼、禘尝之义，治国其如示诸掌乎！"先王制定的祭天祭地的祭礼是用于祭祀皇天厚土的，要报答天地人神的生养死葬的恩德。宗庙的礼节是侍奉祖先，要报答其不朽的功德。这些似乎是人和人之间，活着的人和死去的人之间，人与上天之间的复杂的关系，但处理这些复杂关系不能随心所欲，而是有一整套礼仪来加以制约。③ 在儒家看来，郊社之礼是祭皇天厚土，宗庙之礼是祭祀祖先。明白了祭天祭地的礼节和大祭小祭的意义和方式，治理国家就变得很容易了，如同看手掌上的东西一样清楚明白。

---

① 礼崩乐坏与礼乐失位的表征，表明社会中各种复杂社会势力的权力斗争导致典章制度礼仪教化遭受破坏，社会秩序道德规范混乱。《隋书·音乐志》中："礼崩乐坏，其来自久。"北京：中华书局 1973 年版，第 345 页。

② 孝敬的最基本意义在于孝顺父母尊敬亲长。《诗大序》："先王以是经夫妇，成孝敬，厚人伦，美教化，移风俗。"（阮元校刻：《十三经注疏》，北京：中华书局 1980 年版，第 270 页）《左传·文公十八年》："孝敬忠信为吉德，盗贼藏奸为凶德。"（阮元校刻：《十三经注疏》，北京：中华书局 1980 年版，第 1861 页）《汉书·武帝纪》："故旅耆老，复孝敬，选豪俊，讲文学。"（北京：中华书局 1962 年版，第 166 页）唐许浑《题卫将军庙》诗序："既而以孝敬睦闺门，以然信居乡里。"

③ 儒家思想中"礼"与"乐"互为表里。礼重在行为道德的规范和秩序的建立，而乐重在调和性情移风易俗，二者在内在与外在两个方面互相呼应而教化人民治理国家。《礼记·礼器》："礼也者，反其所自生；乐也者，乐其所自成。是故先王之制礼也，以节事，修乐以道志，故观其礼乐，而治乱可知也。"阮元校刻：《十三经注疏》，北京：中华书局 1980 年版，第 1441 页。

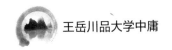

《中庸》第十九章阐述了周武王和周公都是最孝顺的人，他们上承先祖之德，修宗庙，行孝悌，确立了用礼来治理天下的原则，并让这种思想薪火相传。这些从小处开始积极作为和严格要求，是与中庸之道的内在精神相契合的。

二、中庸之政的人文关怀

"哀公问政。子曰：'文武之政，布在方策。其人存，则其政举；其人亡，则其政息。人道敏政，地道敏树。夫政也者，蒲卢也。故为政在人，取人以身，修身以道，修道以仁。仁者，人也，亲亲为大。义者，宜也，尊贤为大。亲亲之杀，尊贤之等，礼所生也。'"鲁哀公向孔子请教什么是政治。孔子说，周文王与周武王推行的政治措施都记录在当时的简牍——木板和竹简的典籍上面，可以去考察去解读。圣明的君主和臣子尚在，政治措施就能够实现，圣明的君主和圣明的臣子不在，政治措施就难以实现。圣人贤臣施政的道理，就在于让政治立竿见影，就像在肥沃的土壤中植树，让树很快长起来的道理一样，要迅速见成效，就要使政治像芦苇一样容易成长。国君想处理好国家的政务，关键在于人才。得到了人才就要去栽培，而栽培就必须修养他自身的品德，修身就应该用中庸之道。中庸之道集中体现在仁爱之心中。在"仁者爱人"中，爱父母是仁爱中最重要之事。人应该从爱自己的父母开始，一个人如果他连自己的父母都不爱，却声称自己爱国家爱人民，是虚假不真而绝不可能的。在这个意义上，《中庸》认为爱自己的父母，是实行仁爱千里之行的第一步。

孔子提出修中庸之道要以仁为前提，孔子很多次谈到"仁"，其中有微言大义。"人远乎哉？我欲仁，斯仁至矣。"[1] 仁德离我们很远吗？不远。只要我心里想达到仁，就会心想事成。"仁者不忧，知者不惑，勇者不

---

① 《论语·述而》，（清）阮元校刻：《十三经注疏》，北京：中华书局1980年版，第2483页。

惧"。① 仁者不忧，是因为天地宽阔、心里坦荡。"樊迟问仁，子曰：'爱人'"。② 仁者是去爱人，无论是亲人还是陌生人。"仁者安仁，知者利仁"。③ 道德修养高的人安于实行仁，聪明人知道怎样去利用仁，这就是仁。"仁者先难而后获，可谓仁矣"。④ 在困难面前先去做而后获，在论功行赏时退居人后，这就是仁，而这样的人当然就是仁爱之人。

"义者，宜也，尊贤为大。"所谓义就是适宜得当，尊敬贤良的人称为义。不要看见别人的才德比自己高就郁闷不止，那种"既生瑜，何生亮"之叹只能让天下人笑话。尊敬贤能是义最主要的方面。"亲亲之杀，尊贤之等，礼所生也"。亲爱人有程序有主次，尊敬是有差别的，这些都是从礼——秩序中产生的。"在下位不获乎上，民不可得而治矣。故君子不可以不修身；思修身，不可以不事亲；思事亲，不可以不知人；思知人，不可以不知天。"处在下位的人臣，如果得不到处在上位的君主的信任，就不可能获得民心。这一点，在今天我们仍然要加以质疑。今天民主社会需要对民众负责，而不是仅仅对上级或者对某个人负责。在古代处在下位的人臣当然是要获得上位的君主的信任，而今天民主制度使得人更多的是要为民众办事。对这种君臣关系的历史局限，我们完全可以清理和超越，而重视其思想的合理内核——君子不可不修自身品德，要修养自己的品德就不能不去侍奉父母和亲人，要侍奉亲人就必须了解人，想要了解人就不能不了解天地万物的规律和道理。

三、达道达德的社会公共价值

"天下之达道五，所以行之者三，曰：君臣也，父子也，夫妇也，昆弟也，朋友之交也。五者天下之达道也。"天下古今必须遵循的根本性道

① 《论语·宪问》，（清）阮元校刻：《十三经注疏》，北京：中华书局1980年版，第2512页。
② 《论语·颜渊》，（清）阮元校刻：《十三经注疏》，北京：中华书局1980年版，第2504页。
③ 《论语·里仁》，（清）阮元校刻：《十三经注疏》，北京：中华书局1980年版，第2471页。
④ 《论语·雍也》，（清）阮元校刻：《十三经注疏》，北京：中华书局1980年版，第2479页。

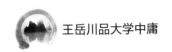

理有五条，即"五达道"，而实现这五条道理的方法有三种。五达道是指君臣、父子、夫妇、兄弟、朋友关系，有着深厚的社会基础和人伦道理。但是在今天的现代社会中，君臣一条应该批判地去掉，父子关系的论述应该保存和发扬。朱自清在《背影》中表达了父子深情，孩子看到送自己远行的父亲背影非常感动。正是父亲的肩膀扛起了我们前行的希望，不能够忘恩忘义忘记仁爱。而夫妇之间如琴瑟一样和乐、和睦、和满。① 所以，人固然有自己的个性，但是一味张扬自己的个性最后导致反目成仇，也是错误的。兄弟朋友相交的一些基本原则，在今天看来仍然没有过时，值得认真梳理。

"知、仁、勇三者，天下之达德也。所以行之者一也。或生而知之，或学而知之，或困而知之，及其知之，一也。或安而行之，或利而行之，或勉强而行之，及其成功，一也。"智慧、仁爱、勇敢是实现天下达道的方法，是天下最重要的美德。而如何实行？《中庸》概括为一个字，就是"诚"，这是《中庸》一书的关键词。"诚"的本体是真诚诚信。② 有的人天生就知道这些道理，有的人通过后天学习才知道，有的人是遇到困惑后经过磨难才琢磨出来这些道理，不管是先天的还是后天的都可以走向诚，因为诚本体为一。有些人是从容安详地去实行某种大道，有些人是贪图利益地去实行大道，就是急功近利地速成地去实行大道，还有人很勉强地要别人敦促他去实行大道。不管是哪种途径，最终目的都是实行大道，这都具有实现诚的可能性。

"子曰：'好学近乎知，力行近乎仁，知耻近乎勇。知斯三者，则知所以修身；知所以修身，则知所以治人；知所以治人，则知所以治天下国家

---

① 《诗经·小雅·常棣》云："妻子好合，如鼓瑟琴。"阮元校刻：《十三经注疏》，北京：中华书局1980年版，第408页。

② 至诚立身行事的"诚身"对个体而言相当重要。孔颖达疏：《礼记·中庸》"言明乎善行，始能至诚乎身"。（阮元校刻：《十三经注疏》，北京：中华书局1980年版，第1632页）明王守仁《传习录》卷上："如说格物是诚意的工夫，明善是诚身的工夫……诸如此类，始皆落落难合，其后思之既久，不觉手舞足蹈。"

矣。'"孔子又说，好学不倦就接近于聪明明智，努力行善就接近于仁爱之意，懂得了耻辱就可以称之为勇敢。了解了好学、力行、知耻这三点，就知道应该如何修养自身。了解了应如何修养自身，就知道怎样通过这件事情举一反三，去治理民众去从事政治。了解了政体、政治和治理日常生活中的政治，就明白了如何去治理天下国家的要务。儒家思想强调从身体开始，从小处入手，然后去治理大国，这当然需要出于公心——"天下为公"的公心。有了公心有了公德有了好的口碑，又有了好的行政举措和人伦秩序，就可以按照正确的步骤去治理天下。

《中庸》第二十章阐述了为政之道。孔子认为，为政在人，而人首先又必须修身。孔子详细论述了修身治国平天下的常行大纲，并分析了它的功效与方法，阐明为政之道的重要性与可行性。扬弃其时过境迁的某些局限，其制度的礼、精神的诚、个体修为的善的要求，仍然对当代人具有重要的人文提醒和精神启示。

第十九讲　诚：修治天下的内在根据

　　作为中国思想史范畴的"诚"，在历代思想家阐释中大抵有三层含义：其一，诚实，真诚，忠诚。《周易》："闲邪存其诚。"[①] 孔颖达疏："言防闲邪恶，当自存其诚实也。"《礼记》："今之教者，呻其占毕，多其讯，言及于数，进而不顾其安，使人不由其诚，教人不尽其材。"[②] 孔颖达疏："诚，忠诚。"《后汉书·光武帝纪上》："纯言甚诚切，光武深感，曰：'吾将思之。'" 其二，表示真实，真情的意味。《韩非子》："皆自谓真尧舜，尧舜不复生，将谁使定儒、墨之诚乎？"[③]《吕氏春秋》："伯乐学相马，所见无非马者，诚乎马也。"[④]《史记·孟尝君列传》："今齐王以毁废之，其心怨，必背齐；背齐入秦，则齐国之情，人事之诚，尽委之秦，齐地可得也，岂直为雄也！" 其三，心志专一，使之真诚。汉贾谊："志操精果谓之诚，反诚为殆。"[⑤]《中庸》："诚之者，人之道也。"[⑥] 可以说，"诚"成了中国儒家仁学思想中核心范畴，是君子必得完成的本体修为。

　　《中庸》第十八、十九两章，孔子借周朝历史阐述周文王、

---

① 《周易》，（清）阮元校刻：《十三经注疏》，北京：中华书局1980年版，第15页。
② 《礼记·学记》，（清）阮元校刻：《十三经注疏》，北京：中华书局1980年版，第1522页。
③ 《韩非子·显学》，《诸子集成》5，上海：上海书店1986年版，第351页。
④ 《吕氏春秋·精通》，《诸子集成》6，上海：上海书店1986年版，第92页。
⑤ （汉）贾谊《新书·道术》，《四部丛刊初编》，上海：上海书店1989年版。
⑥ （清）阮元校刻：《十三经注疏》，北京：中华书局1980年版，第1632页。

周武王、周公等上承先祖之德，确立用礼来治理天下。他们的行为与中庸之道相契合，因此被后世尊为圣人。然后提出了"智""仁""勇"的概念，认为这是实现天下达道的途径。《中庸》第二十章是鲁哀公向孔子问政。哀公问怎样才能搞好政治治理好国家，孔子道出了"九经"的基本思想构架。

一、治国九经的政治思想

"凡为天下国家有九经，曰：修身也，尊贤也，亲亲也，敬大臣也，体群臣也，子庶民也，来百工也，柔远人也，怀诸侯也。"第一，要修养品德；第二，要尊敬聪明贤能的人；第三，要亲爱自己的亲人；第四，要敬重大臣；其五，要体谅群臣；第六，要像爱护子女那样爱护老百姓；第七，要招揽各类工匠和天下的英才；第八，要优待远方的异族；第九，要安抚四方的各个诸侯。"修身则道立，尊贤则不惑。亲亲则诸父昆弟不怨，敬大臣则不眩，体群臣则士之报礼重。子庶民则百姓劝，来百工则财用足，柔远人则四方归之，怀诸侯则天下畏之。"修养自身，就可以确立良好的品德；尊敬贤者，就能够崇尚知识而不再受谬误的欺骗和迷惑；仁爱亲人，就能够对父母、叔伯、兄弟加以关爱而不生怨恨；敬重大臣，则办事有理有序而不惊慌失措；体谅群臣，士臣会加倍地回报你的恩德；像爱护子女一样爱护百姓，百姓就会感恩戴德，就会勤勉努力，成为勤劳勇敢的人；招揽各类工匠，财富、国库就会充实；优待远方的异族，则四面八方的人就会来归顺；安抚诸侯，整个天下就会敬畏国君。这是九条基本原理，其中优劣在我看来各占一半，需以理性的判断力来加以分析取舍，不宜全盘接受。

"齐明盛服，非礼不动，所以修身也。去谗远色，贱货而贵德，所以劝贤也。尊其位，重其禄，同其好恶，所以劝亲亲也。官盛任使，所以劝大臣也。"斋戒沐浴，就可以使人身心洁净，这才是修身的方法。抛弃那些害己的美色和蛊惑人心的谗言，轻视身外的财富而看重内在的品德，这是儒家劝勉贤者的方法。尊敬亲族的职位地位，增加他们的俸禄，用同样

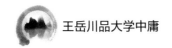

的好恶标准公布于天下，天下就会服膺，这是劝勉亲族的方法。为大臣多次设置属官，使官员因贤而被任用，各得其所，这是劝勉大臣的方法。"忠信重禄，所以劝士也。时使薄敛，所以劝百姓也。日省月试，既廪称事，所以劝百工也。送往迎来，嘉善而矜不能，所以柔远人也。"忠诚诚实，而且给足了俸禄，让知识分子能够产生新的思想，这是劝勉士人、对待知识分子的态度。在农忙时，不要再让老百姓去做事了，要减轻赋税，这样老百姓就会欢欣鼓舞，拥戴这个国家。对各类工匠，每天考察每月考核，要付给与他们的业绩相符的薪水粮米，这样，各类工匠就会尽情地去发扬他的专业所长，从而成为一个忠诚团结且智慧相加的团体。盛情接待，热情相送，嘉奖有善心的人，同情可怜那些能力稍差的人，这是优待远方人的方法。远人，主要就是当时的少数民族，在今天，少数民族和汉族是一个大家庭，就像兄弟一样。"继绝世，举废国，治乱持危，朝聘以时，厚往而薄来，所以怀诸侯也。凡为天下国家有九经，所以行之者一也。"有断代的诸侯，没有后代继承他的事业，就取旁支的人续其宗嗣，就是让它不要断代断根而延续下去。对废亡的国家，要帮助他们整理混乱扶持危难，定期接受诸侯的朝见和聘问，少收进贡，而丰厚地赏赐，这就是安抚诸侯的方法。

这九条中间的糟粕和好的东西互见，需加以分析。以上这九条常规，实行的方法多种多样。但是，关键在于一个字——"诚"。"诚"是中庸思想的关键。不管是五大纲、三方法，还是九常规，关键就在于"诚"，[①] 把握

---

① 儒家之"诚"是一个很高的心性德行要求，重在心意真诚，思想端正，遵守信用，言行一致，心怀善念，衷心敬爱。《大戴礼记·文王官人》："言行亟变，从容谬易，好恶无常，行身不类，曰无诚志者也。""诚忠必有可亲之色。"（《四部丛刊初编》，上海：上海书店1989年版）《荀子·致士》："人主之患，不在乎不言用贤，而在乎诚必用贤。"（《诸子集成》2，上海：上海书店1986年版，第173页）《淮南子·兵略训》："心不专一，则体不节动；将不诚必，则卒不勇敢。"（《诸子集成》7，上海：上海书店1986年版，第259页）（明）谢肇淛《五杂俎·事部一》："宋人踽踽守其所学，必欲强人主以从己，若哲、徽、宁、理，皆昏庸下愚之资，而晓晓以正心诚意强聒之。彼且不知心意为何物，诚正为何事，若数岁童蒙，即以《左》、《国》、班、马读之，安得不厌弃也。"

了"诚",所有需要做到的常规、纲领与方法都能够正确实施具体落实。

二、政治的预见性与行使的合法性

"凡事预则立,不预则废。言前定则不跲,事前定则不困,行前定则不疚,道前定则不穷。"所谓"预"就是要有准备,如果事情没有准备,失败是必然的,只要有了充分的准备就不会失败。这里具体依序列了四个方面:言、事、行、道。"言前定则不跲",就是说在讲话之前打一个腹稿,说话就不会啰哩啰唆、颠三倒四,更不会语义不通、思路不明。"事前定则不困",做事情之前有了充分的准备和思考,把各种因素都考虑好,就不会陷入困境。"行前定则不疚",行动之前把所有的因素考虑在内,就不会后悔。"道前定则不穷",当你要行大道做大事时,必须思前想后考虑周详,才不会走向困境,而是走向通途。

"在下位,不获乎上,民不可得而治矣。获乎上有道,不信乎朋友,不获乎上矣;信乎朋友有道,不顺乎亲,不信乎朋友矣;顺乎亲有道,反诸身不诚,不顺乎亲矣;诚身有道,不明乎善,不诚乎身矣。"处在下位的人如果没有得到上面的信任,是不可治理民众的,意思是说处在下位的人只有得到了上级的信任才可以大治。以此类推,要得到上面的信任有一条法则,首先要得到亲朋好友的爱。得到亲朋好友的信任,这样才可能去治理百姓。要得到亲朋好友的信任,其关键就是要孝敬父母,因为一个不孝敬父母的人,怎么可能并有能力得到亲朋好友的信任呢?孝敬父母的关键是自身要诚,假心假意把父母亲当成工具来利用,怎么可能得到父母亲的信任呢?怎么会得到他们无私的爱呢?要得到自身之诚,首先要发扬自己善良的德行。从小处开始推行,要得到自身最善的德行,就必须反身自诚,说到底就是一个"诚"字。不妨反推之:先要自身诚,才能够去行善;只有去行善,才可能自身而诚,并且得到父母亲的爱;得到了父母亲的爱,才可能得到亲朋好友的爱;得到亲朋好友的爱,才可能去治理民众,并且得到上级的认可,得到上级的信赖。《中庸》在这里把上位、下

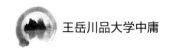

位、亲朋、父母、自身善德和诚心连到了一起，使得修为功夫具有了可行性和可操作性。

三、知行合一的为道功夫

"诚明"表明君子对至诚之心和完美德行的追求。郑玄认为："由至诚而有明德，是圣人之性者也。"[1] 唐李翱认为："不知者谓夫子之徒不足以穷性命之道，信之者皆是也。有问于我，我以吾之所知而传焉，遂书于书，以开诚明之源。"[2] 宋邵雍认为："孔子生知非假习，孟轲先觉亦须修；诚明本属吾家事，自是今人好外求。"[3]

"诚者，天之道也，诚之者，人之道也。诚者不勉而中，不思而得，从容中道，圣人也。诚之者，择善而固执之者也。"[4]《中庸》全书关键可以用一个"诚"字来概括。"诚"是自然的大道，实践"诚"，是人类仁爱的大道。诚实的人不用勉强违心地去实行中庸，而是发自肺腑地不假思索地去实行，这样"从容中道"的人就是圣人和君子。[5] 实践诚实的人选择了善，而且持之以恒，矢志不渝地执行下去，这就是真正的仁的境界。

其具体方法是："博学之，审问之，慎思之，明辨之，笃行之"。"博

---

① （汉）郑玄注：《礼记·中庸》，（清）阮元校刻：《十三经注疏》，北京：中华书局1980年版。

② （唐）李翱：《李文公集·复性书上》，文渊阁《四库全书》本。

③ （明）胡广：《性理大全·诚明吟》，文渊阁《四库全书》本。

④ "中道"即中正之道，合乎道义之道。《孟子·尽心下》："孔子岂不欲中道哉？"赵岐注："中正之大道也。"孔颖达疏：《礼记·中庸》"从容中道"为"从容闲暇而自中乎道。"（阮元校刻：《十三经注疏》，北京：中华书局1980年版，第1632页）《汉书·董仲舒传》："万民皆安仁乐谊，各得其宜，动作应礼，从容中道。"明杨慎《丹铅总录·人品·尹和靖对宋高宗》："儒者对君之言，从容中道若此，所养可知矣！"（文渊阁《四库全书》本）

⑤ 儒家的"中道"与佛家的中道相关而有所区别。佛家也论"中道"，如大乘诸宗谓无差别无偏倚的至理就是达到了"中道"。即离开空、有或断、常等二边的实相。《中论·观四谛品》："众因缘生法，我说即是无，亦为是假名，亦是中道义。"唐湛然《止观辅行传弘决》卷一："一色一香，无非中道者，中道即法界，法界即止观。"

学之"是广博地学习，①"审问之"是深刻地思考，"慎思之"是谨慎地追问，"明辨之"是对事物的功过得失进退明晰地了解。学、问、明、辨都是知识论，都是求知。如果仅仅是这四条，也可以做一个知识分子。但还有最关键的第五条——"笃行之"。笃，坚定不移地、踏踏实实地；行，就是实践。"笃行之"就是把所广博学来的、审问的、慎思的、明辨的真知灼见，都放到天下的实践中去。这样，在知行合一中，人才可以把自己所知放之天下，才可以使自己独善的东西兼善天下。②

"有弗学，学之弗能，弗措也。有弗问，问之弗知，弗措也。有弗思，思之弗得，弗措也。有弗辨，辨之弗明，弗措也。有弗行，行之弗笃，弗措也。"如果还没有学就赶紧去学；如果学了还没有深刻掌握，就不要放下而要坚持下去；如果已经开始问但还没有问到深刻透悟的程度，就要坚持不断地追问；如果还没有思就赶紧去思，如果思考得还不深刻就不能够罢休；如果还没有学会辨、没有达到明辨的程度，就不要放弃，要持之以恒地分析，一直到弄清楚为止；如果还没有去行，就赶快去行，没有达到持之以恒、精神不断地往前推进的程度，那么在修为的道路上就永远不要停下来，一定要达到笃行的程度。这里，《中庸》用精警的语言，有序地强调了学、问、明、辩、行五者不能浅尝辄止，不能刚刚触及就以为大功告成，而要不断地推进，达到至善之目的，这才是君子、圣人真正应达到的境界。

"人一能之，己百之，人十能之，己千之。果能此道矣，虽愚必明，虽柔必强。"别人用一倍的努力就做到，自己要用百倍的努力。人家通过了十倍的努力，自己要千倍的勤奋。也就是说，"功夫不负有心人"，所有

----

①　《大学》《中庸》同《论语》一样，十分重视"学"与"习"的重要性。《论语》首篇以学习为第一，其用意非常深刻。总体上看，儒家修德养性首先在重"学"，认为广泛精深地学习各种知识是"入道之门，积德之基、学者之先务也"（朱熹语）。

②　知行关系是古代思想中的重要范畴。明王守仁《传习录》卷上："只说一个知，已自有行在；只说一个行，已自有知在。古人所以既说一个知，又说一个行者，只为世间有一种人懵懵懂懂的任意去做，全不解思惟省察也，只是个冥行妄作，所以必说个知，方才行得是……某今说个知行合一，正是对病的药。"

的学习和行动，所谓的知行合一，是靠坚毅不拔的毅力往前推进的。如果能达到这样的境界，你尽管不是很聪明，但你肯定会走向聪明。尽管柔弱，不是很强，但持之以恒终有一天会变得强大。

笔者看来，《中庸》第二十章是全书的枢纽，此前各章主要是从理论方面论述中庸之道的普遍性和重要性，而本章则从鲁哀公询问政事引入，借孔子的回答，提出了政事与人的修养的密切关系，从而推导出天下人共有的五项伦常关系、三种德行、九条治理天下的原则，最后落实到"诚"的关键问题上，以后各章就围绕"诚"的问题而不断展开。

四、至诚之道的天地境界

"自诚明，谓之性；自明诚，谓之教。诚则明矣，明则诚矣。""自诚明"，诚是内在的，明是天下的事理。由内在的诚实达到外在的明白事理，了解社会发展的规律，由内向外叫作合乎自然的本性。"自明诚，谓之教"。反过来，先达到天下万事万物的理或认识万事万物的规律，而后使自己更加诚实，从而走向至诚的境界，这就是教。通过对外在的认识而提升自己诚实的品德，这是由教育完成的。因此，诚和明不分彼此，"诚则明矣，明则诚矣"。内和外，外和内，其实是合二为一的。要通过内在的善良和诚实才能去体察万物的规律，认识万物的规律才可以提升诚实，因为万物是生生不息的道——天道，认识了它可以提升人道。①

"唯天下至诚，为能尽其性；能尽其性，则能尽人之性；能尽人之性，则能尽物之性；能尽物之性，则可以赞天地之化育；可以赞天地之化育，

---

① "诚"与"善"紧密相关而重视诚实善良的内在本性，"诚"与"道"相契而强调诚信之道，讲究做人真诚厚道。《汉书·孔光传》："《尚书》曰'天既付命正厥德'，言正德以顺天也。又曰'天棐谌辞'，言有诚道，天辅之也。"《后汉书·冯衍传下》："伤诚善之无辜兮，赍此恨而入冥。"明方孝孺《双桂轩铭》序："公和易诚笃，表里如一，与人交，豁然无隐。"章炳麟《四惑论》："今人以为神圣不可干者，一曰公理，二曰进化，三曰唯物，四曰自然。有如其实而强施者，有非其实而谬托者，要之，皆眩惑失情，不由诚谛。"

则可以与天地参矣。""至诚"不是一般的诚，而是达到了最高境界的诚。唯独这天下最诚实的性，才可以尽到人的天赋本性。能尽其天性，才能尽到人之性。能尽人之本性，才可以尽物之性。能尽物之本性，才可以赞天地之化育，就可以促进万物发展，而不是去违背或对抗自然规律。这是用人的善心和诚意去促进天地之化育、生生不息的一种道。如果能人道与天道相通，身与心相印，就可"与天地参矣"，人就可以与上天和大地相等为三，达到天、地、人鼎足并列的境界。反过来，如果虚伪、骄奢淫逸、不知天高地厚，违背自然规律去行事，他的恶行、暴行和反规律之行做的越多，他的罪恶就越多。所以，只有顺其天、顺其地、顺其万事万物规律的人，掌握了万事万物规律的人，才是一个真正的懂得真理的人。①

《中庸》第二十一章阐释诚与明的关系，认为无论是天性还是后天人为的教育，只要做到了真诚，二者也就合一了。只有首先对自己真诚，②然后才能对全人类真诚。真诚可以使自己立于与天地并列为三的不朽地位，可见真诚的功用之大。

---

① 因此，儒家非常强调"诚信"是"诚明"的前提，以"至诚"之心才能尽其天地之性。《礼记·祭统》："是故贤者之祭也，致其诚信，与其忠敬。"《北齐书·尧雄传》："雄虽武将，而性质宽厚，治民颇有诚信。"《新唐书·曹华传》："华虽出戎伍，而动必由礼，爱重士大夫，不以贵倨人，至厮竖必待以诚信，人以为难。"

② 曾国藩名言："灵明无著，物来顺应，未来不迎，当时不杂，既过不恋。"

第二十讲　至诚无息的精神生态意义

　　《中庸》第二十一章阐述了诚与明的关系，诚、明二者的功用是相通的。朱熹认为，本章是子思承接前面孔子所说的关于天道、人道的思想而立言的，而后的十二章内容则是子思对这一章思想的反复推论和说明。

一、致曲有诚的精神跃升

　　"其次致曲，曲能有诚，诚则形，形则著，著则明，明则动，动则变，变则化，唯天下至诚为能化。""其次致曲"。次于圣人的人也可以做到诚，这种人叫作贤人。贤人指贤慧贤能之人。这句话是说，不是每一个人都是圣人般的了不得。"曲能有诚"，曲就是一端，不是方方面面都能做到诚，而只要在德行的一个方面做到了诚实，诚实就可以从仪态上表现出来。如果做了虚伪的事，虚伪也可以从脸上和神态上体现出来。所以，当表现出善的诚意时，就会发扬光大呈现出人性人格的光辉。有了这种光辉，就能处处动人，就能让别人体察到自我光辉的精神世界，就能启示他人、影响社会，就能够使天下都认识到榜样的力量。从小的地方做起，不要求方方面面都像圣人一样，也不要求所有方面都达到绝对的诚，但必须在关键方面要诚。这样，就使得人性的善体现出来，用诚实去感化他人从而化成天下。最后，"唯天下至诚为能化"。只有普天之下达到至诚的那种人，才能去化育万物、化育他人，当然也同时是在化育自己。

　　《中庸》第二十三章提出一个标准，即人人通过努力都可以成为君子，都可以成为贤人，都可以经过加倍的努力，人十之而自己千倍于此的勤奋，就能够逐渐达到超越自我的圣人境界。

二、至诚如神的精神投注

至诚使得人能够超越自我的有限性，而达到西哲所说的"先行见到""先行呈现"的高迈境界。"至诚之道，可以前知。""前知"，事情还没有发生就依稀知道它的端倪，恶的东西还没有来临就知道征兆，善的吉祥的事还没有光临，喜悦的心已经先行地迎接了它的辉光。《中庸》认为，有了最诚实的道和最诚实的心，就可以用来预测未来、感知未来。如果一个人满嘴是假话，其德行必有亏，别人很难将他看作是个白玉无瑕的人。当人说的每一句话都是真实的，他心里想的每一事物都没有私利和占为己有的欲望，他就能透过现象看本质，能够通过今天看明天，通过当代看未来。人越是追求虚名、假名、伪善之名，反而什么也得不到。当人虔诚地诚恳地承认自己无知时，他反而有知，进而大智，这就叫作智慧。

智慧使得人能够穿越历史的尘埃和当下的遮蔽，看到国家和社会的内在问题。"国家将兴，必有祯祥；国家将亡，必有妖孽。见乎蓍龟，动乎四体。"一个国家的兴旺发达必定有瑞祥的端倪和美好征兆出现。一个国家要灭亡必定有妖孽出现，那些口出狂言的、为富不仁的、损国利己的伪善之人，就叫作国之妖孽。"见乎蓍龟，动乎四体"，这些征兆会表现在占卜所用的蓍草和龟甲上面。当然，这是迷信的说法。《中庸》认为，不管是占卜还是行为举止，一些征兆都会在蓍龟上显示出来。说明人只有通过至诚才能体会到未来，才能觉察到青萍起于秋风之末。如果一个德高望重的老中医去为人把脉，能通过脉象脉动体察到病人的五脏六腑、阴阳协调，靠的就是心与心相通的诚。他用自己的医术和诚心去为病人把脉，只有视病人如子，他才能够体察毫末之症状。如果他想的是收高额医费，想的是赶紧把这些病人打发走，他是不能听到脉象的，更不会感受到病人内心的痛苦。"诚"在任何地方都能显现出来。"诚"不仅能体会到国家的未来，还可体会它的善、恶、兴、衰。诚对人如此，对病人如此，对病国如

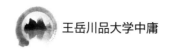

此，对伟大国家的崛起同样如此。

正是在这个意义上，《中庸》突出了预感的文化症候和国家命运的重要性。"祸福将至，善，必先知之；不善，必先知之。故至诚如神。"灾祸幸福将要来时，善良真诚的人必先预知到。每次当风雨飘摇、山雨欲来风满楼时，那些革命志士、忧国忧民的真诚至诚之人能够先行知道，而那些亡国之前还隔江犹唱《后庭花》的人却浑然不觉。有了至诚之道就有如神在左右或有如神助，这样善与不善他都能够"先行把握"。

前面两章讲述了贤人自明诚，认为贤人通过形、著、明、动、变、化的阶段，同样可以逐步达到圣人的境界。随后则通过至诚之道如神灵般可以预知祸福的功效，提出了"至诚如神"的理论，充分肯定了"诚"的作用。

三、成己成物的内外一体性

"诚者自成也，而道自道也。诚者，物之终始，不诚无物。是故君子诚之为贵。""诚者自成也"，"自成"是一个关键词。"兴于诗，立于礼，成于乐"。① "诚"是一个人完整的人格。"诚者自成"，所谓"诚"，它不是外在注射到人的内心，也不是通过外在的耳提面命让人获得。"诚"是自己完成的，是自我人格完成的重要部分。"而道自道也"，大道是自己运行的。日月星辰在宇宙规律中自己运行，所以古人常以天、以自然来比喻人。而诚实贯穿万物发展始终，离开诚实，事物的规律就被遮蔽了。诚实是万物发展的运行规律。地球如果不诚，不正常自转，人们每天就看不到太阳从东方升起；海潮如果不诚，潮汐就会涨落失序，大自然将会陷入混乱的状态。因此，诚是自然的规律，君子圣人当以诚实为宝贵的品德。②

---

① 《论语·泰伯》，（清）阮元校刻：《十三经注疏》，北京：中华书局 1980 年版，第 2487 页。

② 诚实之士是长期修为的结果，非一朝一夕能奏效。《荀子·非相》："法先王，顺礼义，党学者，然而不好言，不乐言，则必非诚士也。"（明）王守仁《王文成公全书》卷 2《语录 2》："而今之初学小生，皆欲通其说，究其术，其称名僭号，未尝不曰'吾欲以共成天下之务'，而其诚心实意之所在，以为不如是则无以济其私而满其欲也。"

"诚者，非自成己而已也，所以成物也。成己，仁也；成物，知也。性之德也，合外内之道也，故时措之宜也。""诚者，非自成己而已也"。诚实不是完善自我就停止的，还要用来完善万事万物。独善其身而不兼济天下是不行的。儒家思想的可贵之处在于，自我完善不是目的，真正的目的在于兼善天下。历史上仁人志士前赴后继，可谓显示了儒家兼济天下思想的精神魅力。"天行健，君子以自强不息"，① 成为知识分子的精神人格写照。自我人格完成是仁义的实现方式，完成自我让自我人格光辉而充满德行是很难的，只有德被天下完成万物，才真正实现以自身智慧去光照万物。这无疑是一种更大的德行。本性的道德体现，结合了主客体而成就内外大道，实践的重要性于斯体现出来。《中庸》不仅注重诚者自成，而且进一步强调有所超越，要求诚者成天下的践行，从独善其身到兼善天下。这样，我们才能够体会到孟子所说的，"大人者，不失其赤子之心者也"。② "天将降大任于斯人也。必先苦其心志，劳其筋骨，饿其体肤，空乏其身，行拂乱其所为，所以动心忍性，曾益其所不能。人恒过，然后能改；困于心，衡于虑，而后作；征于色，发于声，而后喻。入则无法家拂士，出则无敌国外患者，国恒亡。然后知生于忧患而死于安乐也。"③ "赤子之心"很重要，如果自己的心苍老疲惫，充满尔虞我诈和金钱利禄的引诱，那么要"成自我"都很难，何况"成天下"，所以"生于忧患而死于安乐"。

四、至诚无息的精神超越性

《中庸》第二十五章提出君子不仅要自诚，更要将诚推及他人。至诚的意义和功效在于："故至诚无息，不息则久，久则征，征则悠远，悠远则博厚，博厚则高明。"追求至诚永远不要停止，这里谈到毅力的问题。"不息则久"，如果永不止息地追求，就会长久，就会走得很远。"久则

---

① 《周易·乾》，（清）阮元校刻：《十三经注疏》，北京：中华书局1980年版，第14页。
② 《孟子·离娄下》，（清）阮元校刻：《十三经注疏》，北京：中华书局1980年版，第2726页。
③ 《孟子·告子下》，（清）阮元校刻：《十三经注疏》，北京：中华书局1980年版，第2762页。

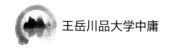

征"，长久就会验证，验证就会越来越悠远，越来越远大，悠远、远大就会广博深厚，而广博深厚就会崇高光明、光被宇宙。从小处做起，永不停止，就能走得远。

"博厚，所以载物也；高明，所以覆物也；悠久，所以成物也。博厚配地，高明配天，悠久无疆。如此者，不见而章，不动而变，无为而成。"广博深厚是用来负载万物的，崇高光明是覆盖万物的，悠远长久是用来成就万物的。广博深厚配合大地，崇高光明配合高天，悠远长久无边无涯。不用表现就能彰显美好的德行，不加运动便变化无穷且放之四海而皆准，无所为而无所不为就能成就一番事业。其实，这说明了靠自我毅力笃行，在行动中排万难而不断地坚持下去，参透天地万物规律而能得心应手掌握，同时，天地万物会通过自我的毅力勇毅而得以朝更好的方向发展。

"天地之道，可一言而尽也：其为物不贰，则其生物不测。天地之道：博也，厚也，高也，明也，悠也，久也。"天地自然的道理可以用一句话来加以揭示或概括，"其为物不贰，则其生物不测"。天地作为存在是没有二心的。它化育万物深不可测，永远不能够完全把握。宇宙的诚是没有二心的，是一心一意，是赤子之心。中庸之道强调，集小诚而多而广大而广载万物，个体的社会价值和人类宏伟的抱负才能够实现。天地自然大道是广博深厚、崇高光明、悠远长久的。

《中庸》认为至诚是没有止息的，天地万物的法则也可以用一个"诚"字来概括，对此《中庸》加以论证。"今夫天，斯昭昭之多，及其无穷也，日月星辰系焉，万物覆焉。"就天而言，每人头顶上都有一方天空，从家的小氛围望出去就那么一小片天。无数小的光明之总和构成一个大天。当头顶那一片天变成一个很大的天时，太阳、月亮、恒星都在这里面，这是多么大啊。万类万物都在天之下，天何其大哉。"今夫地，一撮土之多，及其广厚，载华岳而不重，振河海而不泄，万物载焉。"就地而言，在我们身边的大地，一撮土很少，但无数的一撮土构成了地球。等到它广大深厚时，承载西岳华山都不感到重，容纳江河大海都不显其小，万物万事承载其上，这个大地就是厚德载物的大地。

"今夫山，一卷石之多，及其广大，草木生之，禽兽居之，宝藏兴焉。"就山而言，拳头大的石头很小，但一块一块地累积起来而高大时，花草树木生其上，珍禽野兽在上面安居，财富宝藏在里面深藏。"今夫水，一勺之多，及其不测，鼋鼍蛟龙鱼鳖生焉，货财殖焉。"就水而言，一勺的水很少，但是在其集多而深不可测时，龟类、鳄类、蛟龙、鱼鳖等都生息在其间，财货也都可从水中繁殖出来。

在古人看来，天、地、山、水都是由小的积聚起来的。换言之，人最终变成圣人君子贤人人才，甚至变成小人，都是因自己的积少成多而渐进生成的。① 在这个意义上说，人不可一天不修为而走向至善，人不可一次去说谎言而违背至诚。②

"《诗》云：'维天之命，于穆不已！'盖曰天之所以为天也。'于乎不显！文王之德之纯！'盖曰文王之所以为文也，纯亦不已。"《诗经》说，只有那上天冥命庄严而没有止境。这就是上天之所以叫作上天的原因。周文王的大德就是那样纯正，说周文王被尊为文王的道理。纯正没有止境，庄严没有止境。从这一点可以说，《中庸》完成了对"诚"的范畴的阐释。人们的德行也可以达到至广至博，但关键一点是"诚"，离开"诚"要达

---

① 除此以外，儒家还善于用水比喻君子之德。如《孔子家语·三恕》："孔子观于东流之水，子贡问曰：'君子所见大水必观焉，何也？'孔子对曰：'以其不息，且遍与诸生而不为也，夫水似乎德，其流也则卑下，倨邑必循其理，此似义；浩浩乎无屈尽之期，此似道；流行赴百仞之嵚而不惧，此似勇；至量必平之，此似法；盛而不求概，此似正；绰约微达，此似察；发源必东，此似志；以出以入，万物就以化洁，此似善化也。水之德有若此，是故君子见，必观焉。'"《荀子·宥坐》："孔子观于东流之水。子贡问于孔子曰：'君子之所以见大水必观焉者，是何？'孔子曰：'夫水遍与诸生而无为也，似德。其流也，埤下裾拘，必循其理，似义。其洸洸乎不淈尽，似道。若有决行之，其应佚若声响，其赴百仞之谷不惧，似勇。主量必平，似法。盈不求概，似正。淖约微达，似察。以出以入，以就鲜絜，似善化。其万折也必东，似志。是故见大水必观焉。'"
② 唐代书法家柳公权就以书法的"诚正"进谏唐穆宗。《新唐书·柳公权传》："帝问公权用笔法，对曰：'心正则笔正，笔正乃可法矣。'时帝荒纵，故公权及之。帝改容，悟其以笔谏也。"（北京：中华书局1975年版，第5029页）（宋）苏轼《柳氏二外甥求笔迹》诗之二："何当火急传家法，欲见诚悬笔谏时。"

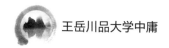

到至广至博，那无疑是南辕北辙的。①

《中庸》第二十六章继续阐述了至诚的功效和意义，鼓励人们不断地追求至诚，与天道相配合，生命不息，真诚不已，这是儒学对人们修身提出的高要求。

---

① 《大学》《中庸》都非常重视使心志真诚的"诚意"问题，要求心意真诚而思想端正：《礼记·大学》："欲正其心者，先诚其意。"（阮元校刻：《十三经注疏》，北京：中华书局1980年版，第1673页）（唐）韩愈《原道》："然则古之所谓正心而诚意者，将以有为也。"（文渊阁《四库全书》本）。（宋）朱熹撰《伊洛渊源录》卷2《明道先生》："先生教人，自致知至于知止，诚意至于平天下。"（文渊阁《四库全书》本）

第二十一讲　德合天人的文化理念

《中庸》第二十一到二十六章着重阐释了"诚"这一核心概念，说明"至诚之道"如神灵一般可以见微知著、预知祸福。君子不仅要"自诚"，还应将这一美德推及他人。只有不断追求至诚才能与天道相配。《中庸》第二十七到三十章的内容前承前面几章而来，集中论述圣人之道、至诚之道、君子之道。

一、至诚之道的实践路径

"大哉圣人之道！洋洋乎发育万物，峻极于天。优优大哉！礼仪三百，威仪三千。"伟大呀，君子圣人的大道啊！洋洋洒洒，广大无边，养育万物。高迈啊！优秀而宏大呀！在感慨感叹之后，开始真正进入思辨性的层次，阐释了三方面的重要内容：

第一，礼仪和威仪的问题。"礼仪三百，威仪三千"。短短八个字说明周礼分为两部分。"礼仪三百"，大礼有三百条，主要有吉礼、凶礼、宾礼、军礼等；威仪三千，曲礼指小的一些礼节，就是那些关于做人的风度、规范和言谈举止的礼节，烦琐到有三千条之多。

第二，展现个性和修养自身的问题。"待其人而后行。故曰：苟不至德，至道不凝焉。故君子尊德性而道问学，致广大而尽精微，极高明而道中庸。温故而知新，敦厚以崇礼。"这些礼仪等待圣人出现以后才能实行，假如没有至高的德行，他要把伟大的事业做成功，那是不可能的。"君子尊德性而道问学，致广大而尽精微，极高明而道中庸，温故而知新，敦厚

201

以崇礼"。这几句话在《中庸》中非常重要。"尊德性",开发自己内在的光辉的德行,这是对内。对外要好好地去"道问学",要努力请教、学习、探讨,把自己的内德和外学结合起来。"致广大而尽精微",追求广大——上天入地对整个宇宙天体万物了然于心,但是对极其微观的世界,极其微小的事理也要"尽精微",用心思去穷尽它。"极高明而道中庸",在接人待物处世方面,要达到极其高明,就是思维、思辨、明辨极其高精澄明,但做人在言谈举止和行为措施上,要实行中庸之道,不偏不倚,文质彬彬。只有温习过去的那些经验教训,才能够知道自己未来怎么做。把自己修养成拥有敦厚德行、尊崇礼仪的人。这样才能从内到外从上到下都显示出一个君子的光辉形象。

第三,国有道和国无道时君子的选择问题。"是故居上不骄,为下不倍。国有道,其言足以兴;国无道,其默足以容。《诗》曰:'既明且哲,以保其身。'其此之谓与!"作为上级领导不能骄奢淫逸,作为下级不能背弃背叛。"国有道,其言足以兴;国无道,其默足以容",这句话非常重要。儒家传统不是愚忠,不是说国有道也忠,国无道也忠,对明君也忠,对昏君也忠,完全没有自己的判断力和精神操守。相反,儒家强调国家清明和谐、万物兴旺、百废待兴时,君子应去发表言论和自己的施政纲领,使国家振兴起来。当国家昏暗无道时,应以他的沉默对抗表示绝不跟随,以他的沉默表现出自我的特立独行,因为知识分子是作为文化载体、文化传承者和思想者而存在,当政治清明时,他们的言论足以兴邦,使国家兴盛富强。但是当政治黑暗时,他们全身远祸以保持自己的独立的人格和自由的精神,启迪、感召后人。所以,《诗经》上说:"既明且哲,以保其身,其此之谓与。"以聪明智慧保存自己的身体,保存自己的思想学说,保存自己教学的延续性和弟子的传承性,并以待新政来临。

其实,这种非愚忠的中庸思想在孔子那里表现非常明显。孔子以"邦有道则仕,邦无道则可卷而怀之"[①] 作为自己的处世原则,以"不得中行

---

① 《论语·卫灵公》,(清)阮元校刻:《十三经注疏》,北京:中华书局1980年版,第2517页。

而与之，必也狂狷乎！狂者进取，狷者有所不为也"① 作为自己接人待物的原则，以"求也退故进之；由也兼人故退之"②作为教育的辩证法。在"过犹不及"③ 的中庸之道中，彰显了孔子思想体系中重要的辩证法和走向仁爱的普遍和谐观。

《中庸》第二十七章阐述了三个问题：第一是礼仪和威仪的问题；第二是君子尊德行而道问学的问题；第三是在国有道和国无道时君子的选择问题。德治养身，明哲保身，这样才能达到至诚之道。

二、与时俱进的文化意识

"子曰：'愚而好自用；贱而好自专；生乎今之世，反古之道。如此者，灾及其身者也。'"开篇就说出三个负面问题，一是"愚而好自用"。愚蠢而刚愎自用，本应好好学习，反而刚愎自用，觉得自己永远正确，这样的人无药可救。二是"贱而好自专"。地位很低还以为自己重权在握，还要把自己的权力用尽，永远不给人家提供任何方便。三是"生乎今之世，反古之道"。生在当代，反而要返回古代治国之道，结果就是"灾及其身者也"，灾祸随后而至。反古之道的意思是，反而推行古代之道，返回古代治国之道。这一命题说明孔子不是一味地尊古，相反，他整体思想上仍是与时俱进的。这一章说明了儒家的思想不是复古。过去人们有一个成见，认为孔子及后儒都是一些复古复辟的不可理喻的怪人，这样的看法是相当偏颇的。

"非天子，不议礼，不制度，不考文。今天下车同轨，书同文，行同伦。虽有其位，苟无其德，不敢作礼乐焉；虽有其德，苟无其位，亦不敢作礼乐焉。"这意味着，如果不是天子君王，而是那些士、思想者、知识分子，他们应该去做自己分内之事，而不能去议定制礼，不能制定法度、

---

① 《论语·子路》，（清）阮元校刻：《十三经注疏》，北京：中华书局1980年版，第2508页。

② 《论语·先进》，（清）阮元校刻：《十三经注疏》，北京：中华书局1980年版，第2500页。

③ 《论语·先进》，（清）阮元校刻：《十三经注疏》，北京：中华书局1980年版，第2499页。

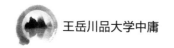

考订文字。因为议礼、制度、考文是最高领导君王去做的。今天，天下车辆已经同轨，文字已经统一，行为也已经有相同的伦常关系。如果拥有天子的地位，但是没有圣人的德行，你是天子也不敢去制定礼乐。同样，如果有圣人的德行，但没有拥有天子之位，也不敢去制定礼乐。礼乐制度在周代就已形成完备的典章制度，是以"乐"从属于"礼"的思想和规范。礼的规范和乐的雅俗构成社会不同等级制度。一般而言，有森严规定的"礼"可以区分贵贱等级，各种不同的"乐"使人在祭祀、宴飨、朝贺等礼节仪式中和谐共生。"礼"是"乐"的内在价值，"乐"是"礼"的外在呈现。[①]

"子曰：'吾说夏礼，杞不足征也。吾学殷礼，有宋存焉。吾学周礼，今用之，吾从周。'"孔子说，我喜欢夏代的礼仪。"杞不足征也"，但是夏的后代已经衰亡，现在只有一个杞国，却是不足以证明夏礼的情况啊！这是文献不够。我学习殷商的礼，那个时候殷商的后世宋国还存在，还可以考辨，但是也不全了。"吾学周礼，今用之，吾从周"。夏是古代，商也是古代，孔子都不选，因为他认为夏礼、殷礼的很多东西都弄不清楚，文献不够，即使用了不一定就好。所以，孔子实事求是与时俱进地说"吾从周"，用今天的礼，用天下人都用的周礼，用当代的周礼来推行，这说明孔子能够与时俱进。其实，韩非子也说过类似的话，"世异则事异，……事异则备变"。[②] 时间推移事情必不一样；事情不一样在策略上就要有变化。所以，"圣人不期修古，不法常可"。[③]不要对古代的东西抱残守缺，纹丝不动。"不法常可"，要与时俱进，要有新的法则。那些认为孔子抱残守缺恢复周礼而反对"今天"的说法，是完全不能成立的。

《中庸》第二十八章引用孔子的话否定了生于今世而反于古道的人，可以说，这与一般认为孔子有复古主义倾向的看法有所冲突。其实，孔子所要恢复的周礼恰好是为了满足当时之用，而不是一味地维护古之道，因

---

① 参见《礼记·乐记》，《荀子·乐论》等。

②③ 《韩非子·五蠹》，《诸子集成》5，上海：上海书店1986年版，第1241页。

此不能认为孔子是抱残守缺的复古主义者。整体上看，孔子一生其实充满了创新精神。就时代而言，孔子之前的"儒"，大抵为灭亡的殷商遗民的文化宗教，其现状为亡国遗民柔顺心态以取容，所以不少古代思想家将"儒"训为"柔懦"。而孔子却提出了"入世"和"有为"的实践哲学理念，汰变那种亡国遗民的柔逊、取容的心理，坚持"士不可以不弘毅，任重而道远"，[③]抱持"知其不可而为之"[①] 的人生信念和求道态度。

三、治理天下的最高境界

儒家强调只有推行中庸之道才能做一个合格的君主，称王天下有其实行的方法。"王天下有三重焉，其寡过矣乎！上焉者，虽善无征，无征不信，不信民弗从；下焉者，虽善不尊，不尊不信，不信民弗从。""王天下有三重焉，其寡过矣乎！"治理天下有三重境界，可以减少过失。[②] 第一重境界，"上焉者，虽善无征，无征不信，不信民弗从"。上古时虽然很好，但无从证明，无从证明就得不到信任，得不到信任，百姓就不会顺从。也就是说，再好的理论，没有实践的可能性和可操作性，都是行不通的。第二重境界，"下焉者，虽善不尊，不尊不信，不信民弗从"。后世时虽然很好，但是没有崇高的尊位，没有德高望重、高山仰止的德行，就没有尊位，没有尊位就得不到信任，得不到信任，老百姓也不顺从。这时，圣人大道出现了，就是第三重境界。

"故君子之道，本诸身，征诸庶民，考诸三王而不缪，建诸天地而不悖，质诸鬼神而无疑，百世以俟圣人而不惑。质诸鬼神而无疑，知天也。百世以俟圣人而不惑，知人也。"这里《中庸》把君子之道一分为六，也可以说是六个基本原则。第一，"本诸身"，从自己本身做起，即以自己的品德修养为根本。第二，从老百姓反馈中验证自己的思想、观念和纲领是

---

① 《论语·宪问》，（清）阮元校刻：《十三经注疏》，北京：中华书局1980年版，第2513页。

② 在《中庸》的研究中，还有一种意见认为，治理天下的"三重境界"是指：议礼、制度、考文。

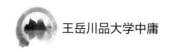

否正确。第三，上推去考禹、汤、文王三王，比较他们做的事和我做的事，看自己有没有犯错误。第四，借助天地之间，看是否合乎自然的规律。第五，问天地鬼神看有没有疑义，看有没有愧对自我本心。第六，等到百世之后，圣哲之人来临也不感到疑惑，没有异议。把天、地、人、神，当代、未来、自我本心、老百姓，从实践层面到观念层面都触及了，这才是真正的君子之道。"质诸鬼神而无疑之天也，百世以俟圣人而不惑之人也"，也就是说，让鬼神来考辨，都觉得无愧于天，无愧于鬼神。百世之后的圣人来看待这个问题，看待我们的纲领，也都不会有疑惑。这就叫知天知人，经得住历史的检验。

"是故君子动而世为天下道，行而世为天下法，言而世为天下则。远之则有望，近之则不厌。《诗》曰：'在彼无恶，在此无射。庶几夙夜，以永终誉。'君子未有不如此而蚤有誉于天下者也。"圣人举动要代天下之人去立言而且被人称道，行为要被天下之人所效仿，语言要被天下之人所遵从，这样就会产生高山仰止的感觉，亲近他的人再也不会厌烦而抛弃他。《诗经》中说，那里没有厌恶，那里没有嫉妒，白天黑夜都可以保持自己的名誉。而关键在于，君子从来都是这样的，只要推行这种法则，君子的名声就可以遍被寰宇，四海之内都知道他。

《中庸》认为，君子只有修中庸之德行、至诚之道才能登临绝顶，并将自己的思想德行传播到更远的地方去，这样才是胸怀天下的真正君子，而不应该敝帚自珍、言大于行。

四、天人相喻的文化意义

"仲尼祖述尧舜，宪章文武，上律天时，下袭水土。辟如天地之无不持载，无不覆帱；辟如四时之错行，如日月之代明。""祖述"即传述传承相述，"尧舜"即唐尧虞舜圣人。孔子把尧舜的思想、观念、德行及制度都传承下来。"宪章文武"，"宪章"即取法、彰显的意思，"文武"指周文王和周武王。孔子把周文王和周武王的德行、做的伟大事业和纲领继承下来。孔子不是反古，也不是完全遵循古代，更不是一成不变地照搬古代思想。孔子"祖述尧舜，宪章文武"，表明了他对待古代的态度是取其精华、去其糟粕，绝非抱残守缺。今古人在精神气质上一脉相承，但是在具体措施上要从当下的实际情况出发，才能把事情做好。"上律天时，下袭水土"。往上遵循自然规律而不能违背这些规律，往下沿袭本土的地理和地缘政治的法则。"辟如天地之无不持载，无不覆帱"。就像那高天与厚地，没有什么是不可以承载覆盖的。"辟如四时之错行，如日月之代明"。譬如，一年四季的交错运行，好像是太阳月亮的轮流照耀周遭。

"万物并育而不相害，道并行而不相悖，小德川流，大德敦化，此天地之所以为大也。"天地万物都可以欣欣向荣地生存，但互相不构成一种利害关系。"并育而不相害"是说，天地不是厚此薄彼只生长一种东西而让其他都死掉，天地之间不是一定要争你死我活，而是你中有我、和谐并存。当今西方世界过度强调竞争、斗争、战争的结果就是非并育而互害，背离了儒家的并育、共生思想。在这个意义上说，儒家思想更具有生态文化精神。"道并行而不相悖"，大道周遍适用，道不是只有一个方面，而是能够贯彻到万事万物中，具有周遍性和普世性，不是互相背离的。"小德川流，大德敦化"。小小的德行就像川流不息的江河，润物细无声，养育万事万物。尽管它很微小，但是它深入方方面面，深入广袤的土地中。而"大德敦化"，大德是和造化、大自然同生同息、一脉相承的，此天地之所谓大也。微小的道德就犹如江河流水，宏大的道德就犹如敦化造化，这就是天地自然之所以为大的道理。一句话，不藐视和拒绝小，就必定成其为大。反之，凡是不注意小处，就必定要走向失败。

在现代性话语中，人作为主体对自然客体加以盘剥挖掘，自然成为人的征服对象。在中国思想谱系中，人是天地化育中的一维而又促使天地化育，人要按照天地化育之道来实现人与人、人与自然的和谐一致，而反对将人类凌驾于自然之上，对自然加以征服盘剥。先秦经典谈论人在天地之间的论述很多，可以文本互释："夫易，广矣，大矣。以言乎远则不御，

以言乎迩则静而正，以言乎天地之间则备矣。"① "盈天地之间者唯万物。"② "天地之间，其犹橐籥乎。虚而不屈，动而愈出，多言数穷，不如守中。"③ "子夏曰：'三王之德，参于天地。敢问何如斯可谓参于天地矣?'"④ "天子者，与天地参，故德配天地，兼利万物。"⑤ "其为气也，至大至刚，以直养而无害，则塞于天地之间。"⑥ "人生天地之间，若白驹之过隙，忽然而已。"⑦ "功参天地，泽被生民。"⑧ 这说明，"天人之际"的问题始终是人类所面对的基本问题，中国哲学解决的方案大抵是"天人合一"，而西方哲学解决的方法是"天人对立"。《中庸》既重视处在天地之间的人的能动性，又重视人与自然的相生相合的和谐性，在维护天地自然的多样性与整体性中，实现人与天地的和谐性和统一性。

这里《中庸》以孔子为典范，盛赞他上宗尧舜、下法文武，与天地并立，并可以化育万物，为后世学者塑造了一个崇高不朽的圣人形象。从《中庸》本身的结构来看，这也由对中庸之道的理论方面的阐述，落实到具体人格榜样的确立上来。

---

① 《周易·系辞上》，（清）阮元校刻：《十三经注疏》，北京：中华书局1980年版，第78页。

② 《周易·序卦传》，（清）阮元校刻：《十三经注疏》，北京：中华书局1980年版，第95页。

③ 《道德经》，《诸子集成》3，上海：上海书店1986年版，第3页。

④ 《礼记·孔子闲居》，（清）阮元校刻：《十三经注疏》，北京：中华书局1980年版，第1617页。

⑤ 《礼记·经解》，（清）阮元校刻：《十三经注疏》，北京：中华书局1980年版，第1610页。

⑥ 《孟子·公孙丑上》，（清）阮元校刻：《十三经注疏》，北京：中华书局1980年版，第2685页。

⑦ 《庄子·知北游》，《诸子集成》3，上海：上海书店1986年版，第325页。

⑧ 《荀子·臣道》，《诸子集成》2，上海：上海书店1986年版，第325页。

第二十二讲　中庸之德的社会伦理价值

　　《中庸》第三十一到三十三章是全书思想的总结收束，集中阐释了对至圣、君子的更高要求。

一、至圣之道的五种美德

　　"唯天下至圣，为能聪明睿知，足以有临也；宽裕温柔，足以有容也；发强刚毅，足以有执也；齐庄中正，足以有敬也；文理密察，足以有别也。"《中庸》为聪明懿德的君子提出了五项基本原则。"聪明睿智，足以有临"。一个耳聪目明，充满了智慧的人，才可以去统治天下，才有能力去驾驭天下。"宽裕温柔，足以有容也"。广博宽恕，温柔敦厚，才可以包容万事万物。"发强刚毅，足以有执也"。奋发自强、刚正不阿，才可以把事情做得非常完善。"齐庄中正，足以有敬也"。"齐"即整齐恭敬，"庄"即庄重，"中"即中庸不偏不倚，"正"即中正正直，① 自然

---

　　① 儒家的"中正"强调的是不偏不倚或正直忠信，这一准则成为历史上志士仁人的生命价值体现。《尚书·吕刑》："明启刑书胥占，咸庶中正。"（阮元校刻：《十三经注疏》，北京：中华书局1980年版，第250页）《荀子·劝学》："故君子居必择乡，游必就士，所以防邪僻而近中正也。"《楚辞章句·离骚》："跪敷衽以陈辞兮，耿吾既得此中正。"（汉）王逸注："中心晓明得此中正之道。"（文渊阁《四库全书》本）《东观汉记·申屠刚传》："性刚直中正，志节抗厉，常慕史鰌汲黯之为人。"（文渊阁《四库全书》本）（晋）袁宏《三国名臣序赞》："公琰殖根，不忘中正。"（宋）叶适《水心集·答少詹书》："轻鄙中正平易之论，而多为惊世骇俗绝高之语。"（文渊阁《四库全书》本）（宋）王谠《唐语林·文学》："近代有中正，中正乡曲之表也。藻别人物，知其乡中贤愚出处。"（上海：古典文学出版社1957年版，第53页）

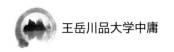

会达到虔敬、颐和的状态。文章条理周密而洞悉时事，自然明辨是非，明察秋毫。

"溥博渊泉，而时出之。溥博如天，渊泉如渊。见而民莫不敬，言而民莫不信，行而民莫不说。"广大无边的深渊，能够时时地喷涌出来，广大无边像天一样，泉水就像深渊一样。如果表现出来这种崇高伟大的形象，老百姓就没有一个不去崇拜崇敬的；只要有如此高的德行威望，老百姓就没有不跟随的；如果这种美德和精神付诸行动，老百姓没有不高兴的。

"是以声名洋溢乎中国，施及蛮貊。舟车所至，人力所通，天之所覆，地之所载，日月所照，霜露所队，凡有血气者，莫不尊亲，故曰'配天'。"这样美好的名声不仅广泛流传于中原地带，并且传到蛮荒之地。只要车船能到之地，只要人迹所能达、天之所盖、大地所承的地方，只要是日月照耀、霜露坠落的地方，其凡有血气的生物，没有不尊重和不亲近他们的。总之，整个天地与人间社会，只要人的德行达到了高境，人们都能感受其光辉和崇高。君子的行为与自然规律、人类社会规律相吻合，人们莫不欢欣鼓舞，唯君子是从。

这是对至圣或君子的要求。只要有了这五项美德，君子的名声和施政纲领，就会被人们欣然接受。君子伟大的理想，才会变成伟大的实践。"唯天下至诚，为能经纶天下之大经，立天下之大本，知天地之化育，夫焉有所倚？"唯独普天之下最真诚的人，才可以统治天下。如果统治天下的领袖或者领导人是些虚伪的骗子，或者是不为老百姓所接受的人，这个国家这个地区能治好吗？所以，这句话没有过时。天下最真诚的想为老百姓鞠躬尽瘁地去服务的那些人，才可能把这个地方治理好。他才可能树立普遍根本的原则，才可以认识天地自然的规律而生养万物。除了"诚"，没有什么能达到这三者——经纶天下之大经、立天下之大本、知天地之化育。这三个伟大实践都必须是"至诚"的，没有了"诚"，任何人都不可能做到。

"肫肫其仁，渊渊其渊，浩浩其天。苟不固聪明圣知达天德者，其孰能知之?"真诚诚恳的样子，表现出他的仁爱。他的思虑像水一样深，他的美德像天一样高。如果不是耳聪目明圣哲和有德行的人，谁能够知道他的伟大呢? 所以，需要知音，需要人民拥戴他。伟大的人不能离开伟大的人民的支持，伟大的人民如果没有自己的伟大领袖，没有自己的至诚君子来为自己服务，成为自己思想的领路人，那么这个国家同样是治理不好的。

《中庸》第三十一章阐述至圣之道，提出了至圣所必须具备的五种美德，同时热情赞美了至圣之道高可及天，深可入渊，民众无不对之心悦诚服。

二、简淡谨微的道德境界

《中庸》第三十二章论述至诚之道的本质和功用，再次重申了"诚"作为《中庸》全篇核心思想的重要意义。

"《诗》曰:'衣锦尚䌹。'恶其文之著也。故君子之道，暗然而日章。小人之道，的然而日亡。君子之道，淡而不厌，简而文，温而理，知远之近，知风之自，知微之显，可与入德矣。""衣锦尚䌹"之"䌹"指麻衣，"衣锦"指穿着很华丽的丝绸，但是因为"尚䌹"，所以华丽的绸衣外面要罩上一件麻衣。这无疑是中国古代玉一般的君子道德的象征——哪怕个体道德修为辉煌而光芒四射，但还是要收敛谦虚而尽量掩藏自己的光芒，让人看着你很朴素自然，而不是故作一副天地都很难容的伟大姿态。"衣锦尚䌹"是因为厌恶他的神采文采太耀眼了，所以要加以遮盖。这对今天的"做秀"有重要的警示意义。圣人君子的大道，暗然深藏却日渐彰显。他的道行表面上看就像穿了一件麻衣，看不出什么伟大和辉煌来，但是一天一天地充实起来、一月一年地提升起来，最终放出万丈光芒。而小人的道很张扬专横，甚至是故作高深、标榜自我，却一天一天暗淡无光，甚至最终消亡。

"君子之道，淡而不厌"，君子大道恬淡而有意味。"简而文"，简朴而

不失之文雅。"温而理",温厚而又有条理。"知远之近",知道无论人走得有多远都要从近处开始走,所以,要从小的地方做起。"知风之自",知道风化教化不是去教育别人,而是从教育自己开始。现在很多人望文生义,动辄批评中国的儒家或者中国的文化思想,说他们总是喜欢启蒙别人,而不知启蒙自己。其实儒家强调最先要启蒙自己。"知风之自"就是强调,要教化别人先要从教化自己开始。"知微之显",知道细微的、看不见的东西会逐渐光大起来、彰显起来,所以,要谨慎细小之事。小德有亏,今后大德就难建,大事就难成。所以,小事不小,因为细节决定命运,细节决定成败。"可与入德矣",知道了以上三条,可以说就达到了德行的至高境界。

三、内省慎独的内修价值

"《诗》云:'潜虽伏矣,亦孔之昭。'故君子内省不疚,无恶于志。君子之所不可及者,其唯人之所不见乎!"在水中潜得很深的鱼是很安静的,但是也可以看见。君子自我反省,而不感到自己内疚,这样就无愧于自己的心,就像鱼在深水下,尽管不太看得清楚,但是也能看得见。人在独处时,千万不要认为别人看不见自己,所以,儒家强调要"慎其独"。① 君子不会被别人追赶上的原因在于,在别人看不见

---

① "慎独"之学是儒家最为重视的个体内修的功夫,《大学》《中庸》中都强调"君子慎其独"。而马王堆帛书与郭店竹简《五行》中也从多种角度阐述"君子必慎其独"这一理念。其后,宋明理学更是将"慎独"提升到个体修为的本体论高度。大体上考察,"慎独"之"慎"有多种含义:其一,谨慎,慎重。《易经·颐》:"君子以慎言语,节饮食。"孔颖达疏:"故君子观此颐象,以谨慎言语,裁节饮食。"(南朝·宋)刘义庆《世说新语·德行》:"晋文王称阮嗣宗至慎,每与之言,言皆玄远,未尝臧否人物。"(《四部丛刊初编》,上海:上海书店1989年版)《元史·曹彬用传》:"慎赏罚以示劝惩。"(北京:中华书局1976年版,第4028页)朱骏声《说文通训定声·坤部》云:"慎,谨也,从心真声……假借为顺。"(武汉:武汉古籍书店1983年版,第821页)其二,指实在或真诚。《诗·小雅·巧言》:"昊天已威,予慎无罪。"(阮元校刻:《十三经注疏》,北京:中华书局1980年版,第453页)《毛诗诂训传》:"慎,诚也。"(阮元校刻:《十三经注疏》,北京:中华书局1980年版,第453页)王念孙《读书杂志·逸周书二》:"远诚(转下页)

的地方也严格要求自己，这就叫"慎独"。"慎独"主要的含义是在独处中谨慎不苟。《礼记·大学》和《礼记·中庸》中都强调"君子慎其独"。后世接续其说很多：三国魏曹植"祗畏神明，敬惟慎独。"[1]宋彭乘："熙载使歌姬秦蒻兰衣弊衣为驿卒女，谷见之而喜，遂犯谨独之戒。"[2]在中国

（接上页）悫之士，而近虚诞之人也。"（王云五编：《万有文库》第1集1000种，上海：商务印书馆1930年版，第17页）其三，忧惧，警惕。《晏子春秋·杂上二六》："（泯子午）睹晏子，恐慎而不能言。"（《四部丛刊初编》，上海：上海书店1989年版）《后汉书·马援传》："夫大将在外，谗言在内，微过辄记，大功不计，诚为国所慎也。"（北京：中华书局1965年版，第846页）其四，遵循，依顺。《墨子·天志中》："今天下之君子，中实将欲遵道利民，本察仁义之本，天之意，不可不慎也。"孙诒让间诂："慎与顺同。"《商君书·垦令》："民平则慎，慎则难变。"（汉）王充《论衡·书虚》："生能操行，慎道应天。"（《丛书集成初编》，北京：中华书局1985年版，第40页）其五，思，思考，《大广益会玉篇·心部》："慎，市振切，谨慎也，……思也"（《四部丛刊初编》，上海：上海书店1989年版）《方言》卷一："慎，思也，……秦晋或曰慎。凡思之貌亦曰慎。"（《丛书集成初编》，北京：中华书局1985年版，第5页）综上可见，"慎"有谨慎、慎重、真诚、忧惕，依顺之意。孔子以降的思想家，无不对"慎"相当重视。《论语·子张》："君子一言以为知，一言以为不知，言不可不慎也。"（阮元校刻：《十三经注疏》，北京：中华书局1980年版，第2533页）《周易·系辞上》"言行君子之枢机，枢机之发，荣辱之主也。言行，君子之所以动天地也，可不慎乎？"（阮元校刻：《十三经注疏》，北京：中华书局1980年版，第79页）《淮南子·缪称训》："《诗》云：'媚兹一人，应侯慎德。'慎德大矣，一人小矣。能善小，斯能善大矣。"（《诸子集成》7，上海：上海书店1986年版，第154页）同样，"慎独"之"独"有单独和特殊的意思。《说文》释为："独，犬相得而斗也。羊为群，犬为独也。"段玉裁注："犬好斗，好斗则独而不群。"《正字通·犬部》："独，猨类，似猨而大，猨性群，独性特。"（明代学者张自烈、清代学者廖文英：《正字通》，北京：中国工人出版社1966年版，第666页）"独"与"特"含义相通。《广雅·释诂》"特，独也。"（《丛书集成初编》，北京：中华书局1985年版，第29页）《礼记·礼器》"圭璋特"（阮元校刻：《十三经注疏》，北京：中华书局1980年版，第1432页）。（明）胡广《礼记大全》："玉之贵者，不以他物俪之，故谓之特，言独用之也。"（文渊阁《四库全书》本）

①　（三国魏）曹植《曹子建集·卞太后诔》，文渊阁《四库全书》本。
②　（宋）祝穆：《古今事文类聚续集·损名驿妇》，文渊阁《四库全书》本。

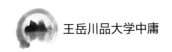

思想史中，"慎独"还与这样一些重要范畴相关联："慎微"①"慎修"②"慎德"③"慎思"，④ 从而构成了中国思想史长河中人生修为生命提升的重要精神谱系。

"《诗》云：'相在尔室，尚不愧于屋漏。'故君子不动而敬，不言而信。《诗》曰：'奏假无言，时靡有争。'是故君子不赏而民劝，不怒而民威于斧钺。""相"就是注视。"屋漏"指古代在室内的西北角设小帐的地方，相传是神明所在，这里是以屋漏代指神明。意思是说，有很多双眼睛在房间里看着自己，要经得起神明的眼光的盯视，就不要在暗中做坏事，这样就无愧于自己也无愧于神明。君子即使没有行动，也有一颗虔诚敬重之心。即使不说话，也能表现出心意的诚实。老实人平时吃亏，但最终会赢，因为他的诚实与至诚会使他成为"得道多助"的成功之人。《诗经》中说，祭祀祷告时不用语言，这时就不用争议，因为话很多反而丧失了真心。圣人君子不需要去奖赏，他的百姓和朋友们就会努力勤勉地做事。不必动怒，百姓就觉得比严苛的法律和刑法还要厉害。

"《诗》曰：'不显惟德！百辟其刑之。'是故君子笃恭而天下平。

---

① "慎微"注重谨慎及于细微之处。《淮南子·人间训》："圣人敬小慎微，动不失时。"（《诸子集成》7，上海：上海书店1986年版，第318页）《汉书·董仲舒传》："故尽小者大，慎微者著。"（清）百一居士《壶天录》卷上："溺死三人，虽曰咎由自取，要皆风流自赏者有以致之，故君子贵慎微焉。"

② "慎修"讲究谨慎修行。《尚书·皋陶谟》"慎厥身，修思永"（阮元校刻：《十三经注疏》，北京：中华书局1980年版，第138页）。孔传："慎修其身，思为长久之道也。"（阮元校刻：《十三经注疏》，北京：中华书局1980年版，第138页）汉班固《答宾戏》："慎修所志，守尔天符。"（唐）元稹《元氏长庆集·省事制》："无忘慎修，用副毗倚。"（《四库全书》本，上海：上海古籍出版社1987年版）

③ "慎德"注重道德内修。《周礼·地官·大司徒》："以贤制爵，则民慎德。"（阮元校刻：《十三经注疏》，北京：中华书局1980年版，第703页）《淮南子·缪称训》："慎德大矣，一人小矣。能善小，斯能善大矣。"（《诸子集成》7，上海：上海书店1986年版，第154页）

④ "慎思"强调谨慎思考。《礼记·中庸》："博学之，审问之，慎思之，明辨之，笃行之。"（阮元校刻：《十三经注疏》，北京：中华书局1980年版，第1632页）（明）王守仁《传习录》卷上："博学、审问、慎思、明辨、笃行者，皆所以惟精而求惟一也。"（清）龚自珍《六经正名》："向（刘向）与固（班固）可谓博学明辨慎思之君子者哉！"

《诗》云：'予怀明德，不大声以色。'子曰：'声色之于以化民，末也。'"
"不显惟德"，异常昭显的是大德。"百辟其刑之"，诸侯都来效法他，也就
是很多人都来开始效法他。所以，君子只要忠实恭敬，能温、良、恭、
俭、让，天下自然就归于太平。《诗经》中说，我胸怀着光明大德，不必
厉声地去训诫别人。孔子也说，厉声厉色对教化百姓来说是末，这是没有
抓住根本啊。"《诗》曰：'德輶如毛。'毛犹有伦。'上天之载，无声无
臭。'至矣！"《诗经》上说，德行轻轻好像羽毛。羽毛还有形可以去比，
而苍天化育则"无声无臭"，就是说，伟大的自然承载万物却一点声音都
没有，甚至闻不到它的气息。这最高的境界真是令人高山仰止。

　　《中庸》第三十三章是全书的结尾，重在强调德行的实施，从天理到
人道，从知到行，从理论到实践，从君子笃实恭敬到天下太平，既回到与
《大学》相呼应的人生进修阶梯之上，又对《中庸》全书的宗旨加以精深
地概括。

第二十三讲 《大学》《中庸》的思想内涵与当代意义

　　"四书"是公认的儒学经典。《大学》《论语》《孟子》《中庸》这四部书，南宋著名理学家朱熹认为读"四书"有一定顺序，而将《大学》列为入门第一部书，可见其开宗明义的重要地位。其"三纲八目"是儒家"君子"学说简明扼要的思想纲领和行动指南。

　　《中庸》是"四书"中最难懂的一部书，然而其思想的光辉穿透诘屈聱牙的字句不断向我们呈现出来。中庸思想在现代性的困境和现代性的误区中，将以其自身不偏不倚不极端的思维方式，中正平和的价值构成，抵制放纵情感欲望和唯理性的偏颇，坚持辩证看待社会和人生，透析人性的弱点，使人类重新看待东方思想中的合理因素，避免在现代性的误区中，将人类引入"技术的夜半"和"发展的灾难"的歧途。

一、"三纲八目"将凡夫俗子铸为君子贤人

　　《大学》通过见微知著、由小及大、由内及外最后达至天下的过程，宣示"三大纲领"，即《大学》开宗明义的第一句话，"大学之道，在明明德，在亲民，在止于至善"。这意味着大学有大道，它不是一门技术，不是生产只为"稻粱谋"之人，而是为创造出"发现道、弘扬道"的理想人物。

　　"在明明德"，把人的内在光辉敞开升华，放大光辉和启开被世俗所遮掩、被利欲熏心所遮盖的大德行。第一个"明"是动词；第二个"明"是形容词。这是《大学》开启知识者的启蒙的重要任务。

"在亲民"，获得知识以后不能自私自利独享，而是要去启蒙他者，要把自己已经启开的心扉、所领悟的中正中庸发扬到整个社会中去，成为民众共享的品德。个人的能量是有限的，而作为教育者传承下去的启蒙能量是无穷的。

"在止于至善"，"止"要知道在什么地方停止，要在悬崖边上勒马，在贪婪的地方停止，在心里有偏窄不公之地止步，回到中正、平和、美善的心境中，不达到最高的善，永远不停步，一息尚存，奋斗不止。正是因为有"止于至善"的终极要求，在古代才会有"鞠躬尽瘁，死而后已"的诸葛亮，才会有"上下求索，九死未悔"的屈原，才会有知识启蒙者前赴后继地去实现自己的伟大的理想，而不惜抛头颅、洒热血。"止于至善"，造就了多少中华民族的脊梁！在今天，笔者认为对尽善尽美的"至善"的追求，人类永不会停止。

怎样实现三纲呢？具体方法有八个步骤——"八目"。

1. "格物"。"格"今天还用这个词，如格斗，画格子。格斗就是把假的不中用的东西打出圈外，画格子是把整体变成精细。格物就是把握规律，去伪存真，去粗取精。通过格物的方法，穷究大千世界的原理，尊重客观事物的规律。

2. "致知"。"知"应该看成智慧的"智"。有了格物的知识技术，还需要上升到很高的人生智慧。把外在的知识变成自己的洞察世事的智慧，去掉过多的人性贪婪，让自己高风亮节，两袖清风，得到最大的心灵快乐和人生安宁。而那些利令智昏、轻视智慧，对抗大自然、奴役大自然、破坏大自然的人，最终将受到规律的惩罚。

3. "诚意"。"意"是没有显示和言说出来的思想，是内在的心理活动和心灵波动。这时必须"诚"——"慎独"。一个富有知识的人，容易心高气傲，目中无人，心不诚则意不正。诚意是让自己的心态平和下来，让自己和大家形成和谐流动的关系。心意诚了，不撒谎、不自欺、不自满。这时心灵就达到一种平和安宁、高远广阔的境界。

4. "正心"。正心是为公正而放弃一己之私欲，把心换成一种中正的

公心。心不正，所思都是歪门邪道，都是不利己而又不利他的恶性事情。"正心"代表了儒家思想中的一个非常重要状态，不能有妄心，不能有邪恶心，不能有拨弄是非之心，更不能去搞歪门邪道。孔子提倡"仁爱""仁德""礼治""忠孝"等仁学观念，《论语》："子不语，怪、力、乱、神"。①《论语》一书，很难见到孔子谈论怪异、暴力、变乱、鬼神之类，对这些孔子都存而不论。唐穆宗时，柳公权见皇上。唐穆宗问："我曾经在佛庙见到你的书法，很想见见你。"随即拜柳公权为拾遗侍书学士。唐穆宗问柳公权书法如何用笔，柳公权回答说："心思端正则用笔才能端正，这样才成法度。"唐穆宗改变了脸色，明白柳公权是在以书法下笔来进谏。②

5. "修身"。言辞要雅逊，合乎规范，行为方式和仪态要中和、平和，而且身心合一，不能是面和心不和、人格分裂、口是心非。《大学》"八目"中的格物、致知、诚意、正心，提倡的是个人进行道德修养，说明前四目关于"内圣"，而后四目则关系"外王"。修身，是个人与公共空间的联系。"修"什么，修仪态，待人接物如沐春风；修言辞，谦和恭敬，人格清廉，谦谦君子。

6. "齐家"。在整个家族中显示出自己卓越的管理能力、协调能力和规范整饬的能力。古人的家往往是一个大家庭，大到《红楼梦》中的荣宁二府都是一大家子，人数多到九百余人。要"齐家"真不易。最后大厦将倾，树倒猢狲散，落了片白茫茫大地真干净！从某种意义上说，齐家是对家族规范，对内部管理的很高标准。帝王在大殿可以号令千军，却搞不定后宫；老百姓喜欢说"清官难断家务事"，可见家务事也不那么好决断。能够把一个大家族，一个家庭产业做到整饬有序，秩序井然，殊为不易。

7. "治国"。由家及国，将家庭伦理和国家伦理合二为一，对待国家和人民就像对待自己家庭一样充满爱心。治国之"国"不是今天的大国，

---

① 《论语·述而》："子不语，怪、力、乱、神。"
② 《旧唐书》："穆宗时，以夏州书记入奏。帝曰：'朕尝于佛庙见卿笔迹，思之久矣。'即拜右拾遗侍书学士。帝问公权用笔法，对曰：'心正则笔正，乃可为法。'帝改容，悟其以笔谏也。"

指的是古代的诸侯国，相当于今天一个省。但这也是对执政能力高风险的测试。能够把一个充满各种欲望、矛盾冲突、阴谋阳谋迭出的大家族治理好，其能力可见不凡，于是可以出来治理诸侯国。

8. "平天下"。平，不是踏平，是太平，使天下太平。这需要多高的智慧，多大的心胸，多么殚思竭虑，才能真正地为民众做实事。当然，就历史语境而言，古代的"天下"是四海之内。与今天的全球和世界有区别。但今天在全球化时代，也可以放宽眼光，把"天下"看成是整个地球、整个人类，从而发掘引申出儒家思想中合理成分，放眼整个世界的风云际会。

综上所述，《大学》"三纲八目"的目的是为了约束君子品行，使其逐渐完善人格并对社会做出贡献。"大学之道"是一个人的成年仪式，成人之礼，"大学"让人掌握一整套社会话语、社会伦理并获得一颗谦让、礼让、仁爱之心。这就是君子的境界，也是孔子所赞扬的理想人格。"八目"告知一个人要通过艰苦努力不断超越自我，"八目"犹如人生超越的八级阶梯，敦促人从一个凡夫俗子、一个自然人变成一个社会人，从一个社会人变成一个关心人类的君子，进而成为独善其身，兼济天下的贤人。这难道不是中华民族值得赞美的一种美德吗？

二、君子清贫自守的四种美好品格

儒家论述"君子"可谓多多。对"君子"一词的集中阐释和具体解说当始于孔子。孔子对于"君子"的论述，是他人才观五个等级中的中间等级。这五个等级是：小人—士人—君子—贤人—圣人。孔子提及"君子"还常常在论述中与"大人""成人""仁人"相关联。大体上看，《论语》中关键词中"君子"一词出现频率很高，随手引证，已观其大略。

> 学而时习之，不亦说乎。有朋自远方来，不亦乐乎。人不知而不愠，不亦君子乎。
>
> 君子无终食之间违仁，造次必于是，颠沛必于是。

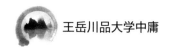

君子无所争。

君子成人之美，不成人之恶。小人反是。

君子和而不同，小人同而不和。

君子泰而不骄。

君子义以为质，礼以行之，孙以出之，信以成之。君子哉！

君子病无能焉，不病人之不己知也。

君子谋道不谋食，忧道不忧贫。

君子不重则不威，学则不固，主忠信，无友不如己者，过则勿惮改。

君子耻其言而过其行。

不知命，无以为君子也。不知礼，无以立也。不知言，无以知人也。

君子食无求饱，居无求安，敏于事而慎于言，就有道而正焉，可谓好学也已。

君子笃于亲，则民兴于仁，故旧不遗，则民不偷。

君子名之必可言也，言之必可行也，君子于其言，无所苟而已矣。

君子之道四焉，其行己也恭，其事上也敬，其养民也惠，其使民也义。

君子学道则爱人，小人学道则易使也。

君子务本，本立而道生，孝弟也者，其为仁之本与。

可以托六尺之孤，可以寄百里之命，临大节而不可夺也。君子人与，君子人也。

君子以文会友，以友辅仁。

君子思不出其位。

死生有命，富贵在天。君子敬而无失，与人恭而有礼。四海之内，皆兄弟也。

君子之过也，如日月之食焉，过也，人皆见之，更也，人皆仰之。

君子尊贤而容众，嘉善而矜不能。

　　"君子"是孔子的理想化的人格。君子以行仁行义为己任。君子也尚勇，但勇的前提必须是仁义，是事业的正当性。君子处世要恰到好处，要做到中庸。在孔子看来，君子的反面，即是小人。《论语》中君子、小人对举者甚多。孔子将君子、小人对举，是为了通过对照，彰显君子的品质。

　　对君子的强调是原始儒家的基本精神，由孔子开创，中接曾子，被后世发扬光大。在《大学》一书中，强调君子有多种美好的精神品格：

　　其一，君子以"诚意"修身为本。"所谓诚其意者：毋自欺也，如恶恶臭，如好好色，此之谓自谦，故君子必慎其独也。""此谓诚于中，形于外，故君子必慎其独也。""富润屋，德润身，心广体胖，故君子必诚其意。"[①] 君子责己宽人，"君子有诸己而后求诸人，无诸己而后非诸人"。[②] 他自己做不到的事情，不去要求别人做到；他自己不能达到的境界，不要求别人达到。

　　其二，君子博学慎思，三思而后行。"大学之道"的"博学"是在想先贤广播的学习中，揭开被遮蔽的人性，启发出内心本性的光明。"慎思"指做事不能鲁莽行事，要三思而后行，所谓三思就是多思，思及利人、利家、利国。

　　其三，君子以治国平天下为己任，以孝悌慈爱为进身之阶。"君子不出家而成教于国：孝者，所以事君也；悌者，所以事长也；慈者，所以使众也。""君子贤其贤而亲其亲，小人乐其乐而利其利，此以没世不忘也。""所谓平天下在治其国者，上老老而民兴孝，上长长而民兴弟，上恤孤而民不倍，是以君子有絜矩之道也。"[③]

　　其四，君子重忠信以义为利。"君子有大道，必忠信以得之，骄泰以失之。""君子先慎乎德。有德此有人，有人此有土，有土此有财，有财此有用。德者本也，财者末也，外本内末，争民施夺。""仁者以财发身，不仁者以身发财。……国不以利为利，以义为利也。"[④]

　　其五，"君子忧道不忧贫""君子谋道不谋食。"（《论语·卫灵公》）

---

　　①③④　《大学》。
　　②　《大学》中的这句话令人费解，有不同解释，还可解读为：君子对于优点，要自己拥有后才去要求别人拥有；对于缺点，要自己身上没有后再去批评他人。

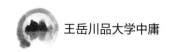
"以义为利。""富与贵,是人之所欲也,不以其道得之,不处也。贫与贱,是人之所恶也,不以其道得之,不去也。""君子喻于义,小人喻于利。""君子怀德,小人怀土;君子怀刑,小人怀惠。"(《论语·里仁》)"士不可以不弘毅,任重而道远。仁以为己任,不亦重乎?死而后已,不亦远乎?""君子固穷,小人穷斯滥矣。"(《论语·卫灵公》)"不义而富且贵,于我如浮云。"(《论语·述而》)

其六,君子重视"戒、畏、思"的自我反思和监督。"君子之过也,如日月之食焉。过也,人皆见之;更也,人皆仰之。""君子有三戒:少之时,血气未定,戒之在色;及其壮也,血气方刚,戒之在斗;及其老也,血气既衰,戒之在得。""君子有三畏:畏天命,畏大人,畏圣人之言。""君子有九思:视思明,听思聪,色思温,貌思恭,言思忠,事思敬,疑思问,忿思难,见得思义。"(《论语·季氏》)戒除个人的欲念,对事物有敬畏之心,每日三省吾身九思自我。

其七,"君子不器"《论语·为政》,"君子不可小知而可大受也,小人不可大受而可小知也。"(《论语·卫灵公》)"君子成人之美,不成人之恶。小人反是。""君子上达,小人下达。"(《论语·宪问》)"亲贤臣、远小人",①诸葛亮《出师表》就是儒家思想的体现。"近朱者赤,近墨者黑",近君子则成君子,近小人则成小人。一个人要接近君子贤人,从而营造出有利于自己积极发展的美好的人文环境,不断地提升自己。

其八,君子"群而不党",不拉小圈子,不拉帮结派,不搞宗派主义。这正是仁者爱人思想的放大。在今天仍然具有重要性。"君子矜而不争,群而不党。""君子病无能焉,不病人亡不已知也。""君子疾得世而名不称焉。""君子求诸己,小人求诸人。"(《论语·卫灵公》)"君子周而不比,小人比而不周"。(《论语·为政》)"君子和而不同,小人同而不和。"(《论语·子路》)

其九,君子"以仁为本","依于仁游于艺"。君子只有内在品德美好还不够,还须有外在的文采。"志于道,据于德,依于仁,游于艺。""质

---

① 诸葛亮:《出师表》,《三国志·蜀书·诸葛亮传》,北京:东方出版社 2009 年版,第 920 页。

胜文则野，文胜质则史。文质彬彬，然后君子。"（《论语·雍也》）君子"兴于诗，立于礼，成于乐"。"莫春者，春服既成。冠者五六人，童子六七人，浴乎沂，风乎舞雩，咏而归。"（《论语·先进》）"知者乐水，仁者乐山；知者动，仁者静；知者乐，仁者寿。"（《论语·雍也》）

其十，君子立己达人，"己欲立而立人，己欲达而达人"，这是非常重要的一种思想。换言之，"己所不欲，勿施于人"，自己都不想去做到的事情，也不要让别人去做。这已经成为联合国的一种基本的共识，也是东方思想对人类的贡献。

笔者看来，《大学》是在战国时代整个思想重心从周代的"礼"逐渐转向孔子的"仁"，并以君子为仁的体现者的过程中，逐渐形成的光辉思想。大学之道就是把礼——社会的伦理内化成内在的仁心和仁爱，又把这种内在的仁心和仁爱变成一种外在可见可感的君子形象。当有了这样一群慎思独行、无私为公的君子，未来的人类才会是真正的"成人"，也就是领悟大学之道的人，那么走向"天下和平"尽管仍然还会有层层风险，但是人类觉悟者的仁爱之心和榜样的力量，必然会使世界良性发展而变得更加美好。

三、中庸标举和谐观是世界和平的愿景

中庸之道是中国思想史的重要的哲学观念和践行标准。在古代中国，"中庸"被誉为本体论意义上的"至德""中和"。而在近现代中国则被看作折中主义、明哲保身等而备受质疑批评。当代学者以更为平和的学术态度和全球化中的东方文化身份重建的新视野，重新检视《中庸》在中国思想史上的地位和意义。① 正是基于这种辩证统一、多元开放的学术研究态度，使当代中国学界对《中庸》的研究更为学理化，中庸思想的各个维度

---

① 参见王岳川：《全球化与中国》，济南：山东友谊出版社 2002 年版。

和被掩盖不彰的深意，也逐渐得到中国学术界和国际汉学界重视。①

---

① 就其中有关论著本身而言，近代以来著作多矣，依笔者之所见择其要者大致如次：胡适：《中国哲学史大纲》（上），北京：商务印书馆 1919 年版；Leonard A. Lyall and King Chien – kün Title；The Chung – yung；or，The centre，the common，Publisher：London，New York（etc.）Longmans，Green and Co.，1927；梁启超：《中国近三百年学术史》，上海：书智书局 1929 年版；杨荣国：《中国古代思想史》，北京：人民出版社 1954 年版；吕振羽：《中国政治思想史》，北京：三联书店 1956 年版；张岱年：《中国哲学大纲》，北京：商务印书馆 1958 年版；侯外庐等：《中国思想通史》，北京：人民出版社 1963 年版；任继愈：《中国哲学史》，北京：人民出版社 1966 年版；吴怡：《中庸诚字的研究》，台北：华冈书城 1974 年版；宋天正注译、杨亮功校订：《中庸今注今译》，台北：商务印书馆 1977 年版；陈满铭：《中庸思想研究》，台北：文津出版社 1980 年版；萧公权：《中国政治思想史》，台北：联经出版公司 1980 年版；张岂之：《中国思想史》，西安：西北大学出版社 1980 年版；蔡尚思：《孔子思想体系》，上海：上海人民出版社 1982 年版；童书业：《先秦七子思想研究》，济南：齐鲁书社 1982 年版；罗光：《中国哲学思想史先秦篇》，台北：学生书局 1983 年版；刘泽华：《先秦政治思想史》，天津：南开大学出版社 1984 年版；冯友兰：《中国哲学史》，北京：北京大学出版社 1985 年版；康有为著、楼宇烈整理：《孟子微·礼运注·中庸注》，北京：中华书局 1987 年版；金景芳、吕绍纲：《周易集解》，长春：吉林大学出版社 1989 年版；张岂之：《中国儒学思想史》，西安：陕西人民出版社 1990 年版；钱逊：《先秦儒学》，沈阳：辽宁教育出版社 1990 年版；徐超今译、何百华英译：《中庸：汉英对照本/The Doctrine Of The Mean》，载《孔子文化大全》，济南：山东友谊书社 1992 年版；宋赵顺孙纂疏、黄珅整理：《中庸纂疏》，上海：华东师范大学出版社 1992 年版；杨向奎：《宗周社会与礼乐文明》，北京：人民出版社 1992 年版；谭宇权：《中庸哲学研究》，台北：文津出版社 1995 年版；赵俪生：《赵俪生史学论著自选集》，济南：山东大学出版社 1996 年版；金景芳：《〈周易·系辞传〉新编详解》，沈阳：辽海出版社 1998 年版；吴龙辉：《原始儒家考述》，北京：中国社会科学出版社 1996 年版；葛兆光：《七世纪前中国的知识、思想与信仰世界——中国思想史第一卷》，上海：复旦大学出版社 1998 年版；刘周堂：《前期儒家文化研究》，桂林：广西师范大学出版社 1998 年版；杜维明著、段德智译：《论儒学的宗教性：对〈中庸〉的现代诠释》，武汉：武汉大学出版社 1999 年版；沈文倬：《宗周礼乐文明考论》，杭州：杭州大学出版社 1999 年版；邹昌林：《中国礼文化》，北京：社会科学文献出版社 2000 年版；陈科华：《儒家中庸之道研究》，桂林：广西师范大学出版社 2000 年版；丁四新：《郭店楚墓竹简思想研究》，上海：东方出版社 2000 年版；David L. Hall and Roger T. Ames：Focusing the familiar：a translation and philosophical interpretation of the Zhongyong. Publisher：Honolulu：University of Hawaii Press，2001. 刘成纪：《中庸的理想》，北京：北京语言文化大学出版社 2001 年版；董根洪：《儒家中和哲学通论》，济南：齐鲁书社 2001 年版；郭沂：《郭店竹简与先秦学术思想》，上海：上海教育出版社 2001 年版；杨祖汉：《中庸义理疏解》，台北：鹅湖出版社 2002 年版；姜广辉主编：《中国经学思想史》，北京：中国社会科学出版社 2003 年版；蒋庆：《政治儒学——当代儒学的转向、特质与发展》，北京：三联书店 2003 年版；陈明：《儒者之维》，北京：北京大学出版社 2004 年版；徐儒宗：《中庸论》，杭州：浙江古籍出版社 2004 年版。

应该说，《中庸》是"四书"中难度最大的一部著作，其三十三章各有精彩。史论结合，纵横交错，通过开掘个体身心修为之维，将外在事物和天地大道相合相生，显示了中国哲学思辨性和践行性。对此朱熹总结道："其书始言一理，中散为万事，末复合为一理。放之则弥六合，卷之则退藏于密。其味无穷，皆实学也。善读者，玩索而有得焉，则终身用之，有不能尽者矣。"① 叶秀山认为： "以中庸为道路，从你自己（身、中）入手，要诚于己，坚持住（庸）自己的性、而这个天命的性，已经有了相对于他者的关系在内，没有他者，你的性就会成了空洞的，中和就意味着有一个他者在。自己是从他者得到的，所以，才有中的问题。中者，中、中间也，也才有中（去声）不中（去声）的问题。"② 这些看法，无疑有相当的合法性。

中庸之道与中国思想史上的其他重要范畴组成一种话语系统，诸如，

---

① 朱熹：《四书章句集注·中庸章句·子程子曰》，王云五编：《万有文库》2 集 700 种，上海：商务印书馆 1935 年版，第 1 页。

② 叶秀山：《试读〈中庸〉》，《中国哲学史》2000 年第 3 期。另外，张岂之在讲演《〈四书〉的文化意义》中也认为："佛教有佛性，那儒家有一个什么呢？儒家就有一个中庸、中行、中正，将这些东西用不同的词来表述，讲了一个道理，就是诚，诚心诚意的诚。诚者知天之道也，诚之者人之道也。什么是诚呢？按照自然规律运行，人按照规矩办事，不能随心所欲，我就强调这个。人要讲诚信，不欺人不自欺，自尊、自信、自爱，人不但要爱人，而且要爱万物。"

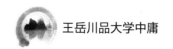

"执中"① "中行"② "中节"③ "中用"④ "中立"⑤ 等，形成了一整套中国哲学话语，影响了中国知识分子个体修为和中国文化和合精神的延伸。可以说，中庸是以人为本的儒家哲学，而不是以神为本的宗教信仰。中庸本于《易经》，强调在天地的发展化育中以人为本的中庸之道——"执其两端，用其中于民"。扩而大之，中庸重视万事万物中的多样性和包容性，强调在矛盾的对立统一中遵循天地万物规律而生生不息，在中正、平衡、有序、适度、合律、和谐中获得生命的延伸和文化的拓展。⑥ 通观《中庸》全书，其中以下几个方面的重要话语，表征出《中庸》思想的精神历史穿

① "执中"即不偏不倚之道。《论语·尧曰》："允执厥中。"（阮元校刻：《十三经注疏》，北京：中华书局1980年版，第2535页）刘宝楠正义："执中者，谓执中道用之。"（阮元校刻：《十三经注疏》，北京：中华书局1980年版，第2535页）《礼记·中庸》："隐恶而扬善，执其两端，用其中于民。"（《礼记·中庸》，阮元校刻：《十三经注疏》，北京：中华书局1980年版，第1626页）郑玄注："两端，过与不及也。用其中于民，贤与不肖皆能行之也。"（《礼记·中庸》，阮元校刻：《十三经注疏》，北京：中华书局1980年版，第1626页）

② "中行"即行为合乎中庸之道的人。《论语·子路》："不得中行而与之，必也狂狷乎！"（《论语·子路》，阮元校刻：《十三经注疏》，北京：中华书局1980年版，第2508页）清姚鼐《方侍庐先生墓志铭》："先生默默，独守中行。"

③ "中节"即守节秉义，中正不变，合乎礼义法度。《周易·蹇》："《象》曰：大蹇，朋来，以中节也。"（阮元校刻：《十三经注疏》，北京：中华书局1980年版，第52页）孔颖达疏："得位居中，不易其节，故致朋来，故云以中节也。"（阮元校刻：《十三经注疏》，北京：中华书局1980年版，第52页）《后汉书·虞延传》："（宗）性奢靡，车服器物，多不中节。"（北京：中华书局1965年版，第1151页）（明）黄绾《明道篇》卷一："行之于身，无不中节，谓之道。"

④ "中用"即合用有用。《诗·小雅·白华》"白华菅兮"。汉郑玄笺："白华于野已沤，名之为菅，菅柔忍中用矣。"汉桓宽《盐铁论·散不足》："古者衣服不中制，器械不中用，不粥于市。"

⑤ "中立"即中正独立。《礼记·中庸》："中立而不倚，强哉矫。"（《礼记·中庸》，阮元校刻：《十三经注疏》，北京：中华书局1980年版，第1626页）孔颖达疏："中正独立，而不偏倚，志意强哉，形貌矫然。"（《礼记·中庸》，阮元校刻：《十三经注疏》，北京：中华书局1980年版，第1626页）（唐）白居易《养竹记》："竹性直，直以立身，君子见其性，则思中立不倚者。"（《古今事文类聚后集》卷24，文渊阁《四库全书》本）（明）徐霖《绣襦记·汧国流馨》："尔李氏狎邪而白坚贞之志，波靡而励中立之行，是则尤人所难者也。"（《六十种曲评注》，长春：吉林人民2001年版，第274页）

⑥ 李宗桂等：《中华民族精神概论》，广州：广东人民出版社2007年版。

透性和当代性意义。

"四书"之《大学》《论语》《孟子》《中庸》中强调君子的个体修为和普遍价值的名句，比比皆是。仅仅翻看《中庸》一书，"君子"一词历历在目，需要温故知新：

> 君子戒慎乎其所不睹，恐惧乎其所不闻。莫见乎隐，莫显乎微，故君子慎其独也。
>
> 君子中庸，小人反中庸。君子之中庸也，君子而时中；小人之中庸也，小人而无忌惮也。
>
> 君子和而不流，强哉矫！中立而不倚，强哉矫！
>
> 君子遵道而行，半途而废，吾弗能已矣。
>
> 君子依乎中庸，遁世不见知而不悔，唯圣者能之。
>
> 君子之道费而隐。
>
> 君子之道，造端乎夫妇；及其至也，察乎天地。
>
> 君子以人治人，改而止。
>
> 君子素其位而行，不愿乎其外。素富贵，行乎富贵；素贫贱，行乎贫贱；素夷狄，行乎夷狄；素患难，行乎患难；君子无入而不自得焉。
>
> 君子居易以俟命，小人行险以徼幸。
>
> 君子之道，辟如行远必自迩，辟如登高必自卑。
>
> 诚者物之终始，不诚无物。是故君子诚之为贵。诚者非自成己而已也，所以成物也。
>
> 君子尊德性而道问学，致广大而尽精微，极高明而道中庸。温故而知新，敦厚以崇礼。居上不骄，为下不倍。国有道，其言足以兴；国无道，其默足以容。
>
> 君子动而世为天下道，行而世为天下法，言而世为天下则。远之则有望，近之则不厌。
>
> 君子之道，暗然而日章；小人之道，的然而日亡。

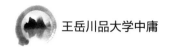
君子之道，淡而不厌，简而文，温而理，知远之近，知风之自，知微之显，可与入德矣。

君子不动而敬，不言而信。

君子笃恭而天下平。

总结子思《中庸》对孔子《论语》中庸思想的继承和发展，可以看到，他们对"中庸"辩证法的重视，已然上升到固本强根、培根铸魂的高度。

其一，"天命之谓性，率性之谓道，修道之谓教"。《中庸》开篇论及性、命、道、教、和。从天地自然谈到了人的教化，可见中庸之道最终要落实在人之教化上。人之教是要慎独，慎独就要致中和。"中和"实际上成为"中庸之道"的内在表征，只有"致中和"天地万物才能各得其所生机勃勃，处于中正平和的和谐之境。① 中和一旦达到则"天地位焉，万物育焉"——天地万物自然而得位，万物欣欣而向荣。这种依循自然来发展的秩序是古代的秩序，也是当今"可持续发展"的"生态文化"秩序的思想基础。

其二，"君子中庸，小人反中庸"。君子中庸是不偏不倚，坚持自己的理念，但是行为合度适中。"小人反中庸"，小人却非常专横跋扈，偏激、暴烈、极端，所做之事往往破坏性很大。今日世界所提倡的建设性平等公平的文化对话，其中不难看到中庸宽容平衡的精神气质。

其三，"天下国家可均也，爵禄可辞也，白刃可蹈也，中庸不可能也"。可以把国家治理得很好，爵禄可以拒斥，壮士可以慷慨就义，这些都是非常之难，但相对于中庸之道而言又不是最难的。人可以一时举百斤之重，但却很难将一杯水平举半天。这表明不偏不倚和恒常持久的中庸最难，难在日常的坚持、一生的坚持、永远的坚持。

其四，"君子常乐"。君子"上不怨天，下不尤人"，君子从责问自己

① 《荀子·王制》："公平者，职之衡也；中和者，听之绳也。"杨倞注："中和谓宽猛得中也。"（《诸子集成》2，上海：上海书店1986年版，第96页）（唐）权德舆《奉和圣制中春麟德殿会百僚观新乐》："大乐本天地，中和序人伦。"

开始，他不推诿，不把自己的缺点错误推给别人，所以，他知道自己每天都在进步，并在艰难生活中感受生命和精神生长的大快乐。

其五，君子不拒绝微小之事，所以"行远必自迩""登高必自卑"。微小恰好是人们上云端的最重要的过程，没有它，人们终将留在原地。而且，《易经》中的双鱼图已然说明，微小的力量诞生在对立面最强大的时刻，在微小、中庸、平衡展开中，必然有阔大的未来境界。

其六，君子重视知行合一。"博学之，慎问之，慎思之，明辨之"，还要加上"笃行之"。前面的学、问、思、辨都属于知识论，而笃行才可以把自己的知识转变为实践。

其七，君子在相反相成中获得新的精神维度。"君子尊德性而道问学，致广大而尽精微，极高明而道中庸。温故而知新，敦厚以崇礼"。君子既从内在发扬自己的德行，又从外在发扬自己道问学的求知和探索精神；既做到了最广大的高远的追问，又做到了最精细的探索；既做到了最高明的思辨，又做到了极中庸的为人处世，这样的人才可以称为君子。

其八，君子不愚忠。"国有道，其言足以兴；国无道，其默足以容"。君子保存自己让薪火相传，把自己的学问传下去，益于后世，泽被万代。

其九，君子与时俱进，绝不固守过去。因为孔子说，在夏、商、周三朝中"吾从周"，"从周"不是复古，而是按照当时的规范和原则做。

其十，坚持获得"诚"，因为"君子至诚"就可以无敌于天下，并化育天下。

《中庸》强调以中庸之道用来治理天下国家以达到太平和合。中庸之道的主要原则慎独自修、忠恕宽容、至诚尽性等。虽不乏迂腐之词，但我们也应该看到，剥离这些文字和制度上的局限性，其文化精神内核仍有相当的合理性。换言之，穿过历史的烟云，我们仍能感受到文化精神深度的共鸣。

四、中庸中和思想的历史命运与当代价值

进一步考察中国儒家的历史命运，对理解《中庸》在中国思想史的地位

无疑有重要意义。儒学绵延流传长达2500多年，这是中国文化史上值得深入研究总结的现象。透视儒学发展语境中的《中庸》在中国思想史中的地位，有必要考察包括《中庸》在内的儒学在历史和现实中的困境和问题：

儒学在时代发展中修正和改变谱系。儒学诞生时，儒由相礼的职业团体转化为学术教育团体，开创了学术下私人教学的局面。孔子全力推进儒学而处境艰难——奔走于列国并饿于陈蔡，前后达十三年之久，而孔子在政治上真正得到重用并贯彻自己学说的机会却很少。孔子身后儒学分而为八。①

战国荀子并没有将儒家看成铁板一块，相反，他将"儒者"按人品分为四类：俗人、俗儒、雅儒、大儒。认为："人主用俗人，则万乘之国亡；用俗儒，则万乘之国存；用雅儒，则千乘之国安；用大儒，则百里之地久。而后三年，天下为一，诸侯为臣。用万乘之国，则举错而定，一朝而伯。"② 这种区分，超越了孔子和《中庸》关于君子和小人的二分法，在儒家内部将儒者分成由低到高的四类。

汉武帝"罢黜百家，独尊儒术"，并不意味着儒家可以就此长治久安，儒学也没有就此永远成为中国的中心意识形态。事实上，"独尊"的儒学，在政治主张和理论形态上都背离了孔子儒学的原貌。何况独尊儒术只不过大体确定了儒术成为官方的统治思想的基础而已，其他学派并未被废止。

甘露三年（前51），汉宣帝召开儒家经学会论"五经"之同异。最后将梁丘的《易》、大小夏侯的《尚书》和谷梁的《春秋》纳进了官学体系。后来，时为太子的汉元帝对其父宣帝的治国之道劝谏："陛下持刑太深，宜用儒生。"汉宣帝马上斥责道："汉家自有制度，本以霸王道杂之，奈何纯任德教，用周政乎！且俗儒不达时宜，好是古非今，使人眩于名

---

① 孔子之后"儒分为八派"一说，来自《韩非子·显学篇》："自孔子之死也，有子张之儒，有子思之儒，有颜氏之儒，有孟氏之儒，有漆雕石之儒，有仲梁氏之儒，有孙氏之儒，有乐正氏之儒。"不知道为什么韩非在儒家八派中剔除子夏，所反映的内容也只是孔子去世后战国初年的儒家学术状态。

② 《荀子·儒效》，《诸子集成》2，上海：上海书店1986年版，第79—80页。

实，不知所守，何足委任！"① 司马光认为："夫儒有君子，有小人。彼俗儒者，诚不足与为治也，独不可求真儒而用之乎？……乃曰王道不可行，儒者不可用，岂不过甚矣哉！"②

秦用法家，汉用儒家，魏晋至唐，佛入中原，老庄亦受重视。到了宋明，儒学的绝对地位才被真正确立起来。但不能忽略的是，南宋只有半壁江山，而明初就开始实行海禁政策，明中叶更是完全闭关封海，使中国封海长达四百年之久。③ 中国在失去了对世界开放的重要历史契机中，儒学从儒学的神学化和儒学的哲理化中，走向了儒学的颓败化和儒学的祛魅化。④

笔者看来，儒学从其诞生起，在其三个层面都遭遇了一步步的困境：

第一，儒学作为官方意识形态已经失效。不管是作为治国方略，还是所谓"半部《论语》治天下"，都随着西方现代性的进入，而受到前所未有的打击。从此，儒学作为国家意识形态的可能性已经丧失，再想恢复"独尊儒术"的辉煌事实上已不可能。可以说，从汉唐的经学诠释系统"十三经注疏"到宋元明清的经学诠释系统"四书五经"的转变，随着《中庸》《大学》的地位上升，反映出中国思想史上的对人的内在品格的空前重视，这也从另一个角度看出，作为意识形态的儒学已经衰微，而作为人的哲学的儒学有可能焕发出历史人文风采。⑤

第二，儒家思想必须在返身与个体心性修为中，放弃意识形态的诉求。不难看到，知识分子对"天下"精神的追求，无论是《中庸》之"天命之谓性，率性之为道，修道之为教。道也者，不可须臾离也，可离非道也"，还是《大学》所谓"大学之道，在明明德，在亲民，在止于至

---

① 《汉书·元帝纪》，（清）阮元校刻：《十三经注疏》，北京：中华书局1980年版，第277页。

② （宋）司马光：《资治通鉴·臣光曰》，（元）胡三省音注，北京：中华书局1956年版，第881页。

③ 参见郝侠君等：《中西五百年比较》，北京：中国工人出版社1997年版。

④ ［英］安东尼·派格登：《西方帝国简史》，徐鹏博译，天津：天津人民出版社2007年版。

⑤ 参见周大鸣、秦红增：《中国文化精神》，广州：广东人民出版社2007年版。

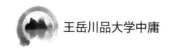

善"，都给知识分子个体修为和担当天下提出了很高的要求。真正的知识分子会永远坚持这一高标准。但是，笔者仍不无担忧地问：当代中国知识分子是否还有"学术者，天下之公器"的气概？心中是否还有"天下"？手中还有没有"公器"？

第三，儒家思想尤其是中庸思想遭遇西方"竞争哲学"和"丛林法则"的挑战，使其在日常生活的进退应对中显示出了弱势，坚持宽厚中道的儒学在充满竞争的现代社会中遭遇到了危机。① 可以举一个简单的例子加以说明，孔融让梨是儒家美德的体现，但在当代社会中"孔融为什么要让梨"成为一个问题。西方教育体制实施的全球化的竞争教育，构成对"孔融让梨"的批判。对美国人而言，这个弱肉强食的社会不能"让"而要"争"。事实上，今天的教育全球化奉行的恰恰是"争梨"教育模式，而不是"让梨"修为模式。

直面当代儒学三重困境，笔者意识到，作为官方意识形态的儒学，将会慢慢地淡出历史，而作为第二层面的个体心性修为的儒学和第三层面的重视返身而诚精神生态平衡的儒学，可能具有更宽更大的国际意义和东方文化振兴的意义。②

就正面价值而言，《中庸》弘扬孔子"忠恕之道"和《大学》"絜矩之道"，坚持在制约自我欲望达成中和平衡方面，对社会的精神生态和人的心理和谐都有其价值。人们践行中庸之道，就会达到素其位而行，不怨天尤人，至诚尽性，中正平和的境界。在坚持至诚和谐中，当代人放弃"我执"，就有可能激发自我的善良天性，尊重自然万物的本性，参与天地化育万物，找到了人类在宇宙间的真正位置。

就历史局限性而言，《中庸》中有不少过时之语、腐儒之言、不合时

---

① 纪云华、杨纪国：《中国文化简史》，北京：北京出版社 2004 年版。

② 《中庸》在三百多年前就翻译到了西方，在西方世界产生了广泛的影响。1667—1669 年，《中庸》的中文—拉丁文对照译本完成，书名为 *Sinarum scientia politico - moralis*，译者署名殷铎泽。1687 年，比利时耶稣会士柏应理编辑出版于巴黎的 *Confucius Sinarum philosophu*，该书翻译《大学》《中庸》《论语》《孟子》，中文书名为《西文四书直解》。

宜之句，需加以分梳和批评。《中庸》思想的局限性无疑是当时时代生产力发展总体水平和意识形态僵化所决定的。从思想史的角度看，《中庸》思想在化解矛盾中过分强调保持中立稳定，而忽略了对立面的斗争与转化，对事物的自我否定和质变飞跃未能参透，加上其中过多的君臣上下的统治术，形成一些哲学思想的硬结和政治思想的缺陷。但笔者仍然认为，《中庸》一书时代的合理性大于历史的局限性，书中精彩高远的思想仍然占主导地位，其与西方不同的东方智慧在今天更显示出了精神魅力，值得阐释和发扬。

通过《大学》《论语》《孟子》《中庸》而不断深化的儒家品格正在发扬光大：强调君子慎独人格高洁的立世之本，注重刚健自强、知行合一的人生乐观态度，解决现世实际问题而不讲来生和百年后的"极乐世界"，坚持格致诚正、修齐治平、为政以德的生命价值观；倡导中庸和谐的辩证法和天人合一的世界观。相反，贬抑中国文化精神的各种喧嚣，在笔者看来之不可取，是因为其骨子里面是文化虚无主义。人学、自然之学、辨证与会通，是我国传统思想文化的精髓。古代思想中君心民心齐一，民心如赤子，方可大治。但辩证和会通又告诉我们，千年文明下的华夏，其子民，其劣根性，也是无法逃避的，对国民性的两种不同认识的评价有不同的声音，这亦与各人的立场及观点有关，也与不同文化身份和立场有关。①

我坚持提出并推行"发现东方"，坚持找出"中国文化普遍价值"而守正创新，是要在知己知彼中成熟并形成民族精神的新气质新格局。继承传统也是如此，要知今知古，知内知外，弃糟粕，吸精华，反省国学文化的二重性，并成就新国学的刚健清新的新文化精神。

在今天全球化时代，当西方人用西方的思想统率了全球，要全球同质

---

① 文艺复兴时代，西方哲人从东方儒家孔子思想中吸收了人本主义思想，其后孔子及儒家文献 17 世纪传入欧洲并翻译成多种文字，影响了伏尔泰、莱布尼茨、歌德等许多思想家。美国汉学家顾立雅在其《孔子与中国之道》一书中承认："在欧洲，在以法国大革命为背景的民主理想的发展中，孔子哲学起了相当重要的作用。通过法国思想，它又间接地影响了美国民主的发展。"

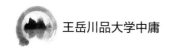

化变成一体时，东方应该发出自己的声音。① 东方应该梳理自己的精神遗产，让这个世界不仅有西方的法律精神，还要有东方的德教精神。② 人类的未来不是由西方说了算，而是应该由东方、西方、南方、北方的全世界的聪明睿智的至诚之人一起商讨一起促进，由此人类和平、世界大同、天下太平才会最终到来。

---

① 参见赛义德：《东方学》，北京：三联书店 1999 年版。
② 参见徐行言：《中西文化比较》，北京：北京大学出版社 2004 年版。

下编　品读经典

国学经典"四书"中的《大学》《论语》《孟子》《中庸》，在21世纪仍然具有不可忽视的重建人类人文精神的重要价值吗？21世纪大国文化复兴需要一国之文化地基，需要一国之精神导引吗？21世纪全球化运动中《大学》《中庸》的文化命运将会是怎样的呢？国学难道只是发古之幽思摇头晃脑之乎者也而与当代完全脱节没有关系吗？国学《大学》《中庸》正在中国文化复兴当中，做出怎样的努力而延续自己的精神魅力呢？儒道互补中道家老子庄子对21世纪又有怎样的贡献呢？这些问题是当务之急必须解决的，也是不可忽略的。

　　尽管有些人贬低经典，但经典作为一种尺度仍然存在于每个阅读者的心灵深处。谁能重新在一些心灵鸡汤充斥中选择真正的经典阅读呢？谁能超越当下的一地鸡毛平面写作而回到历史审视的高度去重释经典呢？正因为世俗化如此泛滥，重释国学经典才显得更有价值，因为它将拒绝一切媚俗的消费经典的做法，也拒斥那类反经典、反精英的平面写作而重树经典的尺度。正是在这种学术理路中，品读经典的价值体现出来，即以个体充盈的心灵去与历史大哲心灵相遇，对话那些不是为食禄而存在的心灵写作者，铭刻那种将自己

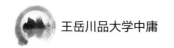

的生命燃烧成灰烬并锻造成思想精神具有永恒价值的经典。

今天，顶层设计大量吸收了中国传统国学思想，正在实现伟大的文化复兴：将"四海之内皆兄弟"（《论语》），转化成21世纪"人类命运共同体"；将古代"丝绸之路"，转变成"一带一路"；将古代"立己达人"，变成新型国际关系的"双赢"而胜过西方的"零和"；将"中庸和谐"，变成"三和文明"——"家庭和睦、社会和谐、国际和平"，胜过了西方"三争文明"——人与人竞争、团体间斗争、国家间战争。中国经验，中国身份，中国言说方式，中国的话语非常重要！世界发展是从自然人、社会人，到审美人。这是人类发展不断超越的三个阶段。第一，原初人类是受本能支配的"自然人"；第二，在社会发展、教养、教育过程中，人逐渐去掉了一些欲望，进入了文明时代而成为"社会人"；第三，最高境界是"审美人"。如今，高层提出全民美育号召，强调培元固本、培根铸魂，可谓高瞻远瞩，非常及时。

但是，西方中心主义仍然对中华民族伟大复兴充满"冷战"敌对意识。企图不断削弱我们的文化软实力。在笔者看来，我们应当对当代中国文化中"西方后现代虚无性"和"妖魔化中国"的危险加以警觉，对一些国家和地区"去中国化"的问题加以深度批判，进而提出"中国文化的世界化"，这才是未来人类的福音。

那么，西方对中国的误读是最近几十年吗？非也，二百年来首当其冲者是黑格尔，他站在西方中心主义立场攻击孔子《论语》说："孔子《论语》只是些常识道德而已，任何其他国家和民族都有这种东西，甚至会比《论语》好。为了保护孔子的名声，后悔把他的书翻译成了西文。还不如不要让西方人知道孔子的思想实际上并不怎么样。"黑格尔在未读孔子编"五经"之时贸然断言，失之轻率和无知。黑格尔还批评老子："老子的虚无思想 undetermined 只相当于古希腊大约在公元前500年的哲学家阿纳柯西曼德尔 Anaximander 提出'无穷性/无限性'的概念。老子思想是最原始哲学思想。"这更是罔顾事实，下车伊始，想当然耳！

西方霸权主义者和国内文化自卑者怀疑文化上中国国学行吗？儒家道

家行吗？国学还有普遍价值吗？这些普遍价值能够让人类共同认同吗？近代以来的中西文化交流，中国"拿来"了大量的西方文化，而对西方没有进行大规模的"输出"，其间的文化逆差、文化落差、文化赤字等问题触目惊心。对中国的正面诠释与充分说明一再被延误，导致无视、误读与曲解中国不断。

我们应该坚定地树立文化自信。我们的国学经典有着鲜活的生命力——孔子"己欲立而立人，己欲达而达人"，意在让自己立起来，让他者也立起来，自己发达，让别人也发达。这是两千五百多年前中华民族提出的普遍价值——"双赢"，对人类长久未来殊为重要。孔子提出："己所不欲，勿施于人"，老子提出"天之道损有余而补不足。人之道则不然，损不足以奉有余。孰能有余以奉天下？其唯有道者"。这些双赢思想，我们需要自信地持续不断地传播，这些经典思想必须有效地向世界反复深刻地阐释。

中国国学还能产生新思想吗？当然能！天人合一，中庸和谐，格致诚正，修齐治平，过犹不及，通权达变，刚柔相济，弱水三千取一瓢饮，绿色生态……联合国警告：西方很富，但是全球有十亿人处于饥饿、死亡的边缘，他们看不见。中华民族应能看见当代世界版的"朱门酒肉臭，路有冻死骨"！

一个能够广泛地影响世界的大国，一定是一个尊重经典、学习经典、传承经典的大国，是一个思想家辈出参与世界知识体系建构的知识生产中不断推出新的整体性思想体系的大国。更直接地说，就是不再拼凑他国的思想文化的百衲衣，而是以中国经验、中国元素建构的社会生活理念和生命价值观，成就自己文化形象的整体高度和阔度——必须在人类文化价值观上，拥有影响和引导这个世界前进的文化力量。

世界发展的规律显现出：西方衰落永远不能复兴，中国衰落而不断复兴！从罗马帝国的衰落，到葡萄牙帝国、西班牙帝国、荷兰帝国、大英帝国，希特勒德国、日本军国主义等，彻底从地球上消失，可谓昙花一现再也无法崛起。而中国每次衰落，经过百年的奋起追赶，最后都会出现文化

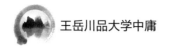

复兴，大国崛起！

事实上，在多极化的世界，任何一个小民族、小语种、小文化都可以发言。但只有那些不断坚持发言，不断地可持续地争取"文化发言权"的民族，才能不因为文化精神的"哑"而成为西方"头脑国家"的一种文化摆设——"肢体国家"。作为东方大国应该深思，中国文化应该怎样创新并持之以恒地传播！中国应该站在人类思想的制高点上来思考人类未来走向，中华民族伟大复兴将不是中国越来越像西方，而必然是西方乃至整个世界开始吸收中国经验和东方智慧！

第二十四讲　孔子"仁"学思想与中庸诉求①

在中国思想的历史遗产中，孔子的思想具有重要地位。然而，历代对孔子思想的评价，或将孔子思想经学化而当作"玄圣""教主"②，或将其虚无化而斥为与现代性思想尖锐对立的封建"孔家店"③，或坚持对儒道差异加以形而上学二元对立，使孔子与老子成为相互对立的两个极端，或否定孔子儒学思想的现代意义。这些绝对化的言述，值得学术界再检讨。应该说，孔子思想与老子思想有着不可忽略的关系，④ 孔子在"礼"与"道"、"乐"与"仁"、"君子"境界与理想人格上的思想言说，对现代个体存在尺度和社会存在秩序有着新的阐释意义，并在新时代的中国思想守正创新中具有不可忽略的启迪作用。

一、原始儒家思想的中心范式

中国哲学精神的开放性，使得中国思想文化精神不是一个封闭系统，而是一个具有宇宙论、生死论、功利观和意义论的精神价值整体。

在中国精神同西方精神（"逻各斯中心主义"/Logos – centrism）的对比中，学者们大多是提出"道中心主义"（Tao – centrism）进行言述。⑤ 事

---

① 这是 1998 年在国外大学给外国学生开设的《中国经典细读〈论语〉》的文稿。

② 清代经学大师皮锡瑞称孔子为"玄圣"，参见皮锡瑞：《经学历史》，北京：中华书局 1959 年版，第 105 页；另可参见皮锡瑞：《论语正义》，上海：上海古籍出版社 1993 年版。

③ 吴虞被胡适等人称之为"只手打倒孔家店"的"老英雄"。

④ 关于老子思想体系及其当代意义的研究，请参见王岳川：《老子：中国思想的智慧之门》（上田望译），载日本金泽大学《中国语学中国文学教室纪要》第 3 辑，1999 年版。

⑤ Zhang longxi. *The Tao and the Logos*: *Literary Hermeneutics*, *East and West*, Durham: Duke University Press, 1992.

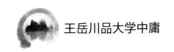
实上，中国精神的来源和内涵相当复杂，除了人们一般习惯说的"外儒内道"或"外道内儒"的"道中心主义"观念外，还存在着"礼中心主义""仁中心主义""经中心主义"等话语。①因而，仅仅用"道"中心来囊括中国哲学精神是不够的。

在思想历史长河的汰变中，儒家逐渐取得了正统的地位。儒家中心地位使得"仁中心"或"经中心"在中国学术思想史上成为主导性话语，道家则作为这一中心的补充系数存在和发展着。这里，在讨论原典儒家的孔子思想之前，有必要对儒道之间关系的几个重要的前提性问题略加澄清。

1. "道"之多层内涵与孔子论"道"。有的学者将对中国影响最大的两种思想流派——儒家和道家的思想核心范畴，上升到整个中国思想的根本代表的高度，大抵认为中国思想的根本表征是"道"，②或强调儒家思想体系的中心是"经"。前一种说法尚值得进一步推敲，而后一种说法，在笔者看来则是颇有新意的，补充了"道中心主义"论述的不足。

但值得注意的是，学界有一种相对固定的看法，即老子重"道"，而孔子重"礼"，似乎"道"成为老子的专利。事实上，中国思想家对"道"一词的应用相当广泛，"道"的含义十分丰富。就一般意义而言，不仅指古代道家思想流派，还引申为宗教义理的"学道""得道"，以及"言说""言道"等。

而且，在思想史中，不仅老子论"道"，孔子也论"道"。"道"在《论语》中共出现60次，用作孔子的术语44次，是一个极重要的术语。其主要意义可分为以下三个方面：其一，为具体形态的路途、行走、治理等。其中，表示路途、途径的有："士不可以不弘毅，任重而道远"，③"中

---

① 这个问题，限于篇幅，当另文再论。
② 在比较文化或比较文学研究中，不少论著都将"道"与西方的"言""逻各斯（Logos）""理性"进行比较。
③ 《论语·泰伯》。

道而废"① 等；表示行走或做的有："君子道者三"② 等；表示治理的有："道千乘之国"③ 等。其二，为抽象的方法、技艺、言说等。如方法："不以其道得之"④ 等；技巧："虽小道必有可观者焉，致远恐泥，是以君子不为也"⑤ 等；行为："三年无改于父之道"⑥ 等；言说："夫子自道也"⑦ 等；乐节礼乐："乐道人之善，乐多贤友"⑧ 等；诱导，引导："道之以政"⑨，"道之以德，齐之以礼，有耻且格"⑩ 等。其三，是超越性方面，如真理、思想等："子曰：朝闻道，夕死可矣！"⑪ "子曰：'参乎！吾道一以贯之'"⑫ "本立而道生"⑬ 等。

因此，将"道"仅仅作为道家思想尤其是老子思想的代称，于事实有所不符，于学理有所不通，宜细察之。

2. "礼"中心与孔子思想阐释的极端化。孔子思想核心范畴的厘定，在学界争论较大，最具代表性的是认为"礼"中心。⑭ 其负面性表现一方面在于，将孔子思想体系定为"礼"，将孔子思想政治制度化，从而否定其思想中的多维价值。另一方面，则将孔子思想化约化为"吃人的礼教"而彻底否定。五四时期，由于当时政治文化运动的需要，孔子被作为封建礼教和旧文化的象征，遭受尖锐的批判。在西化思潮影响下，知识分子所看到的主要是"礼教"的孔子，即认为孔子思想的核心概念是"礼"，因此，清理"封建礼教"成为现代知识分子的首要工作，"打倒孔家店"之类极端的非学理的态度竟成为当时知识界的共识。其后，这种将孔子思想

---

① 《论语·雍也》。

②⑦ 《论语·宪问》。

③⑥⑬ 《论语·学而》。

④⑪⑫ 《论语·里仁》。

⑤ 《论语·子张》。

⑧ 《论语·季氏》。

⑨⑩ 《论语·为政》。

⑭ 如蔡仲德认为，"孔子的音乐美学思想（其一般美学思想也如此）的核心不是'仁'，而是'礼'，其实质不是人本主义而是礼本主义"。参蔡仲德：《中国音乐美学史》，北京：人民音乐出版社 1995 年版，第 108 页。

宗教化或漫画化的观点在学界占据了主要地位，甚至成为学界的中心话语。① 据此，高力克在《五四伦理革命与儒家德行传统》中认为："在激烈反孔的五四时期，儒家'仁'的道德理想亦未曾在知识分子的意义世界中失去影响。这样，五四伦理革命就呈现出一幅矛盾的思想图景：在社会公共领域，作为启蒙者的新文化人，倡言个人本位的、以'利'（权利、功利）为基础的现代市民伦理；在个体精神领域，作为知识精英的新文化人，信奉的则是人伦本位的、以'仁'为基础的传统君子道德。这种立基于欲望的市民伦理与植根于德行的君子理想的价值张力，表征着五四启蒙时期中西人文传统的激荡和冲突。"② 无疑，这一问题在今天有重新阐释的必要。③

3. "乐"（快乐）中心论与孔子思想。"乐"（快乐）中心论的主要代表是当代中国哲学家李泽厚，认为："'乐'在中国哲学中实际具有本体的意义，它正是一种'天人合一'的成果和表现。""从而得到最大快乐的人生极致。可见，这个极致并非宗教性的而毋宁是审美性的。这也许就是中国乐感文化（以身心与宇宙自然合一为依归）与西方罪感文化（以灵魂归依上帝）的不同所在吧？"④ 李泽厚将中国文化看成与西方"罪感文化"相对立的"乐感文化"的归纳，有其宏观的比较文化哲学视野，但是在学理探究上，似乎又有些简单化。⑤

在我看来，《论语》一书确乎有相当多的论"乐"的字句，共计

① 参见陈崧：《五四前后东西文化问题论战文选》，北京：中国社会科学出版社1985年版。

② 高力克：《五四伦理革命与儒家德行传统》，载香港《二十一世纪》1999年第06期。

③ 参见刘述先：《儒家思想与现代化》，北京：中国广播电视出版社1992年版；萧功秦：《儒家文化的困境》，成都：四川人民出版社1986年版。

④ 李泽厚：《中国古代思想史论》，北京：人民出版社1985年版，第311—312页。当然，在本书的"孔子再评价"中，李泽厚还是立足于孔子思想的"礼""仁"二重性，这种看法也许更符合事实。

⑤ 值得注意的是，李泽厚对孔子思想的看法有了新的发展，可参见其《论语今读》，合肥：安徽文艺出版社1998年版。

"乐"字出现了46次，其中音乐的"乐"（yuè）22次，如："子语鲁太师乐"①等；快乐的"乐"（lè）15次，诸如，"有朋自远方来，不亦乐乎""未若贫而乐，富而好礼者也"②"人而不仁，如乐何""乐而不淫"③"一箪食，一瓢饮，在陋巷，人不堪其忧，回也不改其乐""知者乐水，仁者乐山"④；"子在齐闻韶，三月不知肉味，曰：'不图为乐之至于斯也！'""饭疏食饮水，曲肱而枕之，乐亦在其中矣""发愤忘食，乐以忘忧，不知老之将至云尔"⑤"益者三乐，损者三乐；乐节礼乐，乐道人之善，乐多贤友，益矣"⑥；"夫君子之居丧，食旨不甘，闻乐不乐，居处不安，故不为也。今女安，则为之"⑦。另外，意思为"嗜好"共9次，如"知之者不如好之者，好之者不如乐之者"⑧等。但是，是否可以说，快乐之乐成了孔子的中心范畴，甚至成为《论语》的核心，仍然需要论据的支持。

近来，李天庆在《新孔子论》中认为，孔子思想的核心概念是"乐"："人同时兼有饮食之性与仁义之性，因此二者赖以统一的更高概念是乐。乐的本体是人的全部本性的总和。孔子以'仁'释'礼'，将作为外在规范的'礼'解释为'仁'的内在要求，而'仁'又基于人的心理感情之'乐'，因而'乐'高于'仁'更高于'礼'。"上述这种说法，我以为存在着不小的阐释误差，尤其是将孔子的乐（lè），看成是"人对于生活、事业、道德、法制、信仰、超越等的需要，其满足产生乐，其不满足则产生苦，一苦一乐，即苦即乐，此即乐的本体的运动形式。……如何在市场经济的条件下，实现本体体证与天人合一，是当今哲学所面临的课题，它呼唤着新的理论阐释；实际上，这也正是我们用乐的本体取代仁的本

①③　《论语·八佾》。

②　《论语·学而》。

④⑧　《论语·雍也》。

⑤　《论语·述而》。

⑥　《论语·季氏》。

⑦　《论语·阳货》。

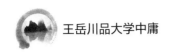

体的根本目的。随着本体概念的这种转换，道德本体修养对于寡欲清心的要求的局限也就不存在了"。这种论述问题的方式，已经将孔子现代化了。

其实，细加体认孔子对"乐"的看法，不难看到孔子对"乐"的探索是与其君子之仁的观念紧密相连的，乐的对象、乐的依据、乐的人格显现，决非一个简单问题，更非只图避苦趋乐的世俗之乐。孔子从未将"乐"看作是高于"仁"的东西，相反，他提出"人而不仁，如乐何?"的本体论问题，要求人们理解"贫而乐""箪食瓢饮之乐""发愤忘忧之乐"的含义，并将仁者（君子）之乐与智者之乐加以区分，强调乐的对象是"礼乐、善、贤"（益者三乐），乐的依据是至善至美（闻韶而乐不知肉味）。乐的人格显现是——中道中庸的君子人格呈现（乐而不淫，陋巷之乐）。应该说，"乐"是生命之仁的体现，"仁"是乐的本体论依据。将孔子体系简单地看作"乐"，并且在具体论述中，将乐与道德自律及孔子欣赏的人格之"乐"，看成与"苦"相对立的，甚至将对欲望的必要控制也称为"局限"，那么，孔子的"贫而乐"就成为不可理喻的，"陋巷之乐"的人格光彩和"乐而不淫"的自我约束就成为自找苦吃了。或许新孔子论之"新"，就在于用一种"乐本体论"取代"仁本体论"。

在我看来，在孔子思想中，"仁"是道德本体论和体系本体论，"礼"是政治伦理本体论，"乐"是审美本体论，这一切均以"仁"学思想为基础。仁与经、仁与礼、仁与乐、仁与道、仁与内圣，以及仁与外王是一种复杂的多维结构，否定这种结构的多维性，将其还原为一种单一的说法，将会使孔子简单化和漫画化。

4. 将儒家思想宗教化的新动向。进入全球化时代，中国学者（包括海外华裔学者）将传统文化研究同"现代性"问题联系起来，对孔子所代表的儒学思想的研究有了新的推进。如杜维明在"文化中国"的倡议中，将儒家的价值观看成可以同西方的基督教价值观相等立的体系，张扬儒家精神。认为："如果儒家传统不能对其作出创建性的回应，乃至开出一些类似的崭新价值，那么连健康的传统价值都可能因异化而变质，更不会有进一步发展的可能性。"① 事实上，杜维明将中国儒学的创新与对西方文化的体认结合起来，使中国文化中所缺乏的发展因素能够得到全面补充，将儒学儒教化实体化，而不再是一味地空想超越而难以落到制度和实处。当然，也有不少学者对杜维明的"文化中国"中过分明显的宗教情绪提出了质疑。同样，香港地区的刘桂标从另一方面将孔子同佛陀、基督联系了起来。在《孔子与中国圣诞》中认为：儒家不但是世界文化中重要的思想，而且也可说是一种宗教。"儒家同时亦讲天道，此天道虽不同于具人格神意义的基督，亦不同于具神通能力的佛陀，但它却亦是形而上的而非经验的，是一切价值的根源和人生安顿的基础，因此，它同时具有超越的性格。在这个意义下，儒家亦可说一宗教，她是一既超越而又内在的宗教"。②

这种将孔子思想宗教化的研究动向，不乏填补精神价值空白的意义，但是笔者的疑问仍然存在。而且问题还在于，我们是否还需注意问题的另一方面，即：既不可能超越历史鸿沟而将孔子重新形而上学化或宗教化，也不可能同西方的超验神学相比类而坚持其外在超越的宗教性。儒学的血缘宗法制度使其避免了基督教文明所内涵的神人冲突，同时也消逝了神学信仰的普遍性。应该看到，在中国的历史性转型过程中，传统资源尤其是原始儒家思想所构成的中国文化心理结构，无疑使中国的社会转型具有更稳健的步子，但是也有可能使这种转型成为一种失落中的退守——或一味发古之幽思，或对传统过分美化，或将孔子的儒家思想宗教化，这些都会对当代问题加以遮蔽，甚至成为转型性中国文化价值重建的理障。

如果说用道家的"道"思想代表中国思想，有其偏颇之处，那么，用"礼""乐"代表儒家思想，也存在再讨论的余地。孔子的思想不宜用一个

---

① 杜维明：《现代精神与儒家传统》，北京：三联书店1997年版，第430页。
② 刘桂标：《孔子与中国圣诞》，香港：人文哲学会《人文月刊》第66期，1999年6月。

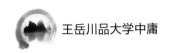

核心范畴加以囊括，而应看成是一个互相联系的范畴圈。① 而且，进一步看，孔子思想同老子思想还存在着被遮蔽的深层关系，值得深加清理。

二、儒道思想的内在历史关联性

在漫长的中国思想史长河中，人们大多只看到儒道思想范式的对立和思想体系的差异。其实，二者之间的绝对差异没有人们想象那么大。就思想源头而言，道家与儒家等还有非同一般的关系。顾荩臣认为："道家的学术，兼括诸家。且其来源，较诸家为最早者，并不是专指老子之时而说的。盖诸子之学都起于春秋战国之时，道家之学，则远在春秋战国以前，而发源于有史之初的。……大概自黄帝以后，老子以前，上下二千年中，只有道家之学，扶舆磅礴，而无他家立足于其间。换句话说，在那个时候，除道家以外，几无其他学术之可言了。""儒家之学，其渊源似乎亦得之于道家。大概道家之言，虽然涉于玄虚，而其学却征之于实际。……儒家以践实为本，以身体力行为归，其意即本于道家。况孔子曾问礼于老聃，奉聃为严师，是儒家脱胎于道家，更无可讳言。"② 这种看法，虽然稍微武断了些，但是却不失为一种有价值的看法。起码，可以促使我们更深一层地思考这个问题。

1. 儒道思想的相通相契层面。在笔者看来，儒家和道家存在着思想体系上的差别，但是也有诸多思想相通相契之处。在典籍的阅读中，笔者发现不少这类问题，撮其要者如次：

其一，不仅孔子问礼于老子，而且，《论语》等儒家书籍中所记载的巢父、许由、务光等人，都是敝屣天下，自由快乐，默传道家之遗风。而

---

① 成中英认为，"中国哲学的核心问题实际上是一个核心问题圈，凡是在这个核心问题圈的就是核心问题"。成中英：《中国哲学当前的核心与周边问题》，香港：《哲思》第一卷，第一期，1999 年 3 月。

② 顾荩臣：《经史子集概要》，北京：中国书店出版社，1990 年据世界书局 1930 年版影印，"子部"第 50—51、148 页。

长沮，以及桀溺、接舆、荷蓧、楚狂、石门等，大抵是道家之徒（孔子称为贤人），逍遥自在避世于山野之中。①

其二，内圣外王说，最早见于《庄子》："是故内圣外王之道，暗而不明，郁而不发，天下之人，各为其所欲焉，以自为方。"② 一般认为，"内圣外王"是道家的理想人格，指内有圣人之德，外施王者之政。但是后世儒家以此作为自己的思想纲领。《宋史·邵雍传》："河南程颢，初侍其父识雍，论议终日，退而叹曰'尧夫，内圣外王之学也'。"而现代新儒家的主要问题同样大多集中在"于内圣开出新外王"的命题上，并将这一命题看成是儒家现代转型的重要内容。

其三，关于"心斋""坐忘"。这本是《庄子》记载孔子的言论，但众多的哲学史思想史以及美学史著作一般将其看作庄子的思想而加以论列，其理由在于《庄子》中寓言七八，所说的事情大多并非真实，因而将这些话看成是庄子的思想。但是，庄子中所记载的其他史实，诸如盗跖之类，却似乎鲜有人否定与孔子有关系。因而那种过分人为地认定庄子之言不可信的做法难以服人。所以，笔者以为，从这种话语权的归属问题，似可见其二者的某种精神相通性。

其四，荀子作为先秦儒家的集大成者，代表了儒家思想体系的成熟。《荀子》一书攻击先秦时代很多人，但是对老子却几乎没有微言。③ 而且，在《荀子·天论》中还说，"天行有常，不为尧存，不为桀亡"，这已经颇具老子的"天道无为"思想色彩了。

其五，儒家的核心范畴"中和""中道""中庸"等，与三玄中的

---

① 《论语·宪问》："子曰：'贤者辟世，其次辟地，其次辟色，其次辟言'。子曰：'作者七人矣。'"一般地说，避世七人主要指长沮、桀溺、丈人、接舆、荷蓧、楚狂、石门等。

② 《庄子·天下》。

③ 《荀子·天论》评论过老子一句，并未有微言。"万物为道一偏，一物为万物一偏。愚者为一物一偏，而自以为知道，无知也。慎子有见于后，无见于先。老子有见于诎（屈），无见于信（伸）。墨子有见于齐，无见于畸。宋子有见于少，无见于多。"

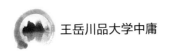

《周易》和《老子》有不可忽略的关系。① 可以说，老子的守中尚中思想，强调心境的中和平衡，与儒家的中庸思想（不偏不倚）有颇多可相比较之处。具体地说，老子强调"守中""守柔"，"反者道之动"，使事物延缓向相反方面转化。而孔子不仅注意到事情的变化超过一定的限度就将转向反面，而且强调，如果事情转到不好的方面时，有可能向相反的方面发展。从而使"中庸"成为人们立身处世准则中的最高境界——"至德"，即"中庸之为德也，其至矣乎"②。

其六，孔子对"水"的看法，与老子颇相契合。《论语·雍也》有"仁者乐山，智者乐水"的说法，以山水的不同形态喻仁者智者的人格襟抱。《论语·子罕》中说："子在川上曰：'逝者如斯夫！不舍昼夜。'"更是用水来比喻时间的流逝，赋予其丰富的哲学含义。《大戴礼记·劝学》载："孔子曰：'夫水者，君子比德焉：偏与之而无私，似德；所及者生，所不及者死，似仁；其流行庳下，倨句皆循其理，似义；其赴百仞之溪不疑，似勇；浅者流行，深渊不测，似智；弱约危通，似察；受恶不让，似贞；苞裹不清以入，鲜洁以出，似善化；必出，量必平，似正；盈不求概，似厉；折必以东西，似意，是以见大川必观焉。'"③ 同样，老子对水的看法也十分独特，"上善若水。水善利万物而不争，处众人之所恶，故几于道。……夫唯不争，故无尤。"（《老子》第八章）"道常无名、朴。虽小，天下莫能臣。……譬道之在天下，犹川谷之于江海。"（《老子》第

① 陈鼓应认为，《易传·系辞》受到老子思想的影响，而成为道家系统的著作（陈鼓应：《〈易传·系辞〉所受老子思想的影响——简论〈易传〉乃道家系统之作》，载北京《哲学研究》1989年第1期）。尽管这种看法，学界并未达成共识，但是道家与儒家的这种互相融摄现象，是值得注意的。

② 《论语·雍也》。

③ 另外，《荀子·宥坐》亦载："孔子观于东流之水，子贡问于孔子曰：'君子之所以见大水必观焉者，是何？'孔子曰：'夫水遍与诸生而无为也，似德。其流也埤下，裾拘必循其理，似义。其洸洸乎不屈尽，似道。若有决行之，其应佚若声响，其赴百仞之谷不惧，似勇。主量必平，似法。盈不求概，似正。淖约微达，似察。以出以入，以就鲜洁，似善化。其万折也必东，似志。是故君子见大水必观焉。'"

三十二章）　"江海之所以能为百谷王者，以其善下之，故能为百谷王。……以其不争，故天下莫能与之争。"（《老子》第六十六章）"天下莫柔弱于水，而攻坚强者莫之能胜，以其无以易之。弱之胜强，柔之胜刚，天下莫不知，莫能行。"（《老子》第七十八章）可见，孔子和老子都相当重视水处柔处下处平而似道的本性，只是孔子论水更具有比德和积极进取的意义，而老子论水则重视处下不争而利万物的特性。在这个意义上，说中国文化是"水的文化"，当是有一定道理的。①

2. 老子思想的多元性及其对孔子思想的影响。在我看来，《论语》中的老子身影，是无可避讳的。《论语》中有起码6处，可以看出孔子或许受到老子的影响：

《述而》子曰："述而不作，信而好古，窃比于我老彭。"②"老彭"大体上说指老子和彭祖，当不会大错，尽管有人坚持仅仅指彭祖，但细察其说于语义未周。

《宪问》："或曰：'以德报怨如何？'子曰：'何以报德？以直抱怨，以德报德。'"《老子》六十三章中有"报怨以德"的说法可证。

《卫灵公》："子曰：无为而治者，其舜也与？夫何为哉？恭己正南面而已矣。"而《老子》一书的总纲，就是"自然无为"思想。

《阳货》："子曰：饱食终日，无所用心，难以哉。"似有指涉老子的"无为"思想实行起来很艰难的意思。

《八佾》"君子无所争"，《卫灵公》"君子矜而不争"的说法，不难在《老子》"夫唯不争，故无尤"（第八章）和"夫唯不争，故天下莫能与之争"（第二十二章）中，找到相通相似之处。

---

①　值得注意的是，《金文铭》中载"夫江河长百谷者，以其卑下也"之句。据王应麟《〈汉书·艺文志〉考》考释，为《黄帝铭》六篇之一。《金文铭》中载刘向《说苑·敬慎篇》（《孔子家语·观周》所载与此大致相同）。1973年，河北定县40号汉墓出土一批竹简，其中有《论语》《儒家者言》等。其《儒家者言》许多内容见于《说苑》，或能说明《说苑》的真实程度。道家又一向被称为"黄老之术"，《金人铭》中的思想对《老子》当有影响，无疑也是中国思想源头之一。

②　1973年出土的河北定县汉墓竹简《论语》此句稍有不同，为"窃比我于老彭"。见定州汉墓竹简《论语》，北京：文物出版社1997年版，第32页。

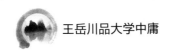

《泰伯》"民可使由之，不可使知之"，同样可以耳熟能详地在《老子》"常使民无知无欲"中获得学理回响。

以上的具体性差异和联系，存在着进一步考察儒道两家在中国思想史上的精神互通性和互补性的必要。笔者认为，道家是在更为形而上学的层面上，以"道"为最高范畴的哲学本体论，而儒家则是在实践理性层面上，以"仁"为最高理想的生命哲学论。而两种思想体系都以"经"的形式传播，① 正是在这一关键性范式趋同上，又显现出两家思想延伸的不同轨迹，以及关注问题的不同着眼点。

笔者不能同意那种所谓儒家和道家充满根本冲突的说法，甚至认为老子绝对反儒家的基本立场，必然也反儒家的概念和思想，这种非此即彼的二元论思想问题很多。其实《老子》一书，圣人、君子、仁义等概念出现频率很高，计：圣人32次，君子2次，仁8次，义5次。② 尤其是参照马王堆汉墓帛书《老子》和郭店楚简《老子》，更有诸多证据可以说明老子的道家思想与儒家思想有某种程度上的融摄沟通。

老子不仅论"天道"，也论"人道"，尤其是"人道"的最高代表——"圣人"。请看下引："圣人处无为之事，行不言之教。"（第二章）"是以圣人之治，虚其心，实其腹，弱其志，强其骨。"（第三章）"圣人不仁，以百姓为刍狗。"（第五章）"是以圣人后其身而身先。"（第七章）"是以圣人为腹不为目，故去彼取此。"（第十二章）"圣人抱一为天下式。"（第二十二章）"是以圣人常善救人，故无弃人；常善救物，故无弃物。"（第二十七章）"圣人无为，故无败；无执，故无失。"（第二十九章）"是以圣人去甚，去泰。"（第二十九章）"是以圣人不行而知，不见而明，不为而成。"（第四十七章）"圣人常无心，以百姓心为心。"（第四十九章）"圣人在天下，歙歙焉，为天下浑其心，百姓皆注其耳目。"（第四十九章）"圣人皆孩之。"（第四十九章）"故圣人云：我无为，而民自

---

① 如：《道德经》和"四书五经""十三经"等。
② 因版本不同，而略有差异。此处依据是通行本王弼本。

化。"（第五十七章）"是以圣人方而不割，廉而不刿，直而不肆，光而不耀。"（第五十八章）"圣人终不为大，故能成其大。"（第六十三章）"是以圣人犹难之，故终无难矣。"（第六十三章）"是以圣人无为故无败；无执故无失。"（第六十四章）"是以圣人欲不欲，不贵难得之货。"（第六十四章）"是以圣人处上而民不重，处前而民不害。"（第六十六章）"是以圣人被褐而怀玉。"（第七十章）"圣人不病，以其病病。夫唯病病，是以不病。"（第七十章）"是以圣人自知不自见。"（第七十二章）"是以圣人犹难之。"（第七十三章）"是以圣人为而不恃，功成而不处。"（第七十七章）"是以圣人执左契，而不则于人。"（第七十九章）"圣人不积，既以为人己愈有，既以于人己愈多。"（第八十一章）"天之道，利而不害；圣人之道，为而不争。"（第八十一章）

可以看出，老子对"圣人"的评价是正面性的，即具有高贵的精神和正直的品格，"不争""不积"的廉洁，"被褐怀玉"的高尚——这是一种理想式的人物，亦是老子所期望出现的"大道之人"。而被孔子称为重要理想人物的"君子"在《老子》中仅仅出现了 2 次。① 其含义处于比圣人低的人格水平上，不能同理想的圣人相提并论。

与老子相反，孔子重"君子"而不过分重"圣人"。所以《论语》中"圣人"或"圣"出现频率不高，共计有 8 次：其中"圣"4 次，意思为具有最高道德标准的人；名词 2 次②；区别词和叙述词 2 次③；"圣人"4 次，意即具有最高道德标准的人。具体语句如下：子贡曰："如有博施于民而能济众，何如？可谓仁乎？"子曰："何事于仁！必也圣乎！尧舜其犹病诸！夫仁者，己欲立而立人，己欲达而达人。能近取譬，可谓仁之方也已。"（《雍也》）子曰："圣人，吾不得而见之矣；得见君子者，斯可矣。"

---

① 见《老子》二十六章："重为轻根，静为躁君。是以君子终日行不离辎重。虽有荣观，燕处超然。"又见三十一章："夫兵者，不祥之器，物或恶之，故有道者不处。君子居则贵左，用兵则贵右。"

② 如："必也圣乎"。载《论语·雍也》。

③ 如："夫子圣者与，固天纵之将圣"。载《论语·子罕》。

子曰："善人,吾不得静之矣;得见有恒者,斯可矣。亡而为有,虚而为盈,约而为泰,难乎有恒矣。"(《述而》)子曰:"若圣与仁,则吾岂敢?抑为之不厌,诲人不倦,则可谓云尔已矣。"公西华曰:"正唯弟子不能学也。"(《述而》)大宰问于子贡曰:"夫子圣者与!何其多能也?"子贡曰:"固天纵之将圣,又多能也。"子闻之曰:"大宰知我乎?吾少也贱,故多能鄙事。君子多乎哉?不多也!"(《子罕》)子曰:"君子有三畏:畏天命,畏大人,畏圣人之言。小人不知天命而不畏也,狎大人,侮圣人之言。"(《季氏》)"君子之道,焉可诬也?有始有卒者,其惟圣人乎!"(《子张》)

尽管后世尊孔子为"圣人",但是孔子对"圣人"的理解是不一般的。他认为在"礼崩乐坏"的春秋时代,已经很难见到圣人,能够见到"君子"就颇不容易了。可见,孔子是一个现实主义者,他的核心范畴不是"圣人"而是"君子"。"君子"在《论语》中共出现105次。其论君子的思想,成为孔子体系中的重要内容。

三、从"礼"中心到"仁"中心

孔子思想形成的具体来源相当复杂,大致可以说,是从历史文献和当时社会现实中逐渐形成的。由于受到历史文献的局限,今天不可能完全弄清其思想渊源,但是从他所处的战争频仍和礼崩乐坏的春秋时代,可以知道"礼"在当时是一个相当严峻的话题。正如《左传》中所说:"夫礼,天之经也,地之义也,民之行也。"①

殷周重"礼"。据王国维解释:"盛玉以奉神人之器谓之若丰,推之而奉神之酒醴亦谓之醴,又推之而奉神人之事,通谓之礼。"②"有制度典礼以治,天子诸侯卿大夫士使有恩以相洽,有义以相分,而国家之基定,争

---

① 《左传·昭公二十五年》。
② 王国维:《观堂集林·释礼》,北京:中华书局1994年版,第291页。

夺之祸泯焉，民之所求者，莫先于此矣，且古之所谓国家者，非徒政治之枢机，亦道德之枢机也，使天子诸侯大夫士各奉其制度典礼，以亲亲尊尊贤贤。明男女之别于上，而民风化于下，此之谓治，反是则谓之乱，是故天子诸侯卿大夫士者，民之表也，制度典礼者，道德之器也，周人为政之精髓存于此。"① 其礼仪往往同祭祀对象等级和具体礼义礼乐的秩序紧密相关，以形成一种严格的上下等级威仪和社会的差别意识。在这一点上，有学者认为，"礼"成为孔子思想的关键。如李泽厚认为："孔子讲'仁'是为了释'礼'，与维护'礼'直接相关。'礼'如前述，是以血缘为基础，以等级为特征的氏族统治体系。要求维护或恢复这种体系是'仁'的根本目标。"②而郑永健认为，"孔子是针对其身处时代社会秩序面临崩溃的危机，而提倡恢复周礼，但他在这套秩序伦理化、意识形态化时，他同时给周礼注入了一些新的内容——孔子反省秩序之背后有——理据或成立之根据，此便是人的道德自觉，即'仁'"。③ 这些看法，均注意到"礼"与"仁"的内在关系，即一种外在的社会秩序与内在的道德依据的复杂关系问题。这对我们探讨孔子从"礼"到"仁"的重心转移，有所铺垫。

周代的礼乐制度是严格的社会等级制的体现。《礼记·祭统》："凡治人之道，莫急于礼。"礼的重要性在于，使人们按照一套严格的律令去规范自己的行为方式。治人之"礼"要深入人心，必须同"乐"结合，礼是行为道德的规范，而乐能调和性情、移风易俗。二者皆可用以教化人民，治理国家。礼与乐的配合相当严格，只有这样才能显示出森严的秩序和权力的威仪。④ 一般而言，"礼"这一范畴有多层意思，一是指人类社会的行为规范和共处关系秩序。《礼记·曲礼上》："夫礼者，所以定亲疏，决嫌疑，别同异常，明是非也。"二是指规矩恭敬的行为态度和隆重仪式。《吕

---

① 王国维：《殷周制度论》，北京：中华书店 1994 年版，第 47 页。

② 李泽厚：《中国古代思想史论》，北京：人民出版社 1985 年版，第 16 页。

③ 郑永健：《"克己复礼"的争论》，香港《哲思》第二卷第三期，1999 年 11 月号。

④ 《礼记·礼器》中说："礼也者，反其所自生；乐也者，乐其所自成。是故先王之制礼也以节事，修乐以道志，故观其礼乐而治乱可知也。"

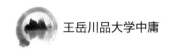
氏春秋·开春论·察贤》："魏文侯师卜子夏，友田子方，礼段干木。"三是指一种祭礼。《仪礼·觐礼》："礼月与四渎于北门外，礼山川丘陵于西门外。"这些多层意思中，第一层是最根本的意义。①

试对《左传》（编年始于公元前 722 年，终于公元前 468 年）中出现的先秦思想的核心范畴"礼、仁、义、乐"等加以统计，结果如次："礼"出现 526 次，"德" 333 次，"义"有 112 次，"礼义"相连用仅 2 次，"乐"计有 178 次，而"仁"出现最少仅 39 次。《诗经》中"德" 71 次，"礼" 10 次，而"仁"仅仅出现 2 次，"义"出现 3 次。

可见，孔子之前，"仁"并不是一个经常出现的核心范畴，当时的核心范畴应该是"礼"（以及相关的"德""义"），"礼"成为春秋时代思想和社会政治观念中最高层次。《左传》中"礼"的含义相当丰富，有的已经具有核心范畴的含义。如《左传·隐公十一年》："礼，经国家，定社稷，序民人，利后嗣者也"；"恕而行之，德之则也，礼之经也"；《左传·庄公二十七年》："夫礼、乐、慈、爱，战所畜也。夫民，让事、乐和、爱亲、哀丧，而后可用也"；《左传·喜公十一年》："礼，国之干也；敬，礼之舆也。不敬，则礼不行；礼不行，则上下昏，何以长世？"无疑，春秋时代是一个"礼"中心主义的时期，这一时期，无论是国家的典礼、民众的冠婚丧祭有着严格的礼制、国际之间的交往和战争、君臣之间的关系，以及各种季节的祭礼和喜庆之礼，均有一整套严格的规定。

但是，在《论语》中，这种"礼"的中心地位已经逐渐转换成"仁"中心。甚至，比《论语》晚得多的《史记》，其中"礼""义""德"等词出现频率很高——"礼"出现 630 次，"义" 454 次，"德" 634 次，而"仁"则仅仅有 193 次，可以从中看到"仁中心"地位的某种衰落迹象。

---

① 如"礼崩乐坏"（《隋书·音乐志》中有："礼崩乐坏，其来自久。"）即典章制度、礼仪教化遭受破坏，社会秩序、道德规范混乱，'"礼失而求诸野"（《汉书·艺文志》："仲尼有言：礼失而求诸野。方今去圣久远，道术缺废，无所更索，彼九家者，不犹愈于野乎？"），即社会礼仪和规矩散失则可以到民间中寻求等，皆表明人类社会的行为规范和共处关系秩序的重要性。

"仁"的解释有多种，比较有代表性的看法有两个。其一是"二人关系"说；① 其二是"上身下心""心中思人"说。② 也就是说，"仁"的根本精神就是居于相当普遍意义的"爱人"。《论语》对"仁"极为重视，其中"仁"出现了110次，而"礼"仅出现75次，而且还包括"礼乐"一词在内。应该说，孔子继承春秋时代的礼制思想，但是又不拘于这一思想，即不再以"礼"为中心，而以"仁"为中心，甚至强调没有"仁"的"礼"是没有意义的——"人而不仁，如礼何？"（《论语·八佾》）这里，不难看到孔子对春秋"礼中心主义"的扬弃，而开创了自己的"仁中心主义"思想体系。这意味着，自孔子始，儒学从可分为以"礼"为基础的社会伦理规范逐渐转向以"仁"为基础的德行原则层面，外在之"礼"与内在之"仁"不再成为一种对立的思维模式和制度模式，而是使涵养德行的伦理秩序的"礼"，在与"仁"的人格实现的德行理想中，构成一个完善的"君子"思想伦理体系。"君子"体现了以仁为基础的"仁与礼"的整合——孔子思想中作为"仁的境界"的体现者的"仁人""君子"是尊礼的。因此，那种认为孔子思想是礼中心主义的看法，是不够全面的。

　　"仁"在孔子的体系中究竟占什么地位？"仁"究竟是一个从属性的概念，还是一个原创性的概念？"仁"在孔子的道德理想主义学说中，是比"礼"与"道"更为抽象的还是更为具体的？在孔子那里，圣人、仁人、君子的关系怎样？这些都是不可轻轻滑过的重要问题。陈荣捷在《仁的概念之开展与欧美之诠释》中认为："仁为儒家哲学之中心，亦即中华人民共和国哲学之中心。二千余年，步步发展，可分七分目言之。"即：孔子全德之仁，以爱言仁，博爱之谓仁，仁即性即理与理一分殊，仁者以天地万物为一体，仁与生生，心之德爱之理。③ 在《康有为论仁》一篇中进一

---

　　① 孙隆基关于"仁"作为"二人关系"的解释，值得重视。参见孙隆基：《中国文化的"深层结构"》，西安：华岳文艺出版社1988年版。

　　② 刘翔认为："仁"字本意是"心中想着人的身体"，与"爱"字造字本义相近似。参见刘翔：《中国传统价值观诠释学》，上海：上海三联书店1996年版，第150，159页。

　　③ 陈荣捷：《王阳明与禅》，台北：学生书局1984年版，第7—14页。

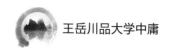

步认为："仁之观念为儒学之神髓，孔子所常谈，比论孝弟忠信为多，非如《论语·子罕》篇所谓之'罕言'。……其义由孔孟而经汉唐宋明诸儒步步开展，以达康有为谭嗣同之新仁学，相得益彰。"陈荣捷曾述"仁"之观念演进颇详，值得引述：（一）诗书之仁皆为特殊道德，孔子始以仁为基本道德，百善皆本乎此。孔子乃以仁为其伦理之基。（二）历代论仁解释不同。或以为人心，或以为爱，或以为人相偶，或以为觉，或以为恕，或以为与天地为一体。朱子以为"心之德，爱之理"。（三）最持续有力者为以爱为仁之说。（四）爱即博爱。然爱必有差等，亲亲而仁民，仁民而爱物。爱由亲始。（五）仁者无所不爱，故天人合一。（六）仁不只是心境、态度、或感觉，而是人与天地万物之活的、动的关系。（七）仁为万善之本，"人心也"。天地生生之源。（八）因此仁不仅是伦理的，而亦是形上的。（九）清末以来，虽有努力将仁之形上性质加强，而儒家特重仁之活动伦理性质贞健如故，为儒家古今不衰之一贯传统。[①] 这种看法，无疑有其深刻之处，并对我们的探讨有所启发。

在我看来，对孔子的"仁"中心思想，应从圣人、仁人、君子三者的等级秩序看，"圣"包含仁而成为比"仁"高的境界，不仅因为"圣"方才能"博施于民而能济众"[②]，"修己以安百姓"[③]，而且，孔子说："圣人，吾不得而见之矣，得见君子者斯可矣。"[④] 在这个意义上，甚至尧舜也很难说已经臻达此境界——"何事于仁，必也圣乎？尧舜其犹病诸"[⑤]。"仁"的境界和"君子"境界尽管同样不易臻达，但却有可能通过全身心努力而实现人格转换。

《论语》的关键词"仁"出现过百余次，其意义有多重，需要细致厘定各层意味。一指"仁爱仁德"，共出现 105 次。又可细分为："仁爱"，

① 陈荣捷：《王阳明与禅》，台北：学生书局 1984 年版，第 83—84 页。

②⑤ 《论语·雍也》。

③ 《论语·宪问》。

④ 《论语·述而》。

如："求仁而得仁"①，"人而不仁"②，"仁者安仁"③；"亲爱"，如："仁民爱物"。二指"仁人、仁政、仁心仁术"，如："凡爱众，而亲仁"④，"殷有三仁焉"⑤，"志士仁人，无求生以害仁，有杀身以成仁。"⑥ "知者乐水，仁者乐山。"⑦ "仁者必有勇，勇者不必有仁。"⑧ "知者乐，仁者寿。"⑨ 可以说，"仁"的主要含义就是"爱人"，用《孟子》引孔子的话说："道二，仁与不仁而已矣"⑩，将仁看作是孔子学说的本原和关键之所在，并从根本上显示出儒家和道家的理想人格君子风范的差异。

《论语》对"仁"有许多解释，或者说"克己复礼为仁"⑪，或者说"仁者先难而后获"⑫，或者说"能行五者（恭、宽、信、敏、惠）于天下为仁"⑬，或者说"爱人"就是"仁"⑭。这些说法需要细加分析，从不同层面加以考察。

在笔者看来，孔子的"仁"的思想可以分为四个层面：

其一，"仁"的精神是从主体身心出发，超越血缘关系而尊重他人权利并普遍性地爱他人。这种普遍性地爱他人的观念，是"仁"的精神的最重要特征。在《论语·颜渊》中就有三条论及此，十分重要："樊迟问'仁'。子曰：'爱人'。""颜渊问'仁'。子曰：'克己复礼，为仁。一日克己复礼，天下归仁焉。为仁由己，而由仁乎哉？'""仲弓问'仁'。子

---

① 《论语·述而》。

② 《论语·八佾》。

③ 《论语·里仁》。

④ 《论语·学而》。

⑤ 《论语·微子》。

⑥ 《论语·卫灵公》。

⑦⑫ 《论语·雍也》

⑧ 《论语·宪问》。

⑨ 《论语·雍也》。对仁智乐寿的关系的论述，《汉书》卷五十六"董仲舒传"对孔子思想有所发展："尧舜行德则民仁寿，桀纣行暴则民鄙夭。"

⑩ 《孟子·离娄上》。

⑪⑭ 《论语·颜渊》。

⑬ 《论语·阳货》。

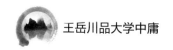

曰：'出门如见大宾；使民如承大祭；己所不欲，勿施于人；在邦无怨，在家无怨。'"在孔子看来，"爱人"与"克己"并不矛盾，通过克制自己的过分欲念而达到中庸协调的境地，在"己所不欲，勿施于人"平等的人我观念下，恪守社会礼仪并达到"爱他人"的"仁"的境界。

在《论语·雍也》中，孔子第一次对"仁"加以确切定义："夫仁者，己欲立而立人，己欲达而达人。能近取譬，可谓仁之方也已。"这句话同《论语》中孔子其他地方谈论"仁"有所不同。其他处谈"仁"，一般是就某种具体情景或学生的某种问题做出具体的回答，而没有上升到范式"定义"的抽象层面，而此处"夫仁者"的语气，即对"仁"这一核心范畴下定义，将"己欲立而立人，己欲达而达人"作为"仁"的普遍标准加以界定。同时，孔子在《论语·阳货》中，分别用五种品德来说明"仁"的性质："孔子曰：能行五者于天下为仁矣。请问之，曰：恭、宽、信、敏、惠。"也就是说，仅仅达到其中一项，并不能成为仁人，而只有达到"恭、宽、信、敏、惠"这五种综合性指标，才能称之为"仁人"。

其二，仁者之乐是从心中自然出现的生命本性快乐。孔子确乎很重视"仁与乐"的关系，他认为，"君子道者三，我无能焉：仁者不忧；知者不惑；勇者不惧"，[①] "知者乐水，仁者乐山。知者动，仁者静。知者乐，仁者寿"，[②] "志士仁人，无求生以害仁，有杀身以成仁"。[③] 应该看到，孔子处在周代礼崩乐坏的时代氛围中，其"乐"生态度的内涵相当深沉。冯友兰对此有所解悟，认为"孔子生活在社会、政治大动乱的年代，他竭尽全力改革世界。他周游各地，还像苏格拉底那样，逢人必谈。虽然他的一切努力都是枉费，可是他从不气馁。他明知道他不会成功，仍然继续努力。……这样做的结果，我们将永不患得患失，因而永远快乐"。[④] 所以，孔子

---

① 《论语·宪问》。

② 《论语·雍也》。

③ 《论语·卫灵公》。

④ 冯友兰：《中国哲学简史》，北京：北京大学出版社 1985 年版，第 56—57 页。

说："君子坦荡荡，小人长戚戚。"① 可以说，孔子的"乐"，是一种知其不可为而为之的乐，一种面对困境和失败而无所萦怀的乐，一种超越自我得失的"知命"之乐。因而"不知命，无以为君子也"。② 换言之，只有进入"仁"的层面，才能获得生命的大乐。孔子将忧乐问题看得很深，因为人生的乐与忧问题成了一面镜子，使每个人的内在人生观、幸福观和生死观得以呈现出来。③

其三，"仁"的境界是人的自我修养和人格完成之境。在孔子那里，修身的目标是"成己"（自我完善）与"成物"（兼善天下）。孔子的儒家理想是以个体道德实现为人生和社会的终极价值，在这方面孔子的论述相当宏富。诸如，"仁远乎哉？我欲仁，斯仁至矣。"④ "不仁者不可以久处约，不可以长处乐。仁者安仁，知者利仁"，"唯仁者能好人，能恶人。""苟志于仁矣，无恶也。""富与贵，是人之所欲也；不以其道得之，不处也。""贫与贱，是人之恶也；不以其道得之，不去也。"君子去仁，恶者成名？君子无终食之间违仁，造次必于是，颠沛必于是。""我未见好仁者，恶不仁者。好仁者，无以尚之；恶不仁者，其为仁矣，不使不仁者加乎其身。有能一日用其力于仁矣乎？我未见力不足者。尽有之矣，我未见也。""人之过也，各于其党。观过，斯知仁矣。"⑤ "巧言令色，鲜矣仁！"⑥ 孔子从正负两个层面分析了"仁"与"不仁"、善与恶等，对"仁者"的界定有了更为丰富的社会内涵。在这个意义上，孔子以人格完成为"仁"，其注重"仁"的理想，强调只有通过仁者之路，才能实现人格"大我"和社会"大同"的整合。

为了实现理想之仁，应当自己清除过分的杂念私欲，铸成一种刚健清

---

① ④　《论语·述而》。

②　《论语·尧曰》。

③　《韩诗外传》卷一载："孔子曰：'君子有三忧：弗知，可无忧与！知而不学，可无忧与！学而不行，可无忧与！'"孔子的"君子三忧三乐"，清楚地表明了孔子的人生忧乐观。

⑤　以上诸语，俱见《论语·里仁》。

⑥　《论语·学而》。

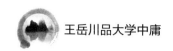

新的生命意志。《子罕》："子绝四：毋意、毋必，毋固，毋我。"《卫灵公》："君子求诸己，小人求诸人。""躬自厚而薄责于人，则远怨矣。""不曰如之何如之何者，吾（未）知之何也已矣。"《宪问》："不患人之不己知，患其不能也。"《阳货》："子曰：'好仁不好学，其蔽也愚。好知不好学，其蔽也荡。好信不好学，其蔽也贼。好直不好学，其蔽也绞。好勇不好学，其蔽也乱。好刚不好学，其蔽也狂。'"《颜渊》："非礼勿视，非礼勿听，非礼勿言，非礼勿动。"正因为仁是一个很高的人格理想和社会理想标准，所以，需要不断克服自我的欲念，使之合乎社会的法度礼仪，从而为实行政治上的"仁德"和"仁政"打下基础。正是在这个意义上，孔子的理想之仁，注重的是从个体的具体的事情做起，而后扩展开来，进入整个社会层面的变革。

孔子仁学伦理原则还贯穿在其人格审美原则中，从个体出发而后完成个体到群体整合的过渡："兴于诗，立于礼，成于乐。"① "志于道，据于德，依于仁，游予艺。"② 他的艺术精神是"中庸"之道的，注重君子修德的中介形式——"乐而不淫，哀而不伤，"③ "质胜文则野，文胜质则史。文质彬彬，然后君子。"④ 在"中道""中行"之中，成就其君子的文质彬彬的人格禀赋。

其四，强调"仁"中心地位对"礼""乐"的统摄作用。孔子儒学的"仁体礼用"的伦理体系的本质在于：以"仁"为儒学价值的意义内核，在伦理之"礼"与道德之"仁"中进行协调，使得作为外在戒律性的社会规范的"礼"同涵蕴内在人生行为品性的"仁"，在宗法伦理与人文价值之间达到某种统一。孔子将"仁"的观念上升到一个本体论的高度，将"仁"看作是爱人、立人、达人的必然途径。这样，就从先秦的"天人关系"的自然层面转化到"人我关系"的社会层面上来，并进而提出一套

---

① 《论语·泰伯》。
② 《论语·述而》。
③ 《论语·八佾》。
④ 《论语·雍也》。

"人我关系"的具体规则——忠、信、恕、孝、弟、恭、宽、敏、惠，以防止人性失范所导致的负面效应。①

通过以上几个方面的分析，不难看出，孔子之"仁"是一个生命本体论的范畴。但是，问题的复杂性在于，个体修德行仁仍然不能保证其能完全达到"仁"的境界。因而，孔子从来不轻易地称人为"仁"。在《论语》中，对古代高士伯夷、叔齐也只是简单评价说"求仁而得仁，又何怨"②；颜回的德行很深，但孔子仅仅说"回也，其心三月不违仁"③；对于未能殉主的管仲，并不因其人格上的缺失而加以否定，而是从更大的社会背景看问题——其为民免除了战争之苦，而赞之曰"如其仁，如其仁"④。可见，孔子对仁的评价，基本上是根据其是否在历史上对民众和社会有利，这意味着"仁"并不仅仅是个体的道德修养的问题，即不仅是个体心性之仁，而且是社会之仁、普遍之仁。在这个问题上，笔者以为王国维的看法值得重视。在《孔子之学说》中，王国维对"仁"的问题有着多角度的考察，并得出了中肯的结论。在其第二章"道德之标准"中认为："孔子自天之观念演绎而得'仁'，以达平等圆满绝对无差别之理想为终极之目的。至其绝对的仁，则非聪明睿知之圣人，不易达此境。欲进此境，必先实践社会的仁。社会的仁，忠恕是也。……要之，孔子仁之观念，若自普遍言之，则为高远之理想；若自实际言之，则为有义礼智孝弟忠信等之别，以为应用之具，故能全达此等之义礼智孝弟忠信等，即为普遍之仁。"⑤ 王国维将"仁"看成是"社会之仁"，将"仁"同"礼"联系起来而强调"普遍之仁"，这一分析具有现代学术眼光，也是令人信服的。

---

① 黄仁宇认为，孔子"虽为圣贤，仍要经常警惕才能防范不仁的话，可见他认为性恶来自先天。他又说'观过，斯知仁矣'，好像这纠正错误，促使自己为善的能力，虽系主动的，但仍要由内外观察而产生"。参见黄仁宇：《赫逊河畔谈中国历史》，北京：三联书店1997年版。

② 《论语·述而》。

③ 《论语·雍也》。

④ 《论语·宪问》。

⑤ 王国维：《孔子之学说》，《王国维讲国学》，长春：吉林出版社2009年版。

在孔子的思想体系中，"仁"并不是孤立达到的人格指标，相反，仁是与义、德、礼、忠恕、乐等相联系而构成一个整体伦理结构。冯友兰认为："在《论语》中可以看出，有时候孔子用'仁'字不光是指某一种特殊德行，而且是指一切德行的总和。所以'仁人'一词与全德之人同义。在这种情况下。'仁'可以译为 perfectvirtue（全德）。……忠恕之道同时就是仁道，所以行忠恕就是行仁。行仁就必然履行在社会中的责任和义务，这就包括了义的性质。因而忠恕之道就是人的道德生活的开端和终结。"①杨伯峻《试论孔子》认为："究竟'仁'的内涵是什么呢？我认为从孔子对曾参一段话可以推知'仁'的真谛。孔子对曾参说：'吾道以一贯之。'曾参告诉其他同学说：'夫子之道，忠恕而已矣。''吾道'就是孔子自己的整个思想体系，而贯穿这个思想体系的必然是它的核心。分别讲是'忠恕'，概括讲是'仁'。孔子自己曾给'恕'下了定义：'己所不欲，勿施于人。'这是'仁'的消极面；另一面是积极面：'己欲立而立人，己欲达而达人。'"事实上，无论是孔子的"仁"，还是孟子的"义"，都将个体人格的建立放在重要地位，只不过，孔子更重视仁心爱人的内在光辉，孟子更注重养个体浩然之气罢了。

不妨说，历来张扬孔子和批判孔子思想的说法，都将"仁"作为一个论述对象。不管否定还是肯定，仁的思想在孔子的体系中，都占有相当重要的位置，对此的忽略，将产生体系性理解的偏差。

四、作为道德理想的"君子"境界

孔子《论语》一书论人很多，不仅讨论君子、圣人、贤人、善人，也讨论成人、有恒者、士，甚至有不少篇讨论小人。所涉及的二十几种人中，尤以谈论"君子"为最多。强调君子应以仁、义、礼、乐为中心，注

---

① 冯友兰：《中国哲学简史》，北京：北京大学出版社 2013 年版，第 53—55 页；还可参见冯友兰：《中国哲学史》，香港：太平洋图书公司 1959 年版，第 93—102 页。

重修德养性，使君子成为具有多种美德的完人。

"君子"一词在《论语》中共出现107次，是一个说明孔子仁学思想特征和人格理想的关键词。其意思主要有两种：一是指有道德的人。如"人不知而不愠，不亦君子乎"①。二是指居高位的人，如"有君子之道四焉"②。如果说，"仁"的理想是一种很高的标准，那么，"君子"就是这种标准的具体实现和实践。就君子一词的古义而言，《诗经·君子于役》说："君子于役，不知其期。"这里的"君子"是妻对夫的指称；《尚书·酒诰》曰："越庶伯君子。"《诗经·伐檀》曰："彼君子兮，不素餐兮。"这两例中的"君子"指有地位的贵族。③

在孔子那里，"君子"的含义有所不同，内蕴着深厚的人生境界意味。其君子境界具有如下几类：

其一，君子行中庸之道而忧道不忧贫。中庸之道使得君子不激不厉，修己敬人。"子路问'君子'。子曰：'修己以敬。'曰：'如斯而已乎？'曰：'修己以安人。'曰：'如斯而已乎？'曰：'修己以安百姓。修己以安百姓，尧舜其犹病诸。'"④ 君子文质彬彬而言行一致："君子耻其言而过其行。"⑤ "君子欲讷于言而敏于行。"⑥ "质胜文则野，文胜质则史。文质彬彬，然后君子。"⑦ "夫子之说君子也，驷不及舌！文犹质也，质犹文也。"⑧ 君子忧道不忧贫："君子谋道不谋食；耕也，馁在其中矣；学也，禄在其中矣。君子忧道不忧贫。"⑨ 这种对人格的清贫自守和对社会修己安

————————

① 《论语·学而》。

② 《论语·公冶长》。

③ 在《诗经》中"君子"是一个运用相当普遍的词汇，共计出现186次，但其意大多是指"夫"和"意中人"。到了孔子这里，则重新赋予"君子"以新的道德践行含义，使其成为一个重要的人生理想境界。

④⑤ 《论语·宪问》。

⑥ 《论语·里仁》。

⑦ 《论语·雍也》。

⑧ 《论语·颜渊》。

⑨ 《论语·卫灵公》。

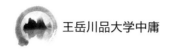

人的态度，正是孔子的君子理想的集中体现。

其二，君子责己宽人，群而不党。从"己欲立而立人，己欲达而达人"的仁者要求出发，孔子强调君子的风范是："不患无位，患所以立。不患莫己知，求为可知也。"① "君子病无能焉，不病人之不己知也。" "君子不以言举人；不以人废言。" "君子矜而不争，群而不党。"② 这种"不以人废言" "患不知人"的谦诚态度，以及有傲骨（"矜"）而无傲态（"不争"）不拉帮结派（"不党"）的倡导，有着相当的实践理性意义。在孔子那里，责己宽人并不是无原则的，而是对人生自我升华的要求："君子不重，则不威；学则不固。主忠信。无友不如己者。过，则勿惮改。"③ "君子疾没世而名不称焉。"④ 当然，这种"无友不如己"和遗憾死后无名的思想，是不能加以绝对化的。

其三，君子博学慎思，三思而后行。在学术思想方法上，孔子强调："君子博学于文，约之以礼，亦可以弗畔矣夫。"⑤ "百工居肆以成其事；君子学以致其道。" "虽小道，必有可观者焉；致远恐泥，是以君子不为也。"⑥ 这种对"大道"的体认向往，对"学以致其道"的内在要求，使得孔子言述往往成为一种激励志士仁人的思想。同样，他对思维的多层辩证总结，对人生不同阶段欲望的戒备，在今天仍有着思想的光彩："君子有九思：视思明，听思聪，色思温，貌思恭，言思忠，事思敬，疑思问，忿思难，见得思义。" "君子有三戒：少之时，血气未定，戒之在色；及其壮也，血气方刚，戒之在斗；及其老也，血气既衰，戒之在得。" "侍于君子有三愆：言未及之而言，谓之'躁'；言及之而不言，谓之'隐'；未见颜色而言，谓之'瞽'。"⑦ 君子当积极入世，"学而优则仕，仕而优则

---

① 《论语·里仁》。

②⑤ 《论语·卫灵公》。

③ 《论语·学而》。

④ 《论语·雍也》。

⑥ 《论语·子张》。

⑦ 《论语·季氏》。

学"①，秉持这种踏实进取的精神，使自己能为社会所用。②

　　其四，与小人相对立的君子风格。孔子出于远大的入世理想，坚执不同于凡俗的坚韧与执着，强调君子的自强不息精神和超迈人格，使得君子个性在日常人伦中注入了超越性因素，从而在"君子"与"小人"的对立中，显示出君子的精神魅力："君子周而不比，小人比而不周。"③"富与贵，是人之所欲也；不以其道得之，不处也。""贫与贱，是人之恶也；不以其道得之，不去也。君子去仁，恶者成名？君子无终食之间违仁，造次必于是，颠沛必于是。""君子怀德，小人怀土；君子怀刑，小人怀惠。""君子喻于义，小人喻于利。"④"君子成人之美，不成人之恶；小人反是。"⑤"君子和而不同；小人同而不和。""君子易事而难说也，说之不以道，不说也；及其使人也，器之。小人难事而易说也；说之虽不以道，说也；及其使人也，求备焉。""君子泰而不骄；小人骄而不泰。"⑥"君子上达；小人下达。"⑦"君子固穷；小人斯滥矣。""君子求诸己；小人求诸人。"⑧"君子有三畏：畏天命，畏大人，畏圣人之言。小人不知天命而不畏也，狎大人，侮圣人之言。"⑨"君子义以为上。君子有勇而无义为乱，

---

　　①　《论语——定州汉墓竹简》中，有不少句子有不同之处，字词句的差异约700余处，比较明显的有：《子张》通行本为"学而优则仕，仕而优则学"。竹简本为"仕而优则学，学而优则仕"，这一颠倒语序，使整个意思改变了，表明了孔子的强烈的入世（"仕"）精神。参定州汉墓竹简《论语》，北京：文物出版社1997年版。

　　②　《淮南子·缪称训》载："君子思义而不虑利，小人贪利而不顾义。子曰：'钧之哭也。'曰：'子予奈何兮乘我何？'其哀则同，其所以哀则异。故哀乐之袭之情也，深矣。凿地漂池，非止以劳苦民也。各从其跖而乱生焉，其载情一也，施人则异矣。"

　　③　《论语·为政》。

　　④　《论语·里仁》。

　　⑤　《论语·颜渊》。

　　⑥　《论语·子路》。

　　⑦　《论语·宪问》。

　　⑧　《论语·卫灵公》。

　　⑨　《论语·季氏》。

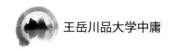

小人有勇而无义为盗。"① 这种对"君子"人格的严格要求和高度评价，不仅成为中国文化人格内修的基本要素，而且成为社会人伦关系中知识群体品格升华的基本纲领。②

但是应该看到，孔子并不认为君子境界是容易企及的。相反，如同圣人、仁人一样，君子境界同样很难达到。对"圣人"和"君子"境界的比较，在《大戴礼记·哀公问五义》中有清晰地记载："哀公曰：'善！何如则可谓君子矣？'孔子对曰：'所谓君子者，躬行忠信，其心不买；仁义在己，而不害不志；闻志广博，而色不伐；思虑明达，而辞不争；君子犹然如将可及也，而不可及也。如此，可谓君子矣。'……哀公曰：'善！敢问：何如可谓圣人矣？'孔子对曰：'所谓圣人者，知通乎大道，应变而不穷，能测万物之情性者也。大道者，所以变化而凝成万物者也。情性也者，所以理然、不然、取、舍者也。故其事大，配乎天地，参乎日月，杂于云蜺，总要万物，穆穆纯纯，其莫之能循；若天之司，莫之能职；百姓淡然，不知其善。若此，则可谓圣人矣。'哀公曰：'善！'"

《论语》一书，仅仅言及三个人达到了君子境界——"子谓子贱，'君子哉若人！鲁无君子者，斯焉取斯？'"③ "南宫适出，子曰：'君子哉若人！尚德哉若人！'④"君子哉蘧伯玉！邦有道，则仕；邦无道，则可卷而怀之。"⑤ 这种君子境界的难以企及，说明了孔子对人性弱点的深切认识，以及对弱点的克服和心性升华历程艰难的关注。同样，正是这种对崇高感的追求，对人格伟大的向往，使得孔子的人格理想和胸襟抱负能够得到历代学者的深切共鸣。王国维在《孔子之美育主义》中说道："今转而观我

---

① 《论语·阳货》。

② 孔子强调："施仁无倦，见君子则举之，见小人则退之。去汝恶心而忠与之，效其行，修其礼，千里之外，亲如兄弟；行不效，礼不修，则对门不汝通矣。夫终日言，不遗己之忧，终日行不遗己之患，唯智者能之。故自修者必恐惧以除患，恭俭以避难者也。终身为善，一言则败之，可不慎乎。"王肃注：《孔子家语·六本第十五》。

③ 《论语·公冶长》。

④ 《论语·宪问》。

⑤ 《论语·卫灵公》。

孔子之学说，其审美学上之理论，虽不可得而知，然其教人也，则始于美育，终于美育。……之人也，之境也，固将磅礴万物以为一。我即宇宙，宇宙即我也。光风霁月，不足以喻其明；泰山华岳，不足以语其高；南溟渤澥，不足以比其大。"① 这种看法，当然不同于那种将孔子精神加以圣化的"孔教"，而是对其人文理想境界的文化心理结构认同。②

成为君子只是达到"内圣"，而并非孔子君子思想的终点。孔子进一步改造了从周代沿袭下来的"君子"概念，从更高的层面赋予新型"君子"以成圣成王的社会历史使命。孔子并不是要求做好内省功夫就可以了，而是强调能够将自己的政治理想施之于社会改造和恢复周礼（"外王"），能够担此大任的，非君子莫属，从而使君子成为"内圣外王"理想的践行者。其实，"内圣外王"说，最早见于《庄子·天下》。庄子说："是故内圣外王之道，暗而不明，郁而不发，天下之人，各为其所欲焉，以自为方。"一般认为，"内圣外王"是道家的理想人格，指内有圣人之德，外施王者之政。后世儒家以此标榜，并成为一种理论核心范式。《宋史·邵雍传》："河南程颢，初侍其父识雍，议论终日，退而叹曰'尧夫内圣外王之学也。'"

在儒家"外王说"问题上，叶岗不同意新儒家的"内圣开出新外王"说，认为："原始儒学有两大基本结构即内圣和外王，但两者并非线性因果关系，而是并列的结构关系。……正因为新儒学缩小了原始儒学的政治

① 对王国维的《孔子之美育主义》一文，学界有不同的看法，一种认为是王国维所著，可参见刘煊：《王国维评传》（南昌：百花洲文艺出版社1996年版），袁伟光、刘寅生：《王国维年谱长编》（天津：天津人民出版社1996年版）。另有一种看法认为，这篇文章是翻译日本人的文章。在笔者看来，这篇刊于《教育世界》（第69号，1904年）的文章，发表时在刊物目录上署名王国维，但是正文中没有署名，当是王国维根据日本人文章加以编译而成。从这段话的语气"观我孔子之学说"看，不能否认其中仍能看到王国维对孔子的思想的理解和阐释。

② 当然，凡事都有例外，对孔子"君子"说持批评态度的傅斯年就认为："孔子不见得是纯粹的这么一个君子，大约只是半个君子而半个另是别的。孔子也骂君子，是你（顾颉刚）也举的。《论语》上有好些话出于君子之外。"傅斯年：《春秋时的孔子和汉代的孔子》，广州：中山大学《语言历史学研究所周刊》第1集第7期，1927年版。

功能和社会功能，所以，他们在东西方文化碰撞最为激烈的现代社会，无法从外王儒学原本禀具的方严正大的学理体系中，推出建构现代社会政治制度的宏大完整的设想。从外王理想看，孔子确乎想为王，这不但是孔子弟子以及汉代公羊家的一致看法，也是孔子的本意所在。"①这种看法有着今文经学的色彩，即将孔子看作一个王，而不是一位文化思想的阐释者和教育家。笔者认为，论者对儒家"君子"说的论述有其新意，但是笔者对孔子"称王"或"为王"说，仍保持悬搁或怀疑的态度。

从学术思想历程看来，儒家在中国的长期独尊地位已经使其具有了某种思想垄断的地位，如果再张扬这种"称王之说"，恐怕"仁学中心论"或"经学中心论"就将变成某种新权力独断论。这与新儒家内圣开出新外王的政治民主和法律约束的"现代设想"，已然有了根本的差异，同时也与全球化多元时代的氛围相左。而且究极而言，儒家传统一般是强调心性价值，尤其现代新儒家更是走这条心性价值创生之路。现代新儒家的几代学者，为儒家思想在现代性面前所遭遇的价值中断合法性问题而思虑，并纷纷提出各自的心性道德学说，为这个世界的道德滑坡和价值虚无开出自己的拯救方略。无论是梁漱溟的生命本体论、熊十力的心性本体论，还是冯友兰的新理学境界论、牟宗三的道德理想主义等，基本上是从"内圣"角度张扬个体心性价值的内修以及成圣成贤的人格追求，希求传统儒学能够与现代的民主科学等联系起来，从而重振儒学而实现济世之蓝图，使儒学走出现代性文化观念的阴影。因而，笔者认为不宜在儒家"外王"问题上急切下结论，而需要进一步认真探究原始儒家的正面性思想内核和对当代思想的启迪性意义。

五、孔子思想的启迪性意义

说不尽的孔子，论不尽的《论语》。然而，21世纪，又必得对其思之

---

① 叶岗：《原始儒学的两大基本结构》。

再三，而后言之。

经历过五四运动对三纲五常、三从四德、封建礼教、贞节牌坊，以及假道学伪君子的整体批判的儒学，在中国现代化的语境中，已经不是原生形态的儒学了。传统儒学在现代性的批判面前，暴露了中国文化精神中的若干症候，而使得人们尤其是当代中国人对儒学的感情相当复杂。儒学在汉代以后定于一尊地位和在历史纲常名教网络中被政治化和庸俗化，甚至被现实政治曲解和误读，这种历史的负面性烙印，使得对被神话化和宗教化后的孔子评价，以及其对当代的意义的定位，出现了众说纷纭、莫衷一是的局面。甚至对其评价的不同维度，成为保守和自由的分界线。

从总体趋向上看，在 20 世纪末对中国儒学的价值和地位的评价有了新的体认，如 20 世纪 90 年代末国际儒学研讨会讨论的主题是"儒学与 21 世纪人类社会的和平与发展"。弘扬儒学思想和发展其精神成为学界的基本共识。杜维明认为："在儒家传统还没有出现以前，或孔子时代还没有出现以前，为儒家传统创造条件的价值已经存在了。儒家在一开始的时候，对人的理解就比较全面，而不是规约主义的方式。至少有四个项目已经掌握住，就是个人、群体、自然、天道。所以，我说儒家传统是涵盖性的人文主义，而不是排斥性的人文主义。……由于这个原因，儒家的理想人格，在于不断完善自己。"① 张立文认为：弘扬儒学有四个方面：人本思想，自强自立意识、忧患意识、力行精神。进而提出"和合学"，认为："当今世界面临……五大危机：生态危机、社会危机、道德危机、精神危机、价值危机。针对五大冲突，和合学提出五大原理，即和生原理（冲突—融合—万物化生）、和处原理（和而不同，彼此共处）、和立原理（使人自立、独立）、和达原理（孔子所谓的'己欲达而达人'）、和爱原理（孔子讲'泛爱众'，虽然全人类都相爱只是理想）。前四大原理是基础，和爱

---

① 杜维明：《文化中国与儒家传统》。还可参见杜维明：《儒家思想新论》，南京：江苏人民出版社 1991 年版；杜维明：《儒家传统的现代转化》，北京：中国广播电视出版社 1992 年版。

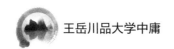

是目的。"① 楼宇烈则将中国儒学分成四个发展阶段：先秦原始儒学，体现为道德行为准则；汉唐儒学，是儒学的政治制度化、宗教化过程；宋明儒学，儒学吸收佛道思想开始理论化，并形成形而上的哲学体系；现代新儒学，源头应从康有为算起。"把儒学与当时传入的西方思想结合起来，同时力图把儒学宗教化。……应该把作为学理的儒学与作为封建制度的儒学分开，把儒学作为多元文化中的一元来研究。而港台新儒家有强烈的儒学情结，认为儒家能解决现代社会所面临的一切问题，甚至提出重建儒家的道统、治统、学统，这些是不足取的"。② 这些不乏冷静清明的看法，对孔子为代表的儒家思想的总体性认识有所推进，并将原始儒家思想的研究同现代性问题联系起来，使得孔子思想的研究不仅同传统文化精神相关联，而且同全球化时代的世界性文化价值失落问题和精神危机问题相关联，从而敞开了被遮蔽的孔子思想的现代意义。

但是，在东西方文化冲突中，孔子在世界哲学史和思想史上地位成为一个问题。从黑格尔开始，西方对孔子思想的研究就是一个颇有争议的问题。黑格尔在其《哲学史讲演录》中，对孔子的评价充满了欧洲中心主义的话语权力意味。他认为："孔子的教训在莱布尼兹的时代曾轰动一时。它是一种道德哲学。……我们看到孔子和他的弟子们的谈话（按即《论语》——译者），里面所讲的是一种常识道德，这种常识道德我们在哪里都找得到，在哪一个民族里都找得到，可能还要好些，这是毫无出色之点的东西。孔子只是一个实际的世间智者，在他那里思辨的哲学是一点也没有的——只有一些善良的、老练的、道德的教训，从里面我们不会获得什么特殊的东西。"③ 这种看法，在历史的长河中，已经露出了肤浅和随意言述的弊病。

到了当代，对孔子的评价出现了多元主义的倾向，泽熙在《西方人的孔子之尊与孔子之争》中认为："现代西方有人全面怀疑《论语》的准确

---

①② 多人谈《儒学：站在千年的十字路口》，载北京《中华读书报》1999 年 10 月 13 日。

③ 黑格尔：《哲学史讲演录》第 1 卷，商务印书馆 1981 年版。

性。布鲁克斯确信《论语》里只有十六句是孔子说的，稍多一些是孔子的直接弟子说的，而更多的追随者们则把他们自己编入了正式的学派，《论语》使孔子成为永久的民族精神。……科罗拉多大学丹佛分校的历史系助理教授中国研究主任 Lionel M. Jensen 认为：'在 16 世纪末罗马使团来到中国以前，根本就没有儒家学说这么回事。中国的'儒家'是在那以后，在西方人的帮助下'再造'出来的。他甚至怀疑历史上是否真有孔子其人。'"① 泽熙不同意这种看法，认为：世界历史上有三个重要人物没有留下自己的"亲笔"作品，但都对人类文明产生了重大影响。这三个人是孔子、苏格拉底、耶稣。流传下来的《论语》是由孔子学生在其去世以后撰写的；古希腊《苏格拉底的申辩》，是由他的学生柏拉图在其被处以死刑以后撰写出来的；描述耶稣言行的四大《福音书》也是大都由他的门徒在其被钉上十字架以后几十年里完成的。可见，对孔子的以及中国哲学思想的看法，东西方的差异中，隐含着东西方文化冲突，甚至在某些西方学者那里，还明显存在西方主义的话语霸权和对传统东方的无知，在这种丧失了基本的文本把握能力和求真意向中，对先哲的认识当然很难有基本的共识。不过，好在历史的本来面目是不会由几个误读和曲解就能篡改得了的。钱穆在《论"气运"》中认为："一代大师，在学术思想上有创辟，彼必具有一番济世救世淑世教世心，而又高瞻远瞩，深思密虑，能补偏救弊，推陈出新，发掘出人人心中所蕴藏所要求之一个新局面与新花样。他一面是挽风气，救风气，一面是开风气，辟风气。其发掘愈深，则影响衣被愈广。……天下之大，而至于其兴其亡，系于苞桑之际，正如一木何以支大厦，一苇何以障狂澜，而究竟匹夫有责，所以风雨如晦，鸡鸣不已，鲁阳挥戈，落日为之徘徊。那是中国人的气运观。"

简言之，孔子的思想启迪意义大抵可以分为三个方面：（一）孔子对中国文化心理结构的改塑，使得仁人君子理想成为知识分子自觉追

---

① 泽熙：《西方人的孔子之尊与孔子之争》，载美国《美人鱼》学刊 1999 年第 34 期。

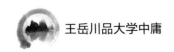
求。（二）孔子的清贫自守、忧道不忧贫、责己宽人、重义轻利思想，对抵制当代利己主义、拜金主义、享乐主义价值观有着重要意义。（三）孔子对东西方文化有不可忽略不可抹杀的影响，并历久弥新。孔子及儒家思想17世纪传入欧洲，伏尔泰、莱布尼兹等许多思想家都受到过孔子思想的影响。美国汉学家顾立雅在《孔子与中国之道》一书中认为："在欧洲，在以法国大革命为背景的民主理想的发展中，孔子哲学起了相当重要的作用。通过法国思想，它又间接地影响了美国民主的发展。"①

孔子一生的政治追求是完整的人格内修之"仁"和社会秩序之"礼"的统一，在他那里最高的人生境界是"闻道"——"朝闻道，夕死可矣"，② 而最有效的思想启迪方式是"论难"与"答疑"。③ 他的思想的博大与朴实、内在与超越，使其呈现为一位智慧长者的形象，并在睿智而超迈地揭示人生乃至人类面对的"同一谜底"中，使历史长河中一切意识形态化的"孔教"的"造神"悄然剥落，于斯可以还孔子本来的精神气质。由是，我读其书而想见其人其事其论其思，进而对太史公的评价深有共鸣之感："高山仰止，景行行止。虽不能至，然心乡往之。余读孔氏书，想见其为人。……天下君王至于贤人众矣，当时则荣，没则已焉。孔子布衣，传十余世，学者宗之。自天子王侯，中国言《六艺》者折中于夫子，可谓至圣矣！"④ 诚哉斯言！

---

① 另可参见［美］郝大维（David L. Hall），［美］安乐哲（Roger T. Ames）：《孔子哲学思微》，蒋弋为译，南京：江苏人民出版社1996年版；［美］艾恺（Alitto, Guy S. ）：《最后的儒家》，王宗昱译，南京：江苏人民出版社1993年版；［日］三宅正彦：《日本儒学思想史》，陈华北译，济南：山东大学出版社1997年版；王家骅：《儒家思想与日本文化》，杭州：浙江人民出版社1990年版；［韩］金日坤：《儒教文化圈的伦理秩序与经济》，邢东田等译，北京：中国人民大学出版社1991年版；［韩］黄秉泰：《儒学与现代化》，北京：社会科学文献出版社1995年版；［韩］崔根德：《韩国儒学思想研究》，北京：学苑出版社1998年版。

② 《论语·里仁》。

③ 历代对"论语"二字的阐释各不相通，但其最基本的内涵当是"论难"与"答疑"，即通过问与答，由浅及深地探究并阐发精深的人生和社会哲理。

④ 司马迁：《史记·孔子世家》。

第二十五讲　东方大哲老子《道德经》辩证法^①

　　文化史学术史上往往有这样的情况，一种影响深远的学说，其真伪的辩论往往也极为激烈。而有时，由于当时时代气氛、学术语境的缘故，而出现的有意或无意的"误读"及学术考辨的疏漏，往往使某些大哲的思想遭到遮蔽或变形。然而，当历史从其新的思想阐释角度澄清谬误，还思想以原初的真实面目时，走出"疑古"时代就成为必然。同时，这种对古代文化哲学精神的现代反思，也将使时代悖论中的宇宙人生智慧浮上历史地表而历久弥新。

　　阐释不尽的老子，尽管其某些具体的说法因抽离了时代语境而显出意义的"迷思"，但其所体现出的整体思想智慧和对宇宙人生的透彻感悟，却无疑具有超越时空而向我们敞开的精神魅力。

一、老子其人其书之谜

　　老子其人其书在 20 世纪初"疑古"学术模式中^②遭到了时代文化的误读，并爆发了广泛而激烈的学术论战。这一论战分为两部分，首先，是否确有老子其人，而其人究竟生于何时；然后，才是《老子》是否由老子所著。

---

　　① 这是笔者 1999 年在日本金泽大学研究生班的多次讲演稿，2002 年夏又作为中央电视台电视文化片《老子》电视撰稿底本。

　　② 参见王泛森：《古史辨运动的兴起》，台北：允晨文化实业公司 1987 年版。

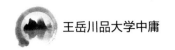

就第一个问题而言，司马迁是第一个为老子作传的人，使我们无法不重视他的看法。由于汉代距老子已经有了相当长的一段时间距离，因此，司马迁为老子作传时，是谨慎地有一分材料说一分话。他在《史记·老庄申韩列传》中说："老子者，楚苦县厉乡曲仁里人也。姓李氏，名耳，字聃，周守藏室之史也。孔子适周，将问礼于老子。老子曰：'子所言者，其人与骨皆已朽矣，独其言在耳。且君子得其时则驾，不得其时则蓬累而行。吾闻之，良贾深藏若虚，君子盛德，容貌若愚。去子之骄气与多欲，态色与淫志，是皆无益于子之身。吾所以告子，若是而已。'孔子去，谓弟子曰：'鸟，吾知其能飞；鱼，吾知其能游；兽，吾知其能走。走者可以为罔，游者可以为纶，飞者可以为矰。至于龙，吾不能知。其乘风云而上天。吾今日见老子，其犹龙邪！'老子修道德，其学以自隐无名为务。居周久之，见周之衰，乃遂去。至关，关令尹喜曰：'子将隐矣，强为我著书！'于是老子乃著书上下篇，言道德之意五千余言而去，莫知其所终。或曰：老莱子亦楚人也，著书十五篇，言道家之用，与孔子同时云。盖老子百有六十余岁，或言二百余岁，以其修道而养寿也。自孔子死之后百二十九年，而史记周太史儋见秦献公曰：'始秦与周合，合五百岁而离，离七十岁而霸王者出焉。'或曰儋即老子，或曰非也。世莫知其然否。老子，隐君子也。"

司马迁在这里提到了三个"老子"。第一个是名李耳、字聃的老子；第二是老莱子；第三是太史儋。当然，从司马迁的行文中可以看出，后两个用"或曰"，有聊备一说之意，尤其是对太史儋，"或曰儋即老子，或曰非也。世莫知其然也"。但他只是基本上而非完全地倾向于"老子者，楚苦县厉乡曲仁里人也"，即名李耳字聃的老子。正因为司马迁未有完全肯定的说法，使得历代都有人在老子究竟是何许人的问题上，产生了一系列的疑问，并形成长期的争论。

中国学术史上，最初对老子提出疑问的是北魏的崔浩。其后，唐代韩愈否认孔子曾师从过老子。宋代以后，因儒家正统地位的确立，有人对孔子曾向老子问礼的说法提出质疑，并考辨老子其人其书的真伪①。至清代，汪中②和崔述③坚持老子并非李耳，而是晚于孔子的太史儋。

到了 20 世纪初，胡适在《中国哲学史大纲》中，将老子置于孔子之前，而确认老子是春秋末期人。这一点遭到了梁启超的反驳。④其后，张煦又反过来全面批驳梁启超。⑤ 于是，引发了学术界一场时间长、牵涉面广的关于老子及其著述考辨的"疑古"和"信古"的论争。

重审这场论战，不难看到，坚持"早期说"即认为老子是春秋末期与孔子同时而略早于孔子的李耳的有：胡适⑥、唐兰⑦、郭沫若⑧、黄方刚⑨、马叙伦⑩、高亨⑪、詹剑峰⑫、陈鼓应⑬等。坚持老子是战国末期人即"晚

---

① 其代表人物主要有陈师道、叶适、黄震等。

② 汪中：《老子道德经考异序》，载《经训堂丛书·百部丛书集成》二八，台北：艺文印书馆印；汪中：《述学、补遗、老子考异》，扬州书局重刊本。

③ 崔述：《崔东壁遗书·洙泗考信录》，上海：古书流通处影印本。

④ 梁启超：《评论胡适之中国哲学史大纲》，见《饮冰室合集》第 38 卷，北京：中华书局 1936 年影印版，第 50—68 页。

⑤ 张煦：《梁任公提诉老子时代一案判决书》认为，梁启超的看法，是"或则不明旧相，或则不察故书，或则不知训诂，或则不通史例，皆立言过勇，急切杂抄，以至纰缪横生，势同流产"。载罗根泽：《古史辨》第 4 册，香港：太平书局 1962 年版，第 311 页。

⑥ 胡适：《中国哲学史》卷上，上海：上海商务印书馆 1926 年版。

⑦ 唐兰：《老聃的姓名和时代考》，载《古史辨》第 4 册，上海：上海古籍出版社影印本 1982 年版，第 332—351 页。

⑧ 郭沫若：《老聃·关尹·环渊》，载罗根泽编：《古史辨》第 6 册，香港：太平书局 1962 年版；上海：上海古籍出版社影印本 1982 年版，第 631—663 页。

⑨ 黄方刚：《老子年代之考证》，载《古史辨》第 4 册，香港：太平书局 1962 年版，第 353—383 页。

⑩ 马叙伦：《辨〈老子〉非战国后期之作品》，载《古史辨》第 6 册，香港：太平书局 1962 年版，第 526—533 页。另外，马叙伦认为，老子精警的诗歌式文体，一方面与《易》之爻辞《诗》之雅诵为类；另一方面与《论语》为类。"夫古无纸墨可以传写，契于简册，故文贵简。又多以口传，故章有韵。《老子》书文与此二条件皆相符合，则非战国后期之作品易明也。"引自张扬明：《老子考证》，台湾：黎明文化事业公司 1985 年版，第 260 页。

⑪ 高亨：《重订老子正诂》，北京：古籍出版社 1957 年版。

⑫ 詹剑锋：《老子其人其书及其道论》，武汉：湖北人民出版社 1982 年版。

⑬ 陈鼓应：《老子注译及评介》，北京：中华书局 1984 年版。

期说"的有：梁启超①、钱穆②、罗根泽③、谭戒甫④等。当然，还有一种看法认为，历史上根本就没有老子其人。持这一看法的孙次舟认为："老子并无其人，乃庄周后学所捏造。《老子》书，亦出于庄周后学之手。"⑤是庄子学派所虚构的一个从未存在过的寓言人物。这一学术背景和知识动机颇为复杂的"疑古"与"信古"的论战，前后持续了约15年之久，从事古代典籍和思想史研究的名家通人，几乎都参加了这场重大的学术论争，其文字著述大多被收入《古史辨》的第4册和第6册中。

其实，如果我们走出"疑古"和"信古"那非此即彼的二元对立模式，而进入"释古"的新的学术视域的话，那么，我们可以看到，早在《史记》中，已经比较清楚地阐明了老子的存在。司马迁基本肯定了老子即老聃，而且认为其年代要略早于曾向他问礼的孔子，并著有《老子》一书。而先秦时代所记述的有关老子的内容还有一些材料出自《庄子》《礼记·曾子问》《吕氏春秋》《论语·述而》《论语·宪问》等，《战国策·魏策》和《战国策·齐策》中都提及老子，《荀子·天论》也有老子的叙述，《韩非子》中除有《解老》《喻老》以外，还有数条引述，分别在《主道》《六反》《难三》和《内储说》中。以上古籍尽管只是从不同的方面或三言两语地提到老子，但却共同构成了一个较为完整的老子形象。因此，老子不应是子虚乌有的杜撰，而是已然从历史的有意或无意"误读"中浮现出来：老子姓李名耳，字聃，为楚人，生于春秋末期（即生于公元前571年左右，比生于公元前551年的孔丘约年长20岁），曾任东周王朝掌管图书的官职，孔丘曾向他问礼。其后，他著有五千余言的《老子》。

---

① 梁启超：《评论胡适之〈中国哲学史大纲〉》，载《饮冰室合集》第38卷，北京：中华书局1936年版，第50—68页。

② 钱穆：《关于〈老子〉成书年代之一种考察》，载《古史辨》第4册，香港：太平书局1962年版，第383—411页。

③ 罗根泽：《老子及老子书的问题》，载《古史辨》第4册，香港：太平书局1962年版，第449—462页。

④ 谭戒甫：《二老研究》，载《古史辨》第6册，香港：太平书局1962年版，第473—536页。

⑤ 孙次舟：《再评〈古史辨〉》，载《古史辨》第6册，香港：太平书局1962年版，第100页。

　　如果说，老子其人是否存在和存在于何时，已经引起一大段学术公案，那么，《老子》一书的作者是否是老子这一悬案，同样引起了近二百年中国学术史上的纷纭聚讼。《老子》一书的名称起码有六个，即《老子》《道德经》《道经》《德经》《德道经》《五千言》等。《老子》的原貌如何？有多少章？上下篇是怎样划分的？而更为重要的问题是《老子》一书是否出于李耳之手？究竟是春秋时代还是战国时代成书的？这一系列的问题，在学术界同样引发了激烈的论战。

　　梁启超在评胡适《中国思想史大纲》时，用"六条证据"①断言《老子》一书出自战国之末，以后，有顾颉刚②、钱穆、张寿林③、张季同④、罗根泽⑤、冯友兰⑥、熊伟⑦、张西堂⑧等学者撰文，认定《老子》为战国时书。他们所依据的不外乎是思想源流、时代精神、语体文风、语言方式、流播方式、学者引述、民俗习惯等，以此判断其为战国时书。

---

　　①　梁启超的主要论点为：其一，老子八代孙与孔子十三代孙同时，未免不合情理；其二，墨子孟子书中从未提及老子；其三，拘谨守礼的老子和五千言的精神相反；其四，《庄子》寓言十之九，不能作为历史看待；其五，老子的话太自由太激烈，不像春秋时人所说；其六，《老子》书中用"王侯""王公""万乘之君""取天下""仁义"等用语，应是战国时期用语。见梁启超《评论胡适之〈中国哲学史大纲〉》，载《饮冰室合集》第38卷，北京：中华书局1936年版，第50—68页。

　　②　顾颉刚：《从吕氏春秋推测老子之成书年代》，载《古史辨》第4册，上海：上海古籍出版社1982年版，第462—519页。

　　③　张寿林：《老子道德经出于儒后考》，载《古史辨》第4册，上海：上海古籍出版社1982年版，第317—332页。

　　④　张季同：《关于老子年代的一假定》，载《古史辨》第4册，上海：上海古籍出版社1982年版，第422—443页。

　　⑤　罗根泽：《老子及〈老子〉书的问题》，载《古史辨》第4册，上海：上海古籍出版社1982年版，第449—462页。

　　⑥　冯友兰：《中国哲学史》，北京，中华书局重印，1984年版；《中国哲学史新编》上册，北京，人民出版社1965年版。

　　⑦　熊伟：《从先秦学术思想变迁大势观测〈老子〉的年代》，载《古史辨》第6册，上海：上海古籍出版社1982年版，第566—597页。

　　⑧　张西堂：《张西堂先生序》，载《古史辨》第6册，上海：上海古籍出版社1982年版，"张序"第2页。

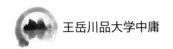

如梁启超认为，老聃是一个拘谨守礼的人，与《五千言》中那种反礼的精神相悖，所以《老子》不像为老聃所书。老聃有一句话为："夫礼者，忠信之薄，而乱之首也。"（第三十八章）似不可能是老子的话。并从《老子》中找出了"万乘之君""取天下""仁义"等词，认为不是春秋时人所能作，而是战国时的用语，并认为墨子、孟子书中未论及老子。罗根泽认为，墨子提出"尚贤"，而老子提出"不尚贤"，那么，"不尚贤"这一否定判断不可能在"尚贤"之前出现。钱穆认为："孔墨均浅近，而老独深远；孔墨均质实，而老独玄妙。以思想之进程言，老子断当在孔墨之后。"另一些学者从文体上来论证《老子》，冯友兰说老子是一种经体，是战国时的作品，不同于春秋时期的"对话体"（如《论语》）。而顾颉刚认为《老子》是赋体，是战国时的新兴文体。罗根泽和冯友兰从私家著述的角度提出，战国前无私家著作和私人著述等。上述看法几乎剥夺了老子的著作权。

其实，以上观点遭到不少学者的反驳，此不具引。在笔者的阅读经验中，哲人的思想早年与晚年发生变化的可谓多矣，或许正因为老子深知礼的弊端，才由知礼到反礼的；至于战国辞语问题，只能说明《老子》在流传中有后人增益而已，这也是名著所逃不掉的命运罢了①；"尚贤"在先秦文献中不独为墨子的专利②；老子的"幽深"并不能说明其时代一定居孔墨之后，因为谁也不敢说《易》不幽深；而且孟子未提到《老子》，不等于《老子》就必然不存在。因为，孟子也未提到《易》，而庄子也未提到《孟子》，这并不能证明《易》《庄子》是伪作。至于文体，笔者认为《老

① 其实，张煦在《梁任公提诉老子时代一案判决书》中早已指出，梁启超所认为的《老子》充满战国词语的看法是站不住脚的，因为其指出的几条中相当一部分是春秋时词语，少数如"偏将军""上将军"之类词语只不过是后人窜改而已。

② 唐兰在《老聃的姓名和时代考》中指出，老子的"不尚贤"与墨子的"尚贤"不相干，"贤"字是当时一个流行底题目，和"道""德""仁""义""名""实"一样，各家的学说里都要讨论一下，决不能说某书是受某书影响的。见《古史辨》第4册，上海：上海古籍出版社1982年版，第349页。尤其值得注意的是，《太平御览》五百十三曾引《墨子》说："老子曰：'道冲而用之，有弗盈。'"高亨在《老子正诂》中，据此强调《老子》当早于《墨子》。

子》的节奏韵律更像是一种哲理诗的"诗体"，似更接近于《诗经》①。《诗》三百篇的"诗体"在春秋时期早已存在，为什么《老子》就一定要在战国时期才能诞生呢？至于战国以前无私家著作，私人著作当以《论语》始的说法随意性太大，经不起推敲。②

当然，认为《老子》一书成于春秋末，确是老子所作的学者也有不少，如胡适、唐兰、郭沫若、吕思勉、高亨、詹剑峰、陈鼓应③等。他们坚持认为，《老子》出于老聃之手，是春秋末年老子出关时所写的《五千言》。尤其值得重视的是吕思勉的意见，他在《先秦学术概论》中认为："《老子》书辞义甚古，又全书之义，女权皆优于男权，俱足证其时代之早。"又在同页注中指出："全书皆三四言韵语，间有散句，盖后人所加，与东周时代之散文，截然不同。一也。书中无男女字，但称牝牡，足见其时之言语，尚多与后世殊科。二也。"④并认为《老子》并非南方之学，而是北方之学。

笔者认为，《老子》从其思想内容的连贯性和体系化，以及语言文体的严谨性，可以看出不是由门人编纂的，而是春秋时老子的一本体大思深的私家专著。因此，所谓成书于战国或秦汉的说法，在笔者看来其依据尚不充分。更为重要的是，我们必须以科学的方法，将文献材料参照地下的出土文物，以这种"二重证据法"，确定老子及其书的真面目。

1973 年 12 月，从马王堆 3 号汉墓中发现了帛书《老子》的两种抄本，

---

① 这一观点在刘笑敢《老子》中，已经具体地加以了阐释，其不仅说明《老子》与《诗经》在句式上、修辞手法上、韵式上有诸多相近或相通之处，而且据此证明老子的年代应在春秋末期。见刘笑敢：《老子》，台湾：东大图书公司 1997 年版。

② 胡适指出，孔子以前无私人著述的说法没有根据，当孔子三岁时，叔孙豹已有"三不朽"之说，将"立言"作为传世的重要途径，并说"鲁有先大夫曰臧文仲，即没，其言立"。载《古史辨》第 4 册，上海：上海古籍出版社 1982 年版，第 418 页。

③ 陈鼓应：《老子晚出说在考证方法上常见的谬误》，《道家文化研究》第 4 辑，上海：上海古籍出版社 1994 年版。

④ 吕思勉：《先秦学术概论》，北京，中国大百科全书出版社 1985 年版，第 27 页。

世称甲本和乙本。① 甲本字体处于篆隶书之间，不避"邦"字讳（汉高祖刘邦），所以，断其抄写年代当在高帝之前。乙本字体是隶书即今体，避"邦"字讳，但仍用"盈"（惠帝）和"恒"（文帝）字，可见其抄写年代应在高帝时期，当与甲本相隔不远。甲本与乙本距今都已经两千多年，是目前所能见到的最早的《老子》一书的抄本之一。《老子》帛书的发现，证明了《老子》绝非汉代的作品，至少在秦代之前就已经流传。

相隔20年，1993年湖北荆门郭店出土的战国楚墓大批竹简，②其中竹简《老子》（郭店节抄本）③距今2300余年，虽然并非原始祖本，但却是迄今为止最古老的抄本。不仅发现诸多不同于通行本的思想言述，值得学界认真地比较和研究，而且将《老子》的年代比帛书《老子》往前推进了一百多年，推翻了老子成书"晚出说"，证明《老子》的时代起码当在战国中期甚至更早。

不妨说，依据《史记》和前人的考释，以及新出土的郭店本《老子》，似乎可以基本肯定老子是春秋末期人，他拥有著上下篇五千言的《老子》的著作权。当然，这一说法仍然需要学术实践加以检验，一方面希望得到更广泛的"书证"（即文献）和"物证"（即出土文物）的支持，坚持"无征不信，言必有据，孤证不足以定论"的原则，以得出更符合历史原本原貌的"理证"，从而存真复原；另一方面择善而从，在前人研究的基础上，引申出相对自圆其说的结论。

因此，是否可以说，《老子》一书为老聃所著的私家著作，它并非对话体，而是一种哲学诗或诗性哲学，在其流传过程中，为后人所修改，其基本上反映了春秋时代老聃的思想。

---

① 《马王堆汉墓帛书老子》，北京，文物出版社1976年版。

② 参见荆门博物馆编：《郭店楚墓竹简》，北京：文物出版社1998年版。

③ 楚简《老子》节抄本，以不同字体抄写在三种不同长短、不同性质的竹简上，整理者将其分成甲乙丙三组。三种竹简抄写年代不尽相同，内容也很少重复。一般认为，甲组更接近更早的祖本，丙组则与马王堆汉墓帛书和今本大体相近。

二、老子反"仁义"说质疑

至于老子对"仁""义""仁义""礼乐"的看法，学界已经形成一种根深蒂固的看法，即同儒家完全相对——反对"仁义"，这种看法事实上是有问题的，需要加以认真审理。

《老子》论"仁"8次，论"义"5次，俱载以下五章中：

> 天地不仁，以万物为刍狗；圣人不仁，以百姓为刍狗。（第五章）

> 上善若水。水善利万物而不争，处众人之所恶，故几于道。居善地，心善渊，予善仁，言善信……（第八章）

> 大道废，有仁义；智慧出，有大伪；六亲不和，有孝慈；国家昏乱，有忠臣。（第十八章）

> 绝圣弃智，民利百倍；绝仁弃义，民复孝慈；绝巧弃利，盗贼无有。（第十九章）

> 故失道而后德，失德而后仁，失仁而后义，失义而后礼。夫礼者，忠信之薄，而乱之首。（第三十八章）

这几章是《老子》通行本中攻击"仁义"最为厉害的。但问题在于，根据最新出土的几种本子——《马王堆汉墓帛书》"甲本"和"乙本"，以及《郭店楚墓竹简》，同通行本加以对照，其中的问题竟然十分严重。因为，各本语义解释存在相当多的差异，甚至意思决然相反。

先看第五章："圣人不仁，以百姓为刍狗"。这里的"仁"，是慈爱的意思，不仁就是没有慈爱心。细玩此处语意，老子没有明显的贬义，只是要求听任百姓自然而然地生活，社会就会和平安宁。因此而坚持"多闻数穷，不若守中"。

第八章的"予善仁"——施为万物善于行仁慈（也有一种理解是老子自认为自己善仁），这当是对"仁"的称赞。

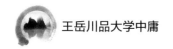

问题出在第十八章、十九章和三十八章。

值得注意的是，上述十八章所引的通行本，与迄今为止最早的抄本——汉墓帛书本和郭店竹简本有根本的差异：

帛书甲本："故大道废，案有仁义；知快出，案有大伪；六亲不和，案有畜兹；邦家闷乱，案有贞臣"。

帛书乙本："故大道废，安有仁义；知慧出，安有□□；六亲不和，安有孝兹；国家闷乱，安有贞臣"。

郭店甲组本："大道废，安有仁义；六亲不和，安有孝慈；邦家昏，有正臣"。

这里的"安""案"作为疑问词，使得整个句子的意思产生了根本变化。① 如果说，通行本的逻辑是："大'道'废除以后，于是有了'仁义'，产生了智慧后，就有了伪诈，六亲不和睦，才有了孝子慈父，国家昏乱，于是有了忠臣。"意即仁义与大道是相反的东西，或是低于大道的人为之物。那么，在帛书本和郭店本中，这层意思却完全翻转过来："大道丧失了，哪里还有仁义呢？智慧出来后，哪里还能见到大伪呢？六亲不和，还谈什么孝慈呢？……"这样，"大道"与"仁义"不是矛盾的对立面，而统一在一起——大道废除后，仁义也没有了。说明老子仍然是将"仁义"纳入"大道"之中的，因而大道废弃，则仁义难存。所谓老子反"仁义"之说，看来起码有些动摇了。

第十九章存在同样的问题，郭店本《老子》甲组本文字与通行本不同，而是："绝智弃辩，民利百倍；绝巧弃利，盗贼亡有；绝伪弃诈，民复孝慈。"意思很清楚，这里没有"绝仁弃义"，而是"绝伪弃诈"。这无疑在某种程度上澄清了老子的反"仁义"的问题。不妨说，"绝仁弃义"

---

① 但是，许抗生《帛书老子注译与研究》（增订本，杭州：浙江人民出版社1985年版），对这一句相当重要的话，却按照傅奕本改为："故大道废，焉有仁义；知慧出，焉有大伪；六亲不和，焉有孝慈；邦家闷乱，焉有贞臣。"并进一步将具有疑问性的"焉"，解释为陈述词"于是也"。这样，帛书的特殊精神于是就同通行本一致起来（即解读为"所以，大道废除之后，于是有仁义"等）。在笔者看来，这种解释远未为定论，仍值得再讨论。

的看法，大约主要是受到庄子后学影响而形成的道家观点。

然而，第三十八章的内容，与帛书中内容差不多，而郭店本则损折不全，只能根据通行本加以阐释："故失道而后德，失德而后仁，失仁而后义，失义而后礼。夫礼者，忠信之薄，而乱之首。"对这一段，历史上学者们的疑问较多，争议也很大。梁启超认为，老子是史官，精通周礼，否则不可能说出"夫礼者，忠信之薄，而乱之首"这样的话，并凭这一说法而否定《道德经》为老聃所作。① 也有人认为，这是老子对诸侯战乱和僭越礼乐进行的激愤讥讽的词句。在笔者看来，在文献不足的情况下，不能凭空猜测，而只能查阅《老子》一书中，"礼"的通常用法及其褒贬意见。

翻检《老子》一书，"礼"分别在两章中出现了 5 次，有以下几层意思。

其一，是"言以丧礼处之。杀人之众，以悲哀泣之，战胜以丧礼处之。"（第三十一章）这里，"丧礼"的用法没有任何贬损的意思，相反，体现了老子那种"夫乐杀人者，则不可得志于天下矣"的反战思想，和用丧礼的悲哀心情来处置战死沙场士兵的那种仁慈心。这里，老子两次坚持举行"丧礼"，可见其并没有完全反"礼"。这里值得提出的是，儒家经典中有三部关于礼的著作，即《周礼》《仪礼》《礼记》。② 儒家之"礼"大抵包括了国家的政治制度、社会的风俗习惯、生老死葬的各种仪式祭祀，宗教行为方式和仪式、外交的礼仪礼节等，相当复杂，不是简单化理解所能行的。

其二，即上引第三十八章。但细查文意，仍然可以看到老子思想的两个层面：首先，老子认为传统的"礼"实际上在春秋末期那混乱的时代已经过时失效，因而应坚持批判"礼"的虚伪性而返回大"道"，因为"道"的根本特性是"反"——"反者道之动"，而不能过分拘于礼仪条

---

① 梁启超：《评论胡适之〈中国哲学史大纲〉》，载《饮冰室合集》第 38 卷，北京：中华书局 1936 年版，第 50—68 页。

② 儒家在先秦诸子中，可谓最重视礼法，大多认为"礼"包罗万象，是治理世间动乱的根本。这无疑与儒家的"入世"与"入仕"精神紧密相关。

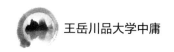

文和繁文缛节。① 相反，应该看到凡事都会向相反方向转化，所以，只有在失道后"反"方向重新"自然地"获得道，而不是用德、仁、义、礼来"人为地"获得道。其次，在本原论意义上，作为宇宙最高存在的"道"，具有本体论的终极性意义，而产生于社会现实的德、仁、义、礼等，不能与本体之道相比，而只能是处于第二位的、人为派生的地位，仅具有相对的社会性意义。这样，老子在哲学层面上，坚持了本体论哲学思想的原初性和普遍性，并同孔子的社会人生哲学的现世性和伦理性区别开来。

在这个意义上可以说，老子并不是一般地反"礼"，也不是反对一切"礼"，而是反对轻薄虚伪的"假礼"，反那种丧失真实内容而徒剩无效形式的"伪礼"，而心仪真实的礼义和尚具有有效性的礼。这从他思想的"三宝"——"慈，俭，不敢为天下先"可以看出，强调真正的慈爱（仁）为宝，并承认"予善仁"（第八章）。在这一点上，孔子有相同之处。《论语·八佾》说"人而不仁，如礼何""礼，与其奢也，宁俭"，同样表明需要的是真实有效的而非虚假的形式主义的"仁"和"礼"。

基于以上分析，可以说那种不加分析先入之见的看待"仁"和"礼"问题，模式化地对老子和孔子对号入座的做法，似乎可以休矣。

三、本体论与宇宙论

《老子》主"无为"之思，倡"自然"之境，而"道"是《老子》一书的中心概念和最高范畴。老子的哲学思想是以"道"建立起来的完整的智慧哲学体系。

在《老子》81 章中就有 37 章提到了"道"，共出现了 70 余次（各版本之间略有差异），是使用频率最高的一个关键词。他的"道"落实到现实世界和人生方面而称为"德"，"德"是"道"之用。"德"字也出现在

---

① 一个比较明显的例子，是《论语·阳货》："孺悲欲见孔子，孔子辞以疾，将命者出户，取瑟而歌，使之闻之。"孔子之所以要这样做呢？是因为他认为孺悲拜见他时，未能完全合于礼节。基于这个原因，孔子因而故意不见，而且还鼓琴而歌，让孺悲知道自己不想见他。

整整 16 章之中。"道"和"德"确乎是老子论述的核心范畴，故后世以此作为书名。①

一般而言，先秦哲学大多谈人生论和政治论，唯有老子的哲学是从宇宙论、本体论延伸到了人生论、政治论和语言论，从而使得老子哲学不仅去思考人类的生存和社会问题，而且将这种思考扩展到整个宇宙时空。因此，老子的"道"不仅是他的宇宙论和本体论建立的根基，也是他认识论和辩证论得以展开的基础，更是他人生论和政治论、语言论和审美论的理论支柱。

"道"这个词在老子以前就已经广泛地使用了，它的主要意义是指"道路"或"道理"等。如在《周易》《国语》和《左传》中的"道"，大多是指人们所行走的路或是思想行为遵循的道理。《左传》有"天道远，人道迩"的说法。而晚于《老子》的《论语·述而》也有"志于道，据于德，依于仁，游于艺"的表述。大都是将遵循的路线视为"道"，而且主要指的是"人道"。

老子提出了新的本体论依据，即提出了关于世界本源的命题。认为"道"比"天"更根本，"天"出于道，即"有物混成，先天地生。寂兮寥兮，独立而不改，周行而不殆，可以为天下母。吾不知其名，字之曰'道'，强为之名曰'大'。大曰逝，逝曰远，远曰反。故道大，天大，地大，人亦大。域中有四大，而人居其一焉。人法地，地法天，天法道，道法自然"（第二十五章）。这里，强调了道是天地万物的本源。老子在第四章中又说："道冲而用之，或不盈。渊兮，似万物之宗；挫其锐，解其纷；和其光，同其尘。湛兮，似或存。吾不知其谁之子，象帝之先。"强调道是万物的根源，是万物存在的根本，甚至也是"上帝"和"神"存在的根本。

作为"道"的本体论，老子还把"道"从某一"具体之道"到"哲学之道"加以一种形而上的超越。他认为："道，可道，非常道"（第一

---

① 《老子》帛书甲本篇章前后无篇名，而帛书乙本已于篇末题有"德""道"二字，但并未称为经。

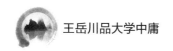
章），把"恒常之道"与具体"可言之道"区分开来，从而使"道"具有了形而上的性格。这种非言的恒常之"道"，是一个超越了相对的绝对本体，它不同于《左传》《国语》《论语》所说的先王之道、君子之道、人生之道等。因为这些"道"都是"可言之道"，都是属于"人间之道"。就"恒常之道"作为宇宙万物的本体论来说，是存在的本体，作为世界生存论来说，便是本源。老子这一高妙的思想，可以称得上是早期中国哲学的精神自觉。

老子的"道"，可称之为非有非无、亦有亦无的一种不同于一般事物的形而上"存在"。所以，他在第二十一章中说："道之为物，惟恍惟惚。惚兮恍兮，其中有象；恍兮惚兮，其中有物。窈兮冥兮，其中有精；其精甚真，其中有信。"又在第十四章中说："视之不见，名曰夷；听之不闻，名曰希；抟之不得，名曰微。此三者，不可致诘，故混而为一。其上不皎，其下不昧。绳绳兮不可名，复归于无物。是谓无状之状，无物之象，是谓惚恍。迎之，不见其首；随之，不见其后。执古之道，以御今之有。能知古始，是谓道纪。"这种其中有象、其中有物，却又是无状之状、无物之物的物质性存在，是不以人的意志为转移而永远存在的，甚至是无所不至地运行而永无止歇的，因此，只好把它命名为"道"。

这种关于"道"的本体论的说法，较之中国的"五行论"或"元素说"更显出其深刻性。就逻辑学本体论意义上的"道"而言，它与宇宙生成论既相联系，同时又有其自身的特点。它将本体性的第一存在的"道"看作是不可用语言来加以限制的，因而，对这一本体不可能有任何的规定性，而只是一个纯粹空无的思维起始状态。"道"即纯存在，是一个不可分析的纯粹存在或纯无。它强调了普遍规律的先在性，而将普遍规律看作是最高的存在。

老子关于宇宙生成的过程，有相当精辟而又令后人言人人殊的阐述："道生一，一生二，二生三，三生万物。万物负阴而抱阳，冲气以为和"。（第四十二章）依张岱年的看法，"道"在"一"之先，"一"是天地未分的总体，"二"是已分的天地，"三"是阴阳与冲气。[①] 当然，我们在领悟其意之时不必一一对照一、二、三在这里的具体对象，因为大多的意见分歧皆缘此而生。

其实，这里的"道"是抽象的绝对，是一切存在的根源，是自然界中最初的动力和创造力。这里所说的"一、二、三"，即形容"道"的创生万物的创化历程或基本模式，它由最抽象的本体，不断地向下即向物质世界域落实，而创生万物。正唯此，在《老子》第四十章说："天下万物生于有，有生于无。"（郭店本甲篇《老子》文字上有差异，其文为"天下之物生于有、生于无"，同样以"无""有"喻道体）认为"道"生万物，是一个由小到多的过程，万物只能从无到有。"无"就是"道"，道能生出有，而"道"就是"无"和"有"的统一。老子在第五十一章又说："道生之，德畜之，物形之，势成之。是以万物莫不尊道而贵德。"是说道创生万物以后，使万物得以生成，得到滋养，所以说，道创生并培育了宇宙万物。

当然，老子的"道"，并非有意志的人格的"神"或"上帝"，相反，它的本性就在于"自然无为"。它并不君临万物去宰治万物，而是"无为无不为"。在创化并形成了天下万物以后，万物自身的运动变化也同样是宇宙生成化育的重要方面。

据此，笔者认为，老子的宇宙论是建立在道的本体论之上的，道决定着宇宙的生成和演化。道的本性特性决定着宇宙形成和演化的根本属性。

四、认识论与辩证论

一般地说，中国哲学的关键是"闻道"，而西方哲学的要紧处在于"求知"。

而老子的"闻道"的本体论与他的"求知"即认识论的关系却是相当

---

① 张岱年：《中国古典哲学概论范畴要论》，北京：中国社会科学出版社 1989 年版，第 25 页。

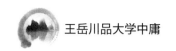
紧密地联系在一起的。老子的认识论不仅是对自然宇宙规律的认识和概括，而且其真正的立足点恰好在于社会斗争和人生经验方面。其认识论具体表现在静"观""玄鉴""知常""弃智"几个方面。

老子特别重视从具体的"物"去认识抽象的"道"，又从抽象的"道"来反观普世的"物"，他把这种直观的把握道体存在的方式称之为"观"。《老子》第五十四章中说："故以身观身，以家观家，以乡观乡，以邦观邦，以天下观天下。吾何以知天下之然哉？以此。"强调了直观在认识活动中的作用，要求主体去高妙地获得认识客体的广度和深度。从老子观身观家观乡观邦观天下而认识天下的入思角度，可以见到他认识论的展开逻辑方式。当然，老子在强调以直观的方式去把握"道"的时候，也有一些神秘论的色彩。他在第五十二章中说："塞其兑，闭其门，终身不勤。"以其作为自己去寻求绝对真理的一种认识方法，就有可能把感性认识和理性认识对立起来，以至于出现了这样的论述："不出户，知天下；不窥牖，见天道。其出弥远，其知弥少。是以圣人不行而知，不见而明，不为而成。"这就走到一种否弃感性认识的理性绝对论上去了。

"玄鉴"是老子的重要认识论原则。帛书乙本《老子》第十章说："涤除玄鉴，能毋有疵乎？"（王弼本和河上公本皆为"涤除玄览"）高亨考证说："'览'，读为'鉴'，'览''鉴'古通用。……玄鉴者，内心之光明，为形而上之镜，能照察事物，故谓之玄览。"[1] 玄鉴，即人们在心灵深处对事物加以明澈透彻体认的形而上心镜，它超越了一般事物的感性认识，甚至也不是一种逻辑推理的认识，而是一种生命体验的感悟和观照。尤其是对于"道"这种幽玄的、无影无象的、无以名之的认识对象，更是只能通过一种生命之"镜"的体验来加以把握，从而在主体心灵宁静幽玄的境况中，直观性地体悟到总体性之"道'。这一点，在庄子那里进一步发展为"心斋"，即剔除内心的欲望而达到一种"虚静"状态，使认识者自身无一私念，可以对"道"进行直观体悟。这就是"玄鉴"。

---

① 高亨：《重订老子正诂》，北京：古籍出版社 1957 年版，第 24 页。

　　"知常"是对现实中一切"为了一时而抛弃永恒"的反拨。《老子》第十六章中说："致虚极，守静笃。万物并作，吾以观其复。夫物芸芸，各复归其根。归根曰静，静曰复命。复命曰常，知常曰明。不知常，妄作凶。知常容。容乃公，公乃王。王乃天，天乃道，道乃久，殁身不殆。"①其中着重强调"知常曰明"。第五十五章同样强调"知和曰常，知常曰明"。常与"恒"，常与"静"其意相近，是一切变化中的不变法则。《老子》两次出现"知常曰明"，强调"不知常"就只能妄作，必然导致凶的后果。换言之，认识到和谐的道理就叫作"常"，认识到"常"就叫作"明"。"常"义近"恒"，亦近于"静"。老子强调一种静观的认识论，要求摆脱欲望和偏见去认识自然之道和人生之道，这样才能复命归根，才可以称之为明，即大智大明。将"常德"置之于"常道"的运行过程中来体认，是老子的一种独创性思想。

　　最后，关于"弃智"的一些看法。老子对"知"是非常重视的，在《老子》一书中，共有27章中出现过论"知"。但是老子却意在强调"绝圣弃智，民利百倍；绝仁弃义，民复孝慈；绝巧弃利，盗贼无有"（第十九章）。郭店本《老子》甲组本文字与通行本不同，而是："绝智弃辩，民利百倍；绝巧弃利，盗贼亡有；绝伪弃诈，民复孝慈。"这无疑澄清了老子的反"仁义"的问题，"绝仁弃义"大约主要是受到庄子后学而形成的观点。

　　诸如第三章说："是以圣人之治，虚其心，实其腹，弱其志，强其骨；常使民无知无欲。使夫知者不敢为也。为无为，则无不治。"第六十五章说："古之善为道者，非以明民，将以愚之。民之难治，以其智多。故以智治国，国之贼；不以智治国，国之福。"第十八章说："大道废，有仁义；智慧出，有大伪；六亲不和，有孝慈；国家昏乱，有忠臣。"如前所述，郭店本《老子》甲组本文字与此有异："大道废，安有仁义；六亲不

---

　　①　郭店本《老子》甲组本前两句与此不同，为"致虚，恒也；守中，笃也。"突出"守中"的思想，这在通行本第五章也申述过（"多言数穷，不如守中"）。可以说，老子的守中尚中思想，强调心境的中和平衡，与儒家的中庸思想（不偏不倚）有可相比较之处。

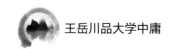

和，安有孝慈；邦家昏，有正臣。"这里的意思与通行本可能正好相反，说明老子仍然是将"仁义"纳入"大道"之中的，因而大道废弃，则仁义难存。这一问题值得专文论述，此处不赘言；第五十七章有"人多伎巧，奇物滋起"等。从这些说法中似乎可以看到老子确实有一种弃智、去智的倾向。但我们不能简单而偏激地将其看作一种愚民策略，而是应看出老子对时代过分地玩弄智力、玩弄机巧、玩弄心术，以及阴险狡诈的所谓"智谋"的反感，而提出弃智，倡导回归本心，回到一种安宁有序的本真生活和社会秩序中来，消除那种争强好智行为带来的负面效应。

老子不是有人所说的那样，是什么为君王提供愚民方案的阴谋家。因为我们还可以看到在《老子》中，他对智的一种由衷的赞美，或者是对智的正面效应的阐释。如第三十二章"夫亦将知止，知止所以不殆"；第三十三章"知人者智，自知者明"；第二十八章有知雄守雌，知白守黑，知荣守辱之说。尤其是第五十三章"使我介然有知，行于大道，唯施是畏"，认为假使自己稍微有点知识，就可以在大道上行走，而害怕进入了邪道。可见其对知识和道德正面效应看得很高。另外，第五十六章说："知者不言，言者不知。"第七十章说："吾言甚易知，甚易行。天下莫能知，莫能行。言有宗，事有君。夫唯无知，是以不我知。知我者希，则我者贵！"在第七十一章说："知不知，尚矣；不知知，病也。"第七十二章说："是以圣人自知不自见，自爱不自贵。故去彼取此。"

事实上，老子并非所谓一味地反智，一味地弃智，一味地去智。他所反对的只是与本真之道相背离的小智，甚至是玩道于股掌之间的邪智，而强调的是与人心、与问道相关的耳聪目明的大智。这样，笔者有理由认为，只有那种求道的知识才是真正的知识，只有那种知道自己的缺点，知悉自己有限性的知识，才可叫作既明且智的知识，所以说"知常曰明"。

总体上看，老子已经论及过分追"知"逐"智"的正负效应的问题，同时，也强调了理性的直观——"玄鉴"，以及对道体的把握——"知常"，指出知的来源在于知身、知乡、知邦、知天下。同时，他体认到知的可能性及其限度，将过分追求知识一味沉溺于知识的玩弄中所出现的弊病揭露出来，强调获取真知只能通过"玄鉴"和"知常"，才上升到对"道""德"的体认。可以说，在先秦认识论尚不发达的思想背景下，能有如此深邃的哲思认识，实在是难能而可贵的。

不难注意到，老子思想具有一系列的辩证论因素。他所突出的二元对立、相反相成的矛盾的普遍观念，确立了中国思维论中一些根本性的思想原则，使得后世《荀子》《易传》也承接吸收了老子这种尚"中"的辩证思想，注意维护总体生命的和谐统一，避免矛盾的极端化而走向事物的反面。

老子的辩证论思想，强调事物的矛盾是一种在自然社会和人生中存在的一种普遍现象，也就是说，在宇宙时空、现实规律、生命意义、价值判断等方面，任何事物的自身中都存在着它物，任何事物都是正与反、肯定与否定的对立统一。如：有与无、生与死、长与短、高与下、多与少、大与小、前与后、远与近、轻与重、静与躁、难与易、黑与白、雌与雄、正与反、同与异、真与伪、美与丑、善与恶、强与弱、福与祸、荣与辱、愚与智、吉与凶、是与非、贵与贱、治与乱、刚与柔、胜与败、清与浊等矛盾，可以说是既彼此对立又相互关联，既矛盾冲突又相互依赖，形成一种相生相成、相对相形、相和相随的关系。

同时，这些事物又不可能达到某种完美的境界，因为"明道若昧，进道若退，夷道若类；上德若谷，广德若不足；建德若偷，质真若渝；大白若辱，大方无隅；大器晚成，大音希声；大象无形，道隐无名"（第四十一章）；"大直若曲，大巧若拙，大辩若讷"（第四十五章）。这就意味着，在明当中包含着暗，在进当中隐藏着退，在平坦的道路上意味着险阻，崇高的德就好像是低下的山谷，广大的德好像是不足的样子，最洁白的好像是乌黑，最方正的好像反而没有棱角，最大乐音听来反而没有声音，最大的形象反而看不见形，道是隐微而没有名称的。因此，在老子辩证论思想中，祸与福相伴，败与胜相连，刚与柔互补，那种绝对的胜败、刚柔、损益是没有的，不含对立面的事物是不存在的。因为，"飘风不终朝，骤雨不终日。孰为此者？天地。天地尚不能久，而况于人乎？"（第二十三章）

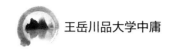

矛盾是在所有事物中普遍存在的。明乎此，就可以使人不被表面现象和片面感觉所误导，对事物转化的临界点保持清醒的认识。

尤其重要的是，老子提出，"反者道之动，弱者道之用"（第四十章），空前地强调了"否定性"因素的重要作用。进而将否定性因素"反"提升为一个极重要的哲学范畴。他说，"玄德深矣，远矣，与物反矣！然后乃至大顺"（第六十五章），"正言若反"（第七十八章），这样，就把"反者"即否定因素作为道自身运动的重要力量，提到了一个很高的基点上去了。也就是说，他要求人应该从反面的关系去看正面，然后在二元对立当中，重视处于边缘的一边，因为对发展中的反面因素的把握，比正面因素的肯定更为重要。而这一点恰恰为世俗所忽略。

老子说"天下皆知美之为美，斯恶已；皆知善之为善，斯不善已"（第二章），强调美和善这种肯定性的因素只有与其否定性的对立面——丑和恶相比较过程中，才能充分地显现出来。正因为对立面的存在，肯定性因素才获得了自我敞开和发展的条件。所以，"曲则全，枉则直；洼则盈，敝则新；少则得，多则惑"（第二十二章）。正因为有了曲、枉、洼、敝、少、惑这些负面的东西，那么，全、直、盈、新、得、多才能得以彰显，才能得以出现。在第七章中还说"后其身而身先，外其身而身存"，即把自己主动地放在后面，结果反而会占先；当危险的时候，只有置之度外，才能够保全自身。所以"非以其无私邪？故能成其私"。正因为他不自私，所以，反而达到了他自己的目的。这就说明了反面的因素在一定条件下，比正面的肯定性因素有更重要的辩证道理。

当然，除了否定性的因素以外，"反"字还一字二解。钱锺书认为："《老子》用'反'字，乃背出分训之同时合训，足与'奥伏赫本'（aufheben）齐功比美，……《老子》之'反'融贯两意，即正、反而合，……故反（返）、于反为违反，于正为回反（返）。"[1]不难看到，"反"的另一种含义是返，即永恒回归之意。在第二十五章有："有物混成，先天

---

① 钱锺书：《管锥编》第 2 册，北京：中华书局 1979 年版，第 445—446 页。

地生。……吾不知其名，强字之曰'道'，强为之名曰'大'。大曰'逝'，逝曰'远'，远曰'反'。"这里的'大''逝''远'都有返转与回返之意。一般而言，事物在发展过程中向相反方面转化的初始阶段，是由肯定转向否定，而事物向相反方面转化的高级阶段，是否定之否定。这种"回归原始"的否定之否定或者周而复始地循环，或者螺旋式地发展演变。

所谓"反者道之动"，可以说是一种螺旋式的发展，即向相反方面转化而回归始源。除了"反者道之动"这种否定性因素的相互转化以外，老子还强调了转化过程中的条件，即量变到质变。他说，"图难于其易，为大于其细。天下难事，必作于易；天下大事，必作于细"（第六十三章）；"合抱之木，生于毫末；九成之台，起于累土；千里之行，始于足下"（第六十四章）。这就强调了事物不是突然转变的，任何事物转向其反面，从肯定性的正面到否定性的反面，总是有一个过程或有一定条件的。当量变达到事物发展的"顶点"的时候，它就会一落千丈从"有"转化为"无"，即"揣而锐之，不可长保。金玉满堂，莫之能守"（第九章）。也就是说，当一个人聚敛财富达到了自己的"顶点"的时候（有），就会向相反的方向转化为一无所有（无），即自身的彻底否定。

在我看来，老子的辩证论强调防止事情达到最高点或事物的临界点，而永远保持在临界点的安全阀限之内，其实质就是防"盈"戒"满"，知"足"常"乐"。这样，就尽可能阻止向事物的反面转化，因而"多藏必厚亡"，反过来就是"知足不辱，知止不殆，可以长久"（第四十四章）。通过这种方法，使自己处于一种处弱而守柔的、不达到临界点的状态，而无限推延转向反面的可能性。可以说，老子的辩证论是他悟道以后达到的个体直观智慧的神秘飞跃。

五、人生论与政治论

《老子》一书又称为《德经》。"德"，在全书中共出现在 16 章中，共约 40 余处（各版本略有差异）。可以说，它与"道"具有相同的重要性。

"道"和"德"在老子那里是什么样的关系呢？学者们有不同的解释。但在我看来，"德"是"道"的具体体现，是道向人生和社会延伸的形态。如果说，道是宇宙、世界整体的一种规律的话，那么德就主要是包括在人生论和政治论之中。不妨说，老子是将人生论（个体"修德"）和社会政治论（统治"方术"），提高到哲学高度加以把握的。

老子人生论中，先将"德"分为"上德"和"下德"。他说"上德不德，是以有德；下德不失德，是以无德。上德无为而无以为，下德为之而有以为。上仁为之而无以为，上义为之而有以为"（第三十八章）。在这里，"德"体现了"道"，是一种自然的德行，就犹如赤子般的淳朴天性。"上德"指道和德两方面，是具有上等品德而因循自然的人所禀有的。"下德"与上德相对，主要是仁、义、礼等德行。下德是人为的、有心的产物，容易产生虚伪，而上德是一种自然的、内心的流露，与自然同一。因此，关键问题在于把做作的、有人为痕迹的"下德"转化为无人为痕迹的自然的"上德"。

怎么做呢？那就是需要"修德"。老子说："道生之，德畜之，物形之，势成之。是以万物莫不尊道而贵德。道之尊，德之贵，夫莫之命而常自然。故道生之，德畜之，长之育之，成之熟之，养之覆之；生而不有，为而不恃，长而不宰。是谓玄德。"（第五十一章）将"道生之"和"德畜之"这种遵循自然规律和后天的自我修养而成看得同等重要，并达到"玄德"，就是幽妙而不可言的美妙之德。他在第五十四章更明确地指出："修之于身，其德乃真；修之于家，其德乃余；修之于乡，其德乃长；修之于邦，其德乃丰；修之于天下，其德乃普。"可见，老子反复强调"修"，即修身、修家、修乡、修邦、修天下，而使个体的本真的德达到一种世界的普遍性，通过修德而趋近于道。

那么，怎样将这种下德变为上德呢？老子认为应该是"处柔"，也就是"含德之厚，比于赤子"（第五十五章）。赤子是"和之至也"，也就是进入一种"太和"的境地，即"常德乃足，复归于朴"（第二十八章）的境界，即像婴儿一般地处于柔弱的状态。这确实指涉出一种道的实际应用和道的表现形式。事实上，"处柔"或"贵柔"或"尚弱"，是老子道和德的思想体系的根本点。"柔弱"正好是人具有发展前景、生机勃勃的一种象征，而那种僵硬直强则是死亡的预兆。老子说"人之生也柔弱，其死也坚强。草木之生也柔脆，其死也枯槁。故坚强者死之徒，柔弱者生之徒。是以兵强则灭，木强则折。强大处下，柔弱处上"（第七十六章）。这种柔弱恰好是预示了它在一定的条件下，可以转换，取代那个坚强。因为柔弱自身包含着它的对立面，柔就是潜在的坚，可能发展为坚，或终能取代坚，所以，至柔就是至坚。在将这种或然性推及必然性后，就会"天下莫柔弱于水，而攻坚强莫之能胜，以其无以易之。弱之胜强，柔之胜刚，天下莫不知，莫能行"（第七十八章）。因而，"天下之至柔，驰骋天下之至坚"（第四十三章）。这种柔弱胜刚强的关键在于，处柔的谦卑低下，就已然与道相通，甚或与道相同了。

因此，老子的人生论除了张扬"上德"，像"赤子"一样"处柔"外，还强调了"三宝"说："我有三宝，持而保之：一曰慈，二曰俭，三曰不敢为天下先。慈，故能勇；俭，故能广；不敢为天下先，故能成器长。今舍其慈且勇，舍其俭且广，舍其后且先。死矣！夫慈，以战则胜，以守则固。天将救之，以慈卫之。"（第六十七章）这里，老子将人生精妙的东西称之为人生三宝，就是说，他在人生修德成道的过程当中，极为珍视慈悲心和慈爱心，将慈爱推广到自我、他人和天地万物之中。他常说"善者吾善之，不善者吾亦善之"（第四十九章），又说"圣人常善救人，故无弃人，常善救物，故无弃物"（第二十七章），将一种博大慈爱之心推广到天下，将尊重人的生命和重视人的生命以成其自身的完满的德行看得非常重。

"俭"提供了这样一种独特的视角："甚爱必大费，多藏必厚亡。故知足不辱，知止不殆，可以长久"（第四十四章）；"圣人去甚，去奢，去泰"（第二十九章）；"见素抱朴，少私寡欲"（第十九章）。意在提醒人要知足，要能够减少本能欲望，只有这样，才可以达到一种正常的、节俭的生活，而不是一味地追求物欲，因为也许奢靡的酒肉就是断肠之药，而淫

逸的美色或是伐性之斧。因此，只有以廉、俭为宝，才能够使人生达到一种长久平衡的"和"的状态。

"不敢为天下先"与世俗之理背道而驰。老子反对一切人为矫饰和那种争先恐后的做法，因为他深深知道，"企者不立，跨者不行；自见者不明，自是者不彰；自伐者无功，自矜者不长"（第二十四章），所以强调，"不自见，故明；不自是，故彰；不自伐，故有功；不自矜，故长"（第二十二章）；"以其不争，故天下莫能与之争"（第六十六章）；"是以大丈夫处其厚，不居其薄；处其实，不居其华。故去彼取此"（第三十八章）。总之，不敢为天下先，就主要是为了"成器长"，要达到一种能长久地处于弱的，而不向趋于强的、终结方面发展的状态。因此，第三十四章说"是以圣人终不为大，故能成其大"，将"慈""俭""不敢为天下先"，作为人生修德的重要部分，甚至提高到个体的生死存亡的本体论高度来认识。即只有达到这样一种"自然无为"状态，追求"上德""处柔"的人生"三宝"的生存方式，人生才算是有了真正的"德"。

老子的社会政治论，表述的主要是一种统治方术的思想。统治者不仅应具有下德（即讲仁义），而且还要具有上德（即无为而治）。《老子》其总纲就是无为而治："道常无为而无不为"（第三十七章）；"民之难治，以其之上有为，是以难治"（第七十五章）；故说"人多利器，国家滋昏；人多伎巧，奇物滋起；法令滋章，盗贼多有"（第五十七章）。老子坚持指出，圣人治国应该"我无为，而民自化；我好静，而民自正；我无事，而民自富；我无欲，而民自朴"（第五十七章）。因此，治国并不需要去讲什么仁、义、礼，因为"夫礼者，忠信之薄，而乱之首也"（第三十八章）。缺乏忠信之实而仅剩礼仪之虚壳，正是一切祸乱的根源。人只有处在一种平和的、平等的社会处境中，才不会有冲突和战争，才会相安无事，和平共处。

"天地不仁，以万物为刍狗；圣人不仁，以百姓为刍狗"（第五章），只有这样无所偏爱，听任百姓自然生活，才会使社会处于一种和平宁静的氛围当中。因此，"多言数穷，不如守中"（第五章），意在提醒说，政令繁苛反而会加速败亡，还不如持守虚静（无为而治）。老子提出一个著名的治国方略"治大国，若烹小鲜"（第六十章），也就是说，治理一个大国要像煎一条小鱼一样，不能总是去翻动，否则就会搞得一塌胡涂了。只有统治者不以繁令苛捐去搅扰人民，让人民安居乐业，清静无为，才能达到无为而治，否则，就会扰民害民，天下就会不安宁不太平，甚至会世风日下，大乱烽起。

可以说，老子的无为而治观，是有着素朴的辩证法思想的。当然，在现代社会生活中，这种朴素"乌托邦"社会是否能够完全确立，还需要进一步思考。

在老子的社会政治论中，存在一种"均贫"的平均论思想。他说"天之道，损有余而补不足"（第七十七章），强调社会最怕的就是贫富不均，而天的根本道理是将有余和不足互补而使之处于一种平衡状态，这样社会才能长治久安。同样，"不贵难得之货，使民不为盗；不见可欲，使民心不乱"（第三章），从而内心平和，欲望减少。"均贫"在实践上可分为两个层面，对统治者而言，在于"处无为之事，行不言之教。万物作焉而弗始，生而弗有，为而弗恃，功成而弗居。夫唯不居，是以不去"（第二章）；对百姓而言，则"虚其心，实其腹，弱其志，强其骨；常使民无知无欲。使夫知者不敢为也。为无为，则无不治"（第三章）。只有这样，不强调物质享受，不一味怵惕竞争，也不在世俗的熙熙攘攘中纵身于声色名利，沉湎于现实利益带来的官能享受，那么，才能达到一种"均贫"——不仅是物质的平衡，而且也是精神的平衡，国家才能够避免灾祸的降临，人民的生命财产才不会遭到损害。因此，"均贫"主要是针对"罪莫大于可欲，祸莫大于不知足，咎莫大于欲得"（第四十六章），只有从这种欲望煎熬中解脱出来，从社会分配的严重不公中解脱出来，才能实现人生理想和政治方略。

老子在政治论和军事论中强调"无敌"的思想，"勇于敢则杀，勇于不敢则活。此两者，或利或害。天之所恶，孰知其故？是以圣人犹难之，天之道，不争而善胜，不言而善应，不召而自来，繟然而善谋。天网恢恢，

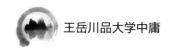

疏而不失"（第七十三章）。主张人不应该逞勇，逞勇会带来杀身之祸，而自然的规律是不斗而善于获胜，只有达到这种境界，才能不战而胜。《孙子兵法·谋攻》说"百战百胜，非善之善者也，不战而屈人之兵，善之善者也"，似与此意相近。

老子厌战，说："兵者不祥之器……非君子之器，不得已而用之，恬淡为上，胜而不美。而美之者，是乐杀人。夫乐杀人者，则不可以得志于天下矣！"（第三十一章）强调战争是不吉利的东西，非万不得已时不用，即使打了胜仗也不要扬扬自得，如果是以杀人为乐，那么其心就失去了德，就不会得到天下人的拥护，当然也就不会得到成功。甚至，他把问题推到极端上去看，指出"兵强则灭"，就是说，打仗逞强就会走向灭亡。这种不战之战的思想，也是他无为而治的思想的一个组成部分。

老子在第六十九章说："祸莫大于无敌，无敌则尽亡吾宝矣。故抗兵相加，哀者胜矣！"（帛书乙本和傅奕本作"无敌"，而王弼本和河上公等通行本皆作"轻敌"）当一个国家、一个社会、一个人没有对敌人的警惧之心时，就容易丧失其进取之心、警惕之心，而遭遇到危机，轻则亡国，重则失道。孟子"生于忧患，死于安乐"的说法与此异曲同工。有机心的统治者在无敌时恰好要树立一些敌人，一个国家没有内忧外患的意识，必然处于灭亡之中。所以，老子强调国家和个体要居安思危，甚至是有意为自己树立一些对立面的敌手，以使自己产生一种如临深渊、如履薄冰的警觉，才可以保持其生机活力和向心力。

当然，这些思想也许是浅者不觉其深，深者不觉其浅了。

六、语言论与审美论

"道"除了道路、行为规律、终极本体的意义之外，还有言语、语言之类的意思，所以"道，可道，非常道"。可道，即可以说的道，将"道与语言"紧密联系了起来。

事实上，老子在中国哲学史中是最早表明其语言观与本体观之间的关系的一位思想家。他洞悉了哲学本体论和语言本体论或"道与言"之间的那种非此不可的关系，强调人类的语言是有限的，并不能完全把握宇宙的本体和规律，如果偏执于这种有限的语言，人在认识道的途中，就可能走向歧路。语言的悖论在于，语言不能穷尽事物本体，但人却命定般的只能借助语言去"道"出本体。也就是说，"道"是不可言的，而不可言之言正好可以指涉出那个不可道之"道"。因此，老子在五十六章中说"知者不言，言者不知"，强调了人在宇宙中的知识真谛是非语言所能掌握和交流的。即面对那不可言之"道"，而努力用言说去暗示或传达，从而进入一种"玄之又玄，众妙之门"的境界。这是中国思维结构和语言结构的高妙之处，也是道体与语言的分离性与亲和性、遮蔽性与敞开性的复杂幽深的意义之所在。

这种"思与言""言与道"的复杂结构关系，在老子那里主要表现在以下几个方面，即："正言若反""喻言""希言""贵言""不言"等。既然语言总是对道有一种相分离的、不能完全把握的取向，那么，它就只能通过一种有限的暗示去指涉那无限的"道"。老子就此将有限的语言无限化，运用"正言若反"的辩证思维策略，即在逆向思维中以反向的语言，去达到正面的目的和正面的意义。正面的"道"之所以不可说，在于没有一个永恒的名可与之相匹，这使其只能通过"不言""贵言""希言"来进行指代，形成一种"正言若反"的语言空间。于是"将欲歙之，必固张之；将欲弱之，必固强之；将欲废之，必固兴之；将欲夺之，必固与之。是谓微明"（第三十六章）。这种"微明"就是正义反取。

在语言上同样如此，老子总是反复说，大成若缺，大盈若冲，大直若屈，大巧若拙，大辩若讷，大方无隅，大音希声，大象无形，总是以这种消解日常生活的习惯性和庸懒性的警句，来震颤日常理性的惯性思维，提高人的反省视野，使人于瞬间感悟中透过语言策略去把握到"道"。老子总是要用一些不合常理、不合常态、不合世俗的语言，如"为无为，事无事，味无味，大小多少，报怨以德"（第六十三章），"信言不美，美言不信；善言不辩，辩言不善；知者不博，博者不知"（第八十一章）等；强

调打破日常用语的经验性，而予人一种全新的哲思警策性和解悟性，从而有可能使人超越这种不可言之言，或通过反向之思而获得的"达其道之言"，去模糊地感领到"道"的存在。在此，我将这种"正言若反"的语言策略，称之为通过语言去把握复杂曲折的"道"的一种"语言悖论"，一种"陌生化"的喻言。

当然，老子还强调"希言"。第二十三章说"希言自然"，字面意思就是少说话，即珍惜语言，以语言为贵。这里所说的"言"，主要指声教法令，但"希言"又与"行不言之教"紧密相通，因此，珍视语言，以妙言为贵，以少说为佳，可以说是老子"贵言"思想的一个重要维度。

也许，语言确乎是思想的"牢笼"，我们只能通过这个"语言牢笼"去言说我们想说的那个"道"。[①] 语言具有二重性，它一方面遮蔽；另一方面敞开，它在敞开的时候又遮蔽意义，它在遮蔽某一意义的时候又暗示和敞开了另一部分意义。[②] 因此，在语言中，老子只能通过"正言若反"和"反者道之动"，去窥视"道"的踪迹、"道"的规律。语言的二重性告诉我们，语言只能通过不谎言、不妄言、不穷言、不直言、不蔽言，去言述那为我们所心领神会而又握手已违的"道"，这样，就通过语言并超越语言，去指涉出言说语言背后的"道"了。

这一语言本体观又与老子的审美本体观紧密结合了起来。

老子的审美观主要包括以下一些内容，一是强调本体的美、混沌的美，而反对那些令人目盲的五色、令人耳聋的五音、令人口爽的五味等，认为恰好这种过分感性的、表面的、外在易逝的美，是损伤人的身心健康的，是应该置之于艺术和审美活动之外的单纯的感官享乐。

老子提出了自己独特的审美观。

首先，老子追求一种有"德"有"道"的美，一种恒定的、有着内在光辉的美。第十四章说"是谓无状之状，无物之象，是谓惚恍。迎之不见

① Cf. F. Jameson, *The Prison – House of Language*, Princeton University Press, 1972.

② Cf. M. Heidegger, *On the Way to Language*, trans. by Peter D Hertz, New York：Harper and Row, 1971.

其首，随之不见其后"，这种与道体相通的是一种精神的美，一种生命存在的充实之美。

其次，张扬一种"静默"的美学，在审美方式上强调"涤除玄鉴"（第十章），以"观其妙"（第一章），心仪"清静为天下正"（第四十五章）。总之，强调静观玄鉴、清静观妙，就是要通过有观到无，通过有形看到无形，通过可见看到不可见，通过实看到虚，通过小看到大，通过象看到道。笔者有理由说，老子的静默美学是少言或不言的美学，是在静默中相视而笑的无言大美。这一点，对中国艺术的影响是既深且巨的。

再次，强调一种"淡"的美学。他与那些一切浓得化不开，一切往上面叠加欲望和繁复装饰的做法相反，他很善于"做减法"，说"为学日益，为道日损"（第四十八章），要人心不断地去除一些东西，减少一些欲望，而最终见本心，把握到"道"本体。因而，在审美上他强调"淡乎其无味，视之不足见，听之不足闻，用之不足既"（第三十五章）的审美观，一种直觉把握道体那"众妙之门"的审美论，甚至是一种"无之以为用"（第十一章）的审美非功利论。

这种平淡而近乎"无味"的审美趣味和"观其妙"的无限性与幽妙性，正好构成了中国美学的玄妙精神，并泽被后世。

七、老子思想智慧的意义

老子在中国学术史上是一个充满争议的文化哲学现象。

首先，老子本身就是一个充满悖论的问题，一个具有二重性的矛盾体。一方面，老子是"礼"家，据记载孔子就曾向其问过"礼"，但是他晚年又对"礼"加以尖锐地抨击，然而，在《老子》一书中，却又大谈慈、俭、孝、祭祀等有关"礼"的问题；老子强调"道"的本源性和宇宙的生成性，但又认为其不可说，把"道"神秘化、虚无化地遮盖起来，从而在语言与"道"的关系上构成一对矛盾体；作为隐者，作为"不言""贵言""希言"的倡导者，他不著述不收徒，但偏偏在出关的时候，写下

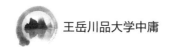

了洋洋五千言的"思者自道",这种发愤著书与他所倡导的清静无为确乎是一种矛盾;他的著述被有人认为是"阴谋家的治世之术"和"君人南面之术",但他在书中却又明明白白地反对专制独裁统治,反对战争,反对一切社会的不平等。这诸种矛盾,无疑构成了老子的神秘面孔和《老子》一书的神秘色彩。

老子那种退回源头,主张无知、弃智的做法,引起许多学者的批评;他那种清静无为,柔弱取下,也被看成不思进取;至于"小国寡民",更被人看成是一种退回到原始社会的消极思想。也许这些都是可以批评或值得商榷之处。但是,无论如何,老子对中国哲学思想史的贡献是巨大的,他通过"道"反了神、上帝这种有神论的哲学源头,同时,他在中国哲学史上建立了哲学的概念、范畴和体系,中国哲学一系列带有本体概念的提出和范式的建立,都与他相关。同样重要的是,他的这一部"哲学诗"或"诗性哲学",影响了整个中国哲学的思维和诗学品格。老子的贡献是抹杀不了的。

老子的思想智慧,不仅对传统文化产生了巨大的影响,而且对中国人的文化心理结构也产生了重要的作用。其"外儒内道"、刚柔相济的观念,制约着中国文人的心理张力结构,规导着中国传统文化的发展和自身的完善。他的思想不仅对哲学、政治学、社会学、诗学等方面产生了深远影响,而且在教育、政治、法律、经济、逻辑学、心理学和宗教方面,同样具有不可忽略的思想意义。

春秋末期,诸子百家学术争鸣,最兴盛的派别是道家。《庄子·天下篇》认为,天下道术分列为八,道家占到其中四家。到了战国后期,形成融汇回诸家而以道家思想为主干的"黄老之学"。道家思想与儒家思想作为中国文化精神的双子星座互补互动,在中国历史上两次走向思想前台:一次是西汉初年,黄老之学在政治上取得统治地位,统治者崇尚无为而治,推行休养生息的政策,使遭到摧毁的经济得以迅速恢复和发展,巩固了新兴政权,保障了社会稳定,催生出著名的"文景之治"。第二次是魏晋南北朝时期,玄学流行,探讨"性与天道",追求人生超越境界,用道家思想中任性自然和"无为"思想抗拒"独尊儒术"的大一统的思想压制。从学理上讲,正如汤用彤所说,汉末到魏晋,思想和议论从"具体人事"到"抽象玄理"的演进是"学问演进的必然趋势",而从个体的人以及对社会政治产生的影响而言,则是对矫饰的"礼"的轻蔑,是对以宗法伦理秩序为依托的政治权力的反抗,是对被压抑的人性的救拔,是对健全人生和美好社会的召唤,其思想对中国文化产生了重大影响。

老子作为道家学派的创始人,在汉代以后逐渐被神化和宗教化,成为道教的教主,称为"太上老君"。但他的思想尽管与道教有联系,但却有着本质上的差异。老子的思想对后代道家的派别有很大的影响,从先秦到明清,受老子影响的道家学派很多,如以庄子为代表的逍遥派;以《吕氏春秋》为代表的以养生为中心的养生派;以汉代扬雄为代表的强调"玄之又玄"的玄学派;以汉代刘德为代表的知足派;以魏晋王弼、何晏为代表的贵无派;以及在"道隐无名"宗旨影响下的隐逸派等。可以说,两千多年来,老子和《老子》中的思想与儒家思想,共同构成了中国思想的重要经纬。

老子的思想不仅对中国人的思维产生过重大影响,而且对日本、对西方也产生过不可忽略的重大影响。最晚在隋代,《老子》一书就传到了日本。而平安朝初期,大批注释《老子》的书籍,如河上公、王弼、梁武帝、唐玄宗、成玄英等人注释本相继传到了日本。到了德川时代,日本形成了自己的老子学派。20世纪的日本学者对老子也表现出很大的热情,出版的译注本和研究著作达300余部。

在西方,从19世纪到20世纪末叶,已经出现了近百种《老子》译文。1823年有法译节本出版;1842年法国出版了《老子》的全译本;1872年前后有了《老子》的德译本和《老子》的英译本;1893年,俄国列夫·托尔斯泰等从德文本转译了《老子》。

第一次世界大战以后,德国出现了"老子热"。到20世纪80年代初期,德国出版的《老子》译本就有十余种。尤其是著名哲学家海德格尔晚年在黑森林时,案头上就放有一本《老子》。他晚年的思想,尤其是关于

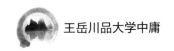
"道"、关于"语言"等，都与老子神秘的东方思想有着不可忽略的关系。同样，俄国学者对于"老子学"的研究也达到了一个较高的水平。

近几十年来，美国学者也非常重视"老子学"的研究。比较重要的译著和研究著作有：林语堂编译的《老子的智慧》①，布莱克尼编译的《生活之道》②，陈荣捷著的《老子之道：道德经》③，R. G. 亨瑞克斯译的《道德经》④，A. 赫思亚编的《道：东方与西方的接受》⑤，M. 拉费吉著的《道与方法》⑥等。

总之，老子的思想不仅是中国思想的重要组成部分，而且已经成为一种具有世界意义的重要思想。老子的思想在当前全球的消费主义和数字化复制浪潮中具有重要的警世意义，在生态平衡、生存竞争、技术主义、享乐主义、拜金主义等思潮面前，老子的思想无疑是一种警世之钟，告诉人们以智慧之思看生命之道、社会之道和宇宙之道。

老子见素抱朴的思想智慧，并不会随时代的飘逝而消亡，他那禀道之思和大慧之言，将在新时代和新世纪对人类的生存产生全新的影响和启迪。

---

① Lin Yutang, *The Wisdom of Lao Tse*. New York：Modern Library，1948.

② R. B. Blakney, ed. and trans.，*The Way of Life*：*Lao Tzu*. New York：New American Library，1955.

③ Wing - tsit Chan, trans.，*The Way of Lao Tzu*：*Tao Te Ching*. New York：Bobbs Merrill，1963.

④ R. Henricks, trans.，*Tao Te Ching*，New York：Ballantine Books，1989.

⑤ Adrian Hsia, ed.，*Tao*：*Reception in East and West*，New York，1994.

⑥ Michael LaFargue，*Tao and Method*，State University of New York Press，1994.

第二十六讲　中庸美学与古典诗词境界[①]

　　诗词之境是中国文化精神的凝聚之境，并集中体现出中国文化的高妙意蕴。

　　就审美意义上的意境范畴而言，其出现晚于《诗经》中的诗意境界。换言之，是先有了意境盎然的诗章（《诗经》），才有后人对意境范畴的理论总结。

　　尽管意境理论体系出现较晚，但在中国诗词中，意境则从来都是文人骚客追求的最高境界。清人潘德舆说："《三百篇》之体制、音节，不必学，不能学；《三百篇》之神理、意境，不可不学也。"（《养一斋诗话》）王国维也说："《诗·蒹葭》一篇，最得风人深致。"（《人间词话》）而宗白华在其《美学散步》中认为："中国艺术意境的创成，既须得屈原的缠绵悱恻，又须得庄子的超旷空灵。缠绵悱恻才能一往情深，深入万物的核心，所谓'得其环中'。超旷空灵，才能如镜中花、水中月、羚羊挂角，无迹可寻，所谓'超以象外'。"这些无疑都强调了意境理论源于诗歌的创造。

　　中国的意境说，从历代讨论"开山的纲领"的"诗言志"开始，就将情与景、神与形、比与兴、味与象作为探讨意境的核心概念，并随"比兴说""诗味说""情景说"等理论的历史发展，而清晰地揭示出其独有的思想内涵。

---

① 此文写于 1981 年，今日再读仍其境历历，留此为当时之心境存念。

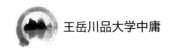

一、意境理论的话语生成

早在商周之际的《周易·系辞上》就出现了"圣人立象以尽意、设卦以尽情伪，系辞焉以尽其言，变而通之以尽利，鼓之舞之以尽神"的说法。象具有包蕴性和层次性，它的包蕴性体现在它是生生不尽的："生生之谓易"。而象可以尽意，也就是说，借助形象可以表达概念所无法表现与说清的思想。这一思想与《易传》的"现物取象"的思想对中国美学思想有极为深远的影响。同样，"象"的包蕴性、层次性以及形象（或氛围）可以传达情意的特点内在精神的一致性。

就本源而言，老庄的道家思想对"意境说"有重要的精神滋养功效，那种"损之又损"的化约论、"冲气以为和"的和谐观、"反者道之动"的辩证法，都可以在中国诗书画印乐中体现出来；而佛学的"境界说"对文艺理论的境界说同样有很深的影响，那种修炼、凝聚、虚空的状态正是诗人所心仪的境界。

成书于战国时期的《礼记·乐记》说："乐者，音之所由生也。其本在人心之感于物也。"对艺术的心物相交而生成作了理论的阐释。西晋的陆机说"诗缘情而绮靡""阙大羹之遗味"（《文赋》），强调了"情兴"和"诗味"。梁代的刘勰将"比"与"象"联系起来，说"比显而兴隐"，"比者，附也；兴者，起也。附理者切类以指事，起情者依微以拟议。起情故体以立，附理故比例以生"（《文心雕龙·比兴》）。刘勰已经注意到比兴的显隐、情理的重要功能，认为附理起情，使文学的内在规律得以呈现。同时，强调"窥意象而运斤""物色尽而情有余"的诗歌意象美学观，为意境范畴的形成奠定了理论基础。同样，钟嵘也重视"赋比兴"，认为诗歌应"穷情写物"，"兴"即"文已尽而意有余"。这一重视神形情景交融的看法，使文、意、味具有了审美意境层次论格局。

到了唐代，关于意境或境界的论述日益多了起来。日本的遍造金刚《文镜秘府论》提出"事须景与意相兼始好"这一美学标准，并说："夫置意作诗，即须凝心，目击其物，使以心击之，深穿其境。如登高山绝顶，下临万象，如在掌中，以此见象。"指出了"境"与"象"的关系。盛唐的殷璠《河岳英灵集》以"兴象"这一概念加以表述，"兴"是感情，"象"是物象，重情思与物象的契和，使意境的内蕴更为丰厚。王昌龄《诗格》明确提出"诗有三境"："物境""情境""意境"，主张诗歌创作应"搜求于象，心入于境，神会于物，因心而得"，把"意象"与"境象"融合为一。然而他并未阐发意境的构成及其基本含义，是诗僧皎然从本质上揭示了意境的范畴。

皎然的《诗式》中明确地将诗歌构思作为立意和"取境"过程。他说："取境之时，须至难至险，始见奇句，……有时意静神王，佳句纵横，若不可遏，宛如神助。"更进一步地触及境界的美学内涵，并从几个不同的方面（取境、兴象、意中之静）把握到意境自身特性。刘禹锡《董氏武陵集纪》说："片言可以明百意，坐驰可以役万景。"强调艺术意象可以少总多，驭万为一，所以，"境生于象外"。

司空图对意境理论的重要拓展，在于他对意境层次的深刻体悟和独到研究。他综合刘勰、皎然的思想，提出了"意境"理论的重要内涵"象外之象""味外之旨"。他在《与极浦书》中说："戴容州云：'诗家之景，如蓝田日暖，良玉生烟，可望而不可置于眉睫之前也。'象外之象，景外之景，岂容易可谭哉？"将"韵味"作为品诗的最高艺术标准。在《与李生论诗书》中说"辨于味而后可以言诗"，言诗应该"知其咸酸之外醇美者"即"韵外之致""味外之旨"。司空图以"外"（超以象外、象外之象等）清晰地划出了象外之象的层次，并从理论上意识到"境界"是一种超感性、超具象、生成于具体艺术媒介之外的美学范畴。

宋代李涂《文章精义》中有一段重要的话："作世外文字，须换过境界。《庄子》寓言之类，是空境界。"这已经将境界作为评价作品的标准了。而严羽的"兴趣"说，是对司空图的"象外之象"的进一步发挥和完善，并把"象"与"味"的问题提到诗歌特性的意义上来理解："诗有别材，非关书也，诗有别趣，非关理也。而古人未尝不读书，不穷理。所谓

不涉理路，不落言筌者上也。"（《沧浪诗话·诗辨》）别趣即兴趣，而与理路相对者则是"情路"。他所说的"言有尽而意无穷"点明了兴趣说的实质。而且，严羽已经朦胧地感觉到诗歌境界应有一种圆融、玲珑的美学特质，诗歌艺术所追求的美学极致就是"莹彻玲珑，不可凑泊"的意境。此外，严羽还用"妙悟"来界定意境的特性："大抵禅道惟在妙悟，诗道亦在妙悟。"意即诗歌产生过程中，其思维的对象不是书本知识和抽象的理念，而是充满生机和活力的客观形象世界，内心在外物的偶然触发下产生诗思，这就是"妙悟"。

元代方回《桐江集·心境集》中说："心即境也，治其境而不于其心，则迹与人境远，而心未尝不近；治其心而不于其境，则迹与人境近，而心未尝不远。"将心与景的远近关系辩证地表达出来。以至使得宋元作家大多将意境作为一个追求的艺术标准。

明代祝允明强调身与事、境与身的关系，认为："身与事接而境生，境与身接而情生"；王世贞则着意强调才学在诗歌意境创造中的作用，"师匠宜高，捃拾宜博"，"才生思，思生调，调生格；思即才之用，调即思之境，格即调之界"；画家董其昌则认为："大都诗以山川为境，山川亦以诗为境。"将"境"作为审美实践和艺术创造中维系主体和对象的审美纽带。

清代王夫之通过"情景关系"对意境审美特性进行阐发，并上升到意境各层次的整体构成方面。他试图以情景关系为纲对于诗境之象的各层次不断生成的性质给予解释。认为诗之"圣境"是由具有特殊对立统一关系的情与景构成，而且，情景处在一种相依相存的关系之中："景中生情，情中含景，故曰，景者情之景，情者景之情也。"指出情与景的互相生发和互相包含的关系。诗人达情时要先存有一种"写景之心理"，即要善于把抽象的情思转化为形象的景物，将"情语"变成"景语"。诗人经过主体情思与对象形态相交相感，方能达到"情不虚情，情皆可景，景非滞景，景总含情"的境地，在情景融合无迹妙然天成之中，达到诗的意境的"妙合无垠"。王夫之看到了诗歌意境具有因情景交融、互相生发而具有的不断生成的特点，不仅从诗性的高度解释了意境自身不断生成的特性，而且对意境的层次结构特点做出极其深刻的概括："有形发未形，无形君有形。"首次以明确的语言标举出意境的三个层次，即"有形""未形"和"无形"。

清代布颜图认为："山水不出笔墨情景，情景者，境界也。"也就是说，境界即情景，据此则可以认为，在诗中和画中的境界是相同的。这一观点遭到画家方薰的反驳："画境异乎诗境，诗题中不关主意者，一二字点过。画图中具名者必逐物措置，惟诗有不能状之类，则画能见之。"认为画更重"象"，而诗更重"境"。而章学诚《文史通义》中则进一步论述了文章学问的境界，"学术文章，有神妙之境焉。末学肤受，泥迹以求之；其真知者，以谓中有神妙，可以意会而不可以言传者也"。可以说，诗文书画无所不求"境"了。

然而，并非所有的人都认为意境是诗的最主要因素，清代刘熙载就说："乐府声律居最要，而意境即次之。"即以声律为第一，意境第二。林纾又反之："意境者，文之母也，一切奇正之格，皆出于是间。"

康有为、梁启超同样对意境做出了自己的评价。康有为认为："其或因境而移情，乐喜不同，哀怒异时。"（《诗集自序》）梁启超认为："小说能导人游于他境界，固也。然我以为能导人游于他境界者，必著者之先自游于他境界者也。"（《小说丛话》）这说明晚清时期，意境说已经具有了广泛的理论基础。然而，在意境范畴上集大成者，当数王国维。

王国维明确地将"意境"作为中国诗歌的最高美学范畴。他在《人间词话》中说："词以境界为最上，有境界，则自成高格，自有名句。"认为意境的有无是诗词成为真正艺术的标志，是显示诗之为诗的精神特质，从而将意境范畴上升到文艺的形而上的普遍性维度。从此，"意境"就不再是诗艺中可有可无的审美要求，而是中国诗学中极为重要的审美准则。

二、艺术美意境的三个层次

审美意境的生成历史，标示出中国艺术精神中和审美意识的自觉。而

311

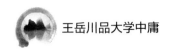

意境的蕴藉隽永、余味无穷，使得人们总要去窥探其内部的构成，以揭示其层次结构之谜。

意境不是一个浑然的未分的构成，而是一个多层创构的整体。对这一整体的分析，历代不乏其人。

清代王夫之曾从中国哲学的角度对意境的层次结构进行了精辟的概括："有形发未形，无形君有形。"明确在指出意境有三个层次。第一层即"有形"（象内之象），可以借用人的眼耳感观视听的静而实的形象，属于表层次；第二层"未形"（象外之象），这是难以凭借感官看到或听到的"动而虚"的情感精神意向，属于中层次；而第三层是"无形"（大象无形，境外之意），是超越情与象、宇宙本心、天地之道，具有神而圣的特点。

王国维《人间词话》也标出人生三境："昨夜西风凋碧树，独上高楼，望尽天涯路"；"衣带渐宽终不悔，为伊消得人憔悴"；"众里寻他千百度，那人却在灯火阑珊处"。这三个境界，不仅是人生求索之境，而且也是艺术中和之境。因为艺术之境即人生之境，反之亦然。

同样，宗白华在《中国艺术意境之诞生》中说，艺术意境不是一个单层的平面的自然的再现，而是一个境界层深的创构。从直观感相的模写，活跃生命的传达，到最高灵境的启示，可以有三层次。即：第一层"直观感相的模写"，特点在于其呈现为静态的实象；第二层"活跃生命的传达"，特点在于其飞动而虚灵；第三层"最高灵境的启示"，特点在于超迈而神圣。

不难看出，不管是哲学三境，还是人生三境，或者艺术三境，都说明境界是一个多层面的审美构成，需要对其进行精细的分析。

古典文学作品中尤其是诗歌中，往往相当深刻地体现出意境的三个层次，即"有形之境""未形之境""无形之境"。

请看被喻为"古今七律第一"的杜甫的《登高》：

风急天高猿啸哀，

渚清沙白鸟飞回。

无边落木萧萧下，

不尽长江滚滚来。

万里悲秋长作客，

百年多病独登台。

艰难苦恨繁霜鬓，

潦倒新停浊酒杯。

　　这是一首登高悲秋之名作，从作品本体结构上看，可分为三个层次。

　　表层为"有形之境"。表征为审美对象的外部物象或艺术作品中的笔墨形式和语言构成的可见之象，亦即是作品中对物象实体的再现部分。诗人登山临水，极目四望，天风飒飒，猿啼叶枯。诗句以对物象实体的再现诗人登高之所见，其中，天、风、沙、渚、猿、鸟、落木、长江，无一不传达沉郁悲壮之景。使人感到一种建瓴走坂、百川东注的夺人气势。

　　中层为"未形之境"，即不见其形的象外之象，一种意绪精神意向，表征为诗人主体情思与登临之景的融合。从而达到情景相融，思与境谐，意与象应，心与物契，心已完全化为物，物也完全化为心，情景心物妙合无垠。诗人之情是悲秋之情，所登之景为壮阔之景。全诗将沉郁悲壮的情怀与壮大空阔的景色融汇在一起，出之骨力豪上，气势浑穆的语言有如黄钟大吕，表现出动人心魄的力量。将一个叹人生寂寥、伤老景萧条的悲怆主题写得声景俱壮。

　　诗人将情与景统一在声画之中，置之于耳，则风声摧林、猿啸声哀，鸟鸣低回、江水呜咽；展现于眼，则在声和色跌宕起伏的秋的节奏中，白发多病的诗人迟缓地登上高台，构成了开阔、悲怆而壮观的画面。使人直视到诗人一生的曲折艰难的经历，同时也看到诗人创作实践的严峻现实。客观现实无疑是铸成诗人这种审美观念的无言宗师。诗人的情怀从乡思绵邈、个人伤感超脱出来，而进入壮志难酬、老骥伏枥的悲慨境域。尽管透露出叹世伤怀之音，却复有笼盖宇宙之势。

诗歌意境层次，不少人分析到情与景就止步了。然而，意境之所以是诗本体的范畴，或者说是诗的本体（或本体论的诗）的范畴，必定还有它更深一层的终极原因。表现人的精神美并不是中国传统美学的最后目的。它的最后目的是达于"天"，即达于那个统摄心物、化育万有的天地之道。这样必然就还要透过情与景寻找更高的层次，找到渗透在情与景背后的宇宙大气的流行和道体的光辉。

高层为"无形之境"。这主要表现为意境中的宇宙时空意识以及对生命（有限）和宇宙（无限）二元对立的解决。《登高》一诗的魅力不仅仅在其语言对仗的精工和境界的廓大，而在于它超越了小我一己的悲苦而上升为人类心灵感悟的象征，成为诗人对宇宙时空的诗化之思。"无边落木萧萧下，不尽长江滚滚来"，这宇宙在空间的"无边"和时间上的"不尽"（水流喻时间），使诗人瞬间感悟自身存在的渺小和悲怜（常作天涯孤旅之客，暮年染病孤独登高），时间的无限与生命的有限（百年）的对立，激起了诗人现实人生感（艰难潦倒，使自己白发日多），而对国事家愁、历史兴亡的反思，更油然而生一种悲秋的苍茫感和羁旅的孤独感。使人深深体验到他那沉重跳动的感情脉搏和终至无言的世道维艰的苦难体验。

时空意识是诗人参悟到人世生生不已、宇宙运动无穷时，所把握到的元哲学本体（道体、气）光辉。诗人在苍凉恢宏的空间意象上，叠加上永恒流逝的时间意象，同时将个体生命无常的有限性从浩渺的宇宙时空之中抽离出来，从而形成巨大的审美反差：生命的有限性将人从永恒的时间之维中带出，而还原为一种拂之不去的人生飘逝感；个体的渺小（生年不满百）将人从广漠无边的宇宙境界中震醒，而产生出无限大与无限小冲突中的人的不自由感。于是，诗的张力场随每个人的体验不同而形成不同的螺旋结构，在心灵震慑的刹那，完成了对宇宙人生的痛苦反思和认同。

时空之维的洞悉使诗篇呈现出一种超越性，这一点在诗《登高》的意象——不断向上体现出来：人作为有限的存在，如果禀有天地之心和人性之浩然正气，那么，就会从苦难和痛苦的深渊超拔出来，而走向生命追问或本质直观的高峰。领悟，归根结底是对宇宙人生的领悟，是对"气"

（宇宙大化流行、道体光辉）的秉承。而只有秉承了宇宙之气的生命心灵，方能于"澄怀味象"和"澄怀观道"之中，而"听之以气"。艺术的境界，既使心灵和宇宙净化，又使心灵和宇宙深化，使人在超脱的胸襟里体味宇宙的深境。

如果我们不能从杜甫《登高》一诗中感到宇宙无限、人生短暂，从而顿然感悟人生宇宙，那么，我们就无法理解诗作，也无法理解自己，更无法理解这个世界。因此，只有以"追光摄影之新笔，写通天尽人之怀"，才能把握"道"，使艺术境界既在情景交融中，又超越情景之外。只有"听之以气"才能通过作品之气（本体），去感受诗人之气（本体），而上达宇宙之气（本体）。从而在人与人、人与物、人与自我、人与宇宙的四重关系之中完整地把握意境和创造意境，这样，意境才不会是情与景简单相加，而是在阔度、深度、高度上进入一个人生的诗性哲学境界。

在我看来，"有形之境""未形之境"和"无形之境"，是构成艺术意境的三个不可或缺、不可分离的维度。明乎此，方能领悟"诗者天地之心"的深意，方能体味意境的生命本原。

三、诗歌意境的审美之维

意境作为艺术本体，已经深入各门艺术中，成为构成艺术内在结构和意蕴的关键性要素，但究其实，我国古典诗歌却更鲜明地体现出对意境的审美追求，并在这种对意境的追求中显出中国特色的诗人之思和诗化的感觉方式，使意境成为中国诗哲的诗意地自我沉醉的本体。

因此，笔者将通过古典诗词，尤其是一代诗圣——杜甫的诗来着重阐明诗人之思是如何凝结而成诗化形态的，而诗的意境又呈现出什么样的审美特质的。

1. 虚实相生的取境美。杜甫的诗歌，长期以来被人们作为"诗史"来读，有重视其认识价值，而不太重视其审美价值的倾向。其实，艺术的根本功能是审美的。诗歌对现实的体认并非直接的，而是以情感为中介对现

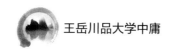

实作精神评判，并通过这种意象思维中的心理体验的反映，把现实的景化为诗中之境，借以流淌自己的汨汨情思。

杜甫取境用宏，在诗歌创作实践中，形成自己鲜明的美学观和诗歌意境美的标准。他把诗歌能够达到的最高境界称为"神"，并以这个"神"字，作为诗歌的总的审美要求。他曾说过："诗成觉有神"（《独酌成诗》）、"词翰两如神"（《奉贺阳城郡王太夫人恩命加邓国太夫人》）、"才力老益神"（《寄薛三郎中》），杜甫把"神"作为自己取境铸诗的最高的美学境界，包含着深刻的美学思想。宗白华先生认为："艺术意境有它的深度、高度、阔度。杜甫诗的高、大、深，俱不少及。……杜甫'直取性情真'，他更能以深情去发掘人性的深度，他具有但丁的沉着的热情和歌德的具体的表现力。"（《美学散步》）这个评价准确地抓住了杜甫审美理想的核心——"神"，看到了杜甫把"高、大、深"的境界美作为自己艺术追求的高峰。这一美的追求，与其审美态度和艺术创造视点紧密相连。

诗人的审美态度是鲜明的，"诗是吾家事，人传世上情"（《宗武生日》）、"文章千古事，得失寸心知"（《偶题》）。他要求自己的诗笔紧扣时代脉搏，去创造美鞭笞丑。因此，他能站在时代美学的高度，去发掘具有巨大社会思想容量和审美价值的题材。在诗歌创作过程中，杜甫对现实的体验，是一种"审美体验"，是诗人在感知美和创造美的过程中产生的心理体验。它激发诗人的审美动机，通过艺术创造，使这种审美态度和内在情思成为物化形态的艺术作品。但是，诗人在对意境的经营——取境过程中，他的审美体验的根底里伏着功利，取什么样的"境"入诗，不取什么样的"境"入诗，是由诗人的审美意识和审美视点决定的。诗人是站在时代命运的高度，去表现那个时代的精神和禀赋气质的。故其境必然是"高、大、深"的。

虚实结合这一创造意境的艺术手法在杜甫手中，得到充分的运用，收到了以少见多，以小见大，化虚为实，化实为虚的效果。

杜甫的《月夜》诗：

今夜鄜州月，

闺中只独看。

遥怜小儿女，

未解忆长安。

香雾云鬟湿，

清辉玉臂寒。

何日倚虚幌，

双照泪痕干。

诗人不写战乱中自己如何思乡，而说家人如何想念自己。化实为虚，化景物为情思。抽象的情感（思念妻子）附丽于具体的形象（对月怀人）画面上，令读者驰骋想象于虚实之间，从诗人对妻子念之深去推想妻子对丈夫思之切，深婉有致。

再如《自京赴奉先县咏怀五百字》，"忧端齐终南，澒洞不可掇"。把无形无象心理之"忧"，进行感情物化，说自己忧愁堆积如同终南山一样高，像无边的茫茫大水那样无法收拾，化虚为实。"写一代之事"的巨构《北征》："平生所娇儿，颜色白胜雪。见耶背面啼，垢腻脚不袜。床前两小女，补缀才过膝。……"这里，诗人没有写战乱带来的灾难，没有写自己的深悲，只写爱子的饥色，写他的啼哭、垢腻。而战乱的灾难、时代的疮痍、诗人内心的悲痛却淋漓尽致地表现出来。可谓"缩虚入实，即小见大"（钱钟书《谈艺录》），化常见为非凡，达到了"咫尺应须论万里"的高度。

"朱门酒肉臭，路有冻死骨"（《自京赴奉先县咏怀五百字》）为众人所熟知。两句诗将描绘的两个画面摆到一块儿：豪富人家的酒肉臭了，路上却有冻馁而死的穷人。两句诗不仅互相映衬顿增魅力，而且可以从字面（能指）上呈现出第三层所指的意义：朱门外仅一墙之隔，却是如此不同的两个世界，这是一个"损不足以奉有余"的不合理社会。这里，形象的直接性提供了联想的线索，发人深思：荒野上那冻死的穷人的骸骨，是

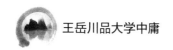

"朱门"敲骨吸髓的剥削所致；朱门的酒池肉林，是不公正的社会制度所造成的。这些情理，在作品中并没有从字面上说出来，但读者根据自己的生活经历与审美感受去补充和丰富诗的想象，就能深刻地感受到。杜甫集中这类剔骨析肌地洞穿社会病痼的诗作还有："富家酒肉臭，战地骸骨白"（《驱竖子摘苍耳》），"甲第纷纷厌粱肉"（《醉时歌》），"犀箸厌饫久未下，鸾刀缕切空纷纶"（《丽人行》），"彤庭所分帛，本自寒女出"（《自京赴奉先县咏怀五百字》）。

这不是诗人对现实简单的感受和反应，而是诗人取境的审美把握中感情浓缩的表现，是融合真、善的审美评价。可见对社会的本质揭示得越深刻，概括的程度越高，作品的境界越高、大、深，其美学价值也就越大。

2. 心理对应的意象美。从审美心理学的角度看，艺术是以审美情感为物质、为根本的。审美情感是客观事物审美属性反映到审美主体的头脑之后，在审美主体内部激起的心理和生理变化所形成的一种精神产物，是审美主体对客观事物进行评价的主观意绪和态度的反映。

大诗人的诗，往往情景交融，意象迭出，具有独特的审美价值。透过这极富诗蕴的篇什，我们可以窥见诗人那高尚的灵魂和独特的审美心理过程。

意象是意与象的结晶，是诗人对现实景物（象）进行审美时，主体的情思（意）与之交浃相融的一种在心之景或意中之象。杜甫在其诗歌创作中不是单纯地反映外部现实，而是能动地表现诗人的所见所思所爱所恨的"意向性"现实，诗中到处可见其审美主体能动创造的印痕。我们可以通过诗人创作中象征手法的运用和诗歌中超越时空、心理同构进行一些分析，看诗人是怎样使情感对象化并显现为意象的形式，创造出独特的意境之美。

象征手法是极富魅力的。其特点在于利用物与被象征的内容在特定条件下的某种类似和联系，赋予被象征的内容以独特的意蕴，得到强烈的表现。在这样的诗中，感性触觉已然心灵化了，而心灵触觉也借感性化而显现出来。在杜甫的咏物诗中，诗人把自己情性和灵魂赋予所咏之物上。有不少诗在很大程度上与作者融为一体，甚至成了诗人的化身，使诗歌审美意象呈现物我不分的状态。

杜甫咏燕的诗很多。在他笔下"黄鹂过水翻回去，燕子含泥湿不妨"，黄鹂的形象是畏怯的，而燕子的形象却是坚毅的，诗人把燕子的特性与自己的坚强和追求战斗生活的性格、感情结合起来写。看似写燕，实是写人，以异显同，在"美"（乐观、战斗）上找到一致。有时，杜甫觉得自己萍踪梗迹、漂泊为家的生活，与燕子秋去春来、栖人梁上、寄人檐下的情景十分相似，于是写道："湖面为客动经春，燕子含泥两度新。旧人故园尝识主，如今社中远看人。可怜处处巢居室，何异飘飘托此身。暂语船樯还起去，穿花贴水益沾巾。"（《燕子来舟中作》）写燕其实写人，怜燕其实怜己。诗人运用的象征手法成为比喻的延伸和扩展，使燕子的形象与自己的审美观念和审美感情复合，借以抒写身处辛酸之感。此时，杜甫心中的燕子，既非"江泥燕倾斜""微风燕子斜""轻燕受风斜"那种贴水纷飞、随风起舞、轻盈灵活的飞燕，也不是"燕子含泥湿不妨"之燕，而是此时此地体现着他的生活感受和心理活动的飞燕，是主观化了的产物。

杜甫写了各种各样的马。《房兵曹胡马》："胡马大宛名，锋棱瘦骨成。……所向空无阔，真堪托死生。"大胆地运用象征手法，在情感后闪射出所蕴藏的理性光辉。"所向空无阔"，传达了胡马奔腾万里的气魄；"真堪托死生"，更是传达出胡马的血性，把马人格化，有强烈的主观色彩。难怪宋人黄彻认为杜甫咏鹰咏马是："盖其致远壮心，未甘伏枥；嫉恶刚肠，尤思排击。"（《碧溪诗话》卷二）杜甫以马自况的诗可谓多矣。"哀鸣思战斗，迴立向苍茫。"他多想有机会征战边塞。杜甫的诗一方面精确而简括地刻画了所咏之物的外部特征；另一方面又深入挖掘出可以象征和寄托诗人身世之感的内在特征，加以渲染和强调，于是诗中便闪烁着富于暗示、引入联想的比喻和描写，使杜甫的咏物诗"自开堂奥，尽削前规"，给人以含蓄不尽、弦外有音之感。

诗人在审美创造中，对现实的时空进行高度的提炼、集中和概括，直率地表现自我的审美意识。这是一种由感知、想象、情感、理智等多种因

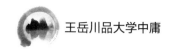
素内在有机再组合成的审美心理活动，这种超越时间、空间的诗篇，往往具有出人意表的意象，给人以新奇别致的审美感受。再看杜甫的《绝句》："两个黄鹂鸣翠柳，一行白鹭上青天。窗含西岭千秋雪，门泊东吴万里船。"这里的审美意象不是静态而是动态的情景，诗人那喜悦之情完全是在为情所染的时间空间中演进，表现出诗人所感到的时序和咫尺万里的空间，获得具有独创性的美的意象。

《咏怀古迹五首·其四》中的诗句："翠华想象空山里，玉殿虚无野寺中。"当年蜀帝刘备驻留与崩殂于此的永安宫早已化为虚无，诗人只能借野寺驰骋自己的艺术想象，寻觅它的金碧辉煌。仅仅十四个字，却情景相浃，有着巨大的时空跨度。但是，杜诗绝非生活现象的简单罗列，更非意与境的单纯相加，而是情与景偕，尽兴有神。或触情生情，或情景分列，或寄情于景，或情略景在。《江汉》："片云天共远，永夜月同孤。"两句诗触景生情，写景中暗寓思归之情，糅合意象为中介，折射出诗人生活中难以言传的情思：心随片云而越去越远（思归），身与孤月却长夜独对（苦淹留）。情为景触，景为情染，不复辨谁是情谁是景了。

类似写法，杜甫集中极多，如"锦江春色来天地，玉垒浮云变古今"（《登楼》），"永夜角声悲自语，中天月色好谁看"（《宿府》）等，都是诗人把客观现实与主观心灵凝为一体的产物。难能可贵的是诗人的心理意绪，不像常人似雨后行潦，速去无踪，而是冬潭积水，深涵厚蕴，并借情与景反映出灵心来。

杜甫的《登岳阳楼》，尤值一读：

昔闻洞庭水，
今上岳阳楼。
吴楚东南坼，
乾坤日夜浮。
亲朋无一字，
老病有孤舟。

戎马关山北，

凭轩涕泗流。

　　此诗不仅景致写得雄浑壮美，反映的也不是一己小我之情，而是将个人处境与国家和人民的命运联系起来（"戎马关山"），为国民怅然泣下。境大意宏，铢两悉称，看似情景并立（全诗上景下情），细细推究却是情景一致，元气浑沦的。

　　杜甫笔下从不出现无情的景句。吴乔《围炉诗话》说："夫诗以情为主，景从宾。景物无自生，惟情所化。情哀则景哀，情乐则景乐。"诗人以欢愉的心情写诗："繁枝容易纷纷落，嫩蕊商量细细开"（《江畔独步寻花》）、"江山如有待，花柳自无私"（《后游》），诗人笔下春活了——花骨朵像含羞的少女，正轻言细语地商量何时伸蕊舒瓣；江山花柳正含情脉脉地等待人们领略姿态风光。杜甫将欢乐的心境注入骀荡的春光，情乐景乐，在心理虚拟之中，以己度物而人化为物，反映了审美创造过程的能动力量。

　　诗人也善于以哀情写哀。譬如，"江鸣夜雨悬，晨钟云外湿。"（《船下夔州郭宿》）雨自空中落下，怎能够空悬？钟声无形，只可盈声于耳，怎可辨音于眼？湿为感觉之物，声音又怎能打湿？诗句不通于逻辑，却和律于情感，自有一番新味。诗人漂泊江湖，因天雨而停舟夔州城外，倍感冷落。一个"悬"字，就把涛声雨声相汇、彻夜不绝的情状和盘托出，给人一种没完没了的感觉。晨钟在蒙蒙雨幕中沉重暗哑，仿佛钟声也被沾湿了。声中闻湿，从听觉转到触觉——形成一种"看不见的象征"，顿使人感到天地万物都浸泡在水里。诗人凄苦之情可想而知。

　　杜甫诗中还有一类具有独特美感受力量的诗句。如，"水深鱼极乐，林茂鸟知归。"（《燕子来舟中作》）"巡檐索共梅花笑，冷蕊疏枝半不禁。"（《舍弟观赴蓝田》）"剑南春色还不赖，触忤愁人到酒边。"（《送路六侍御入朝》）鱼何能知乐？梅花何能笑？春色怎能无赖？这类诗的真正审美根源，只能到诗作者的心灵意向性中寻找。我们可以从审美对象（鱼、梅）

和审美主体（诗人）的心理关系的角度来考察，结果会发现，它们有一种存在本体上的"同形同构"关系，即对象正好成为主体的相应的生理和心理结构的真实意象，那鱼、梅、春色成了诗人审美本质直观的对象。

当诗人看到鱼翔深潭，往来翕忽、自由自在时，拨动了自己心理与之对应的因素（自由无羁、欢乐畅游），使诗人在意识中联想到自身，从鱼的自由漫游中隐约可以看到自己的怡然自得，从一个活泼跃动的生命（鱼）上，看出鱼与诗人二者之间的一种新关系——庄子"心斋"式的关系。同样，诗人的快乐心理与梅花含苞待放的姿态有着某种对应关系。那梅花的冷蕊疏枝的美能够寄托主体的精神气质、情感体验，于是诗人在审美创造中就不断地把主体内在的美的尺度灌注到客体中去，把主体的精神意气、情感意绪渗透到客体中去。

这种心与物的关系，绝不能简单归结为生理或心理的属性，它的底色是更为深刻的历史色彩，这就使得这种心理对应的意象，具有更为深刻的哲学意义。

3. 意境之眼与音色之美。一般而言，诗眼是意境的浓缩和关键所在。诗眼上用力，则可使诗的蕴涵更为丰富。诗人在创作中，让诗眼运载更多的信息量，而带来某些不确定性。而对读者来说，客体（诗篇）的不确定性恰恰给人带来感受和认识上的多样性和灵活性，反映在人们想象力的复苏上，领略诗篇无尽的意境。

杜甫是诗歌艺术大师。他的诗歌注重炼字、炼句和炼意。他一生呕心沥血地进行字句的孕育和加工，苦搜狂觅，日锻夜炼，从而达到"下笔如有神"的地步。

沈德潜《说诗晬语》（卷下）说："古人不废炼字法，然以意胜而不以字胜，故能平字见奇，常字见险，陈字见新，朴字见色。"杜甫诗中这类例子很多。如为人们所乐道的两句诗"细雨鱼儿出，微风燕子斜"（《水槛遣兴二首》），宋朝叶梦得说："此十字殆无一字虚假。细雨著水面为沤，鱼常上浮而淰，若大雨则伏而不出。燕体轻弱，风猛则不能胜，唯微风乃受以为势。"（《石林诗话》）一个"出"字，下字平平，却见诗人体物精工；而一个"斜"字，不仅使人见燕贴水翻飞，而且于飞的形象之中见"神"。一只鸟飞走了，杜甫说："独鸟怪人看。"只一个"怪"字，便令人感到诗人似乎钻到鸟儿的心中看过一样。江流行舟，燕声呢喃，诗人就说："樯燕语留人。"杜甫把自己对微小生物赤子般的爱心同非同凡响的艺术敏感结合起来，捕捉到适合表现其生活情趣和审美理想的形象，从而使他的诗充满形象美、情趣美和音乐美。

杜甫在其诗歌创作中，总是以"语不惊人死不休"（《江上值水如海势聊短述》）的要求来指导自己的创作，使得他能通过千锤百炼创造出"字字不闲"的诗句，去表现自己深刻的思想和醇厚的感情。他喜欢用"湿"字。"林花著雨燕脂湿""楼雪融城湿""碧窗宿雾蒙蒙湿""晨钟云岸湿"等。诗人喜欢用此字的原因是他寄身泽国，漂泊江流，孤城危楼，常萦水气浮烟；岸柳堤花，都在逐波拂水。用一"湿"字，最能传达出诗人此时此刻所感触到的空蒙溟溟的境界和独特的心灵感受。

薛雪《一瓢诗话》说："老杜善用'自'字，如'村村柳自花''花柳自无私''寒城菊自花''故园花自发''风月自清夜''虚阁自松声'之类，下一'自'字，便觉其寄身离乱、感时伤事之情，掬出纸上。"这样就把最不易表达的意思浓缩在一两个字里。这种语言表面朴素无华，毫不修饰，而实际上通体光华，珠圆玉润。杜甫深谙诗眼贵亮而用线贵藏的原理，所以，他在呕心沥血炼句锻字时，从来不单纯去追求光彩流动、字字生香的形式美，而是让自己的作品有思想的闪光和美的感召，从而获得高度的诗意价值。

诗人不仅炼字炼句，而且更达到一种诗情画意交融的音色美——描光设色，写声绘音。如果没有图画感，那么一位最生动的诗人，也会成为一个废话连篇的人。杜甫不仅善于描形写态，而且擅长绘光绘声。他的笔下，不仅可以浮现立体的空间艺术——绘画美，也可以荡漾流动的时间艺术——音乐美。诗中往往五音相喧，七彩纷呈，呈现各色各样的奇妙和艺术境界。

绘画是光的艺术，诗是语言的艺术，要在诗中描写光和色难度极大。

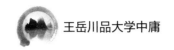

但杜甫不少诗中描写的事物，不仅使人见其形，而且见其光。范晞文《对床夜话》中说："老杜多欲以颜色字置第一字，却引实事来。如'红入桃花嫩，青归柳色新'是也。不如此，则语既弱而气亦馁。"一般说来，人在各种感官中，主要是视听两种器官发展成为审美的官能。红色，本来属于客观景物。诗人把它放在诗句的第一字，就成了一种美的直观感觉，立即引起人们的感觉情趣。再由情感里的"红"进一步见到实在的灼灼桃花，其色泽、光感就使得诗中的画面明亮闪烁，光彩照眼，创造出一个鲜明别致的意境。杜甫的另一首诗句"绿垂风折笋，红绽雨肥梅"，写笋绘梅，从"绿""红"入手，映入眼帘的是苍翠欲滴的碧光绿波。由直觉引起审美的感情活动，然后才归结到笋垂梅绽的实景上，形成一种光感的流动。绵邈的情思、别致新颖的意境也就在活动过程中呈现出来了。

杜甫的笔下，青山绿水、红蕖翠竹、鸟白花燃都具有熠熠的光感，能给人以独特如置身化境的感受。譬如，"江碧鸟逾白，山青花欲燃。"（《绝句二首》）"著叶满枝翠羽盖，开花无数黄金钱。"（《秋雨叹三首》）"野经云俱黑，江船火独明。"（《春夜喜雨》）"天青风卷幔，草碧水通池。"（《伤春五首·巴阁僻远伤春罢始春前已收宫阙》）"瓢弃尊无绿，炉存火似红。"（《对雪》）"枫林橘树丹青合。"（《夔州歌》）这些诗，鲜明地体现了"诗画同源"这一中国美学中的重要原则，使欣赏者很好地沟通了"形""神""物""我"之间的联系，鼓起想象之翼，进行审美再创造。正唯此，古人说："诗是无形画，画是有形诗。"（张舜民《跋百之诗画》）

达·芬奇也说过："诗是说话的画，画是沉默的诗。"（《达·芬奇笔记》）画中鲜明的形象和景物，是由光线映射出来的。如果抽去这些彩色和光亮，画面马上就会黯淡下来，诗味将索然，意境就无从谈起。杜甫的这些诗，墨丽情浓，描绘出一幅幅风景画和风格画。它们的美，恰恰在于形貌、光色无一不渗透着诗人的主观感情色彩。诗人心中的光与色，借笔下之景表现出来，使人惊叹杜甫深通丹青之妙。他像一位伟大的画家，善于从可视的对象里，直觉到自然的社会性。

杜甫用光与色写情绘景时，很喜欢用"白"字。诸如，"白鹭""白鸥""白鱼""白日"在诗中屡见不鲜，有悠闲、潇洒、恬静、高雅不同的意蕴和境界。可以使人窥见诗人忠厚、坦荡、澄洁的襟怀。"两个黄鹂鸣翠柳，一行白鹭上青天"（《绝句》）。黄翠白青，格外醒目。诗歌充满了辽阔深远的时空感，令人神怡心旷。"青青竹笋迎船出，日日江鱼入馔来"（《送王十五判官扶侍还黔中·得开字》）色彩浓烈，像光的浮雕，很有逼真毕肖的境界。

诗人善于捕捉变动中的光："旌旗晚明灭"（《北征》），残阳如血，余晖染旗，乍明乍暗，闪烁不定；"峥嵘赤云西，日脚下平地"（《羌村三首》），绘出层林镀金、群峰转暗的光的变幻美；"行云星隐见，叠浪月光芒"（《遣闷》），"返照开巫峡，寒空半有天"（《返照·返照开巫峡》），这是云中之星，浪中之月，暮中之景。它们的光都是在转移、跳跃、飞逝之中。可以说，杜甫是一位绘光绘色的诗人。他通过敏锐深刻的观察，捕捉到美的形象，用光和影、色和彩组成他的诗中之画，创造出一种生命的、鲜活的、色彩浓郁的灵奇画面和别具特色的美的意境，使其诗篇更具有动人的美感力量。苏东坡的"少陵翰墨无形画"之誉，杜甫是当之无愧的。

杜甫还善于在诗中写声绘音。他描写音乐的诗作很多。如《吹笛》："吹笛秋山风月清，谁家巧作断肠声；风飘律吕相和切，月傍关山几处明。"将笛音在昏黄的月夜中呜咽凄婉地流动，无尽的悲愁从四面暝色中浸上来，凄凄断肠之声，令人不忍卒听的情景，描绘得历历在目。诗人在《夜闻觱篥》写道："邻舟一听多感伤，塞曲三更欻悲壮。"三更舟中闻悲壮之声，感伤之意可想而知。我们耳里似乎听见了诗人笔下的幽咽琴声，但我们心里听到的却是诗人那正直孤寂的心灵的怨诉。

《听杨氏歌》："满堂惨不乐，响下清虚里。江城带素月，况乃清夜起。老夫悲暮年，壮士泪如水。玉杯久寂寞，金管迷宫徵。"从不同角度描绘了音乐的美。诗人巧妙地避免了语言艺术难以直接描摹音响之短，而用比拟以引人联想、想象，使人一方面可以从时间上感受到乐曲的演奏进程；另一方面也可以从音响效果上感受到乐音的丰富性和多样性，将音乐之美

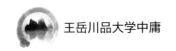

及所产生的巨大的美感力量表现得十分深刻。视觉形象转为听觉形象，似乎当年妙曲清音兀自萦绕耳际。杜甫通过绘声，将极难表达的音乐形象和自己的审美激情融为一体，蒙上浓郁的感情色彩，铸成一种美妙的意境。

4. 沉郁顿挫的意境美。一部杜诗，其主要的风格特征是"沉郁顿挫"。这主要是由他诗歌意境美所表现出来的。是否可以这样认识：不同的风格，在很大程度上就是指不同的意境美类型。

杜甫的一生是"穷年忧黎元"（《自京赴奉先县咏怀五百字》）的一生。"忧"，忧国忧民忧己忧人，成为他悲剧性特征。他在创作方法上却又追求一种"掣鲸碧海"的"壮"。诗人将这深忧之悲与气象之壮妙合无垠地结合起来，使得他的诗歌意境呈现出的主要特征是"悲壮"之美。这种悲壮美明显带有个人遭遇和时代悲剧色彩。没有安史之乱的灾难和夔州的流离颠沛，杜甫的诗不会形成既悲且壮的情调。他也不会去追述这种美。那个时代在诗人的诗中烙下了鲜明的印迹。

悲剧是崇高美重要表现形式之一。笔者认为，作为美学意义上的悲剧给人的美学效果，决不应该是悲惨、悲哀，而应该是悲慨、悲壮。杜甫诗歌较完美地体现了这种悲慨、悲壮之美，具有不可低估的社会价值。如："三吏""三别"和《自京赴奉先县咏怀五百字》《北征》等名篇，多以时代悲剧的题材入诗，塑造了悲剧命运的形象：饥饿倒毙的稚子、抛泪话别的征人、应役弃家的老妇、残年从军的衰翁，以及抒情主人公自己那哭泣泪血的形象。写出了"把美好的东西毁灭给人看"的悲剧。他的不少作品描绘了广阔复杂的社会生活画面，直接地表现某一事件、某一过程。

在《兵车行》中，诗人向我们描述这样一幅图景："车辚辚，马萧萧，行人弓箭各在腰。耶娘妻子走相送，尘埃不见咸阳桥。牵衣顿足拦道哭，哭声直上干云霄……"将统治者穷兵黩武给人民造成的苦难活脱脱地展示在我们面前。那实境般的画面如同在人眼前，看得见它的形象，听得到那里发出的一切音响。抒写得真，是因为感受得深。诗人反对开疆征战的思想，代表了正直知识分子正义的愿望，读来令人意沉郁而气愤，既慷慨又悲壮。

为了很好地表现诗境悲怆中的壮美，杜甫十分注意语言的锤炼。他别树新帜，以语言色彩的苍老遒劲很好地烘托了氛围，取得了意境既悲且壮的效果。譬如《阁夜》：

岁暮阴阳催短景，
天涯霜雪霁寒宵。
五更鼓角声悲壮，
三峡星河影动摇。
野哭千家闻战伐，
夷歌数处起渔樵。
卧龙跃马终黄土，
人事音书漫寂寥。

全诗从夔州西阁景物落笔，借凭吊古人来抒发自己的抑郁。霜晨角鸣，空旷悲壮；水急星摇，更觉闪烁动荡。诗中那跳跃的报国之志和关心民瘼之心化为悲壮之情，铸成一种戛戛独造的美的意境。它一方面给予人以深刻的伦理道德意义的认识；另一方面又给人以鲜明的审美感受。就是一些叹世之感之作，在泪痕满纸上，复有笔盖宇宙之势。

诗人道："落日照大旗，马鸣风萧萧。"（《后出塞五首》）写得苍茫浑阔，边关大漠，朔风如刀。大旗被风舞得猎猎作响，旗下持戈的战士冷凝如雕塑，唯有战马的嘶鸣，在大漠狂风中回旋不已。此时此刻，面对这样的黄昏，诗人也觉得眼泪是多余的了，何况戍边远征已不知有多少这样日子的壮士。客观现实无疑是诗人的无言宗师，诗人的情怀已超脱出个人伤感，而与国家命运联系起来，进入一种无与伦比的美的意境。而他的"莫使眼自枯，收汝泪纵横。眼枯即见骨，天地终无情"（《新安吏》），则写得更为苍凉慷慨，坚忍悲壮，让老妪新妇都忍痛承担战争所带来的无奈现实，而不只是以泪纵情的软弱控诉，因而在诗人笔下，无论是雄关战马，还是稚子思妇，都因现实冷静残酷的洗礼，而显得愈加浓郁沉厚，现出

"终不许一语道破"的"无言之美"。

杜甫的诗是以悲壮美为其主要特色，但也不乏壮美、优美之作。早期的诗，如："造化钟神秀，阴阳割昏晓。""会当凌绝顶，一览众山小。"（《望岳》）表现了诗人青年时代抱负非凡的襟怀。再如："观者如山色沮丧，天地为之久低昂。燿如羿射九日落，矫如群帝骖龙翔。来如雷霆收震怒，罢如江海凝清光。"（《观公孙大娘舞剑器行》）感情似黄河流注，想象瞬息万变，笔调夸张跳脱，驰骋着诗人踔厉风发之神。诗的意境显示一种清雄奔放的阳刚之美，一种飞动之美。

而在杜甫晚期（避难成都时期）的诗歌意境又明显地表现为一种轻松明快的阴柔之美，一种优美的意境。如："风含翠筱娟娟净，雨裛红蕖冉冉香。"（《狂夫》）"仰蜂粘落絮，行蚁上枯梨。"（《独酌》）"芹泥随燕嘴，花蕊上蜂须。"（《徐步》）"流连戏蝶时时舞，自在娇莺恰恰啼。"（《江畔独步寻花·其六》），语言明丽清峻，描绘出秾纤争媚的情态意韵，诗中一花一鸟，都体现了诗人赤子般的爱心。

但是，杜诗意境中阴柔之美出现的时间是短暂的。"花近高楼伤客心"（《登楼》），诗人到底是在干戈遍野中过天涯沦落的日子；"永夜角声悲自语，……关塞萧条行路难。"（《宿府》）悲壮的情怀仍然笼罩诗人心头。诗人生命之烛已经见跋，但诗歌意境仍是激昂凄切、悲歌慷慨的。可以说，诗人在生活、创作、评论、鉴赏诸方面，都将悲与壮的意境的追求，作为自己审美活动贯注一生，因而才得与忘情于山水田园之乐的诗人脱离开来。比起王维、孟浩然、高适、岑参等人，这是难能而可贵的。

5. 诗词意境的多元审美构成。杜诗意境的总体意向是"沉郁顿挫"，然而中国诗词境界则是多维多向的，有惆怅之境、清丽之境、洒脱之境、豪宕之境、哲思之境、混茫之境等，可以说，不同诗人具有不同的审美意向和艺术取境角度，并表征出不同的审美风范。

下面，我们不妨对一些名家诗词作些探讨。

惆怅之境。如王维的《九月九日忆山东兄弟》：

独在异乡为异客，

每逢佳节倍思亲。

遥知兄弟登高处，

遍插茱萸少一人。

　　这是王维十七岁出游长安时写的一首诗。少年出外而人地生疏，客居独处，其孤寂之情可想而知。"每逢佳节"——别的家庭团聚，更反衬出自己他乡孤处的凄凉。"每逢"，表明不仅是今年重九，而是年年重九，岁岁佳节都在遥遥思亲。而一个"倍"字，将诗人无时无刻不在思亲之情和盘托出，精宕隽永，使意思层层加深。后两句以跳脱的笔墨，从对面写来，用"遥知"两字作引线，把自己的思路通到遥远的对方：重阳佳节，兄弟们登高饮酒，头上插着茱萸，他们一定会为少了我，不能尽欢而深感遗憾，自然也就会记起在"异乡为异客"的我，而倍加牵挂怀念。全诗于话语直白之中，透殷殷眷恋之情。犹如一哨绿笛，唤醒一个不能达到边缘的回忆，令人在怅然若失中回味再三。

　　清丽之境。如秦观《浣溪沙》所呈现的清丽意境令人心醉：

漠漠轻寒上小楼，

晓阴无赖似穷秋。

淡烟流水画屏幽。

自在飞花轻似梦，

无边丝雨细如愁。

宝帘闲挂小银钩。

　　整阕词写得轻灵清丽、晶莹剔透，状似写景，而实是写情，因为"一切景语皆情语"。人的感情是通过景物形象描绘而更含蓄地呈现出来。诗人身处早春清景，却感到是处于一阵广漠无边、充塞宇宙的秋寒之中。落笔处虽点明在清晨，却轻轻换形移情，推出浓云密布之暮色。在这种特殊

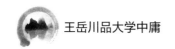

的氛围中诗人感受到生命的无奈，以"无赖"形容轻寒的天气，更显得心境情景的闲愁万种。接着诗人进一步突出"花轻似梦""雨细如愁"之境。窗外飞花袅袅，似梦般迷离；雨丝蒙蒙，似泪眼看花。梦里飞花，韶光易逝，以"飞花""丝雨"之轻反衬情思愁绪之重。一缕漠漠的愁思，一抹淡远的春梦，将诗中的无言之美淋漓尽致地传达出来。神韵俱在，在这清丽之景中，蕴含了多么浓郁的情意！

最后，以"宝帘闲挂小银钩"作结而点醒全篇词意，使帘外愁境和帘内愁人，在叠加的双重愁云中，不言自明春愁闺怨的分量。景情融化渗透在空灵的景物描写之中，浑如玉成，塑造了一个轻悠灵动的艺术境界。这可以称之为优美之境，清丽澄澈而又略含清寂的幽雅之美。

洒脱之境。苏东坡除了脍炙人口的"大江东去""明月几时有"的雄强奔放诗篇以外，还有不少超然洒脱之作。如这阕《望江南》：

> 春未老，风细柳斜斜。
> 试上超然台上看，
> 半壕春水一城花。
> 烟雨暗千家。
> 寒食后，酒醒却咨嗟。
> 休对故人思故国，
> 且将新火试新茶。
> 诗酒趁年华。

这是苏轼寒食节后在密州北城的超然台上有感而作。开头一句"春未老"表现了诗人激动的情怀感受。在大自然勃勃的春意中，诗人感受到春的脉动，怀着一腔豪情登上了超然台。放眼纵目，但见"半壕春水一城花，烟雨暗千家"，这个"暗"字下得极妙，将那烟云般的春雨纷纷扬扬、飘飘悠悠笼罩全城之景写活了，这正是"杏花春雨江南"那种纤柔朦胧之美。"寒食后，酒醒却咨嗟"，面对此景，不觉感慨万端。但是，诗人毕竟是乐观旷达的，他笔锋一转，甩掉咨叹之绪，吟出清劲豪迈之句："休对故人思故国，且将新火试新茶，诗酒趁年华。"蕴含了一种积极向上的精神。

春未老，而自己正当盛年，理应趁着年岁未老，做出一番事业来！这首小词上阕写景，写得意态纵横，动静相宜，有声有色。风细柳斜，着重写动的状态；烟雨暗千家，着重写静的状态。仿佛可以听见春水在潺潺流淌，而一城春花，姹紫嫣红开遍，使人身临其境地感受到"春未老"。下篇抒情，用笔尽一波三折之妙，由清醒而咨嗟，进而转念："休对故人思故国"，最后吟出："诗酒趁年华。"诗人的词章胸襟，并不因在超然台上而"超然物外"，没有"念天地之悠悠"的情怀，而独存趁着年华，建功立业的雄心壮志。

豪宕之境。雄强豪宕之境，非"诗仙"李白而莫能当。只要一吟"君不见黄河之水天上来，奔流到海不复回。君不见高堂明镜悲白发，朝如青丝暮成雪。人生得意须尽欢，莫使金樽空对月。天生我材必有用，千金散去还复来"，只要想起《蜀道难》《行路难》《梦游天姥吟留别》等脍炙人口的名篇，那么，中国豪放诗人的行列必以李白执牛耳，并有苏轼、辛弃疾等响亮的名字随其后。但这里我不准备谈这些大家名作，因为耳熟能详已不容他人多舌，我只想就自己个体阅读体验中的一首小诗略说几句。这首小诗就是刘禹锡《秋词》：

　　自古逢秋悲寂寥，
　　我言秋日胜春朝。
　　晴空一鹤排云上，
　　便引诗情到碧霄。

这首诗写得清新豪宕（非豪放），开朗洒脱。宋玉"悲哉，秋之为气也"，成为千古文人悲秋之滥觞。秋天木叶飘零，寒风凄恻，举目山河一片萧瑟，难免感物兴怀。然而刘禹锡却说"我言秋日胜春朝"，出语平淡，

331

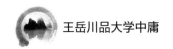

语气却格外豪宕。每到秋天，金风送爽，枫叶流丹，层林如染，真是满目云锦，如烁彩霞，气象浓郁恢宏而视野开阔。烂漫春光虽美，却显得纤弱轻柔了些，缺少些秋天的深厚廓大。就在这晶明清爽、广袤无垠的秋日长空中，一鹤凌空排云冲天，将作者的目光与诗情都引入云霄尽处。借一静（云霞）一动（鹤飞），一虚（诗情之旷远）一实（白鹤之冲霄），一扫悲秋的哀叹伤情，写出诗人豪迈向上、达观乐天的襟怀。

哲思之境。如柳宗元《江雪》，全诗仅仅二十个字：

> 千山鸟飞绝，
> 万径人踪灭。
> 孤舟蓑笠翁，
> 独钓寒江雪。

在一片一尘不染、万籁无声的境界中，诗人借隐居在山水之间的不畏严寒、专心垂钓的渔翁来象征性地抒发自己在政治苦闷和精神守中状态。从这幅接近死寂的画面上，可以体味到渔翁精神世界之光扩展着、浮动着、活跃起来，传达出作者在自己的理想不为世俗之人所理解时，只能摆脱世俗一往独前，坚定地去求索那种执着的精神。再深一层，我们就会顿然发现，《江雪》一诗的视角上是一个由大到小、由面到点的圆形哲思结构：千山—万径—孤舟—渔翁—钓丝。使诗人身之所居为千山万径环抱之中，人与自然的对立消解了，宇宙精神的吐纳吸饮，使独钓者从山川中超拔出来，成为大地意义的"命名者"。

渔翁身居千山万径之中，泛舟江湖之上，俯仰宇宙而心宇澄静。诗人以宇宙空间万象的广袤，来映衬自己饮吸无穷于自我的襟抱。这山川漠漠空间正是可以把诗人全身心安放进去的恒寂世界。于是诗人"身所盘桓，目所绸缪"，以大观小，又以小观大，俯仰天地而后回归自我。这是与西方那种人与自然对立而产生的疏离感大异其趣的。诗的首二句目击道存，目的在写出"空无"，但又不直写"空无"，而先将我们带向茫茫"千山"、幽幽"万径"这"有"的世界，而突兀地用"绝""灭"二字对"有"断然加以否定，于是从有到无只是瞬间的把弄，"无"无所不在，体悟和暗示了"无""混茫""太虚"这创造万物的永恒运行的"道"。

但诗人没有向无边空间作无限制的神游，而从无边世界回到万物和执着的自身，从而表明诗人当时所深切体验到的极高境界：在求索之途中，自己已经达到人迹罕至之境，不再希冀能得到别人的携助。这是诗人当初所真切体验过的从而传达出来的一切人生经验和知识所构成的终极大彻大悟之化境。使人能于实中悟虚、有中体无、少中味多。

混茫之境。其代表作当数陈子昂的《登幽州台歌》："前不见古人，后不见来者。念天地之悠悠，独怆然而涕下。"然而，笔者这里先不讨论"前见后瞻"的"大史"，而只讨论诗人个体生命的"小史"。那么，不妨领略一番辛弃疾《丑奴儿》和蒋捷《虞美人·听雨》的意境。

个人审美体验在时间上，短则需一瞬则可体味人生执着追求和自然终古之美，长则终身方能唤起灵肉俱释的陶醉和一念常惺的彻悟。如辛弃疾《丑奴儿》：

> 少年不识愁滋味，
> 爱上层楼，
> 爱上层楼，
> 为赋新词强说愁。
> 而今识尽愁滋味，
> 欲说还休，
> 欲说还休，
> 却道天凉好个秋。

那"不识愁滋味"的少年，"为赋新词强说愁"，到老来"识尽愁滋味"，却道"欲说还休"。天凉了，又是一个秋天，自己的生命也走到了秋

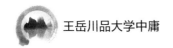

天，但山河破碎，壮志难酬，到哪里去安顿自己的心性灵魂、去抚慰自己的一腔悲愤呢？"欲说还休"，面对生命中的本真体验，语言已然失去了重量，"说"不如"休"，其间熔铸了多么深沉的无奈和难以言说的痛苦。也许，如诗所示，人生深度体验的解悟的获得是以毕生经验为代价的。

同样，蒋捷《虞美人·听雨》也异曲同工：

> 少年听雨歌楼上，
> 红烛昏罗帐。
> 壮年听雨客舟中，
> 江阔云低，
> 断雁叫西风。
> 而今听雨僧庐下，
> 鬓已星星也，
> 悲欢离合总无情，
> 一任阶前，
> 点滴到天明。

遥想当年，红烛香罗帐中，少年与歌女正是年少青春，人生得意之际，雨声宛若笑声一样清脆可人；而时光流逝，倏忽间人到中年，客居他乡，在一叶扁舟中，唯见天地空茫，雨声中夹着离群孤雁的阵阵哀鸣，不觉悲从中来，难以断绝；到如今，两鬓斑白，孤身寄居在荒凄的僧庐下，长夜苦雨，寒侵布衾而辗转难眠，思其一生漂泊江湖，历尽悲欢离合，却只留得一个灵肉老迈之躯。雨打空阶，敲在耳里，也分明声声敲在心上。

人生苦短，转瞬就是百年。生命的意义只有在生命的尽头才能本真地体味。这正如康德所说，审美体验中感悟"有时是一下子发生的，有时则需要相当长的时间"。

总之，艺术意境将人的瞬息存在与永恒结合起来，这一结合是基于一种人生哲思的冲动。然而，诗人创造意境的历程导致了他与哲人的同归而殊途：创造意境的过程就是一种由形入神、由物会心、由景至情、由情到灵、由物知天、由天而悟的心灵感悟和生命超越过程，这是一个变有限为无限、化瞬间为永恒、化实景为虚境的过程，一个人的心灵与人类历史沟通的过程，一个诗的直觉、想象、体验、启悟途径而与本体（天、地、人）沟通的过程。

这一过程具有无终结性、不确定性及其意境各层次相生相对的特点，使意境总体上成为一个召唤结构而幽深邈渺，成为中国诗哲的诗意地和自我沉醉的本体。

也许，就艺术境界而言，生命体验是艺术体验的本源，而艺术体验则是生命意义的本质直观。只有生命与艺术的完美整合，才能创造真正的"诗意栖居"的境界。

第二十七讲 《大学》《中庸》 在 21 世纪的国学价值

一、《大学》《中庸》等国学经典在 21 世纪有何意义?

问：王教授，您好！您精读的《大学》《中庸》开播以来好评如潮，大家很想知道作者的详细情况和学术的最新思考。您是从什么时候开始读"四书"的？

王岳川：大概是上小学以前读过一些片段。我外公——饱读诗书的一位老先生在我五岁时教我每日读和背《千家诗》。其后有一天，他开始给我讲"小学"，读什么呢？礼、乐、射、御、书、数。礼要懂得进退、秩序、规矩，就是礼仪；乐当然是音乐、乐教，古代的诗歌其实也是音乐的一种，咏而歌之；读的诗，包括一些《诗经》篇章。然后是"射、御"，当然太小了不可能做到，射就是射箭，御就是驾驭车辆，这是古代少年必须要掌握的。最后是"书、数"，书要写字，同时书还有书写，还有文字的意思，要辨识六书，懂得汉代许慎《说文解字》，要认字。数，有点像今天的算术等。

长大一些，明白了"大学"要读经、史、子、集，既要读"四书"，还有"五经"——《诗》《书》《礼》《易》《春秋》。那个时候略为知道，但是不能理解。等我上中学时，有时读到古代经文，或者是"四书五经"中的某一句，豁然开朗，才意识到当年外公让我读经典之书，多么有先见之明。

其后读"四书"，已是到了初中阶段。高小阶段经历"文化大革命"乱象，我只好下乡到农村待了一段时间。"文化大革命"时"破四旧，立四新"，批孔子，有一些《论语》节本印刷品，是供批判用的，从侧面我又反复读了多遍《论语》。他们上纲上线批判孔子"四体不勤""五谷不分"等，这些所谓的批判，理解偏颇，背离原文，无限上纲。举个例子，子路跟随孔子游学迷了路，找不到老师孔子，只好前去问路于耕种的老农夫。老人回答道："四体不勤，五谷不分，孰为夫子？"这句话被歪曲解释为人民群众批判孔子脱离劳动实践的罪状。其实，是主语看错了——主语是老农夫。老人说："我四体不灵活，脑袋已经转不动，眼睛昏花分不清楚五谷，没看清楚你的老师是哪个。"这当然不是在批评孔子"四体不勤，五谷不分"。我当时意识到《论语》被人误读成这样子，也只能长叹。最初读"四书"的经历大概是这样。

问：王教授，第一次读《大学》《中庸》，和您现在读《大学》《中庸》，感觉有何不同？

王岳川：不一样。第一次读《大学》《中庸》应该是在高中时期，尽管"四书"接触比较早，但那个时候接触《论语》比较多，《孟子》只是读了小部分。到了高中时期，我喜欢写书法，有一次用蝇头小楷把《大学》抄了一遍。《大学》文字很短，不含标点的话，1500多字，而《中庸》在3500多字，抄一遍才发现很难读。我后来上大学时，做的也是国学，又重温《大学》《中庸》，才发现《大学》《中庸》的思想，比起《论语》和《孟子》来说一点都不低，相反，语言更加精练浓缩，逻辑更加严密，是儒家理论的高度总结，非常精彩。

一般而言，《论语》"学而时习之，不亦乐乎"等，都是师生的一些问答，很口语化。而《大学》《中庸》就已经成为理论抽象集结，就是对儒家纲目的精辟理论总结，深奥难懂！很多人读"四书五经"就出现偏读——只读《论语》，甚至有些孩子整本《论语》都能背下来，大概有16000字，《孟子》挑一些熟悉的读，而对《大学》《中庸》置之不理。一家著名电视台有个文化教育类讲坛节目开办了二十多年，一部"四书"没

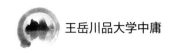

有讲完，只讲了《论语》心得，以及《孟子》的某些思想，《大学》《中庸》缺席。

问：您什么时候开始讲《大学》《中庸》的呢？

王岳川：三十多年前，我在北京大学开课《国学与东方美学》《大学中庸与美学》等课程，主要给博士生和访问学者讲授国学尤其是讲《大学》《中庸》。二十年前，我从国外担任客座教授多年回国，2002 年中央电视台栏目组请我去讲《大学》《中庸》。《百家讲坛》记得大概是 2001 年底开始举办的。我是最早的主讲者之一——2002 年 4 月播出我讲的《现代化与中国文化未来》，探讨中国文化精神，展示古代中国如何从农耕文明走向海洋文明，最后进入太空文明，变成一个发达的工业文明之国。我在国外写完一本书《中国镜像》，2000 年在中央编译出版社出版。当时还有一部手稿《发现东方》在完善之中，2002 年在北京图书馆出版社出版。于是，我收到香港凤凰卫视《世纪大讲堂》栏目邀请，去讲《发现东方》。讲后海外华人反响很大，我收到了很多来信。

2002 年夏天，中央电视台邀请我讲国学《大学》《中庸》，很快录完二十三集，每一集三十分钟。在中央电视台数字电视"考试在线"播出后，我把文稿整理成书《大学中庸讲演录》，增加一些必要的注释，2003 年在广西师范大学出版社出版。这本书销售很火爆，连续加印。2016 年中国青年出版社根据我的中央电视台讲座节目内容，整理成《君子之道——王岳川教授讲大学中庸》一书出版，反响很好，不断再版。

可以说，研习《大学》《中庸》几十年，关于这两部书的讲座已经讲了三十多年，出版研究著作两部。后来收到喜马拉雅邀请讲《大学》《中庸》，我不打算重复过去的研究成果，而是重新审视这两部国学经典，尽可能讲出 21 世纪的新高度。

在我看来，"国学"这个名称是悲怆的。孔子时期叫儒学，汉代叫汉学，宋明叫理学，清代叫朴学，清末民初叫国学。国学是救亡图存时期，中华民族到了最危险时保存国粹，由民国初年的学者提出来的。国学要改造民魂，重塑国魂，道路漫长。西方哲学强调哲学是向死而生，哲学就是学会如何去死，死得有尊严。其实中国人早就说过这个话了。孔子说：
"未知生，焉知死"；司马迁在《史记》中说："人固有一死，人或重于泰
山，或轻于鸿毛"；毛泽东同志也说："生的伟大、死的光荣"。人生最重
要的就是生死大事。如何才能生得充实、死得无遗憾，实在是智慧人生应
该观照的事情。这些问题，我在《大学》《中庸》品读中，都会慢慢开化。

　　问：我看资料，看到梁启超好像不太同意把《中庸》和《大学》《孟
子》和《论语》相比，他觉得不太比得上。

　　王岳川：清代和民国疑古者大多有这类看法，但我认为宋代朱熹的做
法没有错，其实在朱熹之前二程也将《大学》《中庸》提到经的高度。你
刚才说到梁启超，我想说几句话。对民国时期的知识分子关于国学的看法
不要太在意，他们国学底子是有，还有晚清的一些小学底子，但他们面对
西方的强大，自我思想认同和文化身份出了问题，急于否定中国学术，无
限想象放大西方思想。什么"西方神圣，中国落后"，什么"打倒孔家店"
"全盘西化"，什么"崇尚改制""怀疑伪经"，什么"疑古""废除汉字"，
……林林总总，不一而足。从梁启超的老师康有为开始，就出了很多问
题。康有为的《伪经考》《孔子改制考》，包括他对书法扬碑贬帖的看法大
多是错误的。而且民国时期知识人属于救亡图存的一代，他们把中国学问
看作无济于事，对道德学问嗤之以鼻，一味神话、崇拜西方，我认为这可
能开始了中国文化自卑、自我矮化的学术方向，甚至误导了后学。时过境
迁，过了一百年，当时疲弱的中国越来越强大，今天应该正视新国学风
范，不要把康梁的东西，包括胡适"打倒孔家店"、钱玄同"废除汉字"
的东西太过当真。在我看来，民国知识人的身份问题和学术意识相当部分
已经过时，已然成为历史。今天，我们面对的是21世纪的中国问题和人类
命运共同体问题，是全球化时期知识界全新的问题和问题意识，有必要从
新的文化自信角度重新解读国学。

二、关于"四书"的阅读进程和品读要领

　　问："四书"的阅读进程是怎样的呢？

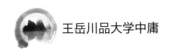

王岳川：朱熹想建立一个儒家入门之经。他认为《大学》是入门之学，相当于学术导航，避免误解而浪费光阴。儒学著作可谓是汗牛充栋，整个中国的古籍有多少本？据不完全统计，包括《四库全书》在内是25万多册！是读不完的。朱熹把儒家精彩之作浓缩凝练，抓住纲目关键，是有他独特的思考的。汉代"五经"形成体系，清朝"十三经"已经形成完善体系。南宋朱熹下了20多年功夫编一部《四书集注》，就是大道至简！凡是伟大的思想都是用最简洁的语言表达，凡是伟大的体系都是直指心性而民众能够看清楚。相反，那种神龙见首不见尾，云山雾罩，有人去读了也是不知所云不知其妙。《大学》用1500多字作为"四书"开篇，用极其简洁的语言"大学之道，在明明德，在亲民，在止于至善"，就把人从存在混沌状态引入到理性明晰状态，从人生迷茫的状态引入到生命启蒙状态，启开心扉，去掉心中蒙昧，引入智慧之途。朱熹倡导读"四书"，王阳明更加重视读"四书"，尤其重视读第一本《大学》，可见宋、明两代的儒学大家都很重视用经典来开启心智。

第一本，读《大学》。明白《大学》三纲八目。三纲："大学之道，在明明德，在亲民，在止于至善。"八目："格物、致知、诚意、正心、修身、齐家、治国、平天下。"其实，指出了儒学的道路，就是从格物开始，修身为本，而最终是要治国、平天下。《大学》首先通过格物的方法，穷究大千世界的原理，尊重客观事物的规律。其次，"致知"，把所谓的外在的知识逐渐变成自己的一种智慧，而那些对抗大自然、奴役大自然、破坏大自然的人最终将受到规律的惩罚。第三，"诚意"，"意"是没有显示和言说出来的思想，主要是内在的活动和心灵的种种波动。这时候要求意"诚"，又叫"慎独"。第四，"正心"，正心是为公心而放弃一己之私欲，而把心换成中正清明的公心。第五，"修身"，言辞要雅逊合乎规范，行为方式和仪态要中和、平和，而且身心合一，不能是面和心不和、身心相分、口是心非。第六，"齐家"，在整个大家族中显示出自己卓越的管理能力、协调能力和整合整饬的能力。第七，由家及国，把家庭伦理和国家伦理合二为一，对待国家和人民就像对待自己家庭成员一样充满爱心。最后，使天下太平。当然，就历史语境而言，当时所说的"国"主要指的是诸侯国，当时的"天下"是四海之内，与今天的全球和世界大有区别。但今天在全球化时代，也可以放宽眼光，把天下看成是整个地球整个人类，从而发掘引申儒家思想中合理成分，放眼整个世界的风云际会，关注人类发展整体命运。

第二本，朱熹认为读《论语》，为什么呢？《论语》是春秋时期首创的一部"对话语录体"文集，由孔子弟子及再传弟子编纂而成，记录孔子及其弟子的言行，集中地反映了孔子的思想，是儒家学派的经典著作之一。《论语》广集道义、仁爱、文化、修为等，广泛地涉及各个领域，学生提问什么，老师就要回答什么，甚至有人问怎么种庄稼、怎么做官，老师都要回答。《大学》是精辟而精粹的，"极高明而道中庸，致广大而尽精微"，那么，《论语》就是"致广大"——非常博大的、庞大的体系，领悟到天地万物如此之神秘，人间万事如此之壮阔。

第三本，朱熹认为读《孟子》。韩愈将孟子列为先秦儒家继承孔子"道统"的人物，后世尊称为"亚圣"。《孟子》是孟子的言论汇编的语录体，由孟子及其弟子共同编写完成，倡导"以仁为本"，翔实地记载了孟子的思想、言论和事迹，是了解孟子哲学、政治、教育、伦理、文化主张及其学说的可靠文献。孟子的仁政——学问不是自我欣赏，而是要为国家服务。仁政，民为重，社稷次之，君为轻。强调国君如何从政，如何当国君，国家如何能强大。学问不是孤芳自赏，最终要为民族家国服务。

第四本，朱熹认为读难度很大的《中庸》，明白中庸之道。应该说，《中庸》是"四书"中难度最大的一部著作，其三十三章各有精彩。史论结合，纵横交错，通过开掘个体身心修为之维，将外在事物和天地大道相合相生，显示了中国哲学思辨性和践行性。对此朱熹总结道："其书始言一理，中散为万事，末复合为一理。放之则弥六合，卷之则退藏于密。其味无穷，皆实学也。善读者，玩索而有得焉，则终身用之，有不能尽者矣。"

怎样才能保证自我知行合一长久而正确呢？读《中庸》。《中庸》在中

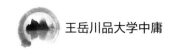

国哲学体系中相当于辩证法,辩证法是非常深奥地对"度"的把握。一般来说,西方的"度"形式上是一个天平,但天平有个很大的问题,左边搁一公斤物体,右边就需要一公斤砝码,它才会平。左边要搁一泰山,右边搁泰山般大的砝码,有吗?没有。中国的儒家不这么做,怎么做呢?左边搁一泰山,右边还是那个砝码,他把天平中轴线右移,就变成称中药的秤,四两拨千斤——秤砣移动就把这个"中"的平衡找到了,这就是"中庸"。《中庸》是一个很微妙的四两拨千斤对"度"的精准把握,这是一个方面的"空间"。还有一个方面,就是对时间的把握。"庸"的本体论时空观,时间的把握就是朱熹那句话:"庸者常也。""常"有两个解释,第一是恒常不变;第二是时时刻刻——经常、时常。于是,就出现找到一个很好的方法——不偏不倚,却坚持不了两三个月,坚持不了一年,最终功亏一篑。儒家列出了一个方法就是要"中"——不偏不倚,同时要"庸",就是要时时刻刻"中",并永不停息坚持到底。

问:那在《红楼梦》里,好像曹雪芹也对"四书五经"不太感冒,他假借书中人物之口说出来的。

王岳川:历朝历代对自己的生命践行选择中,都有几条路。曹雪芹当时是属于比较落魄而边缘化的人物,将自己的影子投射到贾宝玉身上,使得贾宝玉带有曹雪芹自传的色彩,是曹公集恋爱(意淫说)、补天济世说、正邪两赋说于一身的"领会者"形象——鲁迅说"悲凉之雾,遍被华林,然呼吸而领会者,独宝玉而已"。我研读《红楼梦》多年,体会到《红楼梦》几个主人公构成了生命探索四条路。他让几个主人公找到自己的路,比如,黛玉喜读《庄子》走的是道家之路,宝钗要宝玉考科举走的是儒家的道路,妙玉古佛青灯走的是佛家的路。你注意到这三个女孩子的名字,正好构成了"宝玉"的名字,而她们的路大体上就是儒、道、佛三条路,但这三个人都没有走通。为什么呢?宝钗最终活守寡,没有走通向功成名就之路;黛玉找到心灵的应答灵魂的共鸣者,但在"一死生"中最终含恨死去;妙玉古佛青灯,但最终被强人掳去深陷肮脏泥淖中。这三个女孩子的儒、道、佛之路三条路都没有走通。

但是有一个人走通了，这就是"混世魔王"贾宝玉。他是无所不作，大致记得《西江月》调侃道："潦倒不通世务，愚顽怕读文章；行为偏僻性乖张，那管世人诽谤！……天下无能第一，古今不肖无双。"可谓入木三分。他早年顽劣不堪，喜欢吃丫鬟们的口红，还不喜欢读书，常常诋毁儒家，和戏子们互相来往，甚至还有同性恋倾向，……被他父亲打了一顿。宝玉正是曹雪芹"正邪两赋论"的代表："在上则不能成仁人君子，下亦不能为大凶大恶。置之于万万人中，其聪俊灵秀之气，则在万万人之上，其乖僻邪谬不近人情之态，又在万万人之下。若生于公侯富贵之家，则为情痴情种；若生于诗书清贫之族，则为逸士高人。"但宝玉出狱后落入生活的贫困底线，成为打更敲钟人，到了晚年一无所有。最终他彻底悟道，在白茫茫大地一片真干净的风雪中，穿着一身大红猩猩毡出家了——终成正果！《红楼梦》给人的启示就是坐在屋里的古佛青灯修行未必能成，而生活的苦难让贾宝玉最终能够超越了他生活的局限性——纨绔弟子、富豪之家，"情不情"——终于成了一个大彻大悟的人。

至于《红楼梦》曹雪芹对儒家的贬斥，在明清小说中比较常见。比如，《西游记》对道家非常贬斥，什么道理呢？是当年吴承恩在写《西游记》时，当时明朝皇帝对道家大加吹捧，满眼都是道观烟火，他很反感，因此反其道而行之，在《西游记》里把道教置于佛门之下，经常诽道，把道士写得很不堪。曹雪芹在清朝时也遇到这类情况。清朝科举制度非常强大，以后达到了鲁迅所说的"吃人"的程度。曹公对清代儒家当时那种腐朽没落——变成书虫、蛀虫，不敢去进行思考，只去做文字朴学，甚为痛恨，坚决反对科举功名。

这里要分清楚有几个儒家，明白《红楼梦》反的是哪一家。一般在学术史上，将儒家分成四家：第一，原始儒家，就是说孔、孟、曾参、颜回、子思等，充满了活力的"天行健"的原始儒学；第二，到了汉武帝时代"罢黜百家，独尊儒术"的汉代儒，带有天人相交、君权神授的神秘主义的儒家，变成了意识形态的政治儒教；第三，宋明理学，里边充斥禅学思想和哲学思辨型的思想，是禅学化儒家；第四，现代新儒家。唐君毅、

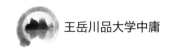

牟宗三等港澳台的一些学者从西方留学回来以后，用西方康德、黑格尔体系来改造儒学的新儒家。我认为，曹雪芹、梁启超们大概出于对宋明儒学乃至清儒的反感吧。

而今天我们精读的《大学》《中庸》，不是重视宋明儒更不是清儒，重视的是原始儒家。原始儒家是刚健清新的儒家开创者，是创立思想江山的原创者。而原始儒家后面的人，乃"九斤老太"一代不如一代。我们不能把板子打在先秦原始儒家身上！我认为，今天重要的任务是重新解读原始儒家清新刚健的仁爱大同精神，而不是去继续愚蠢地毁损国学。

问：王教授，刚才您说您读"四书"，包括《大学》《中庸》，您读了不下千遍，大概《大学》《中庸》加起来也就五千多字，这个怎么读呢？读一千遍了早就会背了，还怎么读呢，为什么还继续读呢？

王岳川：我出差讲学比较多，尤其是这十几年，去了40多个国家。我的行囊里面总是有一本"四书"，背是很早就会背。但说实话，很多人背了而不知其意，不能正确地理解，包括所说的"天命之谓性，率性之谓道，修道之谓教。道也者，不可须臾离也，可离非道也。是故君子戒慎乎其所不睹，恐惧乎其所不闻。莫见乎隐，莫显乎微，故君子慎其独也。喜怒哀乐之未发，谓之中；发而皆中节，谓之和。中也者，天下之大本也；和也者，天下之达道也。致中和，天地位焉，万物育焉。"就这《中庸》开篇词，里面的"大词"没有几个学者能把它说清楚：什么叫天？什么叫命？什么叫性？什么叫道？什么叫教？什么叫"慎独"？……都囫囵解释一通，甚至一些电视台播出的某些学者读经史，都成了百姓厌恶的心灵鸡汤。

真正的学者读经不是背诵这么简单，通过千百次精读思考，要深刻领悟"经"的根本——本、末、终、始、先、后。"认"和"识"是不一样的，"认"一个人和"识"一个人是不一样的。"认"一个人一眼就可以认，而"识"一个人要一辈子，这叫作"路遥知马力，日久见人心"，才能叫作"识"。比如，什么叫"天"？那就多了，我给法国出版的一套丛书写一本《天》，只研究这一个"天"字，写了近十万字。什么叫作"命"？

那就更多了，为什么"命"中国要加"运"？去琢磨，命是不可改的规律，不可改的发展方向，而运是可以改变的。精解精读，就要逐字逐句读解，找到经典的根。我注意到，对国学"鸡汤化""娱乐化"的伤害是致命的，而西方一些名人对国学的攻击同样也相当致命。德国哲学家黑格尔攻击《论语》说这本书写得很差，都是一些生活常识和道德说教，还不如当时不要翻译成西文，这样中国孔子还可以去蒙西方人，现在翻译完了孔子形象就崩塌了，云云。这种西方中心主义的低级错误当然是欧洲中心主义和浅薄文化沙文主义作祟。这中外两种对儒学的有意误读和伤害，我们都必须在解读中逐渐展开正面回答。

问：王教授，您从"四书"之中读到什么呢，读出了什么呢？

王岳川：要问我具体读出了什么？我想，在讲和听国学时，可以明确的是：国学不会给你带来财富，不会带来一栋楼，也不会带来一辆豪车，但教会你知道自己路漫漫其修远兮，脱离小人低俗气味而成为君子。很多人以为成了君子都到头了，错。孔子把人的境界分成五层境界：第一层境界就叫庸人，有时也叫小人，但也不是坏人，他只是比较自私的，没有开窍的一般的人；第二层就是士人，读过大学的读书人，离小人并不远，就在小人旁边，不要认为戴上眼镜读了书就变成了高大上，没有，他们仍然在小人之间纠缠。第三层君子，我认为有些人一辈子都做不到君子境界，这两个字极简单，却很难做到君子"慎独"。在《大学》开篇和《中庸》都有"慎独"这两个字，也就是说《大学》《中庸》都把"慎独"作为它的核心价值，很难做到。第四层境界是贤人，君子明道叫作独善其身，慎独就是独善其身。但这样还不行，还要出来为国家所用，成为治国的人才——贤人，它是治国平天下的"大人之学"，就是让你从"小我"的悲欢离合走出来，为这个民族"大我"而担当。独善其身君子也，而达者兼济天下贤人也。第五层境界更难做到——圣人！有几个能成圣人？为什么儒家总是说尧、舜、禹、周公，他们都不是自私自利的人，而是圣人——置自己的生命于不顾，置自己的温饱而不顾，为国家和人民分忧，超越时代影响千秋万世，实乃圣人！

在这儿说个有趣的事，上一代和下一代是不能够完全传承，富不过三代是有道理的。但是经过教化可以传承文化。比如，孔子很伟大，教育家、思想家、哲学家、美学家、音乐家等，但他居然培养不出自己儿子孔鲤成为思想家。孔鲤就没有什么作为，历史上没有看他写什么书、说过什么名言，但孔鲤培养了一个超过自己的儿子，就是孔子的孙子——子思。传说，有一天孔鲤对他的父亲孔子说："你的儿子不如我的儿子。"又转过身对自己的儿子子思说："你的父亲不如我的父亲。"孔子听了，笑而不答。这当然是笑谈。经过考证，孔鲤死于孔子之前，而孔子死时子思才五岁，孔鲤怎么知道幼年的子思优不优秀？事实上，孔子死之前，将五岁的孙子子思托孤给二十七岁的曾参。没有曾参，子思恐怕达不到撰写《中庸》的高度。可以说，曾参参与编撰《论语》，撰写了《大学》《孝经》等，是原始儒家承上启下的关键人物。子思再传弟子又教会了孟子，可以说，《论语》《大学》《中庸》《孟子》这四本书就贯穿一体，成为原始儒家的代表著作，可谓非常重要。

我在中央电视台《读书》栏目做了七集的系列节目"开心学国学"，明确反对摇头晃脑地去背"四书"，那样只学会了"四书"的言辞形式，而丢掉了精神内容，可能会买椟还珠，本末倒置。要学会在路漫漫中不断地提升自己的境界，从小人、士人、君子、贤人、圣人的不断地求索超越，直到生命的尽头。

三、近百年中国学术界对"四书"的严重误读

问：您认为对"四书"有哪些误读？

王岳川：在我看来，对"四书"尤其是对《大学》《中庸》的误解有三：

第一，认为《大学》《中庸》太深奥难懂。的确这两部书尤其是《中庸》比《论语》《孟子》更难懂难学。今天全世界在美国带领的图像化时代，人类的理论思维已经远不如前人。德国人对康德、黑格尔读不懂，也

逐渐不读了。在世俗化浪潮中，人们都喜欢读那种浅薄的心灵鸡汤和快餐文化，甚至是娱乐致死的文化。我认为这是人类智慧的后退，是人类精神的沉沦。认真读《大学》《中庸》，会提升生命的智慧和境界。

第二，很多人认为《大学》《中庸》里的思想过时了。确实有过时的部分，比如，《中庸》的"九经"，《大学》里面君臣父子的关系，《论语》里边的"唯女子与小人难养也""子为父隐、父为子隐"等，这些都随着历史的农耕文明而失去它的意义。现在进入后工业文明，再去跟人家说"唯女子与小人难养也"，女权主义者肯定不答应，这是违背民主社会"政治正确"的一个基本常识，这些过时的话语都应该抛弃。我在讲《大学》《中庸》时，不是说其字字是真理，当然不是！正确就是正确的，错误的就是错误的，过时的就过时，好的就是好的。比如，"立己达人"——"己欲立而立人，己欲达而达人""己所不欲，勿施于人"等，穿越历史的云烟，变成了国际社会的共识。己欲立而立人，己欲达而达人，意味着自己立起来，也让别人立起来，自己兴旺发达，同时让别人兴旺发达，翻译成现代语就叫"双赢"。孔子2500年前就提出了"双赢"思想，难道今天人类不应该重视吗？"四书"的阅读，一定要破除一个障碍，就是它要么全对，要么全错。这都不对，要用辩证法一分为二地去分析优劣得失。

第三，很多人在读到"四书"，尤其读到《大学》《中庸》时，就觉得好像没什么体系。其实，古人对中国思想的理解，叫作思想史而不叫哲学史。思想史是一个开放的体系，哲学史是一个相对封闭的体系。作为中国文化主体的儒家思想为什么万古长青？就在于它不是封闭的体系，它是一个开放性的结构，让每个人可以从中读到智慧。正唯此，中国的思想叫作"智慧学"。

从这个意义上说，我们应该纠正一个误区，就是长期以来唯西方马首是瞻，西方叫作哲学，中国就该叫作哲学，西方艺术中没有书法，中国的大学全部把书法给排挤掉了，这些都是学西不化的结果，导致了对民族精神的戕害和国粹的分崩离析。我坚持认为，中国思想一点不输西方。

问：王教授，那您觉得学习《中庸》《大学》，"四书"这些国学更重

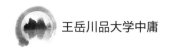

要的在于实践吗？

王岳川：明代大儒王阳明提出了"知行合一"，知而不行不是真知，而是无知。可以举一个小的例子，王阳明对《大学》非常感兴趣，他读到第一段就被卡住了——"格物"，按照朱熹的解释"格"有几层意思：第一个是来去的来；第二个是分隔的意思，就是现在还叫区隔；第三，格有"穷尽"的事物的原理挖根到底的意思。于是，王阳明就躺在一丛竹笋下边盯着看竹子怎么长。王阳明现在听的是朱熹的格物。朱熹是比较有客观精神的思想家，格物是要了解事物的规律，穷尽事物的本质。结果，竹子每天长，直到竹子七天左右长到差不多一米多高，王阳明在竹子旁边看了七天以后生病了，他没有看到竹子的本质，也没看到竹子的规律，于是他突然醒悟到，原来事物不在外在的规律和有一个客观本质让你去把握，而在于你的心。王阳明返身而诚发明了"心学"。心学反过来就是说：你心中的竹子。于是，郑板桥画出自然界没有的"墨竹"——黑竹子；苏东坡画的是大自然没有的"丹竹"——红竹子。在朝廷上苏东坡遭到了很多朝廷命官的嘲笑，说愚蠢啦，世界上哪有红颜色的竹子？苏东坡说那是我"心中之竹"——一片丹心！心学就是强调人的主观能动性，人的心有多大，世界就有多大。从某种意义上说，它强调人的主观的，激发它将其能量全部迸发出来。

如果中国的"四书"阅读是摇头晃脑，就会丢掉了"知行合一"，丢掉了主观能动性，变成两脚书橱。我反对这样。我认为，当一个人跟随老师听完《大学》《中庸》精讲以后，他会豁然开朗。对自己而言，变成了一个永无止境、追求人生完美的一个君子、一个贤人，而对国家而言，要的"为天地立心，为生民立命，为往圣继绝学，为万世开太平"的大智慧。国学大智慧要的是人类的愿景宏图，它最终战胜霸权的"人类毁灭"论，而归属到孔子"大同世界"上去！

《大学》《中庸》是需要用心灵去共鸣发现的。比如，《大学》应该讨论"以财发身"还是"以身发财"？就这八个字就决定了你的命运，"以财发身"就赚到钱以后，不是去贪婪地赚更多的钱，走上将积累财富变成终身价值的错误道路；而是"以财发身"，让财富来为生命提升服务，为整个社会服务，为整个人类服务。如果"以身发财"，把自己变成赚钱工具而最终累死，那是没有智慧的。

还有，《大学》凸显"财散人聚"还是"财聚人散"问题意识，又是八个字。《大学》《中庸》深谈一些经济学问题，所以叫"大人之学"——经世济民治国平天下的人。什么叫作"财聚人散"？就是一个人非常抠门，就像鲁迅讽刺过的守财奴，《儒林外史》讽刺的吝啬鬼严监生，临死时要人挑去一茎灯芯省油才安心死去。这就叫作财聚人散——疯狂敛财，锱铢必较，寸土必争，贪心无比，最终贫困衰败下去。

相反，高瞻远瞩的"财散人聚"，中外有两位做得很好：一位就是俄国的托尔斯泰，81 岁时他把他的庄园全部散给周边的穷人们，很了不起。托尔斯泰的妻子分外不理解而且没有共同语言，于是愤怒的托尔斯泰提着行李箱，在漫天飞雪中登上夜行的火车走向远方，最后死在小火车站。中国有一位邵逸夫，用一生做到了"财散人聚"——他为全国 12000 所大学、中学、小学捐助了逸夫楼、逸夫图书馆等，人民永远记住他。这就叫作"财散人聚"！当一个人听了这八个字"财散人聚、财聚人散"，就会豁然开朗，原来中国的两个字——"舍得"，就是这个含义，要舍才能得！一辈子不是做会赚钱的机器，一个生产利润的绞榨机，把自己过得像一个鬼一样的生活，那是错误的。国学的意义呈现出来——让人活得像一个真正的人，像一个大写的人，让这个民族充满智慧看见世界，不再是唯财是举的鼠目寸光！

问：王教授，如果不学国学的话，是不是有其他的途径达到，从小人到士人、到君子、到贤人、到圣人这样的一条路？

王岳川：达不到！西方现代性使得今天的人已经是碎片的人，不是整体的人了。过去国学家懂中医如苏东坡，又懂射箭打仗如王阳明。黄帝有《黄帝内经》的医学书，又有《黄帝四经》经学书，还有托名的《黄帝外经》。苏东坡也是国学家，他的诗词是经史子集之"集部"的诗人词人——前、后《赤壁赋》和《水调歌头》《念奴娇》；他还写出学术著作

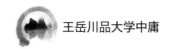

《苏氏易传》《东坡书传》《东坡志林》《苏沈良方》及《论语说》（辑本）等；他精通医学，居然还会开药方；他还是书画家，《黄州寒食帖》《枯木怪石图》闻名天下；还是美食家、官员……而今天的知识分子就变成了"单面人"。在一个医院里找不到完整认识人的医生，都已分成眼科、鼻科、耳科、喉鼻科、胸科、胸外科、内科、骨科、血液科……所有东西都在现代性中精粹化、零碎化。而中国精神是综合辩证，囊括宇宙，纵观五千年，善于领悟大智慧。

我认为这两种都有偏差，西方的分类分得越细，人就消失得越快。而中医或者说国学被人认为缺乏精细。今天的社会学、人类学、考古学、文学、经济学、法学都是像医院分科一样，研究了人的一方面，遗忘了"整体的人"。人文学科分为中文系、历史系、考古系、哲学系、心理学系、教育系……可以看到，分科已经进行了一百多年，大概是在清朝晚期结束了科举制度以后，就开始分科。人的零碎化使得人很难不断超越进而成为贤人和圣人。因此，人应该重新在国学的整体智慧中重新全面认识自我，获得超越自我的能力。

问：王教授，以前读书人都是从小时开始读"四书五经"，对他们的价值观等方面有影响，现在听您课的人都是成年人，你觉得他还能影响他们吗？

王岳川：前面我讲过，15岁以前读小学"六艺"——礼、乐、射、御、书、数，15岁后读"大学"——"四书五经"。事实上，读书悟道什么时候都为时不晚，成年人读《大学》《中庸》，"不愤不启，不悱不发"，可能领悟更深。北京大学东语系教授金克木先生，是研究印度佛学和佛教语言翻译的专家，我跟他是忘年交。他80多岁时，我当时不到40岁。我去他家，他对我说："书读完了。"我大吃一惊，我说书怎么读完呢？花一辈子也读不完。就算是北京大学图书馆三千万册书，人只能活三万天，一天读一百册也永远不可能读完，何况图书馆每天还在进新书。你知道20世纪90年代社会已进入"知识爆炸"的时期，金先生告诉我"书读完了"，而且不是随便说的，是认真说的，我一下就顿悟了！

这个顿悟就是很多书都是没有什么价值的消遣读物，甚至是垃圾读物，是永远读不完的，就像垃圾食品一样。人生苦短，应该读最精粹的书、真正的经典——"四书五经"，才不会过宝山空手而回！

问：王教授，您刚才说提升自己的境界，您在国学方面造诣很高，作为一个人有没有苦恼呢？

王岳川：当然有。第一个苦恼是学无止境，生命苦短；第二个苦恼世界诸事繁杂，难以达到古人那样的高度；第三个苦恼就是王阳明的痛苦，知行难以合一。

四、国学对艺术审美境界提升有怎样的滋润功能

问：您的书法造诣很深，国学对书法有怎样的滋润功能呢？

王岳川：书法本是国学的重要部分。法国著名哲学家、艺术家熊秉明认为，"书法是中国文化核心的核心"。我为什么要把书法和国学联系起来，为什么非常赞成法国的哲学家、艺术家熊秉明"书法是中国文化核心的核心"的看法，因为这个核心是汉字，而我们是"汉字文化圈"。

书法的第一个国学特征，是中国汉字特有的一种传统艺术。从广义上讲，书法是指语言符号的书写法则。换言之，书法是指按照文字特点及其含义，以其书体笔法、结构和章法写字，使之成为富有典雅美感的艺术作品。中国的汉字书法为汉族独创的表现艺术，被誉为"无言的诗，无形的舞；无图的画，无声的乐"。中国的书法艺术开始于汉字的产生阶段，扬雄《法言·问神》说："言，心声也；书，心画也。声画形，君子小人见矣。声画者，君子小人之所以动乎情。"马宗霍《书林藻鉴》说："声不能传于异地，留于异时，于是乎文字生。文字者，所以为意与声之迹。"因此，产生了文字。大体上说，书法的第一批作品不是文字，而是一些刻画符号——象形文字或图画文字。汉字的刻画符号，首先出现在陶器上。最初的刻画符号只表示一个大概的混沌的概念，没有确切的含义。距今八千多年前，黄河流域出现了磁山、斐李岗文化，在斐李岗出土的手制陶瓷

上，有较多的类文字符号。从夏商周，经过春秋战国，到秦汉王朝，二千多年的历史发展带动了书法艺术的发展。这个时期内，各种书法体相续出现，有甲骨文、金文、石刻文、简帛朱墨手迹等，其中篆书、隶书、草书、行书、楷书等字体在数百种杂体的筛选淘汰中逐渐定型，于是，书法艺术开始了有序的发展。如果从殷代甲骨文开始算起的话，那距今已有三千多年的历史了。

书法第二个国学特征，内容书写文言文的经、史、子、集。无论是"厚德载物"，还是"道法自然"；无论是"黄河之水天上来"，还是唐太宗写《王羲之传论》，"心摹手追，惟王逸少乎……其余区区者，何足论哉"，都足见书法书写经、史、子、集的一以贯之。

书法第三个国学特征，书写人性的高远潇洒之美。清代书论家刘熙载《艺概·书概》说："书，如也，如其学，如其才，如其志，总之曰，如其人而已。"王羲之《兰亭序》文美字美，天下第一行书。我们应该弘扬中国书法的正脉，推崇"二王"的帖学，从而使中国的正脉书法成为当今具有主流地位的书法艺术，使中国书法保持优美、雅致、文质彬彬的审美风格。可以说，书法是全世界所有艺术中最干净的，小说有黄色的，电影有黄色的，美术有不洁的黄色，网络有一些不洁的充满了屏幕暴力和恶心的东西。唯独书法是正能量的，是最清洁的艺术。当然，有人妄图将西方后现代的丑怪恶心塞入中国书法，打着各种旗号污染书法之美，我想最终是不会得逞的。

书法第四个国学特征，代表中国文化播撒全世界，是中国文化输出的重要软实力。现在，全世界有一百多个国家把中国的汉语列入他们的高考范围，全世界有一亿多人在学习中国的书法。我坚信，中国书法史和书法教育史一定会成为国际书法史和世界书法教育史，中国书法一定走出国门，成为全世界人们走近东方文化的审美爱好。

书法第五个国学特征，书法是"生态美学"的东方精神文化重要书写方式和表达方式。写书是"精神生态"美，所以在修心养性道法自然中，书者能长寿：欧阳询活了85岁，柳公权活了87岁，文徵明活了90岁，舒同活了93岁，启功活了93岁，季羡林活了近100岁。这种修心养性的艺术，使得国人长寿的同时，使得汉字风行天下，成为与西方对话的新语言和新形态。这是中国恢复"汉字文化圈"的必由之路。

我认为，学者可以写书法，书家必须拥有文化。书法界不应该脱离文化。我二十年前在北京大学书法艺术研究所成立的时候提出"文化书法"，坚持认为中国书法必须坚守自己的文化阵地，走"回归经典，走进魏晋，守正创新，正大气象"之路。

问：最后，请您谈谈您精讲《大学》《中庸》播出后，您想对众多受众说点什么？

王岳川：在今天全球化时代，东方大国应该发出自己的文化声音。崛起的中国应该清理自己的精神文化遗产，让这个世界不仅有西方的法律精神，还应有东方中国的德教精神。人类的未来不是由西方说了算，而是应该由东方、西方、南方、北方的全世界的聪明睿智的至诚之人一起商讨、一起促进，由此，人类和平、世界大同、天下太平才会最终到来。中国学术界现在正在不断"守正创新"，人们越来越清醒地认识到民族文化强盛，关键在于国学的重新发扬光大，对此，我们必须有清醒的自我意识。学国学经典是幸福的，领悟国学精神是快乐的。在真正的经典解读叩开你的心扉时，你将在国学的光芒中豁然开朗并惊喜悟道，进而获得身心的彻底解放和精神的无限拓展！

附　录

一、大学章句

子程子曰："大学，孔氏之遗书，而初学入德之门也。于今可见古人为学次第者，独赖此篇之存，而论、孟次之。学者必由是而学焉，则庶乎其不差矣。"

大学之道，在明明德，在亲民，在止于至善。

知止而后有定，定而后能静，静而后能安，安而后能虑，虑而后能得。

物有本末，事有终始，知所先后，则近道矣。

古之欲明明德于天下者，先治其国；欲治其国者，先齐其家；欲齐其家者，先修其身；欲修其身者，先正其心；欲正其心者，先诚其意；欲诚其意者，先致其知；致知在格物。

物格而后知至，知至而后意诚，意诚而后心正，心正而后身修，身修而后家齐，家齐而后国治，国治而后天下平。

自天子以至于庶人，壹是皆以修身为本。

其本乱而末治者否矣，其所厚者薄，而其所薄者厚，未之有也。

右经一章，盖孔子之言，而曾子述之。其传十章，则曾子之意，而门人记之也。旧本颇有错简，今因程子所定，而更考经文，别为序次如左。

第一章

《康诰》曰："克明德。"

《大甲》曰："顾諟天之明命。"

《帝典》曰："克明峻德。"

皆自明也。

右传之首章，释明明德。

第二章

汤之盘铭曰："苟日新，日日新，又日新。"

《康诰》曰："作新民。"

《诗》曰："周虽旧邦，其命惟新。"

是故君子无所不用其极。

右传之二章，释新民。

第三章

《诗》云："邦畿千里，惟民所止。"

《诗》云："缗蛮黄鸟，止于丘隅。"子曰："于止，知其所止，可以人而不如鸟乎？"

《诗》云："穆穆文王，于缉熙敬止。"为人君，止于仁；为人臣，止于敬；为人子，止于孝；为人父，止于慈；与国人交，止于信。

《诗》云："瞻彼淇澳，菉竹猗猗。有斐君子。如切如磋，如琢如磨。瑟兮僩兮，赫兮喧兮。有斐君子，终不可喧兮。""如切如磋"者，道学也；"如琢如磨"者，自修也；"瑟兮僩兮"者，恂栗也；"赫兮喧兮"者，威仪也；"有斐君子，终不可喧兮"者，道盛德至善，民之不能忘也。

《诗》云："于戏前王不忘！"君子贤其贤，而亲其亲。小人乐其乐，而利其利。此以没世不忘也。

右传之三章，释止于至善。

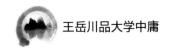

第四章

子曰："听讼，吾犹人也。必也，使无讼乎？"无情者，不得尽其辞，大畏民志。此谓知本。右传之四章，释本末。

第五章

此谓知本。

此谓知之至也。

右传之五章，盖释格物致知之义，而今亡矣。闲尝窃取程子之意，以补之曰："所谓致知在格物者：言欲至吾之知，在即物，而穷其理也，盖人心之灵，莫不有知，而天下之物，莫不有理。惟于理有未穷，故其知有不尽也。是以大学始教，必使学者即凡天下之物。莫不因其已知之理，而益穷之，以求至乎其极。至于用力之久，而一旦豁然贯通焉。则众物之表里精粗，无不到，而吾心之全体大用，无不明矣。此谓物格。此谓知之至也。"

第六章

所谓诚其意者：毋自欺也，如恶恶臭，如好好色。此之谓自谦。故君子必慎其独也。小人闲居为不善，无所不至，见君子，而后厌然。揜其不善，而著其善。人之视己，如见其肺肝然，则何益矣。此谓诚于中，形于外。故君子必慎其独也。

曾子曰："十目所视，十手所指，其严乎。"

富润屋，德润身。心广体胖。故君子必诚其意。

右传之六章，释诚意。

第七章

所谓修身在正其心者：身有所忿懥，则不得其正；有所恐惧，则不得其正；有所好乐，则不得其正；有所忧患，则不得其正。

心不在焉，视而不见，听而不闻，食而不知其味。

此谓修身在正其心。

右传之七章，释正心修身。

第八章

所谓齐其家在修其身者：人之其所亲爱，而辟焉；之其所贱恶，而辟焉；之其所畏敬，而辟焉；之其所哀矜，而辟焉；之其所敖惰，而辟焉。故好而知其恶，恶而知其美者，天下鲜矣。

故谚有之曰："人莫知其子之恶，莫知其苗之硕。"

此谓身不修，不可以齐其家。

右传之八章，释修身齐家。

第九章

所谓治国必先齐其家者：其家不可教，而能教人者，无之。故君子不出家，而成教于国。孝者，所以事君也；弟者，所以事长也；慈者，所以使众也。

《康诰》曰："如保赤子，心诚求之。"虽不中不远矣，未有学养子而后嫁者也。

一家仁，一国兴仁；一家让，一国兴让；一人贪戾，一国作乱。其机如此，此谓一言偾事，一人定国。

尧舜帅天下以仁，而民从之。桀纣帅天下以暴，而民从之。其所令反其所好，而民不从。是故君子，有诸己而后求诸人。无诸己而后非诸人。所藏乎身不恕，而能喻诸人者，未之有也。

故治国在齐其家。

《诗》云："桃之夭夭，其叶蓁蓁；之子于归，宜其家人。"宜其家人，而后可以教国人。

《诗》云："宜兄宜弟。"宜兄宜弟，而后可以教国人。

《诗》云："其仪不忒，正是四国。"其为父子兄弟足法，而后民法

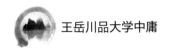

之也。

此谓治国，在齐其家。

右传之九章，释齐家治国。

第十章

所谓平天下在治其国者：上老老，而民兴孝；上长长，而民兴弟；上恤孤，而民不倍。是以君子有絜矩之道也。

所恶于上，毋以使下；所恶于下，毋以事上；所恶于前，毋以先后；所恶于后，毋以从前；所恶于右，毋以交于左；所恶于左，毋以交于右。此之谓絜矩之道。

《诗》云："乐只君子，民之父母。"民之所好好之；民之所恶恶之。此之谓民之父母。

《诗》云："节彼南山，维石岩岩。赫赫师尹，民具尔瞻。"有国者不可以不慎。辟则为天下僇矣。

《诗》云："殷之未丧师，克配上帝。仪监于殷，峻命不易。"道得众则得国；失众则失国。

是故君子先慎乎德。有德此有人，有人此有土，有土此有财，有财此有用。

德者本也，财者末也。

外本内末，争民施夺。

是故财聚则民散，财散则民聚。

是故言悖而出者，亦悖而入；货悖而入者，亦悖而出。

《康诰》曰："惟命不于常。"道善则得之，不善则失之矣。

《楚书》曰："楚国无以为宝，惟善以为宝。"

舅犯曰："亡人无以为宝，仁亲以为宝。"

秦誓曰："若有一个臣，断断兮无他技，其心休休焉，其如有容焉。人之有技，若己有之，人之彦圣，其心好之，不啻若自其口出，实能容之，以能保我子孙黎民，尚亦有利哉。人之有技，冒疾以恶之，人之彦圣而违之，俾不通，实不能容：以不能保我子孙黎民，亦曰殆哉。"

唯仁人放流之，迸诸四夷，不与同中国。此谓唯仁人为能爱人，能恶人。

见贤而不能举，举而不能先，命也；见不善而不能退，退而不能远，过也。

好人之所恶，恶人之所好，是谓拂人之性，菑必逮夫身。

是故君子有大道，必忠信以得之，骄泰以失之。

生财有大道，生之者众，食之者寡，为之者疾，用之者舒，则财恒足矣。

仁者以财发身，不仁者以身发财。

未有上好仁而下不好义者也，未有好义其事不终者也，未有府库财非其财者也。

孟献子曰："畜马乘，不察于鸡豚，伐冰之家不畜牛羊，百乘之家不畜聚敛之臣，与其有聚敛之臣，宁有盗臣。"此谓国不以利为利，以义为利也。

长国家而务财用者，必自小人矣。彼为善之，小人之使为国家，菑害并至。虽有善者，亦无如之何矣。此谓国不以利为利，以义为利也。

右传之十章，释治国平天下。

凡传十章：前四章统论纲领旨趣；后六章细论条目工夫。其第五章乃明善之要。第六章乃诚身之本，在初学；尤为当务之急。读者不可以其近而忽之也。

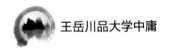

二、中庸章句

中庸章句序

中庸何为而作也？子思子忧道学之失其传而作也。盖自上古圣神继天立极，而道统之传有自来矣。其见于经，则"允执厥中"者，尧之所以授舜也；"人心惟危，道心惟微，惟精惟一，允执厥中"者，舜之所以授禹也。尧之一言，至矣，尽矣！而舜复益之以三言者，则所以明夫尧之一言，必如是而后可庶几也。

盖尝论之：心之虚灵知觉，一而已矣，而以为有人心、道心之异者，则以其或生于形气之私，或原于性命之正，而所以为知觉者不同，是以或危殆而不安，或微妙而难见耳。然人莫不有是形，故虽上智不能无人心，亦莫不有是性，故虽下愚不能无道心。二者杂于方寸之间，而不知所以治之，则危者愈危，微者愈微，而天理之公卒无以胜夫人欲之私矣。精则察夫二者之间而不杂也，一则守其本心之正而不离也。从事于斯，无少闲断，必使道心常为一身之主，而人心每听命焉，则危者安、微者著，而动静云为自无过不及之差矣。

夫尧、舜、禹，天下之大圣也。以天下相传，天下之大事也。以天下之大圣，行天下之大事，而其授受之际，丁宁告戒，不过如此。则天下之理，岂有以加于此哉？自是以来，圣圣相承：若成汤、文、武之为君，皋陶、伊、傅、周、召之为臣，既皆以此而接夫道统之传，若吾夫子，则虽不得其位，而所以继往圣、开来学，其功反有贤于尧舜者。然当是时，见而知之者，惟颜氏、曾氏之传得其宗。及曾氏之再传，而复得夫子之孙子思，则去圣远而异端起矣。子思惧夫愈久而愈失其真也，于是推本尧舜以来相传之意，质以平日所闻父师之言，更互演绎，作为此书，以诏后之学者。盖其忧之也深，故其言之也切；其虑之也远，故其说之也详。其曰"天命率性"，则道心之谓也；其曰"择善固执"，则精一之谓也；其曰

"君子时中"，则执中之谓也。世之相后，千有余年，而其言之不异，如合符节。历选前圣之书，所以提挈纲维、开示蕴奥，未有若是之明且尽者也。自是而又再传以得孟氏，为能推明是书，以承先圣之统，及其没而遂失其传焉。则吾道之所寄不越乎言语文字之闲，而异端之说日新月盛，以至于老佛之徒出，则弥近理而大乱真矣。然而尚幸此书之不泯，故程夫子兄弟者出，得有所考，以续夫千载不传之绪；得有所据，以斥夫二家似是之非。盖子思之功于是为大，而微程夫子，则亦莫能因其语而得其心也。惜乎！其所以为说者不传，而凡石氏之所辑录，仅出于其门人之所记，是以大义虽明，而微言未析。至其门人所自为说，则虽颇详尽而多所发明，然倍其师说而淫于老佛者，亦有之矣。

　　熹自蚤岁即尝受读而窃疑之，沈潜反复，盖亦有年，一旦恍然似有以得其要领者，然后乃敢会众说而折其中，既为定着章句一篇，以俟后之君子。而一二同志复取石氏书，删其繁乱，名以辑略，且记所尝论辩取舍之意，别为或问，以附其后。然后此书之旨，支分节解、脉络贯通、详略相因、巨细毕举，而凡诸说之同异得失，亦得以曲畅旁通，而各极其趣。虽于道统之传，不敢妄议，然初学之士，或有取焉，则亦庶乎行远升高之一助云尔。

淳熙己酉春三月戊申·新安朱熹序

　　子程子曰："不偏之谓中，不易之谓庸。中者，天下之正道，庸者，天下之定理。"此篇乃孔门传授心法，子思恐其久而差也，故笔之于书，以授孟子。其书始言一理，中散为万事，末复合为一理，"放之则弥六合，卷之则退藏于密"，其味无穷，皆实学也。善读者玩索而有得焉，则终身用之，有不能尽者矣。

第一章

　　天命之谓性，率性之谓道，修道之谓教。道也者，不可须臾离也，可

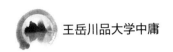
离非道也。是故君子戒慎乎其所不睹，恐惧乎其所不闻。莫见乎隐，莫显乎微，故君子慎其独也。喜怒哀乐之未发，谓之中；发而皆中节，谓之和。中也者，天下之大本也；和也者，天下之达道也。致中和，天地位焉，万物育焉。

右第一章。子思述所传之意以立言：首明道之本原出于天而不可易，其实体备于己而不可离，次言存养省察之要，终言圣神功化之极。盖欲学者于此反求诸身而自得之，以去夫外诱之私，而充其本然之善，杨氏所谓一篇之体要是也。其下十章，盖子思引夫子之言，以终此章之义。

第二章

仲尼曰："君子中庸，小人反中庸。君子之中庸也，君子而时中；小人之反中庸也，小人而无忌惮也。"

第三章

子曰："中庸其至矣乎！民鲜能久矣！"

第四章

子曰："道之不行也，我知之矣，知者过之，愚者不及也；道之不明也，我知之矣，贤者过之，不肖者不及也。人莫不饮食也，鲜能知味也。"

第五章

子曰："道其不行矣夫！"

第六章

子曰："舜其大知也与！舜好问而好察迩言，隐恶而扬善，执其两端，用其中于民，其斯以为舜乎！"

第七章

子曰："人皆曰予知，驱而纳诸罟擭陷阱之中，而莫之知辟也。人皆曰予知，择乎中庸而不能期月守也。"

第八章

子曰："回之为人也，择乎中庸，得一善，则拳拳服膺而弗失之矣。"

第九章

子曰："天下国家可均也，爵禄可辞也，白刃可蹈也，中庸不可能也。"

第十章

子路问强。子曰："南方之强与？北方之强与？抑而强与？宽柔以教，不报无道，南方之强也，君子居之。衽金革，死而不厌，北方之强也，而强者居之。故君子和而不流，强哉矫！中立而不倚，强哉矫！国有道，不变塞焉，强哉矫！国无道，至死不变，强哉矫！"

第十一章

子曰："素隐行怪，后世有述焉，吾弗为之矣。君子遵道而行，半途而废，吾弗能已矣。君子依乎中庸，遁世不见知而不悔，唯圣者能之。"

第十二章

君子之道费而隐。夫妇之愚，可以与知焉，及其至也，虽圣人亦有所不知焉。夫妇之不肖，可以能行焉，及其至也，虽圣人亦有所不能焉。天地之大也，人犹有所憾。故君子语大，天下莫能载焉；语小，天下莫能破焉。《诗》云："鸢飞戾天，鱼跃于渊。"言其上下察也。君子之道，造端乎夫妇；及其至也，察乎天地。

右第十二章。子思之言，盖以申明首章道不可离之意也。其下八章，杂引孔子之言以明之。

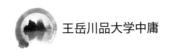

第十三章

子曰："道不远人。人之为道而远人，不可以为道。《诗》云：'伐柯伐柯，其则不远。'执柯以伐柯，睨而视之，犹以为远。故君子以人治人，改而止。忠恕违道不远，施诸己而不愿，亦勿施于人。君子之道四，丘未能一焉：所求乎子，以事父未能也；所求乎臣，以事君未能也；所求乎弟，以事兄未能也；所求乎朋友，先施之未能也。庸德之行，庸言之谨，有所不足，不敢不勉，有余不敢尽；言顾行，行顾言，君子胡不慥慥尔！"

第十四章

君子素其位而行，不愿乎其外。素富贵，行乎富贵；素贫贱，行乎贫贱；素夷狄，行乎夷狄；素患难，行乎患难；君子无入而不自得焉。

在上位不陵下，在下位不援上，正己而不求于人则无怨。上不怨天，下不尤人。故君子居易以俟命，小人行险以徼幸。子曰："射有似乎君子；失诸正鹄，反求诸其身。"

第十五章

君子之道，辟如行远必自迩，辟如登高必自卑。《诗》曰："妻子好合，如鼓瑟琴；兄弟既翕，和乐且耽；宜尔室家，乐尔妻帑。"子曰："父母其顺矣乎！"

第十六章

子曰："鬼神之为德，其盛矣乎！视之而弗见，听之而弗闻，体物而不可遗。使天下之人齐明盛服，以承祭祀。洋洋乎！如在其上，如在其左右。《诗》曰：'神之格思，不可度思！矧可射思！'夫微之显，诚之不可揜如此夫。"

第十七章

子曰："舜其大孝也与！德为圣人，尊为天子，富有四海之内。宗庙飨之，子孙保之。故大德必得其位，必得其禄，必得其名，必得其寿。故天之生物，必因其材而笃焉。故栽者培之，倾者覆之。《诗》曰：'嘉乐君子，宪宪令德！宜民宜人；受禄于天；保佑命之，自天申之！'故大德者必受命。"

第十八章

子曰："无忧者其惟文王乎！以王季为父，以武王为子，父作之，子述之。武王缵大王、王季、文王之绪。壹戎衣而有天下，身不失天下之显名。尊为天子，富有四海之内。宗庙飨之，子孙保之。武王末受命，周公成文武之德，追王大王、王季，上祀先公以天子之礼。斯礼也，达乎诸侯大夫，及士、庶人。父为大夫，子为士；葬以大夫，祭以士。父为士，子为大夫；葬以士，祭以大夫。期之丧达乎大夫，三年之丧达乎天子，父母之丧无贵贱一也。"

第十九章

子曰："武王、周公，其达孝矣乎！夫孝者：善继人之志，善述人之事者也。春秋修其祖庙，陈其宗器，设其裳衣，荐其时食。

宗庙之礼，所以序昭穆也；序爵，所以辨贵贱也；序事，所以辨贤也；旅酬下为上，所以逮贱也；燕毛，所以序齿也。

践其位，行其礼，奏其乐，敬其所尊，爱其所亲，事死如事生，事亡如事存，孝之至也。

郊社之礼，所以事上帝也，宗庙之礼，所以祀乎其先也。明乎郊社之礼、禘尝之义，治国其如示诸掌乎。"

第二十章

哀公问政。子曰："文武之政，布在方策。其人存，则其政举；其人亡，则其政息。人道敏政，地道敏树。夫政也者，蒲卢也。故为政在人，取人以身，修身以道，修道以仁。仁者人也，亲亲为大；义者宜也，尊贤

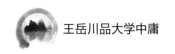

为大；亲亲之杀，尊贤之等，礼所生也。在下位不获乎上，民不可得而治矣！故君子不可以不修身；思修身，不可以不事亲；思事亲，不可以不知人；思知人，不可以不知天。"

天下之达道五，所以行之者三：曰君臣也，父子也，夫妇也，昆弟也，朋友之交：五者天下之达道也。知、仁、勇三者，天下之达德也，所以行之者一也。或生而知之，或学而知之，或困而知之，及其知之，一也；或安而行之，或利而行之，或勉强而行之，及其成功，一也。

子曰："好学近乎知，力行近乎仁，知耻近乎勇。知斯三者，则知所以修身；知所以修身，则知所以治人；知所以治人，则知所以治天下国家矣。"

凡为天下国家有九经，曰：修身也，尊贤也，亲亲也，敬大臣也，体群臣也，子庶民也，来百工也，柔远人也，怀诸侯也。修身则道立，尊贤则不惑，亲亲则诸父昆弟不怨，敬大臣则不眩，体群臣则士之报礼重，子庶民则百姓劝，来百工则财用足，柔远人则四方归之，怀诸侯则天下畏之。

齐明盛服，非礼不动，所以修身也；去谗远色，贱货而贵德，所以劝贤也；尊其位，重其禄，同其好恶，所以劝亲亲也；官盛任使，所以劝大臣也；忠信重禄，所以劝士也；时使薄敛，所以劝百姓也；日省月试，既禀称事，所以劝百工也；送往迎来，嘉善而矜不能，所以柔远人也；继绝世，举废国，治乱持危，朝聘以时，厚往而薄来，所以怀诸侯也。凡为天下国家有九经，所以行之者，一也。

凡事预则立，不预则废。言前定则不跲，事前定则不困，行前定则不疚，道前定则不穷。

在下位不获乎上，民不可得而治矣；获乎上有道：不信乎朋友，不获乎上矣；信乎朋友有道：不顺乎亲，不信乎朋友矣；顺乎亲有道：反诸身不诚，不顺乎亲矣；诚身有道：不明乎善，不诚乎身矣。

诚者，天之道也；诚之者，人之道也。诚者不勉而中，不思而得，从容中道，圣人也。诚之者，择善而固执之者也。

博学之，审问之，慎思之，明辨之，笃行之。有弗学，学之弗能弗措也；有弗问，问之弗知弗措也；有弗思，思之弗得弗措也；有弗辨，辨之弗明弗措也；有弗行，行之弗笃弗措也；人一能之己百之，人十能之己千之。果能此道矣，虽愚必明，虽柔必强。

第二十一章

自诚明，谓之性；自明诚，谓之教。诚则明矣，明则诚矣。右第二十一章。子思承上章夫子天道、人道之意而立言也。自此以下十二章，皆子思之言，以反覆推明此章之意。

第二十二章

唯天下至诚，为能尽其性；能尽其性，则能尽人之性；能尽人之性，则能尽物之性；能尽物之性，则可以赞天地之化育；可以赞天地之化育，则可以与天地参矣。

第二十三章

其次致曲，曲能有诚，诚则形，形则著，著则明，明则动，动则变，变则化，唯天下至诚为能化。

第二十四章

至诚之道，可以前知。国家将兴，必有祯祥；国家将亡，必有妖孽；见乎蓍龟，动乎四体。祸福将至：善，必先知之；不善，必先知之。故至诚如神。

第二十五章

诚者自成也，而道自道也。诚者物之终始，不诚无物。是故君子诚之为贵。诚者非自成己而已也，所以成物也。成己，仁也；成物，知也。性之德也，合外内之道也，故时措之宜也。

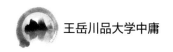

第二十六章

故至诚无息。不息则久，久则征，征则悠远，悠远则博厚，博厚则高明。博厚，所以载物也；高明，所以覆物也；悠久，所以成物也。博厚配地，高明配天，悠久无疆。如此者，不见而章，不动而变，无为而成。

天地之道，可一言而尽也：其为物不贰，则其生物不测。天地之道：博也，厚也，高也，明也，悠也，久也。今夫天，斯昭昭之多，及其无穷也，日月星辰系焉，万物覆焉。今夫地，一撮土之多，及其广厚，载华岳而不重，振河海而不泄，万物载焉。今夫山，一卷石之多，及其广大，草木生之，禽兽居之，宝藏兴焉。今夫水，一勺之多，及其不测，鼋鼍、蛟龙、鱼鳖生焉，货财殖焉。

《诗》云："维天之命，于穆不已！"盖曰天之所以为天也。"于乎不显！文王之德之纯！"盖曰文王之所以为文也，纯亦不已。

第二十七章

大哉圣人之道！洋洋乎！发育万物，峻极于天。优优大哉！礼仪三百，威仪三千。待其人而后行。故曰苟不至德，至道不凝焉。故君子尊德性而道问学，致广大而尽精微，极高明而道中庸。温故而知新，敦厚以崇礼。是故居上不骄，为下不倍，国有道其言足以兴，国无道其默足以容。《诗》曰"既明且哲，以保其身"，其此之谓与！

第二十八章

子曰："愚而好自用，贱而好自专，生乎今之世，反乎古之道。如此者，灾及其身者也。"

非天子，不议礼，不制度，不考文。今天下车同轨，书同文，行同伦。虽有其位，苟无其德，不敢作礼乐焉；虽有其德，苟无其位，亦不敢作礼乐焉。

子曰："吾说夏礼，杞不足征也；吾学殷礼，有宋存焉；吾学周礼，今用之，吾从周。"

第二十九章

王天下有三重焉，其寡过矣乎！上焉者虽善无征，无征不信，不信民弗从；下焉者虽善不尊，不尊不信，不信民弗从。故君子之道：本诸身，征诸庶民，考诸三王而不缪，建诸天地而不悖，质诸鬼神而无疑，百世以俟圣人而不惑。质诸鬼神而无疑，知天也；百世以俟圣人而不惑，知人也。是故君子动而世为天下道，行而世为天下法，言而世为天下则。远之则有望，近之则不厌。《诗》曰："在彼无恶，在此无射；庶几夙夜，以永终誉！"君子未有不如此而蚤有誉于天下者也。

第三十章

仲尼祖述尧舜，宪章文武；上律天时，下袭水土。辟如天地之无不持载，无不覆帱，辟如四时之错行，如日月之代明。万物并育而不相害，道并行而不相悖，小德川流，大德敦化，此天地之所以为大也。

第三十一章

唯天下至圣，为能聪明睿知，足以有临也；宽裕温柔，足以有容也；发强刚毅，足以有执也；齐庄中正，足以有敬也；文理密察，足以有别也。溥博渊泉，而时出之。溥博如天，渊泉如渊。见而民莫不敬，言而民莫不信，行而民莫不说。是以声名洋溢乎中国，施及蛮貊；舟车所至，人力所通；天之所覆，地之所载，日月所照，霜露所队；凡有血气者，莫不尊亲，故曰配天。

第三十二章

唯天下至诚，为能经纶天下之大经，立天下之大本，知天地之化育。夫焉有所倚？肫肫其仁！渊渊其渊！浩浩其天！苟不固聪明圣知达天德者，其孰能知之？

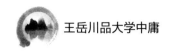

第三十三章

《诗》曰"衣锦尚䌹"，恶其文之着也。故君子之道，暗然而日章；小人之道，的然而日亡。君子之道：淡而不厌，简而文，温而理，知远之近，知风之自，知微之显，可与入德矣。

《诗》云："潜虽伏矣，亦孔之昭！"故君子内省不疚，无恶于志。君子之所不可及者，其唯人之所不见乎。

《诗》云："相在尔室，尚不愧于屋漏。"故君子不动而敬，不言而信。

《诗》曰："奏假无言，时靡有争。"是故君子不赏而民劝，不怒而民威于铁钺。

《诗》曰："不显惟德！百辟其刑之。"是故君子笃恭而天下平。《诗》云："予怀明德，不大声以色。"子曰："声色之于以化民，末也。"

《诗》曰"德辖如毛"，毛犹有伦。"上天之载，无声无臭"，至矣！

右第三十三章。子思因前章极致之言，反求其本，复自下学为己谨独之事，推而言之，以驯致乎笃恭而天下平之盛。又赞其妙，至于无声无臭而后已焉。盖举一篇之要而约言之，其反复叮咛示人之意，至深切矣，学者其可不尽心乎！

三、王岳川书《大学》

大學

大學之道在明明德在親民在止於至善知

止而後有定定而後能靜靜而後能安安而

後能慮慮而後能得物有本末事有終始知

所先後則近道矣

身者先正其心欲正其心者先誠其意欲誠其意

者先齊其家欲齊其家者先脩其身欲脩其

古之欲明明德於天下者先治其國欲治其國

一

者先致其知致知在格物物格而後知至知至而

後意誠意誠而後心正心正而後身脩身脩而後

家齊家齊而後國治國治而後天下平自天子以至

於庶人壹是皆以修身為本其本亂而末治者否

矣其所厚者薄而其所薄者厚未之有也

康誥曰克明德太甲顧諟天之明命帝典曰克

明峻德皆自明也

湯之盤銘曰苟日新日日新又日新康誥曰作新民

詩曰周雖舊邦其命惟新是故君子無所不用

其極

詩云邦畿千里惟民所止詩云緡蠻黃鳥止於丘

隅子曰於止知其所止可以人而不如鳥乎詩云

穆穆文王於緝熙敬止為人君止於仁為人臣止於

敬為人子止於孝為人父止於慈與國人交止於

信

二

詩云瞻彼淇澳菉竹猗猗有斐君子如切如磋

如琢如磨瑟兮僩兮赫兮喧兮有斐君子終不

可諠兮如切如磋者道學也如琢如磨者自修

也瑟兮僩兮者恂慄也赫兮喧兮者威儀也有

斐君子終不可諠兮者道盛德至善民之不能

忘也詩云於戲前王不忘君子賢其賢而親其

親小人樂其樂而利其利此以沒世不忘也

子曰聽訟吾猶人也必也使無訟乎無情者不得

盡其辭大畏民志此謂知本

此謂知本此謂知至也

所謂誠其意者毋自欺也如惡惡臭如好好色此之
謂自謙故君子必慎其獨也小人閒居為不善無
所不至見君子而後厭然揜其不善而著其善
人之視己如見其肺肝然則何益矣此謂誠於
中形於外故君子必慎其獨也曾子曰十目所視十
手所指其嚴乎富潤屋德潤身心寬體胖故君
子必誠其意

所謂修身在正其心者身有所忿懥則不得其正
有所恐懼則不得其正有所好樂則不得其正
有所憂患則不得其正心不在焉視而不見聽而
不聞食而不知其味此謂修身在正其心

三

所謂齊其家在修其身者人之其所親愛而辟
焉之其所賤惡而辟焉之其所畏敬而辟焉之
其所哀矜而辟焉之其所敖惰而辟焉故好而知
其惡惡而知其美者天下鮮矣故諺有之曰人

莫知其子之惡莫知其苗之碩此謂身不修不
可以齊其家

所謂治國必先齊其家者其家不可教而能教
人者無之故君子不出家而成教於國孝者所
以事君也弟者所以事長也慈者所以使眾也康
誥曰如保赤子心誠求之雖不中不遠矣未有學
養子而後嫁者也一家仁一國興仁一家讓一國興
讓一人貪戾一國作亂其機如此此謂一言僨事一

四

人定國堯舜帥天下以仁而民從之桀紂帥天
下以暴而民從之其所令反其所好而民不從是
故君子有諸己而後求諸人無諸己而後非諸人
所藏乎身不恕而能喻諸人者未之有也故治
國在齊其家
詩云桃之夭夭其葉蓁蓁之子於歸宜其家人
宜其家人而後可以教國人詩云宜兄宜弟宜兄
弟而後可以教國人詩云其儀不忒正是四國其為

父子兄弟足法而後民法之也此謂治國在齊其
家
所謂平天下在治其國者上老老而民興孝上
長長而民興弟上恤孤而民不倍是以君子有
絜矩之道也所惡於上毋以使下所惡於下毋以
事上所惡於前毋以先後所惡於後毋以從前所
惡於右毋以交於左所惡於左毋以交於右此之謂
絜矩之道

五

詩云樂只君子民之父母民之所好好之民之所惡
惡之此之謂民之父母詩云節彼南山維石巖巖
赫赫師尹民具爾瞻有國者不可以不慎辟則為
天下僇矣詩云殷之未喪師克配上帝儀監於殷
峻命不易道得眾則得國失眾則失國是故君
子先慎乎德有德此有人有人此有土有土此
有財有財此有用德者本也財者末也外本內末
爭民施奪是故財聚則民散財散則民聚是

故言悖而出者亦悖而入貨悖而入者亦悖而出康
誥曰惟命不於常道善則得之不善則失之
矣
楚書曰楚國無以為寶惟善以為寶舅犯曰亡
人無以為寶仁親以為寶秦誓曰若有一個臣斷斷
兮無他技其心休休焉其如有容焉人之有技若
己有之人之彥聖其心好之不啻若自其口出寔
能容之以能保我子孫黎民尚亦有利哉人之有

六

技媢疾以惡之人之彥聖而違之俾不通寔不能
容以不能保我子孫黎民亦曰殆哉唯仁人放流
之迸諸四夷不與同中國此謂唯仁人為能愛人
能惡人見賢而不能舉舉而不能先命也見不
善而不能退退而不能遠過也好人之所惡惡
人之所好是謂拂人之性菑必逮夫身是故君子
有大道必忠信以得之驕泰以失之
生財有大道生之者眾食之者寡為之者疾

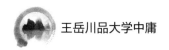

用之者舒則財恒足矣仁者以財發身不仁者以

身發財未有上好仁而下不好義者也未有好

義其事不終者也未有府庫財非其財者也孟

獻子曰畜馬乘不察於雞豚伐冰之家不畜牛羊

百乘之家不畜聚斂之臣與其有聚斂之臣寧

有盜臣此謂國不以利為利也長國

家而務財用者必自小人矣彼為善之小人之使

為國家菑害並至雖有善者亦無如之如何矣

此謂國不以利為利以義為利也

歲在癸巳冬月於京華 岳川

七

四、王岳川书《中庸》

中庸

天命之謂性率性之謂道修道之謂教道也者

不可須臾離也可離非道也是故君子戒慎乎其

所不睹恐懼乎其所不聞莫見乎隱莫顯乎微故

君子慎其獨也喜怒哀樂之未發謂之中發而皆

中節謂之和中也者天下之大本也和也者天下

之達道也致中和天地位焉萬物育焉

仲尼曰君子中庸小人反中庸君子之中庸也君

子而時中小人之中庸也小人而無忌憚也

子曰中庸其至矣乎民鮮能久矣

子曰道之不行也我知之矣知者過之愚者不及也

道之不明也我知之矣賢者過之不肖者不及也人

莫不飲食也鮮能知味也

子曰道其不行矣夫

子曰舜其大知也與舜好問而好察邇言隱惡而

揚善執其兩端用其中於民其斯以為舜乎

一

子曰人皆曰予知驅而納諸罟擭陷阱之中而莫

之知辟也人皆曰予知擇乎中庸而不能期月

守也

子曰回之為人也擇乎中庸得一善則拳拳服

膺而弗失矣

子曰天下國家可均也爵祿可辭也白刃可蹈也中

庸不可能也

子路問強子曰南方之強與北方之強與抑而強與

寬柔以教不報無道南方之強也君子居之

衽金革死而不厭北方之強也而強者居之故君子和

而不流強哉矯中立而不倚強哉矯國有道不

變塞焉強哉矯國無道至死不變強哉矯

子曰素隱行怪後世有述焉吾弗為之矣君子

遵道而行半塗而廢吾弗能已矣君子依乎

中庸遁世不見知而不悔唯聖者能之

君子之道費而隱夫婦之愚可以與知焉及其至

二

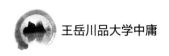

也雖聖人亦有所不知焉夫婦之不肖可以能行

焉及其至也雖聖人亦有所不能焉天地之大也猶

有所憾故君子語大天下莫能載焉語小天下莫

能破焉詩云鳶飛戾天魚躍於淵言其上下察也君

子之道造端乎夫婦及其至也察乎天地

子曰道不遠人人之為道而遠人不可以為道詩

云伐柯伐柯其則不遠執柯以伐柯睨而視之猶以

為遠故君子以人治人改而止忠恕違道不遠施

三

諸己而不願亦勿施於人君子之道四丘未能一焉所

求乎子以事父未能也所求乎臣以事君未能也

所求乎弟以事兄未能也所求乎朋友先施之未

能也庸德之行庸言之謹有所不足不敢不勉有

餘不敢盡言顧行顧言君子胡不慥慥爾

君子素其位而行不願乎其外素富貴行乎富

貴素貧賤行乎貧賤素夷狄行乎夷狄素

患難行乎患難君子無入而不自得焉在上位不

陵下在下位不援上正己而不求於人則無怨上不

怨天下不尤人故君子居易以俟命小人行險以

徼幸子曰射有似乎君子失諸正鵠反求諸其

身

君子之道辟如行遠必自邇辟如登高必自卑

詩曰妻子好合如鼓瑟琴兄弟既翕和樂且耽

宜爾室家樂爾妻帑子曰父母其順矣乎

子曰鬼神之為德其盛矣乎視之而弗見聽之

四

而弗聞體物而不可遺使天下之人齊明盛服以

承祭祀洋洋乎如在其上如在其左右詩曰神之

格思不可度思矧可射思夫微之顯誠之不可揜

如此夫

子曰舜其大孝也與德為聖人尊為天子富有

四海之內宗廟饗之子孫保之故大德必得其位必

得其祿必得其名必得其壽故天之生物必因其

材而篤焉故栽者培之傾者覆之詩曰嘉樂君子

附录

憲憲令德宜民宜人受祿於天保佑命之自天申

之故大德者必受命

子曰無憂者其惟文王乎以王季為父以武王為

子父作之子述之武王纘大王王季文王之緒壹戎

衣而有天下身不失天下之顯名尊為天子富有

四海之內宗廟饗之子孫保之武王末受命周公

成文武之德追王大王王季上祀先公以天子之禮

斯禮也達乎諸侯大夫及士庶人父為大夫子為

士葬以士祭以士父為士子為大夫葬以大夫祭以

大夫期之喪達乎大夫三年之喪達乎天子父

母之喪無貴賤一也

子曰武王周公其達孝矣乎夫孝者善繼人之

志善述人之事者也春秋修其祖廟陳其宗器

設其裳衣薦其時食宗廟之禮所以序昭穆也

序爵所以辨貴賤也序事所以辨賢也旅酬下為

上所以逮賤也燕毛所以序齒也踐其位行其禮

五

奏其樂敬其所尊愛其所親事死如事生事亡如

事存孝之至也郊社之禮所以事上帝也宗廟之

禮所以祀乎其先也明乎郊社之禮禘嘗之義

治國其如示諸掌乎

哀公問政子曰文武之政布在方策其人存則其

政舉其人亡則其政息人道敏政地道敏樹夫

政也者蒲盧也故為政在人取人以身修身以道

修道以仁仁者人也親親為大義者宜也尊賢為

大親親之殺尊賢之等禮所生也在下位不獲乎

上民不可得而治矣故君子不可以不修身思修

身不可以不事親思事親不可以不知人思知人

不可以不知天天下之達道五所以行之者三曰君

臣也父子也夫婦也昆弟也朋友之交也五者天下

之達道也知仁勇三者天下之達德也所以行之者

一也或生而知之或學而知之或困而知之及其知

之一也或安而行之或利而行之或勉強而行之及

六

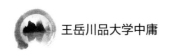

其成功一也

子曰好學近乎知力行近乎仁知恥近乎勇知

斯三者則知所以修身知所以修身則知所以治

人知所以治人則知所以治天下國家矣凡為天下

國家有九經曰修身也尊賢也親親也敬大臣也

體群臣也子庶民也來百工也柔遠人也懷諸

侯也修身則道立尊賢則不惑親親則諸父昆

弟不怨敬大臣則不眩體群臣則士之報禮重

子庶民則百姓勸來百工則財用足柔遠人則四

方歸之懷諸侯則天下畏之齊明盛服非禮不動

所以修身也去讒遠色賤貨而貴德所以勸賢也

尊其位重其祿同其好惡所以勸親親也官盛

任使所以勸大臣也忠信重祿所以勸士也時使薄

斂所以勸百姓也日省月試既稟稱事所以勸百

工也送往迎來嘉善而矜不能所以柔遠人也

繼絕世舉廢國治亂持危朝聘以時厚往而薄

七

來所以懷諸侯也凡為天下國家有九經所以

行之者一也

凡事豫則立不豫則廢言前定則不跆事前定

則不困行前定則不疚道前定則不窮

在下位不獲乎上民不可得而治矣獲乎上有

道不信乎朋友不獲乎上矣信乎朋友有道

不順乎親不信乎朋友矣順乎親有道反諸

身不誠不順乎親矣誠身有道不明乎善不誠

乎身矣

誠者天之道也誠之者人之道也誠者不勉而

中不思而得從容中道聖人也誠之者擇善而

固執之者也

博學之審問之慎思之明辨之篤行之有弗

學學之弗能弗措也有弗問問之弗知弗措

也有弗思思之弗得弗措也有弗辨辨之弗

明弗措也有弗行行之弗篤弗措也人一能之己

八

百之人十能之己千之果能此道矣雖愚必明雖

柔必強

自誠明謂之性自明誠謂之教誠則明矣明

則誠矣

唯天下至誠為能盡其性能盡其性則能盡

之性能盡人之性則能盡物之性能盡物之性

則可以贊天地之化育可以贊天地之化育則

可以與天地參矣

◇

其次致曲曲能有誠誠則形形則著著則明

明則動動則變變則化唯天下至誠為能

化 ◇

至誠之道可以前知國家將興必有禎祥國

家將亡必有妖孽見乎蓍龜動乎四體禍福

將至善必先知之不善必先知之故至誠如

神

誠者自成也而道自道也誠者物之終始不誠

九

無物是故君子誠之為貴誠者非自成己而已

也所以成物也成己仁也成物知也性之德也合

外內之道也故時措之宜也

故至誠無息不息則久久則徵徵則悠遠

遠則博厚博厚則高明博厚所以載物也高

明所以覆物也悠久所以成物也博厚配地高明

配天悠久無疆如此者不見而章不動而變

無為而成 ◇

天地之道可一言而盡也其為物不貳則其生物

不測天地之道博也厚也高也明也悠也久也今

夫天斯昭昭之多及其無窮也日月星辰系焉

萬物覆焉今夫地一撮土之多及其廣厚載華

嶽而不重振河海而不泄萬物載焉今夫山一卷

石之多及其廣大草木生之禽獸居之寶藏興

焉今夫水一勺之多及其不測黿鼉蛟龍魚鱉生

焉貨財殖焉詩云維天之命於穆不已蓋曰天

一〇

之所以為天也於乎不顯文王之德之純蓋曰文王
之所以為文也純亦不已

大哉聖人之道洋洋乎發育萬物峻極於天優
優大哉禮儀三百威儀三千待其人而後行故
曰苟不至德至道不凝焉故君子尊德性而道
問學致廣大而盡精微極高明而道中庸溫
故而知新敦厚以崇禮是故居上不驕為下不
倍國有道其言足以興國無道其默足以容詩
曰既明且哲以保其身其此之謂與

二

子曰愚而好自用賤而好自專生乎今之世反
古之道如此者災及其身者也

非天子不議禮不制度不考文今天下車同軌
書同文行同倫雖有其位苟無其德不敢作禮
樂焉雖有其德苟無其位亦不敢作禮樂焉

子曰吾說夏禮杞不足征也吾學殷禮有宋存
焉吾學周禮今用之吾從周

王天下有三重焉其寡過矣乎上焉者雖善無
征無征不信不信民弗從下焉者雖善不尊
不尊不信不信民弗從故君子之道本諸身
征諸庶民考諸三王而不繆建諸天地而不悖
質諸鬼神而無疑百世以俟聖人而不惑質諸
鬼神而無疑知天也百世以俟聖知
人也是故君子動而世為天下道行而世為天
下法言而世為天下則遠之則有望近之則不

三

厭詩曰在彼無惡在此無射庶幾夙夜以永
終譽君子未有不如此而蚤有譽於天下
者也

仲尼祖述堯舜憲章文武上律天時下襲
水土辟如天地之無不持載無不覆幬辟如四
時之錯行如日月之代明萬物並育而不相害
道並行而不相悖小德川流大德敦化此天
地之所以為大也

唯天下至聖為能聰明睿知足以有臨也寬裕

溫柔足以有容也發強剛毅足以有執也齊

莊中正足以有敬也文理密察足以有別也溥

博淵泉而時出之溥博如天淵泉如淵見而民

莫不敬言而民莫不信行而民莫不說是以

聲名洋溢乎中國施及蠻貊舟車所至人力

所通天之所覆地之所載日月所照霜露所隊

凡有血氣者莫不尊親故曰配天

一三

唯天下至誠為能經綸天下之大經立天下之大

本知天地之化育夫焉有所倚肫肫其仁淵淵

其淵浩浩其天苟不固聰明聖知達天德者

其孰能知之

詩曰衣錦尚絅惡其文之著也故君子之道

暗然而日章小人之道的然而日亡君子之道

淡而不厭簡而文溫而理知遠之近知風之

自知微之顯可與入德矣

詩云潛雖伏矣亦孔之昭故君子內省不疚

無惡於志君子之所不可及者其唯人之所

不見乎

詩云相在爾室尚不愧於屋漏故君子不動

而敬不言而信詩曰奏假無言時靡有爭是

故君子不賞而民勸不怒而民威於鈇鉞

詩曰不顯惟德百辟其刑之是故君子篤恭

而天下平詩云予懷明德不大聲以色子曰

聲色之於以化民末也詩曰德輶如毛毛猶

有倫上天之載無聲無臭至矣

一四

癸巳冬月於京華　天地堂　岳川 [印]

后 记

在宇宙永恒面前，人生短暂到只在"呼吸之间"。① 生命"去昧化"由无数个短暂构成。珍惜每个稍纵即逝的启迪，积淀每一美好短暂的体验，终能走近大智慧大光明。

有人说国学没有什么用。其实国学是人生的指南，经典是大国的命脉！国学启迪个体生命在短暂中去充实完美获得价值实现。《黄帝内经》《尚书》言之凿凿人能够活两个花甲：天年——百岁或百二十岁。② 天年的含义即先天赋予的寿命限度。今人却活不到，为什么？"天作孽犹可恕，自作孽不可活"。"天"字上面的横是平的，当人违背自然，随心所欲消费生命消耗正能量使得生命天平倾斜。当"天"上面的横不平时，这个字变成"夭"。"夭"后面是"折"——"夭折"。国学让我们瞬间感悟：生命的意义不完全在于自然生命的延续，更重要在于生命意义的充盈，在于生命力的高涨迸发状态，与永恒生命力沟通的时刻恰恰是人生启迪灵光一闪之中，在那些醍醐灌顶的生命忘我陶醉的瞬间。

国学会让我们进入经、史、子、集各个方面，通过"三省吾身"发现人生短板而不断修为，让自己碎片化的知识逐渐整合成完整的知识体，于

---

① 《四十二章经》："佛问沙门：'人命在几间？'对曰：'数日间。'佛言：'子未知道。'复问一沙门：'人命在几间？'对曰：'饭食间。'佛言：'子未知道。'复问一沙门：'人命在几间？'对曰：'呼吸间。'佛言：'善哉，子知道矣！'"

② 《黄帝内经·素问·上古天真论》："尽终其天年，度百岁乃去。"《尚书·洪范篇》："以百二十为寿。"《养生论》记载："上寿百二十，古今所同。"《老子》："人生大期，以百二十为度。"《左传》："上寿百二十，中寿百，下寿八十。"

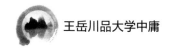

是，人的世界观、方法论、看世界的眼光都变了，一览众山小！可见国学无用有大用。国学不能使人发横财，不能使人拥有豪宅名车。但国学让人知道世界大道的规律，知道自己心灵的迷失和拯救之途，知道自己短暂一生应该赋予怎样充沛的人生价值。

我意识到，走进国学经典的路程是艰难的，因为以文化个体的眼光确立经典确乎带有文化层面的冒险性。中国文化不应再亦步亦趋地追逐西方潮流，我们必须冷静思考人类的未来是否可以将东西方文化中精神相通的要素整合起来，在相互理解消除文化误读发现差异性文化之间的相似性。

法国著名思想家于连教授曾经向中国知识界发出呼吁，希望中国知识分子迎接新世纪的挑战："在世纪转折之际，中国知识界要做的应该是站在中西交汇的高度，用中国概念重新诠释中国思想传统。如果不做这一工作，21世纪中国思想传统将为西方概念所淹没，成为西方思想的附庸。如果没有人的主动争取，这样一个阶段是不会自动到来的。中国人被动接受西方思想并向西方传播自己的思想经历了一个世纪，这个历史时期现在应该可以结束了。"

因此，中国需要重新认识自己在世界文化中的位置，意识到中国不应该满足于人类物质生产加工厂的地位，也不应该仅仅重视物质生活的提升。而是通过个体的经典品读和国学修为，促使民族文化逐渐走向自觉自信和从容高迈，不再渴望中国文化走向"西化"，而是渴望中国文化与西方优秀文化在差异性文化互补中，提升人类内在心灵境界。使得东方国学智慧：天人合一、和而不同，格致诚正，修齐治平，天下为公，自强不息，以德治国、以文化人、仁者爱人、己所不欲、勿施于人、不患寡而患不均……成为人类的共同智慧！中国精神现代化应该全民展开，为人类带来更多的精神价值财富。中国的现代化必须从本民族高度向人类共同高度出发，这意味着，中国文化在"拿来"到"输出"的转型中不断自主创新，从而使中国思想成为新世纪人类思想的核心价值之一。

大道至简。真正的写作是用命在写，所谓著作等身是极强的自律下对真理的不懈探索的踪迹。只有少数人明白人生短暂，才会通过写作证明生命的有效存在。大学者都在大学里深藏不露，潜心学问，著作等身，他们才是中国脊梁！时代反理论、淡化理论，轻视大道甚嚣尘上，重视精致的利己主义的各种"戏说"使得经典降为消费品。我们只能尽力坚守静穆的学术高地，疾风劲草，不为话语权的短视而影响自己的长远学术计划。因而，我在讲演和写作本书时怀有一种学术庄严感，使我对经典的阐释取舍成为一种披沙拣金式的选择，即不断地淘汰那些历史局限性的材料，而以不间断地"做减法"来保留那些最宝贵的思想资源，从而使与大贤大哲对话本身构成了一种精神高度，并希冀这种对话高度成为 21 世纪国学经典阐释的内在诉求。

在我看来，做学问没有古尊今卑之分，也没有先人圣贤后人平庸之说。而是"黄泉路上无老少，学问途中无先后"。重要的是在滚滚红尘中童心尚存。做学问贵在"悟"，苦读数十载，往往是一念之间的开悟，能将人引领到一个融会贯通的新境界。有人皓首穷经也许都等不来这种灵光闪现，有人尚在少年也许却早已经心得颇深。造化深不可测！

宇宙是复数，有十万个宇宙。面对此浩瀚的时空大限，太阳系只是十万宇宙中的一粒灰尘，而每个个体只是沧海一粟。没有人能够阻挡斗转星移的岁月变迁，我们微渺如尘埃的生命又能做些什么？至于写下的文字更是在茫茫太空中缥缈若无，生命中不可承受之轻往往让我们不堪其重，写作意义的失落仍然需重新寻绎。我们只能顺应这生命的洪流，尽己所能为推进这潮流做些事情。如果能在入世之中时常怀抱着旁观者的清醒和超脱，再以更加执着的精神入世，顺应大化，也就是所谓的大智慧了。

王岳川

2021 年 6 月 8 日于北京大学